Manned-Unmanned Teaming

外军有人-无人协同作战装备技术与产品

李保平 著

中国宇航出版社
·北京·

图书在版编目（CIP）数据

外军有人-无人协同作战装备技术与产品 / 李保平著. 北京 : 中国宇航出版社, 2024. 12. -- ISBN 978-7-5159-2429-8

Ⅰ. E145

中国国家版本馆 CIP 数据核字第 202495H3A1 号

责任编辑 刘 凯　　**封面设计** 廖果同

出版发行	中国宇航出版社		
社　址	北京市阜成路 8 号　**邮　编** 100830 (010)60286808　(010)68768548	**版　次**	2024 年 12 月第 1 版 2024 年 12 月第 1 次印刷
网　址	www.caphbook.com	**规　格**	787×1092
经　销	新华书店	**开　本**	1/16
发行部	(010)60286888　(010)68371900 (010)60286887　(010)60286804(传真)	**印　张**	32.75
		字　数	637 千字
零售店	读者服务部　(010)68371105	**书　号**	ISBN 978-7-5159-2429-8
承　印	北京中科印刷有限公司	**定　价**	168.00 元

本书如有印装质量问题，可与发行部联系调换

序一

PREFACE I

李保平董事长发来了他撰写的《外军有人-无人协同作战装备技术与产品》一书的书稿，并嘱我写序。对于外军的有人-无人协同作战装备的技术与产品具体细节，我了解甚少，关键是也没有这方面的知识积累，所以，肯定是没有资格为此书作序的。但是，业余时间我关注了近几十年，特别是最近一两年几场局部战争和冲突，看了一些碎片消息，耳濡目染，对军用无人机还不算陌生。所以，就斗胆“滥竽充数”说几句吧。

第一次将无人机用于军事目的已经是 20 世纪的事情了，越南战争期间，我国空军就曾打掉过侵入我国领空的美国无人机。但是，无人机大规模应用于战场还是在 21 世纪的阿富汗战争中，而无人机成为战场主角广受世界瞩目，则是近几年的事情。无论是阿塞拜疆与亚美尼亚的冲突，还是无人机袭击沙特油田、美国无人机猎杀伊朗将军苏莱曼尼，以及目前仍在进行的俄乌冲突，无人机都是出场率最高的战场“明星”。而在无人机之下，则是越来越多的海上无人舰艇、无人潜航器，以及陆地上的机器人、机器狗等。

从历史的维度来看，可以看到一种显而易见的趋势：无人作战时代已经到来了。

一部人类发展史，同时也是一部科技进步史和战争形态演变史。李保平董事长在前言中提到，战争起初是依靠石兵，然后是铜兵、铁兵。在此之后，还有火兵、甲兵、电兵，直到眼下正在出现的智兵和机器（无人）兵。技术的迭代，如同长江后浪推前浪，强制性地迫使军队形态和战争形态与科技现代化相同步。凡是跟不上时代变化的国家和民族，或被强者屠杀，或被强者武力掠夺、残酷蹂躏。故，“兵者，国之大事，死生之地，存亡之道，不可不察也”。

李保平董事长此书的重大意义正在于此。

人类具有智慧的天性，这一天性决定了他总是想用最好的物品进行生活，用最好的工具进行生产，用最好的武器进行战斗，以避开、离开繁重的体力劳动及危险的血肉拼杀。人类先是使用骡马，然后是车辆，再然后就是让机器代替人类去做工、去种地、去作战，去做一切他不想做的事情。正是这种无止境追求“最好”的动力，推动了科技和人类社会的进步。

这个“最好”可以出现在不同的场景中，但本质都是科技的进步。但是，这一天性却并非存在于所有的人类中，而只属于勤于思考、勇于革新的族群，以淘汰不思进取的族群，从而实现人类的进化。从这个角度切入战争史，我们可以看到，使用先进技术产品（装备）的一方，几乎总是在战场上占据优势，而付出更少的代价。铁器和战马的结合，使游牧民族横行了千余年，但火器和机械的组合，则轻而易举地让骑兵近乎永远退出战争舞台。装甲兵在地面上卷起旋风不久，远程空中力量与精确制导技术相结合，便开启了战争新面貌。现在，以无人机、无人车、无人船为代表的无人战器最新登场。

“山雨欲来风满楼”。每一次大的军事革命来临之前，总是会有明显的迹象显露出来，这时就要看谁的感觉更敏锐。2024 年是甲午战争爆发 130 周年，如果我们稍作展开，就可以看到血淋淋的先例。

近五百年以来，从明朝后期到民国，中国总是对世界新技术潮流反应迟钝，所以才被西方远远地甩在第一次工业革命之后，中华民族为此付出了巨大的生命代价和财富代价。直到新中国成立，中华儿女拼命追赶世界先进潮流，几代人流血流汗、前赴后继，始有今日，已可望世界先进科技之潮流。

此书主要展示了当今世界外军的有人-无人协同领域技术发展情形。这个“有人-无人协同”是当前世界的整体技术形态。有人工厂、有人装备还占主导地位，但是，无人制造、无人装备已开始大规模进入工业和军事领域。这个“过渡期”，非常之重要，如同大河之桥梁。对于人类而言，和没有情感的机器共处，绝不仅仅是技术操作问题。它实际上将迫使人类重新思考其已经习以为常的人与人打交道的思维方式。

知己知彼，百战不殆。此书主要在“知彼”。虽然书名为外军，其实大都是近代列强国家，它们是近代世界军事革命的领跑者和受益者，也是对新技术、新装备和新战术最敏锐的感知者。知道它们在怎么做，为什么做，自己应该怎么做，应该就会心里有数了。

时代在前进，技术还在继续进步。期待看到李保平董事长的下一部著作。

戴　旭

2024 年 1 月 15 日

序二

PREFACE II

大约两年前的一天，我在和三弟聊天的过程中，得知他正在准备写一本关于无人作战方面的书，当时我很惊讶，也有些存疑。这个三弟是我在西北工业大学四年同窗上下铺的兄弟，那时一帮关系非常铁的男同学中按年龄他排第三，我们都叫他老三，其实他就是李保平。我们都是从社会底层攀爬出来的青涩少年，拥有相同的爱好，一起度过了四年难忘的青葱岁月，也曾一起主编了宇航工程系的系刊《宇航之花》，那时我起的笔名叫“晓华”，老三的笔名是“犁荒”。

20 世纪 80 年代的大学生是统招统分的，1987 年大学毕业后我进入了航天系统，而老三则进入了兵器系统。之所以感到惊讶和怀疑，是因为以我多年来对无人作战概念的认知来说，要写无人作战方面的图书肯定要涉及多学科的技术融合，要有全方位丰富的工程实践积累，还必须要有军工装备实战化应用的经验以及作战指挥才能等作为基础，才能写出来。而走上工作岗位以后，我们见面的次数有限，但我得到有关他的信息最多的是他担任领导职务，主要从事管理工作，且是资本运作的高手。例如，他一手促成的“中兵光电”成为 2009 年中国股市名副其实的龙头股，也亲眼所见他在凤凰卫视侃侃而谈资本运作，也曾赢得 2009 中国资本市场最佳创富创新奖，还荣膺网民投票的 2010 年中国证券市场 20 位最具影响力上市公司领袖人物奖。一个长期担任领导从事管理工作且以资本运作为主的人怎么能写得出很专业的无人作战方面的书？正是出于这样的怀疑心态，我决定上网查查这样的名人经历，以便增强我对他写成这本书的信心。

网上关于李保平的信息非常多。主要经历有：李保平，男，博士，毕业于西北工业大学导航与制导控制专业，全国五一劳动奖章、首都劳动奖章、“北京市优秀共产党员”称号获得者，曾任西安现代控制技术研究所副所长，中国兵器工业集团公司第四事业部副主任，北京华北光学仪器有限公司董事、董事长、总经理，中兵光电科技股份有限公司董事长，中兵导航控制科技集团总经理，北京国防科技工业协会副会长，西北工业大学、南京理工大学兼职教授，中天集团董事长。曾获国防科工委科学技术二等奖 2 项、三等奖 4 项，省部级科技进步一等奖 1 项、二等奖 1 项。这些经历不正是我认为他主要从事的管理工作吗？因此，我始终没有找到足够的证据证明他能写好无人作战方面的著作。

继续上网查证，发现很多信息显示他大学的专业以及后面的博士、博士后的研究，实际上是沿着导航、制导与控制这个领域在深入的。其中，在他任华北光学总经理期间，将导弹经典控制理论——闭环负反馈控制理论与企业实际模型相结合，开发了企业的管理信息系统，用于管理，创造出了令人难以置信的奇迹——在不到三个月的时间里，提前 5 天完成了剩余 70% 以上的全年任务；他先后涉足了无人机、无人车、导弹、遥感等多个领域，带领团队与德国、南非等科技强国合作，生产出一系列高新国防及勘测产品，填补了国内多个领域的空白，并倾心打造了华北光学“远程压制、航空稳瞄、武器火控、制导与控制”这四大技术平台，着力构建起具有自身发展特色的惯性技术、稳定技术、制导与控制技术、MEMS 技术、多谱段目标探测技术、数据融合技术、仿真技术和温控技术八大重点实验室。从这些信息可以看出，他其实一直在多专业技术领域耕耘，确实具备写好写深无人作战著作的基础，也就消除了我的疑虑，也让我对书稿内容有所期待。

在网上，我还看到了他在“2016 外滩金融 · 上海国际股权投资论坛”上的发言，他认为，在技术上，全球已经进入了信息化社会，军民二元格局会被打破，军工技术和民用技术的界限将越来越模糊。其中，民用技术中的大数据、云计算、机器人本身就有天然的国防属性，而且进展速度非常快，这些都是产业融合的主要原因之一。他预言，未来一定会出现民营机制下的军工集团！这一点让我很敬佩，现在的中天集团不就是他在 2016 年预言的兑现吗？这一民营军工集团主要从事装甲车、无人机、无人车与机器人、大数据、精确打击弹药和防护材料等核心业务，不也是以前他在军工领域所规划和从事的主要研发方向的继续吗？这些足以证明，这么多年来他从没有离开过无人装备领域，也让我理解了他要写有关无人作战方面著作的愿望和具备的能力基础。

最近，当我看到他完成的《外军有人-无人协同作战装备技术与产品》书稿以及多本《中天国际行业观察》专刊与公众号素材时，我不得不全面更新了自己对无人作战领域的认识，并打消了对他写作此书能力的怀疑。这本书以中天集团的产业定位和行业经验为基础，以国际著名防务公司 21 世纪最新的有人-无人协同作战装备技术与产品为对象，科学系统地定义和解释了有关军用有人-无人协同作战领域的无人载具、无人作战装备、无人作战平台、无人作战系统和无人作战体系的技术内涵，以及它们之间的相互关系；将对空领域军用无人驾驶飞行器、对陆领域军用陆地机器人、对海领域无人作战平台、有人-无人协同作战系统与技术、军用反无人作战系统装备技术与产品和无人作战系统的智能控制与人机协同技术等方面的国际最新成果进行展示，客观真实地再现了各国不同军兵种的有人-无人协同作战装备需求概念的形成、产品研发与试验到装备应用和技术迭代的过程及模式；结合最新的俄乌冲突，进行了有人-无人协同作战装备应用战例的反思与启示分析，并对未来有人-无人协同作战装备的体系化应用以及防护与攻防对抗、人工智能等技术进行了探索，给出了未来装备研发部门和军事应用单位等各方应该共同直面解决的首要问题。本书所涉及的综合信息面广，是价值极高的综合信息库，技术体系完整，产品信息详尽，图文并茂，全面反映了当今外军有人-无人协同作战装备技术与产品以及实战化应用的最新成果，这在国内尚属首次，可以为国内军工装备研制单位、军事应用部门、民营防务公司和无人作战装备爱好者提供全面详尽的参考，是该领域的权威著作。

到此，我深深地理解了当年他选择“犁荒”作为笔名的本意，那是一种从贫穷走向富裕的向往，从青涩走向成熟的情感表达，是直面挑战、不怕困难、敢于拼搏和永不服输的精神宣泄。这些年，不论在哪个岗位从事哪种职业或担任何种职务，他一直都在“犁荒”，终于如愿所偿，“犁”出了这本《外军有人-无人协同作战装备技术与产品》，值得称赞。

我想，他最近在朋友圈依旧以“犁荒”的笔名发表的《满江红》正是他的自我写照与他未来继续耕耘的诗和远方：“尤忆当年，对天放，狂歌如咽。都已去，青山白浪，万重千叠。功利是非尽归土，胸中烈马难驭驾。不敢负，攒动项上头，为谁泣？燕都事，嘉定起。中天谱，众人系。擂战鼓，千山万里踏遍。天命之年复跃马，赤臂举火朝前照。射天狼，煮酒话英豪，震天啸。”

我在李保平身上既看到了一个开拓者的无畏和商人的精明与胆魄，也看到了知识分子的傲气和责任感。当下这样的企业家在中国的企业界不乏其人，但还远远不够。

柴　波

2024 年 1 月 11 日

前言

FOREWORD

兵器是人类战争中的重要工具，是战争中包含各种杀伤力、破坏力的器械装置，常常决定战争的胜败。自人类出现部落以来，战争就如影随形，至今烽火不断。不同阶段的战争，其兵器也具有不同的特点。兵器的发展经历了石兵阶段、铜兵阶段、铁兵阶段，目前已经进入了火兵阶段，并正在向机械化和信息化阶段转变。未来战争是信息化条件下的体系对抗，其最大的特点就是无人作战体系的运用，是人工智能技术的对决。可以看出，兵器技术的发展不会终止，只会随着科学技术的进步而发展，这正是各个国家防务公司能够长久生存的缘由。

战争是人类活动中最荡气回肠的高端表达形式，汇集了最先进的技术、最高效的资源、最敏捷的指挥等要素。斗转星移，世界文明的传承始终伴随着战争的起舞，不同的社会形态与其战争形态相伴相生。令人震撼并值得书写的莫过于工业时代下的机械化战争、信息时代下的精确打击战争、智能时代下的有人-无人协同战争。这三种类别战争催生的核威胁力量、精确打击威胁力量到算力与算法威胁力量的变迁，完美诠释了社会形态与战争形态在突出特征上的叠合。

二战以来，美军的军事力量与军工体系的变迁引领全球，战争要素不断有序重整，对世界各国有着切实的引领与诱惑。20 世纪 60 年代，美国国防部引领的围绕构建具备武器系统集成能力和战争解决方案，引起波澜壮阔且影响深远的大规模军工资源重组。战争的取胜不再依赖军工企业的数量，而是取决于军工企业所提供的关于战争的作战能力。

在百年未有之大变局的时代背景下，国内民营防务公司如何抓住机遇快速发展，是每一个决策者都要面临的首要问题。当前，信息化社会的一只脚已悄然迈入智能化社会，无人作战理论体系与无人作战力量正在逐步建立与形成。在纳卡冲突、巴以冲突与俄乌冲突中，均能看到无人作战几近颠覆式力量带来的震撼式宣泄。

当前，不同功能、性能和用途的无人作战装备正被世界各类防务公司竞相研发，不同的无人作战装备正在不同的战争中被竞相应用与验证。国际军事领域的无人化以及有人-无人协同作战模式正以不可逆转的方式呼啸而来，为国际军事武器装备的跨越式发展带来了新机遇。

一般而言，牵引武器装备发展的动力来自三个方面。一是军事需求，国家和军队提出新概念、新功能和新能力需求；二是新技术、新材料的发现，引发武器装备体制、功能及结构等的变化；三是现有技术问题及瓶颈问题得到了解决，尤其是长期制约其作战效能提升的核心技术取得突破。正是这三个方面的进步和相互促进，促使世界各国都在加速各自无人作战装备的研发和应用验证。

中天集团是国内少有的能够提供体系化作战方案且具备全系列武器平台研发生产能力并拥有军工资质的民营防务公司之一，拥有国内外分 / 子公司及参股、控股公司 35 家，主要产品涉及弹药总体与零部件、无人机、无人车与机器人、特种车辆、航空装备、海洋防务、防护材料和大数据等八大领域。

作为中天集团发展战略的决策者和技术创新路线的制定者，为了在当今“两个大局”的时代背景下，能够全力服务于中国式现代化建设和祖国统一大业，维护世界和平，增强国际合作空间，拓展国际市场领域，我必须要详细了解先进的国际同行都在干什么，是怎样干的，干到了什么程度，是否存在合作的可能等一系列问题，我们必须要做到知己知彼，才能心中有底。

于是我做了一个长远的决定，即以中天集团海外事业部为核心，创建了《中天国际行业观察》专刊与公众号，坚持通过公开信息渠道连续收集、整理国外著名防务公司同领域的技术概念与需求的形成、产品研发、生产制造、试验考核、应用验证以及军方用户配套应用情况的综合信息，进行信息关联性解读分析，并给出相应可行的建议。最终，这些信息以专刊和公众号的形式在集团内部发布。

截至 2023 年上半年，《中天国际行业观察》累计发布了近 60 期，涉及的装备产品覆盖 2019—2023 年年初这一时期，这些信息基本反映了国际各著名防务公司在这一阶段的新装备产品与技术研发现状和未来的发展方向，而这些能够集中展现当代国际防务公司装备研发信息的渠道和内容在国内还属于首次。将这些信息集中整理并出版，对于国内的同行以及用户方均有极强的参考价值，这也是中天人为国家能做的一点贡献。

通过对这些收集到的信息进行分析可以发现，其中最大的特点是，各防务公司都将军用有人-无人协同作战装备作为自身当下和未来的主要发展方向，其中一些无人作战装备的效能也在俄乌冲突及其他军事热点地区得到了初步应用验证。为了快速提升中天集团在军用有人-无人协同作战装备领域的国际竞争力，明确未来的技术发展路线与方向，本书力图在《中天国际行业观察》专刊与公众号所收集信息的基础上，重点对外军的有人-无人协同作战装备领域的产品与技术进行提炼、归纳和分类整理，以便能够清晰展现国际防务公司的技术概念与需求形成、任务来源、研发思路、方案制定、功能性能设计、产品生产试验方法和实战应用验证情况，提升和改进装备产品的研制、生产和试验及验证模式，促进国际合作，同时也为国内同行和用户提供可以参考的信息。

本书以外军有人-无人协同作战装备技术与产品为对象，尽可能地以图文并茂的方式全方位、全要素地给予展现，以满足不同读者的信息需求。全书共分为 11 章，第 1 章为绪论，重点分析了国内民营防务公司的历史责任和当前所面临的形势，介绍了中天集团的发展历程及典型无人作战装备产品，明确了无人作战平台与无人作战装备等要素的含义与关系等；第 2 章以对空领域军用无人驾驶飞行器为对象，重点介绍了对空无人驾驶飞行器的技术内涵、产品分类方法以及国际各防务公司的典型产品及性能指标，共涉及全球信息线索 80 条；第 3 章主要以对陆领域军用陆地机器人为对象，包括了无人车和机器人，共涉及全球信息线索 61 条；第 4 章主要介绍了对海领域无人作战平台，共涉及有关信息线索 9 条；第 5 章介绍了有人-无人协同作战系统与技术，共涉及相关信息线索 13 条；第 6 章重点介绍了军用反无人作战系统装备技术与产品，共涉及相关信息线索 20 条；第 7 章介绍了无人作战系统的智能控制与人机协同技术，共涉及案例信息线索 7 条；第 8 章对俄乌冲突期间有人-无人协同作战装备的应用情况进行了跟踪分析；第 9 章对未来有人-无人协同作战装备体系的可能构型及所面临的核心问题进行了分析；第 10 章对军用有人-无人协同作战装备技术与产品发展应用所面临的核心问题和发展趋势进行了分析，并提出了发展建议；第 11 章对本书所涉及的国际著名防务公司简要信息进行了汇总，并按照国家进行了分类，使读者可以清楚地了解国际军事装备能力与技术水平发展的不平衡现状。

本书具有以下特点：

首次以有人-无人协同作战装备产品的技术构成、功能用途和操作使用三者相结合的方式来定义和解释有关军用有人-无人协同作战领域内的无人载具、无人作战装备、无人作战平台、无人作战系统和无人作战体系的技术内涵和它们之间的关系。

首次体系化地展示了对空领域军用无人驾驶飞行器、对陆领域军用陆地机器人、对海领域无人作战平台、有人-无人协同作战系统与技术、军用反无人作战系统装备技术与产品和无人作战系统的智能控制与人机协同技术等方面的国际最新成果，客观真实地再现了外军不同军兵种的有人-无人协同作战装备领域的技术需求概念的形成、产品研发与试验、应用装备和技术迭代的过程和模式。

同时，本书结合最新的俄乌冲突，对有人-无人协同作战装备应用战例进行了反思与分析，并对未来有人-无人协同作战装备的体系化应用以及防护与攻防对抗、人工智能等技术进行了探索，提出了未来装备研发部门和军事应用单位双方应该共同直面解决的首要问题。

希望通过本书的系统化呈现，能够为国内同行、军工用户和无人作战装备爱好者提供一个全面了解当今外军有人-无人协同作战装备产品与技术能力现状及未来发展趋势的窗口；为跟踪国际一流水平，改进和完善自身的装备研发模式，提高有人-无人协同作战装备研制水平提供参考。这也算是我本人及中天集团为中国式现代化建设和祖国统一大业所做的一点贡献。

本人希望通过尽可能详尽的图文并茂的方式，传递所收集的信息，满足不同读者的信息需求。但是，由于有人-无人协同作战是一种新型作战模式，又是以人工智能技术为基础的新型战争形态，受限于收集信息的渠道及本人对未来有人-无人协同作战技术的认知能力和水平，信息量的详尽程度及分析深度等可能无法满足所有人的需求，还请各位读者见谅。

最后，我要感谢中天集团海外事业部《中天国际行业观察》专刊与公众号的全体同事，正是你们的辛勤付出，才有了我们深入分析和了解的基础。我还要特别感谢我的同窗好友柴波研究员，他凭借出版多部专著的经验，在内容策划及编辑出版方面付出了大量精力。

李保平

2024 年 7 月 1 日

目录
CONTENTS

第 1 章 /

绪 论

第 2 章 /

对空领域军用无人驾驶飞行器

第 3 章 /

对陆领域军用陆地机器人

第 4 章 / 对海领域无人作战平台

第 5 章 / 有人-无人协同作战系统与技术

第 6 章 / 军用反无人作战系统装备技术与产品

第 7 章 / 无人作战系统的智能控制与人机协同技术

第 8 章 /

有人 - 无人协同作战装备在俄乌冲突中的应用战例启示

第 9 章 /

未来有人 - 无人协同作战装备的体系化应用探索

第 10 章 /

军用有人 - 无人协同作战装备技术发展态势观察分析

第 11 章 /

国际著名防务公司信息简介

第 1 章

绪 论

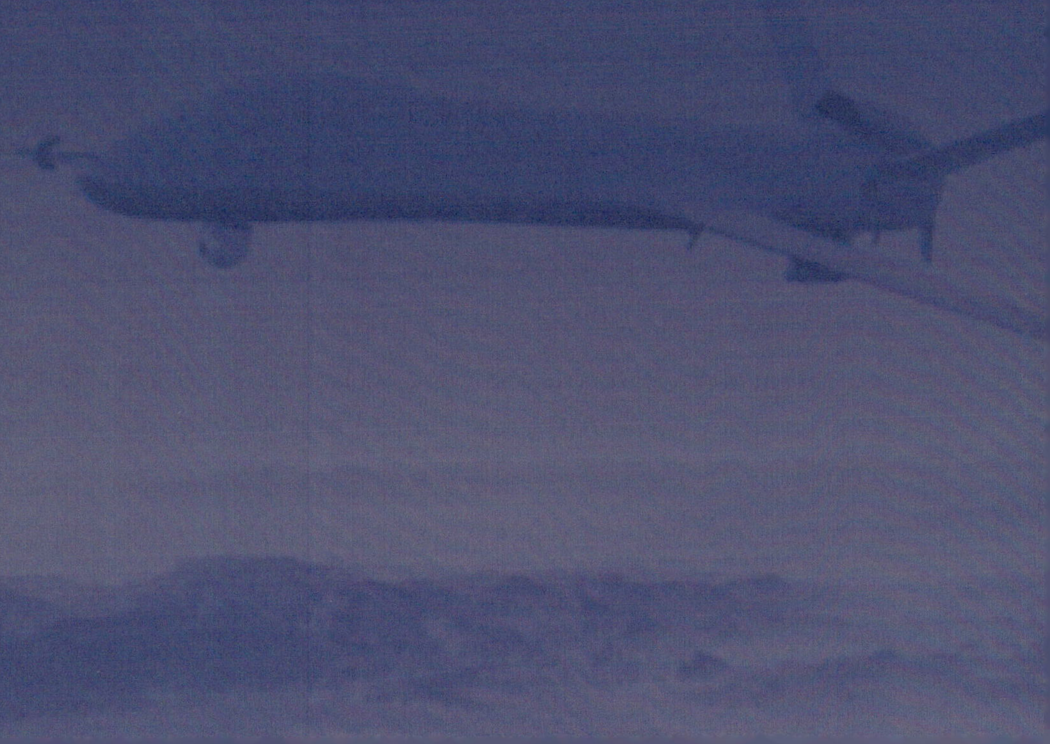

民营科技企业是指以科技人员为主体创办的，实行自筹资金、自愿组合、自主经营、自负盈亏、自我约束、自我发展的经营机制，主要从事科技成果转化及技术开发、技术转让、技术咨询、技术服务或实行高新技术及其产品的研究、开发、生产、销售的智力、技术密集型的经济实体。民营科技企业是党的十一届三中全会后，在改革开放中诞生和发展起来的，并已成为国民经济的重要组成部分。随着我国科技的不断发展，民营科技企业涉及经济社会发展的各个方面，其综合实力也得到了快速发展。但是，我国从事军工产品研发与配套的民营防务企业却相对较少，虽然企业数量较少，但其发展速度很快，并取得了很大成就，为国防科技和国民经济的发展做出了很大贡献。在当今百年未有之大变局的时代背景下，民营防务企业努力适应这一环境，并为中国式现代化建设和祖国统一大业做出贡献，是此类企业必须永远铭记并为之努力奋斗的大事。

1.1 当前民营防务公司所处的时代背景

党的十九届五中全会提出：“全党要统筹中华民族伟大复兴战略全局和世界百年未有之大变局”，这是我党对当前国际国内形势所做出的战略判断。在这两个大局的背景下，国际政治、经济、科技及军事领域均发生了深刻的历史变革。

在经济领域，新兴经济体和发展中国家在世界经济中所占据的份额越来越大，世界经济中心正在加快“由西向东”的转移，亚太地区已经成为世界竞争的中心，中国的周边安全环境发生了巨大变化，国家发展面临新的形势和压力。

在科技领域，随着人工智能技术、5G 通信技术等的发展，带来了前所未有的激烈竞争。以美国为首的西方国家为阻止中国，频繁发起对中国中兴、华为、大疆等高科技公司和西北工业大学等高校，以及航空航天等军工企业的封锁与制裁，还联合多个国家组成联盟，限制光刻机等半导体高端制造设备出口我国，意图全面遏制我国高新技术的发展。

在军事领域，美国在海外拥有 374 个军事基地，其中 313 个布局在中国周边，美国通过在日本、韩国、澳大利亚和关岛等地部署大量军事力量，旨在加强其在本地区的存在感。在美国已经租用菲律宾 23 个陆海空基地的基础上，美菲双方又于 2023 年美国国防部长奥斯汀访菲期间达成意见，同意美军在菲律宾增设 4 个军事基地，意图进一步增加对中国的威慑。

面对百年未有之大变局，第四次工业革命方兴未艾，国际治理赤字突出，国际不确定性增强，原有发展模式面临挑战。在这样的国际环境下，中国还要实现“中国式现代化”和“祖国统一”两大宏伟目标，其困难可想而知。

中国式现代化，是习近平总书记在庆祝中国共产党成立 100 周年大会上提出的重要论断。他又在 2023 年 6 月 1 日出版的第 11 期《求是》杂志发表了《中国式现代化是中国共产党领导的社会主义现代化》一文，强调了中国式现代化是中国共产党领导的现代化，既有各国现代化的共有特征，更有基于自身国情的中国特色。建设中国式现代化是我国正在努力奋斗的目标。

解决台湾问题，实现祖国完全统一，是维护亚太和世界和平的需要，是全体中华儿女的共同愿望，是实现中华民族伟大复兴的必然要求，是中国共产党矢志不移的历史任务。“台独”分裂是祖国统一的最大障碍，是民族复兴的严重隐患。美国等西方国家正在以各种方式加强与“台独”势力的勾连，意图阻止中国统一和民族复兴。

国家主席习近平在 2021 年 11 月 16 日与美国总统拜登举行视频会晤时强调，台海局势面临新一轮紧张，原因是台湾当局一再企图“倚美谋独”，而美方一些人有意搞“以台制华”。这一趋势十分危险，是在玩火，而玩火者必自焚。美国当地时间 2023 年 11 月 15 日，国家主席习近平在美国旧金山斐洛里庄园同美国总统拜登举行的中美元首会晤中再次强调：美方应该将不支持“台独”的表态体现在具体行动上，停止武装台湾，支持中国和平统一。中国终将统一，也必然统一。

对于中国来说，百年未有之大变局意味着挑战与机遇并存。对于一家从事防务领域开拓的民营公司来说，如何抓住这一机遇，在这样的大局中规划好自己的历史定位和发展方向，服务于中国式现代化建设和祖国统一大业，是摆在中天集团领导及决策层面前的首要问题。

1.2 中天集团的使命与发展历程

中天集团由中天引控科技股份有限公司（简称中天引控）和中天智控控股股份有限公司（简称中天智控）两大公司双脊支撑。

中天引控于 2012 年年底率先成立，主要以精确打击弹药和防护材料为核心业务，中天智控成立于 2019 年，主要围绕装甲车、无人机、无人车与机器人、大数据等领域构建核心能力。

中天集团以“构建下一代战场武器平台”为战略发展目标，接轨全球顶尖军工科技，战略方针契合未来战争发展规律，致力于打造“信息化 + 精确打击 + 无人化 + 无人自组网 + 有人 – 无人互组网”的技术高地。

中天集团已构建了强大的研发团队，设有院士工作站，签约院士 2 名、合作院士 6 名、博士 57 名、硕士 160 余名、海外工程师 200 余名。强大的研发团队使中天集团具备深厚的科研、生产和试验能力，成为细分行业专业领域的领头企业。

中天集团是目前国内少有的能够提供体系化作战方案且具备全系列武器平台研发生产能力和军工资质的民参军企业。集团旗下拥有海内外公司 30 余家，其中精确打击弹药、无人机和航空装备三大板块拥有完备的军工资质，致力于为我军装备水平提升贡献一份力量。

1.3 中天集团典型无人作战装备产品

中天集团无人作战装备产品主要分为对空、对陆和对海三大领域。

1.3.1 对空领域

在对空领域，中天集团主要以飞龙系列无人机为主。

1.3.1.1　飞龙 -1 大型察打一体机

飞龙 –1 大型察打一体机是一款中高空长航时察打一体的大型高端军用无人机，可实现远距离、大范围、全天时、全天候侦察，凭借其强大的机载武器，可实现对侦察区域内敏感目标的即察即打，可以执行侦察、监视和对地打击任务。该产品适用于边境巡逻、反恐维稳、远程定点清除等任务需求，综合作战效能在全球同类型无人机领域居于先进水平。

图 1-1　飞龙 -1 大型察打一体机

1.3.1.2　无人隐身轰炸机

无人隐身轰炸机是中天集团根据对未来战争形态的判断研制的新一代高端无人作战平台，采用飞翼无尾布局、背负式进气道和内埋弹舱设计，全机复合材料用量达到 90% 以上，具备优良的全向雷达和红外隐身性能，可携带多种类型的精确制导武器，也可作为有人隐身飞机的“忠诚僚机”，协同完成战术任务，具有极强的战场生存能力。

图 1-2　无人隐身轰炸机

1.3.1.3　飞龙 -3 太阳能无人机

飞龙 –3 太阳能无人机，具有超长航时，由中天集团联合国外团队研制。形成翼展 12.5 m、25 m 和 50 m 的太阳能无人机平台系列，利用太阳能作为动力源，可挂载光学设备、SAR、高光谱设备、大面阵 CCD 设备、通信侦察设备等，对地面情况进行侦察，具备“准卫星”特征。其中，12.5 m 翼展样机可飞行 180 h。

图 1-3　飞龙 -3 太阳能无人机

1.3.1.4　飞龙 -6 无人预警机

飞龙 –6 无人预警机是根据用户单位需求研制的，具有侦察和拦截功能，通过携带的相控阵雷达可对大范围空域实施探测、预警；可通过数据链将获取的信息分发至地面防空指挥中心或空中机群；也可携带空对空武器对敌方无人机、蜂群等实施拦截。

图 1-4　飞龙 -6 无人预警机

1.3.1.5　飞龙 -71 超音速无人机

飞龙 –71 超音速无人机是一种模拟先进的第三代和第四代战斗机典型特征的靶机。该无人机采用先进菱形机翼，隐身气动一体化设计，具有高空高速、大过载飞行及较好的雷达隐身性能，可满足防空武器系统的各类试验和部队的实弹训练需求。

图 1-5　飞龙 -71 超音速无人机

1.3.1.6　飞龙 -73 亚音速无人机

飞龙 –73 亚音速无人机，具有全自主飞行、昼夜使用、可视化操作、全天候保障及多次重复使用的特点，主要面向国内军方、武器研制单位和国际军贸用户，满足对空防御训练及演习演练，新型防空武器系统试验鉴定所需的靶标需求。目前，该型无人机已完成空军项目验证并投入量产。

图 1-6　飞龙 -73 亚音速无人机

1.3.1.7　飞龙 -82 多旋翼无人机

飞龙 –82 多旋翼无人机系统是一款多旋翼多用途无人机系统，具有遥控、自主、增稳等飞行模式，具有航时长、载重大、抗风能力强、操控简单、安全可靠等功能特性。该系统可根据用户需求配装普通地面起降系统或随车起降系统两种起降系统套装，以应对普通人员携行或随车行进两种不同的使用模式。该无人机具备与装甲车辆协同作战的能力。

图 1-7　飞龙 -82 多旋翼无人机

1.3.1.8　飞龙 -83 垂直起降复合翼无人机

飞龙 –83 垂直起降复合翼无人机系统是新一代新型无人机系统，具有直升机垂直起降特性和常规固定翼高巡航效率特性。该系统具有垂直起降能力，续航时间长，在同类产品中具有自动化程度高、载重大、使用方便、安全系数高等特点，可在任何复杂场地进行无约束垂直起降。

该无人机适用于执行复杂地形线路巡查、应急通信中继、海事巡逻、森林防火、灾害搜救等多种作业任务。目前，该型无人机已完成样机研制并交付用户。

图 1-8 飞龙 -83 垂直起降复合翼无人机

1.3.1.9 飞龙 -91 便携式无人侦察机

飞龙 –91 便携式无人侦察机，可单兵便携，也可用背包携带、手抛起飞，主要用于执行空中侦察监视、目标搜索、跟踪和识别、火力引导、毁伤效果观察和地形通行情况观察及边境巡逻等任务，也可担负城市作战、反恐处突等行动的侦察情报保障任务。

图 1-9 飞龙 -91 便携式无人侦察机

1.3.1.10 虎鲨无人侦察机

虎鲨无人侦察机配备了全自动弹射起飞和伞降系统，具有高可靠性和便捷的操纵性等优良品质，经过优化的气动布局，可加装高精度陀螺稳定双光吊舱、高（多）光谱成像仪及全画幅数码相机等任务载荷，具备完全自主化运营特点。该型无人机已成功应用于城市反恐、国土资源调查、灾情监测和评估、突发事件监控、航空摄影测量、森林防火和城市消防等领域。

该型无人机在中东某国与美英同等级无人机的竞争中，以 80 余架次无故障完成侦察任务的成绩获得了第一名，目前，该型无人机已具备量产能力。

图 1-10 虎鲨无人侦察机

1.3.1.11　怒火固定翼自杀式无人机

怒火固定翼自杀式无人机，具备感知与打击能力，是一种低成本战术巡飞类弹药，可为小型地面部队和特种作战部队提供重要的战场态势感知和火力支持。怒火无人机可通过发射架弹射或发射筒发射，一辆小型车辆最多可携带 12 ～ 16 架怒火无人机。

怒火无人机配备了高质量的昼夜光电制导系统，可以收集战场周围区域的视觉情报，射程可达 50 km。怒火无人机由一台静音电机提供动力，有 2 h 的巡飞时间。

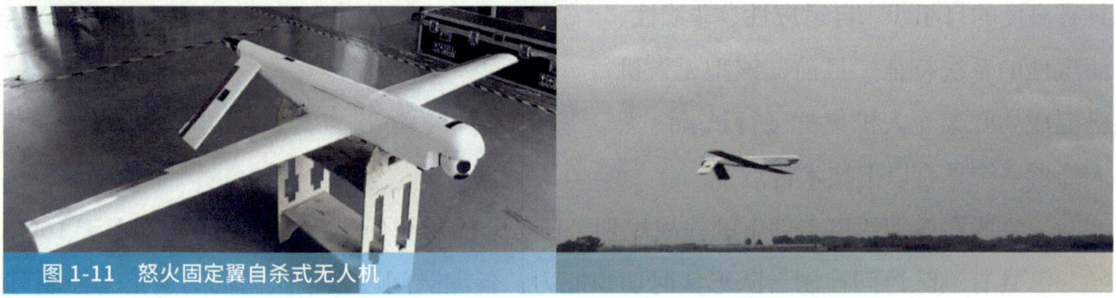

图 1-11　怒火固定翼自杀式无人机

1.3.1.12　ZT-1B 共轴翼自杀式无人机

ZT–1B 共轴翼自杀式无人机，可以实现单兵便携。ZT–1B 无人机是共轴双旋翼察打一体无人机，可携带 500 g 高爆战斗部。单套系统由 3 台无人机与 1 台地面站构成；体积小巧便携，隐蔽性好，可对地面固定目标、战车和水面小型舰船实施快速精确打击，适合单兵作战。

图 1-12　ZT-1B 共轴翼自杀式无人机

ZT–1B 无人机可由地面及移动平台起飞或手持放飞，装备有可见光 + 红外视频实时回传模块，具有自主飞行和人在回路两种工作方式。

1.3.1.13 无人蜂群系统

无人蜂群系统是一种智能集群系统。

无人蜂群系统包括侦察无人机组网的“复眼”系统和攻击无人机组网的“蜂群”系统；组网系统个体之间分工合作、互相协调，可以高智能完成复杂任务；具有高度的自组织、自适应性、非线性、涌现性的系统特征。目前，该型无人机已完成 300 架无人机集群飞行试验。无人蜂群系统具有以下技术特点：

图 1-13　无人蜂群系统

• 完成在典型约束条件下的作战规划、任务分配及重分配，所需时间均不大于 10 s。

• 具有编队协同控制、队形实时切换能力；各编队间以及编队内部的通信与控制可实现自组织、自适应。

• 支持多种任务载荷分布式搭载，达到协同搜索、信息补盲、云端存储和在线融合，完成在复杂环境下多目标侦察、干扰、打击等任务。

1.3.2 对陆领域

在对陆领域，中天集团的典型产品包括无人车与机器人两类。

1.3.2.1 猎犬反恐机器人

猎犬反恐机器人是一款主要用于反恐作战、城市战、远程谈判、伏击、边境巡逻及地下坑道作战的多功能作战机器人，具备智能打击能力。可搭载多种武器系统，同时具备致命及非致命打击能力。猎犬机器人携带的催泪瓦斯喷射器、致盲手电可以使敌人顷刻间丧失战斗能力。猎犬机器人可为特种部队、SWAT 小队和步兵单位提供直接支援，也可以在恶劣的室外地形和室内进行操作，快速攀爬楼梯并有效地侦察、吸引、打击目标。

猎犬机器人具有体积小、重量轻、操作简便、通过能力强、遥控距离远、

图 1-14　猎犬反恐机器人

安全性高等特点，是反恐及特种行动的不二选择。目前，该型机器人已通过公安部检测，具备量产能力。

1.3.2.2　影蝠微型组网机器人

影蝠微型组网机器人，具备微型、超轻、双面多用途等特点，单个机器人单元仅重 1.6 kg，可抛投部署（已完成 5 m 高度水泥地坠落试验），或使用磁吸轮组攀爬金属表面。

图 1-15　影蝠微型组网机器人

组网后的系统具备自主协同、去中心化、快速复原、延长通信距离等特性，可作为军事行动、执法行动和民事搜救行动中执行任务的重要装备。

1.3.2.3　蛮牛可折叠多功能平台

蛮牛可折叠多功能平台是一款可折叠多功能的机器人平台系统，搭载 360° 昼夜彩色摄像头，具有目标识别、规划路径行驶和自动跟踪目标的功能。该平台可搭载各类传感器、机械臂、防暴盾牌、40 mm 口径榴弹发射器、武器平台等，可作为在现代及未来战争中执行战场作战、反恐防暴、公共安全等任务的重要装备。

图 1-16　蛮牛可折叠多功能平台

1.3.2.4　蚁兵 05 小型多功能无人车

蚁兵 05 小型多功能无人车是一款可单兵携带的无人车平台，可用于侦察打击。蚁兵 05 无人车仅重 11 kg，采用无线远程控制，是自主研发的自适应行走机构，可应对各种恶劣的地形，具备优异的全地形通过能力，履带结构可根据地面的情况被动变形去适应，可达到履带震动幅度大但无人车机体平稳的效果；具有重量轻、承载能力强、速度快、通过能力好等特点；搭载不同任务模块（如机械臂、炸药、80 mm 火箭筒等），可用于野外侦察、战场评估、反恐排爆、狭小空间救援等。

图 1-17　蚁兵 05 小型多功能无人车

1.3.2.5　蚁兵 30 中型多功能无人车

蚁兵 30 中型多功能无人车是一款履带式多功能无人车平台，具备侦察打击能力和单兵武器搭载与协同作战能力。蚁兵 30 无人车设计有独特的可变履带结构，可根据任务要求通过调节履带高度来实现各种复杂地形条件下的高通过性。

蚁兵 30 无人车采用油电混动方式驱动，需要隐蔽前行时可选择纯电驱动，需要长续航时可选择燃油驱动。蚁兵 30 无人车通用性强，可通过加装多种任务载荷来执行各种反恐维稳任务，例如加装光电侦察模块可执行前沿侦察监视任务，加装武器模块可执行打击及火力掩护任务。

图 1-18　蚁兵 30 中型多功能无人车

1.3.2.6　汉骡 200C 重型多功能无人车

汉骡 200C 重型多任务通用平台是基于高速、高通应用需求而研发的通用无人底盘，具备大载重能力，填补了国内无人履带底盘在 1 t 以下级别的空白。该底盘通过二次开发可用于班组运输、侦察、评估、中继、突防、打击、扫雷、消防、救灾、物探、石油等众多领域，具有尺寸小、重量轻、便于空投等特点，采用油电混合动力组时，将不受充电周期限制。平台采用全新的带柔性悬挂的行走机构，具备优异的全地形通过能力、高速机动能力和承载能力。可搭载小型无人机、小型无人车等装备进行协同合作，其各项技战术指标在国内外同类别平台中领先优势明显。

图 1-19 汉骡 200C 重型多功能无人车

1.3.2.7 大犀牛重型多功能无人车

大犀牛重型多功能无人车具备遥控 + 自主工作模式。大犀牛无人车是面向野外无人作战任务场景设计的一款具有自主导航能力的通用履带式无人底盘，具备较高的携行和越野能力。通过对驱动控制系统的设计，可为平台运动提供充足可靠的越野动力，以及为上层软件控制提供标准化的通信接口；通过对上层智能控制系统的开发，可为平台提供一定的环境感知能力、任务 / 路径规划能力和自主控制能力；可以实现路径规划，轻松完成自主避障。

图 1-20 大犀牛重型多功能无人车

1.3.3 对海领域

在对海领域，中天集团已经研发了 RS 系列自主无人潜航器等。

RS 系列自主无人潜航器具有以下技术特点：

• 克服了横滚四螺旋桨对转运行，有效解决了传统 AUV 运行过程中的姿态横滚问题；

• 螺旋桨内置无舵 + 整流罩喷水推进，内置螺旋桨，减少了缠绕现象；

- 矢量喷水创新整流罩，四螺旋桨合成矢量喷水，提高了推进效率；
- 高机动性可实现原地转弯、就地掉头、水中定姿悬停等动作。

图 1-21　RS 系列自主无人潜航器

1.4 《中天国际行业观察》的收获与启发

在“两个大局”的时代背景下，为了使集团领导随时掌握国际同行产品与技术发展动态，制定和调整公司发展方向，践行历史使命，服务国家战略，集团责令海外事业部，利用地域资源优势，及时收集掌握国外公开报道、著名防务公司网站信息等，建立《中天国际行业观察》专刊与公众号，按月定期发布。

《中天国际行业观察》结合本公司的产业布局和产品研发领域，以公开发布的消息和信息为线索，结合网站信息搜索，重点关注国际各著名防务公司相关领域的最新产品研发情况，包括任务需求来源、产品功能、性能、研发方式、试验方法与应用验证情况以及产品形态和技术指标等，同时收集并了解各防务公司的历史背景、产品领域和公司发展方向等信息，为后续开展国际合作和开拓国外市场奠定基础。

2020 年至 2023 年上半年，《中天国际行业观察》发布专刊共 60 期，收集整理和发布信息 600 多份。本书从中天集团的视角出发，基于《中天国际行业观察》资料，重点针对“军用无人作战装备产品与技术”进行技术性的分类、归纳、提炼和总结，结合无人作战装备在俄乌冲突中的应用观察，对无人作战装备所涉及的共性关键技术与研究应用情况、面临的问题和未来的发展方向等进行了专项分析，以便中天集团决策层和国内同行能够清晰地了解国际同行的技术水平和无人作战装备产品与技术的研发及应用情况，不断改进和提高自身水平，并为业内人士提供多角度的信息参考。

1.5 名词要素的定义和相互关系

在当前学术界，有关无人作战装备和无人作战平台的要素概念比较混乱，不同领域的专家和学者，都从自己的专业领域对相关概念进行了定义或解释，通过把各个不同领域的定义或概念集中在一起发现，这些定义或概念有的从技术上论述，有的从功能用途上论述，更有些论述错误地把无人作战装备直接等同定义为无人机、无人车或无人艇等等，整体缺乏科学的划分和系统性表述。要想体系化地分析和构建无人作战装备产品与技术的论述，首先必须统一基本定义与技术内涵，并理清不同要素之间的关系。

本书希望以产品的技术构成、功能用途和操作使用三者相结合的方式，尽可能地准确定义和解释无人作战方面的概念，并明确它们之间的关系，以便为建立无人作战体系奠定基础。

1.5.1 名词要素定义

无人载具：是指没有人员驾驶的，依靠有线或无线人工远程操控的，空中飞行、陆地运动和水中航行的通用机械装置，如我们常说的无人机、无人车和无人船等。这种无人载具的工业应用、消费应用和军用产品在各自的环境条件下的构成以及工作原理没有太大的差别。

无人作战装备：是指通过无人载具加装规定功能和用途的特殊载荷构成的无人作战装备，载荷的功能和用途决定了装备的用途。例如，在农业领域，无人飞机载具加装种子喷洒装置就是无人播种飞机，成为农用无人装备。在军用领域，无人飞机载具在加装了照相机或红外/雷达导引头探测器等以后就成了无人侦察机，如果加装的是攻击武器或战斗部就是无人攻击飞机，把侦察与攻击载荷进行组合就构成了察打一体机等。

无人作战平台：是指无人驾驶的、完全按遥控操作或预编程序自主运行的、携带进攻性或防御性武器以及特定功能载荷，遂行作战任务的一类武器平台。也就是说，无人作战平台包括了无人作战装备和操作无人作战装备的系统或设备以及系统操作者本人。这种任务载荷可以是单一功能或多种功能的组合，可以是单一装备，也可以是多个装备或多个不同功能与用途的装备的协同集成。

无人作战平台在广义上可以分为空间无人作战平台、空中无人作战平台、陆地无人作战平台和水下无人作战平台四大类。其中空间无人作战平台由于其技术难度大，目前只有几个经济、科技、军事综合实力较强的大国在研发，如美国的 X37B、X47B 等，且相关信息高度保密，不是本书研究和讨论的内容，我们重点针对的是其他三个普遍应用的平台。

无人作战系统：主要由无人作战平台、任务条件保障、指挥控制系统以及信息通信网络等部分组成，涉及陆、海、空、天等多个作战领域的集成。

无人作战体系：在实战中，一般来说，无人作战系统构成比例最大，作战指挥权限最高，可以由单一功能的一个或多个无人作战平台组成（也称为同构），也可以是不同作战功能的无人作战平台的组合（也称为异构）。但未来的无人化体系作战绝不是单个的无人系统参与，而是多个或多种无人作战系统协同参战，这就需要更大的理论体系做指导，还必须要有无人作战战役战术规划、无人作战平台编成、无人作战指挥控制、通信与后勤保障以及作战效能评估等诸多系统的协调运行做保证，这些就构成了无人作战体系的基本架构。

根据这一基本定义，本书统一将对空领域的无人作战装备称为无人驾驶飞行器，将对陆领域的无人作战装备称为无人驾驶机器人，将对海领域的无人作战装备称为无人驾驶航行器。

1.5.2　各名词要素之间的相互关系

其实，大家常说的军用无人机、无人车和无人潜航器只是不同形式和功能用途的无人驾驶载具（简称无人载具）。这种无人载具加载不同的载荷就构成了不同功能与用途的无人驾驶装备（也称为无人作战装备）。不同的无人作战装备在不同的操控系统以及人机协同的支持下就构成了不同用途的无人作战平台（简称无人作战系统）。多个同构或异构的无人作战平台独立运行或与有人作战系统协同使用，就形成了现在所说的无人作战系统。而无人作战系统要投入实战化应用，还必须要有无人作战系统理论、无人作战战役战术规划、无人作战平台编成、无人作战指挥控制、通信与后勤保障以及战场效果评估等诸多系统的协调运行才能实现，这就是无人作战体系。无人作战平台是军事装备配备和使用的最小单元，是军事应用力量的倍增器，具有重大的军事价值，这也是装备研制单位的主要产品对象。

1.5.3　未来发展的趋势需求

美国《21世纪战略技术》一文指出："20世纪地面作战的核心武器是坦克，21世纪则很可能是军用机器人"，当然，军用机器人理应包括无人战车。国外军事专家认为，无人作战飞机的加盟将有可能改变未来空中作战的力量结构、组织编成、条例条令、作战原则、战术思想、作战方式以及国防采办等方面；无人潜水器的使用可能改变未来水下作战模式；而无人战车可能改变未来陆战的性质，未来陆战将是有人操控的无人战车与机器人的协同。

概括起来看，这些不同功能的无人作战平台相对于传统的有人作战平台具有非常明显的优点：

1）不存在人员伤亡或被俘的危险，是确保战斗人员伤亡降到最低程度的有效途径；

2）在装备设计时无须考虑人的现场直接操作、携带等因素及其相关的设备功能等，平台的设计完全以任务为中心，可以做到最精简化；

3）成本低廉，全生命周期保障维护费用大幅降低；

4）隐身性好，由于功能优化、体积缩小，为隐身设计创造了条件。

正是由于这些优点，无人作战平台成为世界各军事强国正在努力发展和建设的重点方向，未来无人作战平台的发展趋势为：

1）全方位、全领域进入无人时代；

2）形成有人－无人协同模式；

3）向着微小型化、便携式方向发展；

4）更加拟人化，更加智能化；

5）能够长航时、全天候工作；

6）能够兼容自主式和自杀式作战模式；

7）实现通用化、变载荷和可组合化。

8）具有敌我识别能力。

总之，我们相信，随着各国经济、科技和军事技术等的不断发展，无人作战平台技术会不断发展完善，装备的形态、功能构成与用途也会越来越多样化，在这样的时代背景下，中天集团也会迎来新的发展机遇。

第 2 章

对空领域
军用无人驾驶飞行器

对空就是在领空范围内。所谓领空，是指一个国家或地区所拥有的空域，是国家主权和领土完整的重要组成部分，是在其领土和领海范围上空的空间，通常被认为是从地面或海平面上方的高度开始，向上延伸到大气层的边缘，通常由国家或地区的法律和国际公约来规定。

根据国际法，领空的最低高度为海平面上方的 12 海里（22.2 km）。一般在此空间内的飞行称为内领空，超过此高度到 100 km 范围内就称为外领空。在领空以内的飞行称为航空，在 100 km 高度以上飞行就称为航天。

领空是国家主权的体现，涉及一个国家的主权、安全和发展利益，因此研发领空范围内的军用无人作战平台，是各个国家捍卫国家主权和保证国家安全的重要举措。

2.1 技术内涵

对空领域的无人驾驶飞行器一般是指在地面以上、大气层以内飞行的无人驾驶航空飞行器。目前，虽然没有权威的定义和分类方法，但从 2023 年 7 月 13 日我国商务部、海关总署、国家国防科工局、中央军委装备发展部发布的临时管制公告内容来看，无人驾驶飞行器分为两类，即无人驾驶航空飞行器和无人驾驶飞艇。无人驾驶航空飞行器主要包括无人机和巡飞弹。巡飞弹的构成及工作模式与无人机基本相同，只是任务目标比较具体单一，本书重点针对品种繁多、用途广泛的无人机装备进行分析。

无人机的本体是一种载具，也就是裸机，只有最基本的功能，不具有任务属性，其全名为无人驾驶飞机，其英文缩写为“UAV”，在加装不同用途的载荷后就构成了具有不同功能的装备，因此，各类文章所提到的无人机多指无人机装备。它是由无线电遥控设备和自身携带的飞行控制系统组成的，依靠地面辅助操控系统操作或依靠自身携带的计算机系统自主决策飞行的不载人飞机，一般由飞机本体、飞行控制系统、数据链通信系统、动力系统、发射回收系统和任务载荷系统构成，可以完成特定的任务。本章中所介绍的各类产品都具有明确的任务功能和用途属性，属于无人机装备。

2.2 无人驾驶飞机的分类方法

无人驾驶飞机（简称无人机）的分类方法多种多样。

首先，从服务领域来分，可以分为民用和军用两大类。

民用无人机又可以分为工业无人机和消费类无人机。其中工业无人机主要用于防火、防雨、防尘等，一般工作于雨雪天、高寒、高温、高湿以及电磁环境复杂等恶劣环境下，典型的用途包括巡查、监视、农用、气象、勘探、测绘、警用、物流运输、医疗救护等。

军用无人机可以按照用途分为侦察无人机、攻击无人机、诱饵无人机、电子对抗无人机、通信中继无人机、靶机以及多种任务用途的组合使用的察打一体机等。在当前的国际环境下，工业无人机由于品种多、成本低，已经被改装后大量应用于军事领域，比如我国的大疆无人机在国际上被大量改装后用于俄乌冲突而引发了广泛关注。为了维护世界和平，我国政府于 2023 年 7 月 31 日发布了公告进行出口管制，管制从 9 月 1 日起实施。商务部发言人也就此管制措施应询回答了记者提问，指出“高性能无人机具有一定的军用属性，对其实施出口管制是国际惯例。”“近年来，无人机技术快速发展，应用场景不断拓宽，部分高规格、高性能的民用无人机转用军事的风险不断上升。”“中国政府始终致力于维护全球安全和地区稳定，一贯反对将民用无人机用于军事目的。”“经批准，7 月 31 日，中国商务部会同相关部门，发布两个关于无人机出口管制的公告，分别对部分无人机专用发动机、重要载荷、无线通信设备和民用反无人机系统等实施出口管制，对部分消费级无人机实施为期 2 年的临时出口管制，同时禁止其他未列入管制的所有民用无人机出口用于军事目的。上述政策将于 9 月 1 日起正式实施。”

其次，按照无人机的功能、性能特征分类的还有很多，比如：

- 按飞行平台可以分为固定翼、多旋翼、直升机、飞艇和伞翼等。
- 按视距可以分为 4G/5G 无线网络控制、有线控制、自动程序控制和综合控制等。
- 按尺寸和重量可以分为微型无人机（小于 1.5 kg）、轻微型无人机（1.5 ～ 7 kg）、轻型无人机（7 ～ 25 kg）、小型无人机（25 ～ 150 kg）、中型无人机（150 ～ 5700 kg）和大型无人机（大于 5700 kg）。

• 按任务飞行高度可以分为超低空无人机（低于 100 m）、低空无人机（100 ～ 1000 m）、中高空无人机（1000 ～ 7000 m）、高高空无人机（7000 ～ 18000 m）和超高空无人机（大于 18000 m）。

• 按航程距离可以分为超近程无人机（低于 15 km）、近程无人机（15 ～ 50 km）、短程无人机（50 ～ 200 km）、中程无人机（200 ～ 800 km）和远程无人机（大于 800 km）。

一般在军事应用领域，采用上述分类方法可以充分体现无人机自身的技术性能，更能体现军事用途的特点。按照美军定义，无人机分为 5 类（图 2-1 中 Group 1 ～ Group 5 ）。

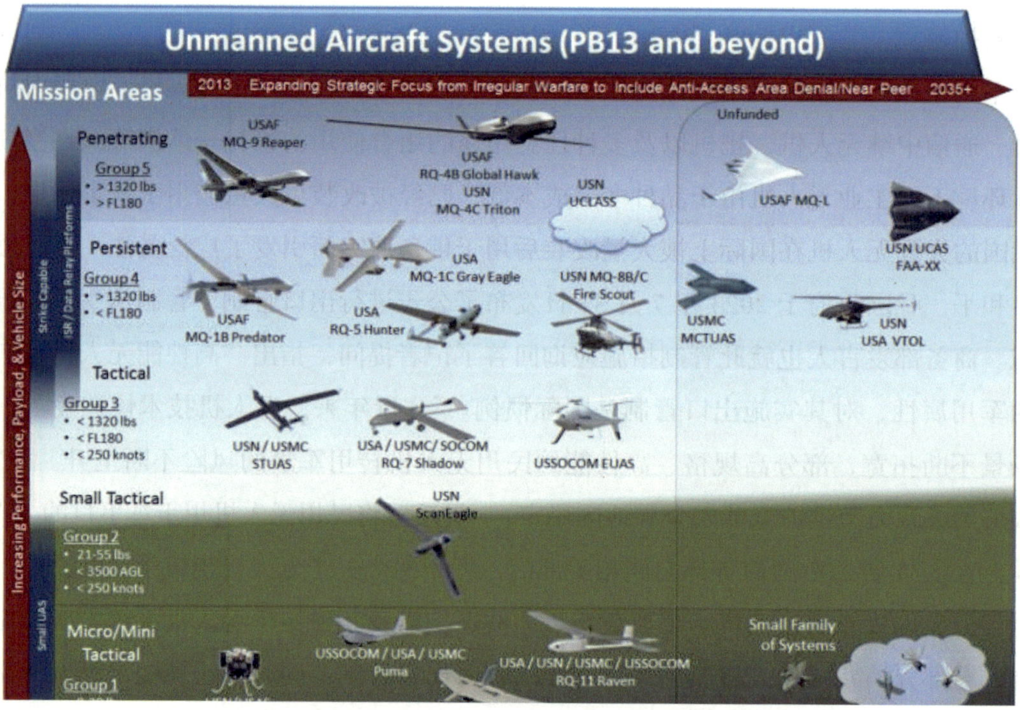

图 2-1　美军的无人机分类

按照美军定义，二类无人机（Group 2）为最大起飞重量 21 ～ 55 磅（9.5 ～ 30 kg），正常操作高度小于 3500 英尺（1066.8 m）离地高度，速度小于 250 节（463 km/h）的无人机。三类无人机（Group 3）为最大起飞重量小于 1320 磅（598.7 kg），操作高度低于 18000 英尺（5486.4 m）平均海拔高度，速度小于 250 节（463 km/h）的无人机。

2.3 对空领域军用无人驾驶飞行器的研发与应用情况

对空领域军用无人驾驶飞行器主要以无人机系列为主，本书通过全面展示国际各著名防务公司最新产品的任务来源、技术特点、功能与性能集成、技术指标以及产品研制试验和应用验证方法等，旨在让读者充分理解各个防务公司针对相同技术性能和用途的产品所采取的技术路径和研发理念等，知晓他们正在干什么，怎么干，已经干到了什么程度。

本章将以所收集的最新事件的信息为基础，尽可能地体现事件信息的先进性，也尽可能地遵照信息原意，尤其是在新概念提出和联合研发、验证、迭代等过程中，进行进一步挖掘和补充分析，对一些典型产品尽可能地采用文字和图片相结合的方式进行展示，以确保能够提供全方位的信息，满足不同读者的需要。

2.3.1 美国空军的“忠诚僚机”概念

XQ-58A“女武神”（Valkyrie）是设计用于自主操作或作为美国空军“忠诚僚机”概念一部分与有人机协同操作的远程高亚音速无人机，由美国空军研究实验室（AFRL）与 Kratos 无人机系统公司合作开发。据报道，XQ-58A“女武神”验证机已于 2019 年 3 月 5 日完成了首飞。据称，XQ-58A“女武神”第二阶段计划共计 5 次试飞，目标包括评估系统功能性、气动性能和起飞回收系统。

图 2-2 XQ-58A“女武神”无人机

XQ-58A“女武神”长 30 英尺（9.1 m），翼展 27 英尺（8.2 m），最大起飞重量 6000 磅（2721.6 kg），巡航速度 0.72 马赫（882 km/h），最大内部载荷 600 磅（272.2 kg），工作高度 50 英尺（15.2 m），离地高度 45000 英尺（13716 m），最大航程 3000 海里（5556 km）。

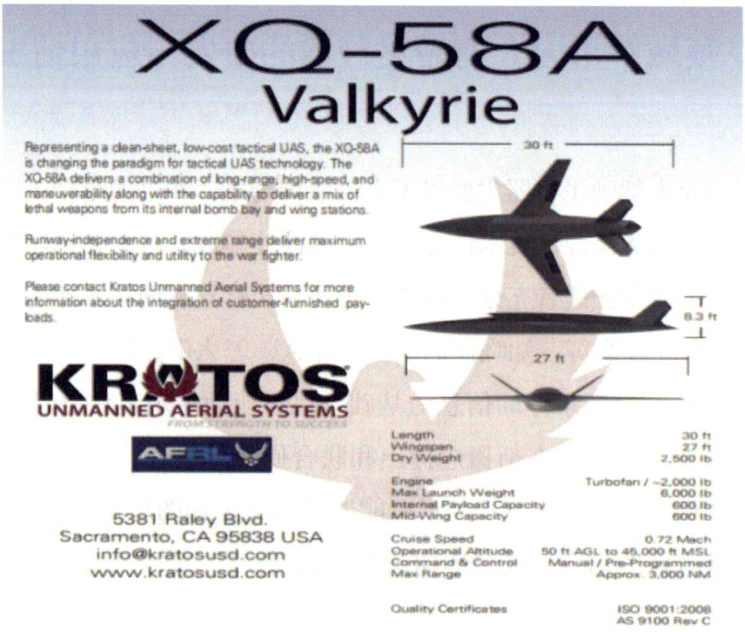

图 2-3 XQ-58A“女武神”性能展示

基于 Kratos 公司的“低成本”靶机设计理念，XQ-58A“女武神”也是美国空军研究实验室低成本可消耗飞机技术（LCAAT—Low-Cost Attritable Aircraft Technology）组合的一部分，其目标是打破战术相关飞机上升的成本曲线。低成本可消耗飞机技术倡议的目标包括通过开发更好的设计工具来更快地设计和制造，还有推进利用商用制造工艺来减少制造时间和成本。从签订合同到首飞，开发 XQ-58A“女武神”用了两年半多一点的时间。

与配合 3 代和 4 代战斗机特性的 UTAP-22“灰鲭鲨”（Mako）无人机不同，XQ-58A“女武神”倾向于降低雷达和热特征，以便为配合隐身飞机操作做好准备。外形呈不规则四边形，有着切角的尾翼、低矮的机背进气道和发动机排气口以及锯齿形边缘口盖面板和武器舱门。该机针对不依赖跑道特性开发，首飞持续了 76 min，起飞和飞行状态符合预期。

除上述两型无人机外，Kratos 公司的其他典型产品还包括 BQM-167A 高性能靶机、BQM-177A 高性能靶机和 MQM-178 高性能靶机等。

2.3.2 美国国防部首次从母机上发射 X-61A“妖精”无人飞行器

美国国防部于 2019 年 11 月进行了 X-61A“妖精”无人飞行器的首飞试验，距离军用飞机空中发射和空中回收蜂群无人机的目标更近了一步。该项目由 Dynetics 公司于 2018 年从美国国防部高级研究计划局（DARPA）获得。

据悉，X-61A“妖精”飞行试验在犹他州杜格威试验场进行。试验证明，C-130A 运输机能够成功发射 X-61A“妖精”无人飞行器，试验持续了 101 min，X-61A“妖精”飞行正常，DARPA-Dynetics 团队实现了所有试验目标，包括飞行器从发动机冷车启动到稳定飞行的转换，验证了数据链、无人飞行器控制权转交给地面站、试验回收机械臂和收集飞行器数据。Dynetics 公司已经制造了另外 4 架 X-61A“妖精”无人飞行器，因此还有足够的无人飞行器用于完成后续各项试验。

图 2-4　X-61A“妖精”无人飞行器在杜格威试验场进行试飞

下次试验将验证该无人飞行器是否能由 C-130 飞机在飞行中成功回收，这将是证明该无人飞行器在完成多次任务后被回收的关键性试验，也是实现节省成本概念的重点。在回收过程中，C-130 飞机将放下一个尾后拖曳的捕捉装置，用于套住无人飞行器，这样可以避开大型飞机尾流产生的紊流，待无人飞行器被捕捉装置稳定住之后，一个回收机械臂将伸出去对接无人飞行器，并将它回收到 C-130 飞机的货舱内进行存放。

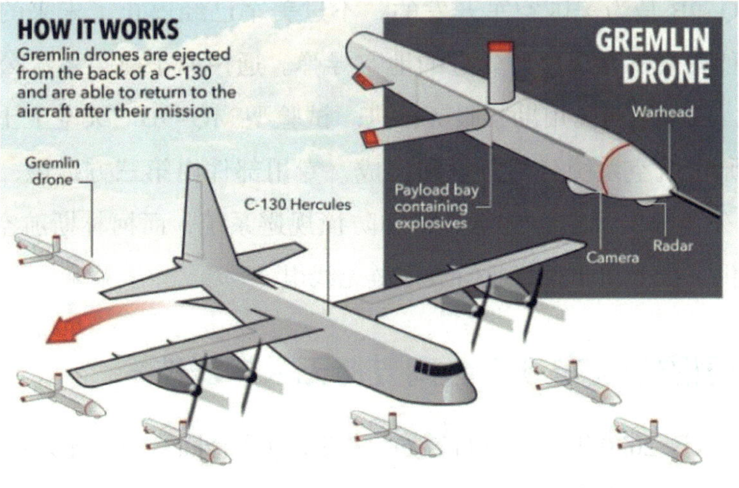

图 2-5　C-130 飞机的飞行中回收

2.3.3 美国用 MQ-9B“天空卫士”无人机为 NASA 进行演示飞行

2020 年 4 月，通用原子航空系统公司（General Atomics Aeronautical Systems）的 MQ-9B“天空卫士”无人机作为 NASA 一项试验的一部分在美国的国家空域飞行。无人机演示了机载传感器如何用于检查铁路、石油管线、通信和运河基础设施、农业监视、拓扑勘察、森林防火以及防洪监视。

图 2-6 MQ-9B“天空卫士”无人机

MQ-9B“天空卫士”从公司在南加州的设施起飞，向南飞过亚利桑那州的国家空域，遥控操作员通过公司开发的探测 - 规避系统控制无人机，该系统包括空中交通告警和防撞规避系统。据称，在飞行中该无人机还用空对空雷达发现了附近没有打开应答机的飞机。

MQ-9B“天空卫士”是为英国皇家空军开发的无人机，该机续航时间可达 40 h。早期型号的 MQ-9B 是为美国空军开发的，不过美军已经停止了未来的采购计划，因为他们担心这种无人机无法应对先进的地空导弹。通用原子航空系统公司正在将其客户基础多样化，从军用向民用勘察服务推进。试验型 MQ-9B“天空卫士”的探测 - 规避系统由通用原子航空系统公司开发和集成，专用部件由第三方提供，例如霍尼韦尔（Honeywell）公司提供了空中交通告警和防撞规避系统，而柯林斯航空公司（Collins Aerospace）提供了指令和非载荷通信数据链无线电。

2.3.4 美国国防部发布 9 个合同支持无人蜂群技术

据悉，DARPA 于 2020 年 4 月 13 日宣布，将发布 9 个合同给开发无人蜂群技术的公司。目的是通过进攻性蜂群使能战术（OFFSET—Offensive Swarm-Enabled Tactics）项目，最终促进实现 250 个小型无人机或地面机器人协同支援战斗人员的技术开发。

OFFSET 项目是 DARPA 开发的旨在建立一系列实现蜂群技术的技术，包括：

1）基于游戏模拟环境对蜂群技术的评估；

2）促进规范和推理团队级蜂群行为和协同的蜂群系统架构；

3）蜂群技术开发工具，例如“拖拽－松开”创建蜂群技术操纵的虚拟界面；

4）支持跨语言展示开发和其他控制框架（遥控系统）；

5）实现基于蜂群指挥和控制机制的语音和姿势多模式以及虚拟现实的蜂群技术指挥沉浸式互动界面；

6）针对地面和空中平台的实体蜂群试验场，用于执行实战技术评估。

图 2-7　攻击蜂群战术场景

该项目针对 5 个主要领域：蜂群技术、蜂群自主、人－蜂群合作、虚拟环境和实体试验场。为了鼓励这些领域中一个或多个方面实现快速创新，DARPA 已经主持了多次蜂群冲刺赛跑活动。这 9 个合同标志着第 5 次此类蜂群冲刺赛跑活动，而此次活动集中关注蜂群技术和城市环境下的实体试验场。

大约有 250 个机器人聚集在密西西比州 Shelby 营地联合部队训练中心，进行 DARPA 的 OFFSET 机器人蜂群演习。

“城市环境提供了强制性挑战，如高大的建筑物、狭窄的空间以及受限的视线。”DARPA 战术技术办公室 OFFSET 项目主任在新闻发布会上说，“改进能够解决这些独特挑战的蜂群实体试验场是 OFFSET 项目的预期目标之一。”4 家参与者将负责应对冲刺赛跑的蜂群技术部分，他们将被要求解决“扰乱对手的决策制定，通过引起困惑来隐蔽蜂群意图，更新动态环境的地图，以及在室内环境保持蜂群的通信”之类的难题。其余 5 家参与者将负责研究实体试验场突击区域，包括缩短部署时间、使用新型导航传感器、将固定翼飞机整合进入蜂群和提高轮式机器人车辆在城市环境中的机动性。参与者将整合其技术进入 OFFSET 项目蜂群系统架构，以便在 2020 年 12 月通过实地试验展示他们各自的解决方案。

图 2-8　250 个机器人聚集场景

DARPA 是美国国防部负责开发军用新技术的部门，于 1958 年建立，能通过联合学术、工业和政府部门来应对当时苏联的技术进步，其研发项目经常超出美国军方的需求。

2.3.5　美国推出 Quantix Recon 垂直起降无人机

2020 年 4 月 27 日，美国 AeroVironment 公司发布了 Quantix Recon 垂直起降无人机，该产品是市场上农用观测无人机的军用型。该公司宣称，立式垂直起降无人机只需要很少甚至不需要培训即可操作。

Quantix Recon 无人机以 AeroVironment 公司的 Quantix 无人机为蓝本，作为一个农用装备，该无人机设计执行自动观测土地来帮助农场主观测农作物病虫害的早期迹象、用水问题和估测农作物产量。

图 2-9　Quantix Recon 垂直起降无人机

Quantix Recon 无人机能够使用自动航线和 2 个 1800 万像素摄像头执行空中侦察任务，该摄像头可以拍摄真色度和多光谱影像，例如，可以让无人机按照航线规划自动观测 160 公顷（1.6 km^2）面积或 10.8 海里（20 km）线性距离。

Quantix Recon 无人机最大起飞重量 2.27 kg，翼展 0.975 m，由 4 个电动两叶螺旋桨驱动，最大高度 7500 英尺（2286 m），拍摄操作一般在 5 个用户可选的高度进行，范围 150 ～ 800 英尺（45.7 ～ 243.8 m）。通信支持一个距离 2 km 的 900 MHz 加密射频信道和 Wi-Fi 通信，具备多个自动侦察模式选项供操作员选择空域飞行、线性飞行或设定航路点的数据采集。

Quantix Recon 无人机立式自动垂直起飞，到达约 150 英尺（45.7 m）后转换为前向飞行，任务完成后垂直降落。因此不需要弹射器或跑道，操作员能够以最短准备时间放飞和回收无人机。AeroVironment 公司宣称该机最大续航时间为 45 min，可观测 1.6 km^2 面积或往返 20 km 距离，抗风能力 9 m/s。

AeroVironment 公司称，该无人机主要用于高分辨率地图测绘和全彩色多光谱图像采集，而该公司其他的无人机则设计用于提供实时全动态视频。这种高分辨率地图测绘对飞控系统和图像处理有较高要求，需要通过特殊硬件和软件针对此项特殊任务专门定制，创建一致的近于实时在飞机上经过地理校正的图像。用户可通过加固的平板电脑控制 Quantix Recon 无人机和观察图像，无人机的航线和监视区域可以通过平板电脑上的航路点或地理围栏进行设置。该公司宣称，该无人机可以依靠 GPS 导航进行无线电静默飞行，这是商用型无人机所做不到的。AeroVironment 公司还声称，该机有规避探测和射频干扰的能力。另外，在与无线电控制器断开连接的条件下，该无人机航程能达到 10.8 海里（20 km）往返或者单程 21.6 海里（40 km），相比之下，商用型无人机的无线电控制距离只有 1.1 海里（2 km）。据称，在离地高度 360 英尺（109.7 m）时，几乎听不到它的声音。

2.3.6　美国空军“敏捷优先”电动垂直起落项目的多种方案

据悉，多家公司于 2020 年 4 月为美国空军“敏捷优先（Agility Prime）”无人电动垂直起落（EVTOL—Electric Vertical Take Off and Landing）采购项目提交了各种飞机方案，从 1 t 载荷的重载平台到 200 kg 载荷的四旋翼平台都有，该采购项目于 2020 年 4 月 27 日开始。

“敏捷优先”——这是美国空军新近发起的一个针对采购、技术和后勤方面加速可变形垂直飞行器的项目。

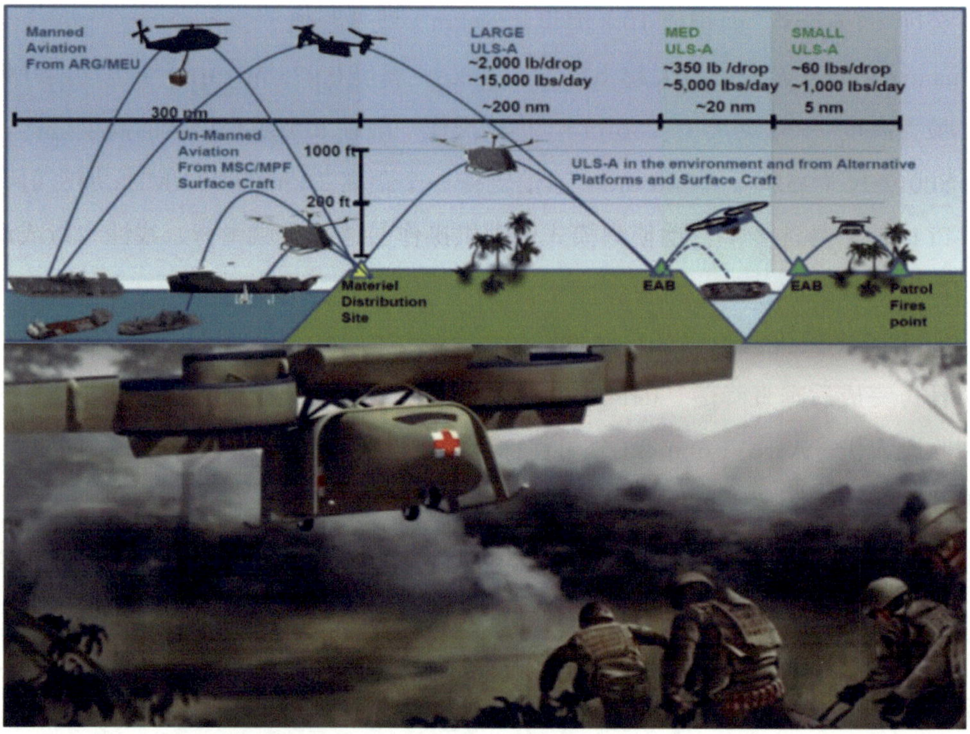

图 2-10　“敏捷优先”概念

1）Sabrewing Aircraft 公司将提交其 Rhaegal-B 无人机方案，这是一个无人重载远程无人机设计方案，可以垂直起落运载 2450 kg 载荷或以传统飞机形式使用铺设跑道运载超过 4500 kg 载荷。Rhaegal-B 无人机既可以垂直起降也可以正常起降。据称，该平台预期能以最大 200 节（370.4 km/h）的速度在 22000 英尺（6705.6 m）的高度上达到航程 1000 海里（1852 km）。Rhaegal-B 无人机通过使用电机让风扇在涵道内偏转来提供起飞和降落时的升力，巡航飞行时则使用主机翼提供升力。Rhaegal-B 无人机的涵道风扇将采用交流电机和直流电机的混合驱动。

2）Elroy Air 公司将提交其 Chaparral 无人机方案，这是一个预期载荷 100～225 kg、航程 500 km 的四旋翼无人机设计方案。该公司是自主货运无人机制造商，成立于 2016 年，总部设在旧金山，Chaparral 无人机是该公司的四旋翼垂直起落无人机产品。

图 2-11　Chaparral 无人机

3）Piasecki Aircraft 公司将提交其空中可变构型嵌入式系统（ARES—Aerial Reconfigurable Embedded System）多任务模块化无人倾转机翼涡轮动力垂直起落平台方案和全电动 PA890 垂直起落、低旋翼桨盘载荷、低速旋翼 - 机翼混合直升机方案。

空中可变构型嵌入式系统是一个多任务模块化无人倾转机翼涡轮动力垂直起落平台。

图 2-12　多任务模块化无人倾转机翼涡轮动力垂直起落平台

全电动 PA890 垂直起落、低旋翼桨盘载荷、低速旋翼 - 机翼混合直升机是该公司开发的一个新概念直升机机型，特点是大型低转速三叶旋翼，可变安装角机翼可旋转至 90° 位置减小悬停向下载荷，尾桨可转向来提供反扭矩和偏航控制。

图 2-13　全电动 PA890 垂直起落无人机

4）Sabrewing Aircraft 公司将提交其 Rhaegal-B 无人机方案。这是一家美国重载货运无人机制造商，公司总部在加州卡马里罗市。

预期还会向“敏捷优先”项目提交飞机或技术方案的公司还包括 AirMap、Beta Technologies、Joby Aviation、Honeywell、LIFT Aircraft、Transcend Aerospace、Pratt & Whitney 和 Collins Aerospace。

图 2-14　Rhaegal-B 无人机方案

2.3.7　美军的 FVR-90 垂直起落无人机系统

FVR-90 是由 L3Harris Technologies 公司设计开发的一型垂直起落无人机系统。该长续航无人机配备了具有专利的混合四旋翼技术，该技术较传统垂直起落平台提供了创新解决方案来确保高效操作。该无人机结合了四旋翼无人机垂直起落的功能和固定翼飞机的效率、速度和航程。

FVR-90 无人机是具备二类无人机特征的三类无人机系统。该无人机不需要弹射器并且能够执行联合强行进入行动。无人系统能提供在陆地和海上受限空间内垂直起降的能力。2019 年 6 月，L3Harris 公司在美国印第安纳州 Atterbury 营地完成了给美国空军研究实验室的演示。演示内容涉及 FVR-90 平台与 AFRL“警惕精神”控制站及其 UXAS 模块的集成。

图 2-15　FVR-90 垂直起落无人机

FVR–90 无人机长 2.48 m，宽 4.8 m，最大起飞重量 53 kg。该系统可由 1 名操作员和 1 名地勤人员操作，配备 1 个模块化机头和 2 个挂点，最大载荷 10 kg，可通过前舱壁界面支持载荷模块化。主载荷需要 200 W 和 28 V DC 电压的电源。也有专用载荷 GPS 天线的机械配件可用。FVR–90 无人机可安装 WESCAM MX–8 稳定的多传感器多光谱成像系统。光电 / 红外系统安装在带有六轴内部被动隔离器的四轴转板上。该系统集成了中波红外线摄像机（视野 2.75° ～ 28.4°）和互补金属氧化物半导体传感器（视野 1.53° ～ 30.0°），此外，该系统还配备了 1 级激光测距仪和 3b 级激光指示器，波长 852 nm。

FVR–90 无人机使用主数据链和备用数据链。主数据链延迟小于 500 ms，传输速率为 60 km 时 40 Mbit/s，100 km 时 1 Mbit/s。即使在失去数据链连接的情况下，FVR–90 无人机仍可自主巡飞，降落返回基地。该无人机的探测距离为 3 km，且机载设备不储存重要数据。该系统可选配安装包括军码接收机的通信系统，用于 GPS 受干扰的行动和铱星通信设备。无人机系统通过装有 Windows 平板电脑或笔记本电脑的小型机动地面站进行控制。展开该无人机的所需时间大约为 1 h，另外需要 30 min 进行飞行前和飞行后检查流程。FVR–90 无人机最大巡航速度为 65 节（120.4 km/h），最大续航时间 15 h，最大操作高度 5000 英尺（1524 m）。

联合强行进入（JFE—Joint Forcible Entry）行动：这是美军提出的一套战争形式理论，主要指在联合作战概念下针对具备反介入（A2—Anti–Access）和区域拒止（AD—

Area Denial）能力的对手在战役战术上进行突击作战的能力。美军一直在开发和试验这套理论，其中无人机和反无人技术都是其重要的组成部分。网络评论认为，这体现了美军在海、陆、空、天、电、网所有领域联合组织“打群架”方面能力首屈一指，唯一能阻止美军动手的因素是自身损失的大小，至少现阶段，世界各大国都不具备常规作战能打赢美军的能力，只能靠相互核威慑遏制对手的攻势意图。

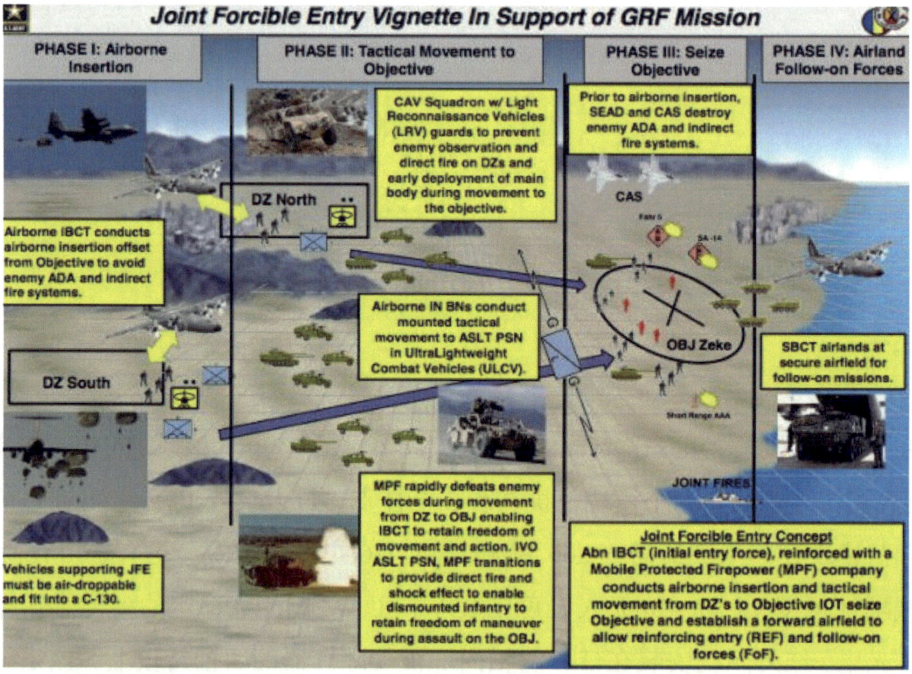

图 2-16　联合强行进入行动概念

AFRL“警惕精神”控制站（VSCS—Vigilant Spirit Control Station）：AFRL“警惕精神”控制站及其 UXAS 模块的集成，是美国空军研究实验室主导的一个多无人机监视控制界面研究项目，其目标是实现一名操作员能够同时监视控制多架无人机。

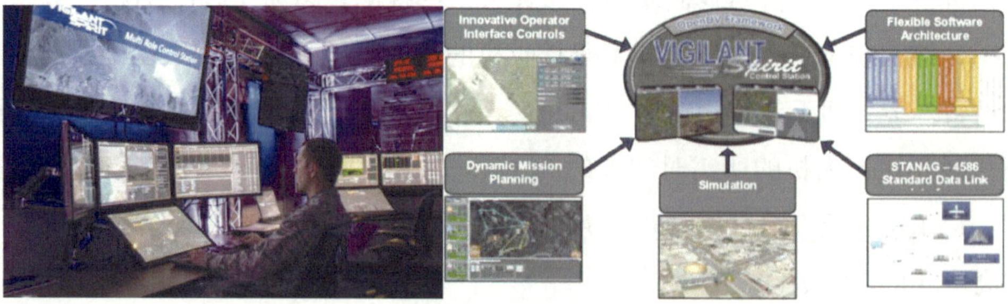

图 2-17　AFRL“警惕精神”控制站概念

2.3.8 美国 DARPA 的无人空中格斗研究计划

DARPA 想要用人工智能和无人平台使空战发生革命性变化。美国 Dynetics 公司将帮助 DARPA 加大其人工智能空战研究计划的力度，该公司表示可能实现飞行员控制无人平台机队进行空中格斗。

据 Dynetics 公司透露，该公司已经获得了 DARPA 空战演进（ACE—Air Combat Evolution）项目的第 1 阶段合同，该研究计划旨在开发用于空战的人工智能。在各种特性之中，空战演进项目将寻求把某些作战功能自动化，从而在空中格斗中解放人类飞行员去执行其他任务。

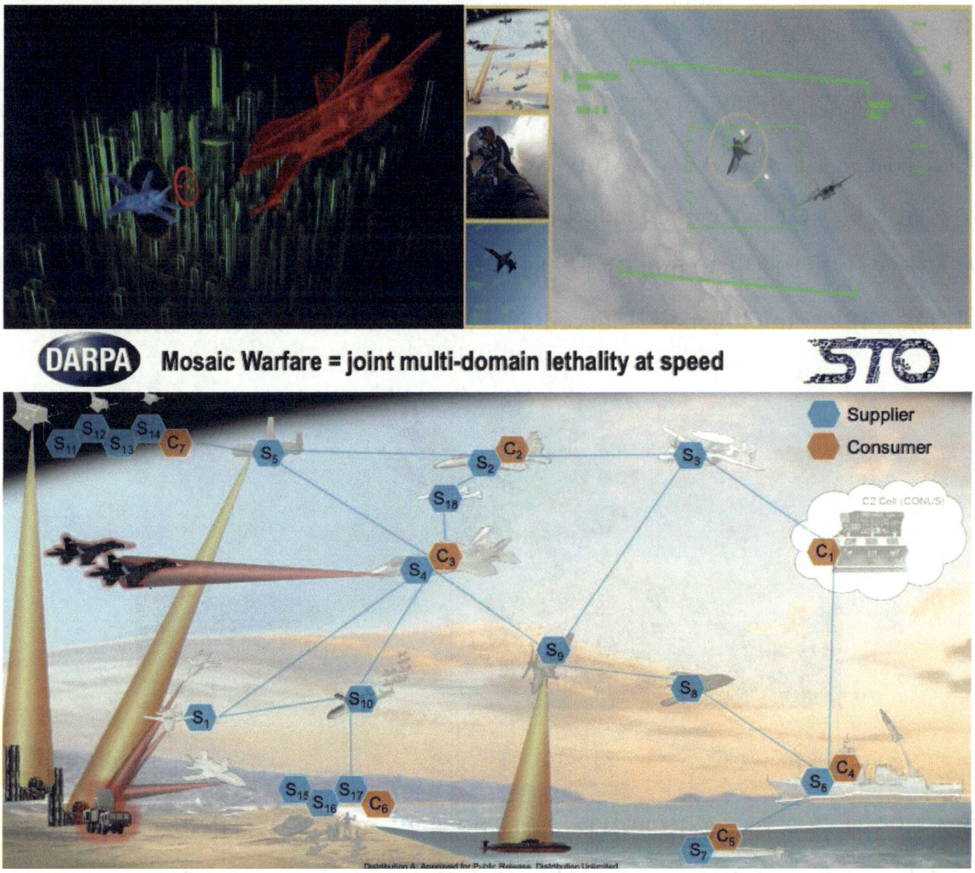

图 2-18　DARPA 空战演进项目概念

空战演进项目的目标是开发使空战自动化的人工智能算法。空战演进项目计划分为三个阶段，第一阶段进行模拟环境下的研究，第二阶段使用无人机在飞行环境下的研究，第三阶段进行涉及复杂人机协同的真实有人作战。

第一阶段分为 4 个技术领域（TA1 ～ TA4—Technical Area）：TA1 开发局部作战自主算法，TA2 研究建立局部行动的信任，TA3 负责解决最重要的国家安全问题并评估其他团队实现目标的情况，TA4 要将算法集成到全尺寸飞机上。

空战演进项目经理表示，DARPA 已经将项目分解为 4 个重要的技术领域，每个领域各有其执行者。Dynetics 公司被选为针对第三个技术领域开展工作，其工作是要衡量其他团队的进展，该技术领域合同金额为 1230 万美元。

Dynetics 公司的团队还包括 SoarTech 公司、InfoSciTex 公司和直觉研究与技术公司（Intuitive Research and Technology Corporation）。

2.3.9　美国陆军的榴弹发射无人机概念

美国陆军作战能力开发司令部（CCDC—Combat Capabilities Development Command）下属的陆军研究实验室（ARL—Army Research Laboratory）在 2020 年 4 月末公开了其榴弹发射无人机（GLUAS—Grenade Launched Unmanned Aerial System）的细节。榴弹发射无人机设计用于使用 40 mm 榴弹发射器像发射榴弹一样发射无人机，用于搜集情报、监视和侦察（ISR—Intelligence，Surveillance，and Reconnaissance）数据。

图 2-19　榴弹发射无人机

陆军研究实验室在一份声明中称，他们已经在 2020 年 3 月申报了设计专利申请，预计将于当年晚些时候开始开发和试验。该实验室还声称，他们将开发 2 种榴弹发射无人机的变型：一种具有折叠螺旋桨桨叶和迈拉聚酯薄膜滑翔伞翼的滑翔伞系统，另一种是以共轴旋翼进行悬停的直升机式系统。

牵引构型下电池供能的榴弹发射无人机收在榴弹壳体内，发射后无人机能达到 2000 英尺（609.6 m）高度、2 km 航程和 90 min 续航的能力。系统由一个通过发射药发射的壳体封装无人机系统构成。无人机在到达理想高度后将与其壳体分离，然后，无人机展开机翼和降落伞并以操作员定义的空速飞行。

典型的无人机系统由载荷、气动升力面（机翼和降落伞）、电池、电机和可折叠螺旋桨构成。该无人机的典型任务载荷包括用于执行 ISR 任务的摄像头、加速度计、陀螺仪和磁力计之类的传感器。该无人机可通过手持式控制器遥控操作或使用预编程导航航路点操作。该无人机的配件设备还可包括 GPS 接收机以及基于微处理器和 CPU 的飞行控制器，用于支持一个或更多操作员通过地面控制系统（GCS—Ground-Control System）的音频或视频通信。

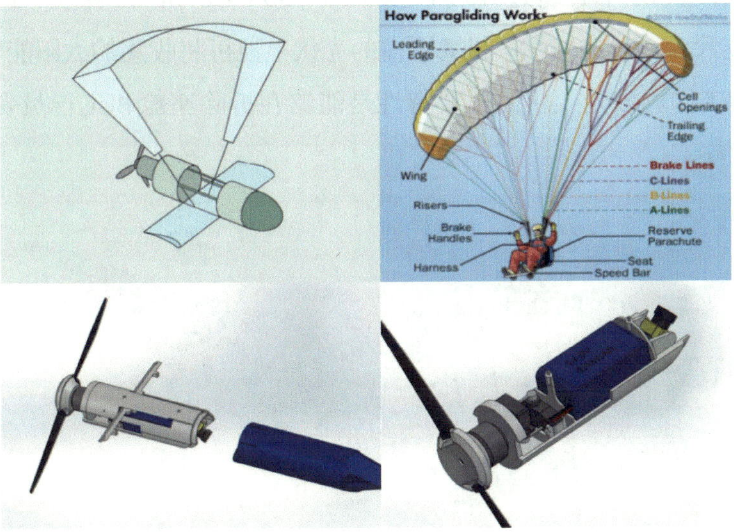

图 2-20　榴弹发射无人机计算机渲染图

2.3.10　美国的太阳能动力长续航无人机首飞

美国科技初创公司 Skydweller Aero 计划完成将 Solar Impulse 2 太阳能动力飞机变为长续航无人机的任务，并计划于 2021 年第三季度在西班牙国内和国外对客户进行展示。

Skydweller Aero 公司正在开发基于太阳能动力 Solar Impulse 2 飞机的长续航无人机，Solar Impulse 2 飞机已经在 2015 年 3 月到 2016 年 7 月间使用太阳能成功完成了环球飞行。据该公司 CEO 介绍，他们正在无人化改装飞机并验证制造第一代飞机的技术。该公司已经在马德里和 Castilla-La Mancha 两地建立了一个西班牙子公司。虽然某些试验会在海外执行，但预计试飞工作主要在西班牙国内进行。

图 2-21　Solar Impulse 2 有人机环球飞行

根据最新的指标，该型无人机最大起飞重量为 2500 kg，巡航速度达到 100 节（185.2 km/h），实用升限超过 45931 英尺（13999.8 m），翼展 72 m，机翼面积为 2900 平方英尺（269.4 m^2）。机翼覆盖的光伏电池可将收集的太阳能转换为 2 kW 的电能来支持载荷工作。该无人机的重要特性是能够在拆除座舱和飞行员安全设备后携带 400 kg 的任务设备。

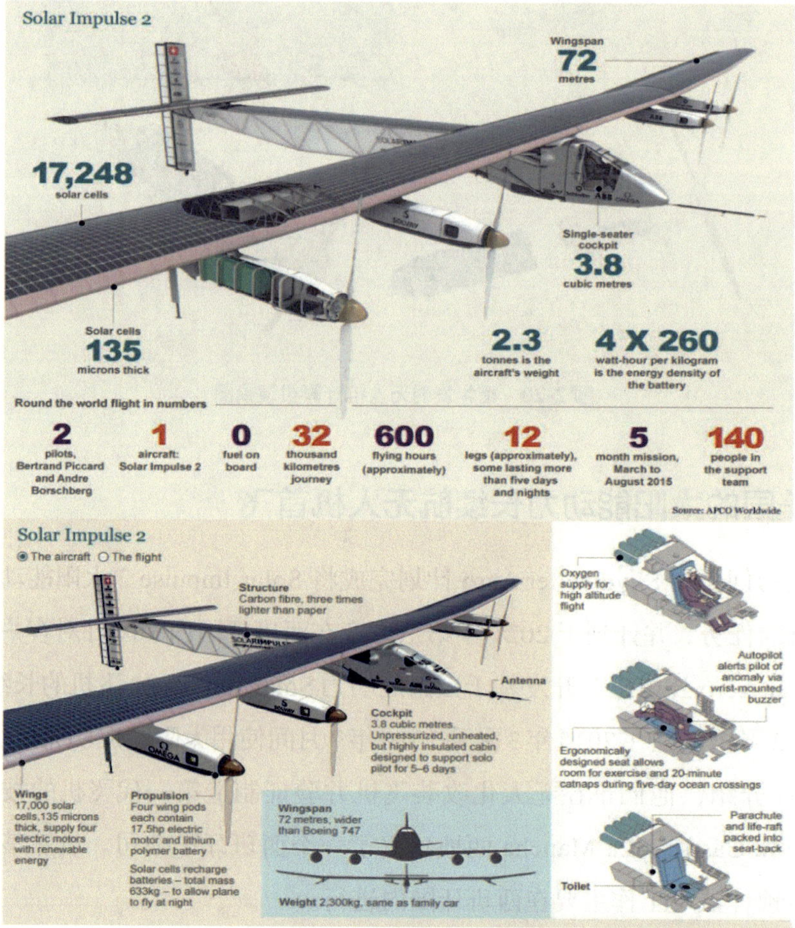

图 2-22　Solar Impulse 2 部分图解

2.3.11 美国空军计划 2030 年替换 MQ-9“死神”无人机

美国空军已正式开始寻找在 2030 年年初替换通用原子航空系统公司 MQ-9“死神”无人机的无人机。在 2020 年 6 月 3 日的采购邀请书中，美国空军宣布展开市场调查来寻找下一代中等高度无人机，用于 ISR 以及空对地攻击任务。

图 2-23 MQ-9“死神”无人机

MQ-9“死神”无人机于 2007 年具备初始作战能力，并在中东地区被广泛用于应对叛军和恐怖分子。该无人机具备 27 h 的续航能力使其可以长时间在战场上空巡航。在应对混入周围人群的作战人员时，该无人机能抓住转瞬即逝的机会精确消灭这些敌人，还能避免误伤附近的平民，这使得该无人机成为最受欢迎的空对地攻击飞机。但是该无人机在地空导弹面前非常脆弱。随着美国战略重心转向与中国和俄罗斯进行大国对抗，这两个国家都具备先进的远程防空导弹系统，因此美国空军认为，MQ-9“死神”无人机的能力受到了限制。

美国空军寻求的新款无人机不仅要提供 MQ-9 的能力，还要具备应对更高级威胁的行动能力。尚不清楚美国空军列出的不同飞机类型是否意味着要用 3 种不同的飞机来替代 MQ-9“死神”无人机，美国空军对此并未立即做出响应，他们还想要得到支持未来低端低成本 ISR 任务的选项概念，这可能包括现代化增强和 / 或更换现有系统。

美国空军表示，下一代无人机预期要集成某些先进技术，包括自主能力、人工智能、机器学习、数字工程、开放任务系统架构和可损耗技术。

美国空军表示尚未决定即将开始的采购竞标的结构。不过，他们想要得到多家竞争者的围绕“飞行器、自动 ISR 传感器与数据处理、地面站系统和套件都要坚持开放架构原则，而且强调欢迎小公司的创新解决方案”。潜在的项目有 3 个重点领域：未来中等高度无人机 ISR；攻击解决方案；创新开发商业实践的数字化工程。

美国空军想要了解目前各大公司正在开发的飞机或已经研制的飞机，以便采用其中的先进技术。他们表示：“美国空军高度鼓励将商用市场的解决方案调整改进成为军用平台，原因是目前的财政紧缩环境，所以积极鼓励有兴趣的厂商提出降低寿命周期成本的解决方案。”

另外，美国空军的下一代 ISR 和攻击无人机还可能利用空军研究实验室的 Skyborg 项目进行研究。此项独立的开发竞争于 2020 年 5 月推出，旨在创建一套用于飞机飞行和任务控制的人工智能软件。美国空军没有立即回应对 Skyborg 人工智能软件在下一代 ISR 和攻击无人机中扮演角色的评论要求。据称，美国空军首要关注在多重物理效果数字生态系统中的虚拟原型机试验。

2.3.12 美国海军未来的空中加油无人机

据 2020 年 7 月 25 日消息称，美国海军航母舰载无人加油机 MQ–25“黄貂鱼”正在准备秋天继续试飞，此次将执行关键的加油吊舱装配。该型加油吊舱与集成在美国海军 F/A–18 超级大黄蜂用于空中加油的吊舱相同，近期已经集成到 MQ–25 的翼下试验项目中。

波音公司于 2017 年 12 月 19 日公布了针对海军 MQ–25 无人加油机竞标的首架原型机，空中加油吊舱安装在 MQ–25 T1 的试验样机上。

图 2-24　MQ-25“黄貂鱼”无人加油机竞标的首架原型机

MQ–25“黄貂鱼”空中无人加油机于 2019 年 9 月完成首飞，这是将无人机集成进入海军强大打击武库的历史性时刻，除了加油功能，该机也可以搭载侦察系统，并具备一定的隐身能力。

图 2-25　MQ-25“黄貂鱼”空中无人加油机

海军通过无人机加油来扩展其航母舰载机联队航程的能力，这是保持海军打击武库相对有效应对远程制导弹药的重要手段。F/A-18E/F 的作战半径约 450 海里（833.4 km），美国海军要求 MQ-25“黄貂鱼”能够在距离航母 500 海里（926 km）的位置上提供 14000 磅（6.35 t）的燃油。因此，美国海军的计划是在 MQ-25“黄貂鱼”的支持下，F/A-18E/F 可以飞到距离母舰大约 700 海里（1296.4 km）的地方。

2.3.13　美国的高空长航时无人机完成首飞

通过与美国国家航空航天局（NASA—National Aeronautics and Space Administration）艾姆斯研究中心（Ames Research Center）合作，Swift Engineering 公司的高空长航时（HALE—High Altitude Long Endurance）无人机系统完成了首飞。这是该级别美国唯一制造的平台，Swift Engineering 公司的飞行团队执行了全系统检查，验证了飞行器针对高空连续监视任务的构型。

通过与 NASA 合作，此次成功的试飞在新墨西哥州的 Spaceport America 航天场完成。设计用于在 70000 英尺（21336 m）高度进行无人操作，Swift 高空长航时无人机提供持续 24 h 且稳定上层大气空间操作，针对商用和军用监视、通信和安全应用。作为一种卫星的低成本选项，72 英尺（21.9 m）的太阳能飞行器重量不到 180 磅（81.6 kg），可安全地挂载 15 磅（6.8 kg）任务载荷。

“与 NASA 地球科学团队的合作非常重要，使用 NASA 的任务案例，我们开发了一套能够承受严苛温度、辐射和平流层条件的符合成本效率的动力和推进系统，同时提供和储存保证持久长续航飞行的充足能量，试飞获得的计算结果验证了我们所有的安全和设计要求。” Swift Engineering 公司技术副总裁介绍。该公司高空长航时无人机获得了 258 项技术专利，并收到了 NASA 的适航证书和美国联邦航空管理局（FAA）的授权证书（COA—Certificate of Authorization），从而使该无人机能够在商用空域飞行。

图 2-26　高空长航时无人机首飞现场

（1）美国国家航空航天局

这是美国联邦政府的一个机构，负责美国的太空计划。1958 年 7 月 29 日，艾森豪威尔总统签署了《美国公共法案 85-568》，即《美国国家航空暨太空法案》，创立了美国国家航空航天局。1958 年 10 月 1 日，NASA 正式成立，取代其前身美国国家航空咨询委员会（NACA）。NASA 的领导项目包括阿波罗登月计划、天空实验室、空间站以及后来的航天飞机。NASA 在行政上直属总统领导，由局长总体负责，华盛顿指挥部为最高管理机构。总部下辖 10 个研究中心：戈达德航天飞行中心、约翰逊航天中心、肯尼迪航天中心、马歇尔航天飞行中心、斯坦尼斯航天中心、艾姆斯研究中心、阿姆斯特朗飞行研究中心、兰利研究中心、格伦研究中心和喷气推进实验室。

（2）艾姆斯研究中心

位于美国硅谷，是 NASA 下属的一个研究机构。二战期间，艾姆斯研究中心承担了美国军用飞机气动研究的重任，战后又进军航天飞行和信息技术研究领域。在成立初期，中心的研究员通过建设日益完善的风洞研究飞机和空气动力学理论，最终在所有飞行速度（亚音速、跨音速、超音速和高超音速）中取得了突破性进展。在风洞方面取得卓越成就之后，艾姆斯研究中心又把研究扩展到计算流体动力学、仿真技术、信息技术、空中交通管理研究、倾转旋翼机、大气再入系统、人因工程和生命科学。艾姆斯研究中心在很多方面都对硅谷的建设产生了影响。今天，艾姆斯研究中心除继续在航空和生命科学领域进行研究外，还推动着月球科学、天体生物学、小型低成本任务、机载科学和在太阳系外寻找行星等前沿研究。

2.3.14 美国国防部计划将“强子”成像模块用于小型无人机

成像传感器专业公司 FLIR Systems 已经发布了新型紧凑的光电 / 红外（EO/IR—Electro-Optical/InfRared）摄像机模块，该模块瞄准的是小型无人机、机器人和成像原始设备制造商（OEM—Original Equipment Manufacturer）。

这个称为“强子”的光电 / 红外双传感器模块特点是尺寸小、重量轻、功耗低，尺寸 24 mm × 45 mm × 36 mm，重量 42.8 g。“强子”模块配备了一个 Sony IMX412 互补金属氧化物半导体（CMOS—Complementary Metal-Oxide Semiconductor）彩色相机，该相机具备 4056 像素 ×3040 像素分辨率和 FLIR Systems 公司的“玻色子（Boson）”320 长波红外（LWIR—Long Wave Infrared）热成像传感器，该热成像传感器以 12 μm 点距氧化钒（VOX—Vanadium Oxide）非冷却探测器为基础制造，能够提供 320 像素 ×256 像素分辨率，帧速率达到 60 Hz，横向视野 34°。

图 2-27　装配了“强子”的光电 / 红外双传感器模块的无人机

FLIR Systems 公司的全球小型无人机部门主管告诉记者，“强子”模块的初始开发针对美国国防部国防创新单位（DIU—Defense Innovation Unit）的美国陆军近程侦察（SRR—Short Range Reconnaissance）项目，该项目的目标是提供一个低成本、便携的四旋翼垂直起降无人机系统，该无人机须能为部队提供可简单快速部署的态势感知能力。

图 2-28　“强子”成像模块

2.3.15 美国可监视整个城市的无人机

一个新型广域运动成像传感器可以使 RQ-21A Blackjack 无人机成为作战人员手上更强大的工具，该传感器将使小型无人机能够同时监视 5 平方英里（13 km^2）的区域。Logos Technologies 公司宣布，该公司获得了价值 670 万美元、要向美国海军航空系统司令部交付 2 套广域运动成像（WAMI—Wide-Area Motion Imagery）传感器原型机的合同。

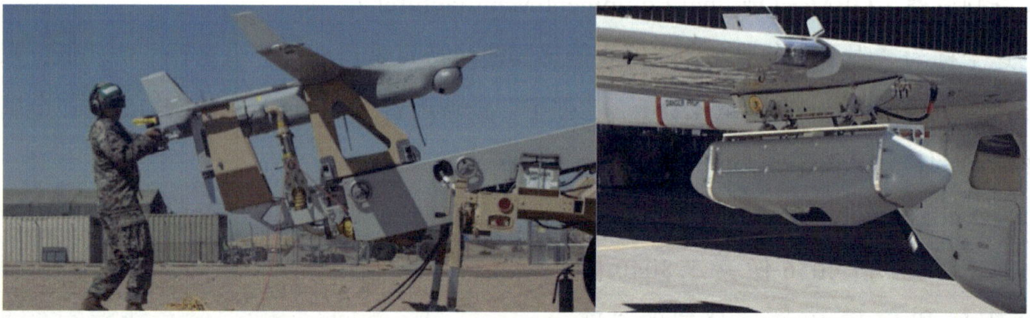

图 2-29 “黑风筝”传感器安装在机翼下方的试验吊舱内

美国海军给该传感器起的绰号是“记牌者”（Cardcounter），这个重量为 28 磅（12.7 kg）的红外传感器通过改装 Logos Technologies 公司的商用“黑风筝”（Black Kite）产品而来。美国海军使用 RQ-21A Blackjack 无人机来提供昼夜 ISR 覆盖。

Black Kite 无人机可不依赖跑道起飞，航程大约 50 km，最大续航时间 16 h。该无人机已经配备了一些先进的传感器，包括全动态视频（FMV—Full-Motion Video）、红外指示器、激光测距仪和通信中继包，不过“记牌者”传感器提供了一种新的能力：观察一个城市区域大小的能力。

Logos Technologies 公司商务开发副总裁称：“广域运动成像（WAMI）的特殊之处在于它可以监视一个城市大小区域内的所有运动，包括行人和车辆。在某种程度上，你可以将其视为具备数字式摄像机能力的‘谷歌地球’实时搜索。广域运动成像出现之前，只有全动态视频传感器；全动态视频当然非常棒，因为分辨率很高，而且可以放大某个区域。但全动态视频的问题在于获得的视野非常狭窄，有点像通过吸管看世界。”当广域运动成像和全动态视频结合在一起时，操作人员就能够全面了解地面上发生的情况，并且放大感兴趣的区域。“记牌者”传感器能够存储 6 h 或更长时间的数据以供日后分析，而且还能够实时地将部分图像传送给地面用户。

2.3.16 美国国防部指定 5 家“蓝色”小型无人机承包商

美国国防部选择 Altavian、Parrot、Skydio、Teal Drones 和 Vantage Robotics 5 家公司作为“蓝色”小型无人机项目的一部分来为美国政府提供小型无人机。根据美国国防部的声明，此项公告是国防创新单位（DIU—Defense Innovation Unit）对美国陆军近程侦察（SRR—Short Range Reconnaissance）小型无人机项目长达 18 个月初始支持的结果。近程侦察项目正在开发一个低成本、携带方便、垂直起降的小型无人机，该型无人机将为小规模部队提供快速部署的态势感知工具。

国防创新单位是美国国防部下属的一个机构，专门负责将商用技术投入到美军作战应用中，以解决棘手问题。该机构通过为商务公司降低防务市场的门槛来驱动其在新兴领域和基础技术方面的创新。

从 21 世纪初开始，小型无人机已经可以从商用市场中广泛获得，而且越来越多地被外国军事力量和非国家组织机构作为获得战场鸟瞰视野的低成本工具。然而时至今日，美国国防部一直没有机会安全地采用这些系统。其中主要原因来自中国公司，尤其是大疆主导了小型无人机市场。获得了来自联邦政府各部门对信任和安全小型无人机需求的信号，国防创新单位领导开发广泛适用于各种用户和任务需求的系统。“蓝色”小型无人机项目的创建是美国陆军近程侦察无人机项目的副产品，提供了符合近程侦察（SRR）无人机和软件架构要求的小型无人机以及可选的地面控制器和无线电配置，同时满足了联邦政府各部门用户的多样性需求。

“蓝色”小型无人机，是由美国国防部下属机构主导的一项产业保护项目，该项目旨在推动美国政府机构采购美国公司制造的无人机，用来替代大疆无人机和抢占原来由大疆占据的美国无人机市场。“蓝色”在英语里除了常用的颜色和表示阴郁，还有忠诚和高贵的意思，这可能暗示入选的 5 家公司的产品都符合美国“国家安全”的要求。

1）Altavian 公司是一家总部在佛罗里达州 Gainesville 的美国小型无人机创新公司，成立于 2011 年，员工大约 40 人。该公司的主要产品及服务有 ION M440 小型四旋翼侦察无人机、NOVA F7200 小型固定翼侦察无人机和针对 RQ-11/20 无人机的改装升级服务。ION M440 小型四旋翼侦察无人机基本指标：重量 1.72 kg，展开尺寸 647.7 mm × 730.25 mm × 114.3 mm，续航 37 min，空速 54 km/h，航程 3000 m。NOVA F7200 无人机类似中天集团的 FL-91，重量 7.82 kg，展开尺寸 2.77 m × 1.45 m × 0.17 m，载荷 1.68 kg，巡航速度 55 km/h，最大速度 107 km/h，最大飞行高度 3000 m，续航时间 90 min，航程 15 km。

图 2-30　Altavian 公司的无人机

2）Parrot 公司是总部位于巴黎的无人机开发商，全称 Parrot SA，成立于 1994 年，曾经是一家法国无线设备制造商，2019 年营业额 7600 万欧元。该公司推出的 Anafi USA 无人机专门在美国制造以便符合美军和美国政府的采购要求。Anafi USA 无人机基本指标：重 500 g，控制距离 4000 m，续航 32 min，最大速度 52.92 km/h，升限 6000 m，展开尺寸 282 mm × 373 mm × 84 mm，摄像头可 32 倍放大图像。

图 2-31　Parrot 公司产品

3）Skydio 公司是一家美国小型四旋翼无人机制造商，成立于 2014 年，总部在加州 Redwood City。该公司有两型产品，分别是 Skydio 2 和 Skydio X2，另外还有无人机自动坞。Skydio 2 属于消费级产品，类似于大疆的低端航拍玩具，官网直销明码标价。Skydio X2 属于专业级产品，各种配置也高一些，具备军品气质。

图 2-32　Skydio 公司产品

图 2-32　Skydio 公司产品（续）

4）Teal Drones 公司是一家开发小型无人机的科创公司，最近刚进入美国国防部小型无人机的采购清单。该公司成立于 2014 年，总部位于犹他州盐湖城，公司创始人兼 CEO 非常年轻。该公司能拿到订单是因为美国禁止政府和军队使用大疆无人机。该公司官网已进行了正式更新，之前的消费级产品已被移除，只剩“金雕”无人机。

图 2-33　Teal Drones 公司产品

5）Vantage Robotics 公司是一家美国小型无人机研发制造公司，成立于 2013 年，总部位于加州 San Leandro。该公司的主要产品是小型四旋翼无人机，消费级产品称 Snap，军用专业级产品称 Vesper，二者的机体设计相同，区别在于旋翼配置方式不同。

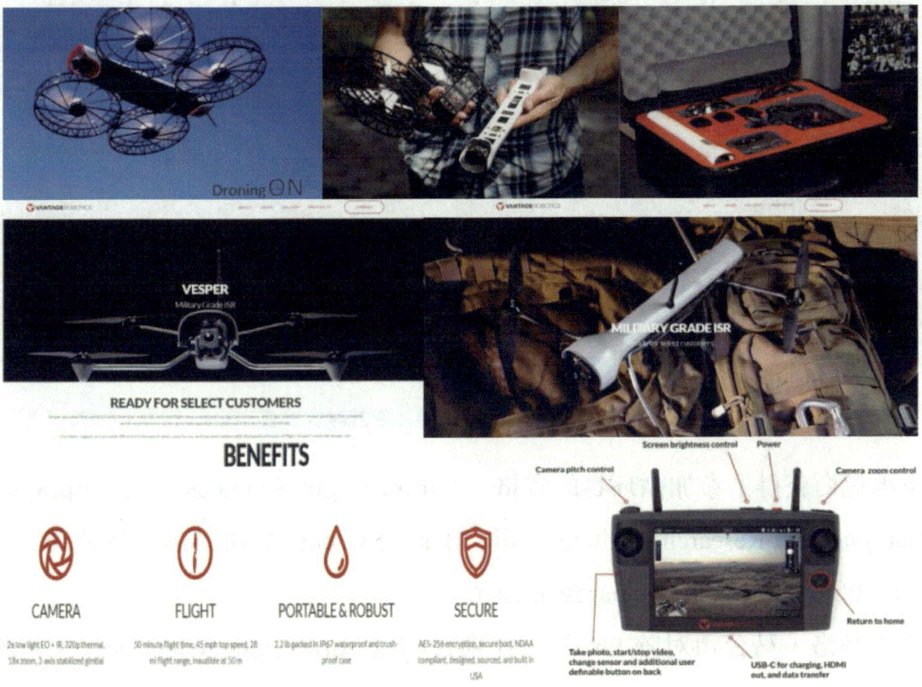

图 2-34　Vantage Robotics 公司产品

2.3.17　美国 DARPA 的 AI 算法空战对抗试验

2020 年 8 月 20 日，Heron Systems 公司的 AI 算法在 DARPA 的阿尔法空中格斗（AlphaDog Fight）最后一轮试验中以 5–0 击败了美国空军的人类飞行员。此次试验是多家承包商 AI 算法进行的三轮试验后的巅峰决赛，AI 算法要在空战中控制仿真的洛克希德 · 马丁公司（简称洛 · 马公司）的 F–16 战斗机。

第一轮试验由 8 个团队的算法对阵约翰斯 · 霍普金斯大学应用物理实验室（APL—Johns Hopkins University Applied Physics Laboratory）开发的 5 架 AI 算法敌机。

第二轮试验由所有团队相互进行循环赛。

第三轮试验由获胜的 4 个团队进行一次淘汰赛来争取与人类飞行员的对决。

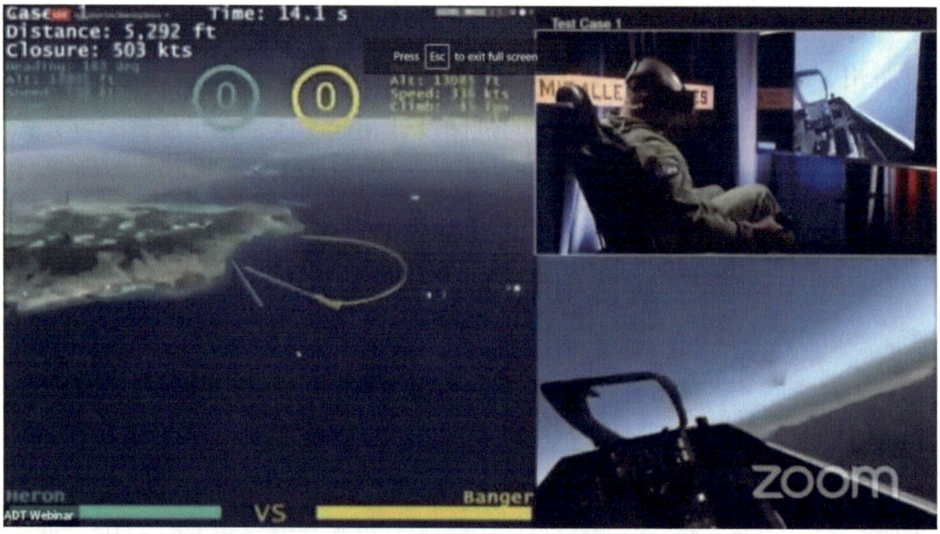

图 2-35　DARPA 的 AI 算法空战对抗试验

以下承包商获得了参加循环赛的资格：Aurora Flight Sciences 公司、EpiSys Science 公司、Georgia Tech Research Institute 公司、Heron Systems 公司、洛·马公司、Perspecta Labs 公司、PhysicsAI 项目和 SoarTech 公司。

半决赛是洛·马公司对阵 Physics AI 项目和 Aurora Flight Sciences 公司对阵 Heron Systems 公司。Heron Systems 公司在决赛中击败了洛·马公司，并获得了挑战由美国空军武器学校训练的人类飞行员的机会。

Heron Systems 公司在 DARPA 空战试验获胜后将注意力投向将 AI 算法应用于自主无人机上。该公司研发副总裁声称，Heron Systems 公司已经进入美国空军 Skyborg 自主可消耗无人机项目的外围，并且想要更直接地参与该项目。该公司已经通过约翰斯·霍普金斯大学应用物理实验室获得了一个 Skyborg 项目的次要风险降低分包合同，同时，约翰斯·霍普金斯大学应用物理实验室也参加了此次空中格斗试验。据称，Heron Systems 公司能够赢得竞赛的原因是他们执行了从飞机控制到战术决策制定的彻底的强化学习（Reinforcement Learning），而其他承包商有些采用了专家系统方法（Expert-Systems Approach），有些采用了更多混合层次模型（Hybrid-Hierarchical Model）。

另外根据相关网络新闻评论，此次 AI 胜出虽然表明计算机或者机器对人类的优势，但并不能证明 AI 能够取代人类飞行员直接控制飞机去作战。因为 AI 现在的优势是比飞行员更精确地控制飞机，另外就是没有感情和生理极限限制，可以更自由地发挥飞机的机动性。而飞行员在空战中要考虑和体验到的事情更多，受到的限制更多，所以在空中格斗中会比 AI 表现差。评论认为，未来有可能通过 AI 辅助飞行员进行空战，而不是让 AI 直接驾驶飞机自主空战。

1）马里兰州帕图森河海军航空站（NAS—Naval Air Station Patuxent River）可以说是美国海军航空兵舰载机飞行员的摇篮之一，该基地从 1943 年 4 月开始到现在一直为美国海军的航空母舰战斗群训练飞行员并进行各种海军舰载机试验，从该基地的交叉跑道设计就能看出这里有多繁忙，下右图中蓝线区域是该航空站的管制空域，地跨马里兰、弗吉尼亚和特拉华三个州。

图 2-36　马里兰州帕图森河海军航空站

2）约翰斯·霍普金斯大学应用物理实验室是美国约翰斯·霍普金斯大学附属的独立非营利性研究组织。约翰斯·霍普金斯大学成立于 1876 年，是私立研究型大学，位于马里兰州 Baltimore。应用物理实验室成立于 1942 年，在二战期间为美军提供系统工程和研究开发分析的集成，现在为美军提供导弹防御、不对称作战、武力投送和航天科学领域的支持。

3）PhysicsAI 项目即“物理 AI”，是 DARPA 旗下一个更广泛的开发应用“第三波”AI 技术初创项目的一部分。在该项目中，PhysicsAI 致力于开发基于端对端深度神经网络（DNN—Deep Neural Networks）的时空视频感知能力，以利用安装在载具上的运动光电 / 红外传感器来提供实时感知能力。该深度学习 PhysicsAI 被 DARPA 选中，参与了阿尔法空中格斗（AlphaDog Fight）试验。DARPA 要求 PhysicsAI 项目需结合物理及相关科学和数学知识来进行深度机器学习。

4）美国空军 Sky borg 自主可消耗无人机项目，是 2019 年美国空军科技 2030 规划（Air Force Science and Technology 2030 Initiative）中 3 个先锋项目（Vanguard Program）之一，即美国空军最高优先级开发的能力，美国空军要通过这些技术提供“改变战争规则”的能力。3 个先锋项目包括：

• 替代现有 GPS 系统的新一代导航技术卫星（NTS-3—Navigation Technology Satellite 3），计划 2022 年开始发射；

• “天空博格人”（Sky borg），博格人（Borg）的概念来自星际迷航（Star Trek）系列科幻故事，其中博格人是严格奉行集体意识的种族，从生理上完全剥夺了个体的自由意识，其社会系统由“集合体”（the Collective）组成，集合体中的个体称为“Drone”。集合体内的个体没有自我意识，而是通过一个被称为博格女皇（Borg Queen）的程序控制整个集合体，因此在战略上显示出高度的智慧与适应能力。根据项目名称可以理解该项目的目标：美国空军提出该项目要开发一种可以操作低成本协同作战无人机在复杂环境下攻击对手的自主能力，而且这种自主能力可在分层无人机群内被转移复制；

• “金帐汗国”（Golden Horde），按照西方历史理解，这是 13 世纪成吉思汗的子孙在横扫欧洲后建立的欧洲封国。该项目是美国空军将数据链通信和协同行为集成到库存武器弹药系统，并使之具备网络化协同作战能力武器的技术项目。

2.3.18 美国推出 Ghost 4 侦察无人机

Anduril Industries 是一家美国私营高科技初创企业，成立于 2017 年，总部在洛杉矶，主要提供军事基地防卫、森林防火和重要基础设施安保的技术解决方案。该公司的产品主要包括 Lattice 人工智能软件、Ghost 无人机、哨塔传感器杆和 Anvil 拦截无人机。该公司网站的介绍中称其专家技术团队来自 Oculus、Palantir、通用原子（General Atomics）、太空探索（SpaceX）、特斯拉（Tesla）和谷歌（Google）。

Ghost 4 无人机是 Anduril 公司的最新无人机产品。由于是最新发布的产品，所以目前没有具体技术指标，在官网介绍中仅给出了尺寸数据：长 2725 mm、宽 420 mm、高 435 mm，拆解后长 1071 mm，旋翼直径 2274 mm。

另外，官网还给出了 Ghost 4 无人机与大疆无人机在续航时间和体积等方面的对比数据，Ghost 4 无人机续航时间 100 min，背包体积 0.07 m^3，用 Pelican Air 1745 专业包装箱体积为 0.13 m^3。根据 Ghost 4 无人机的体积、长度和整体布局，尤其是机身下部的电池判断，其重量应该在 10 kg 左右。

该公司声称，Ghost 4 无人机比其“前辈”更为坚固耐用、便携且续航时间更长。该无人机的机载计算机具备每秒 32 万亿次的处理能力，以使其人工智能程序能够自主决策并识别目标。Anduril 公司称经过加固强化的 Ghost 4 无人机更适合军用，具备抗冲击、抗高低温和防水特性，可浸入 1 m 深的水中，且海上环境的盐雾对它也没有影响。

图 2-37　Ghost 4 无人机

该无人机为便携式设计，可无工具快速拆卸放入储存箱内，包括旋翼在内的每个主要部分都配备快速释放和锁定机构。Ghost 4 无人机的旋翼系统经过了全面升级，所有伺服电机的噪声更低，改进了桨叶的气动设计，还采用了直接驱动电机，所以不再需要变速器和齿轮，这不仅提高了效率而且进一步降低了噪声，在 100 码（91.44 m）高度上悬停根本听不到它的声音。Ghost 4 无人机采用电池作为能源，续航时间达到 100 min，巡航速度 52 节（96.3 km/h），重新充满电只需要 35 min。

该无人机还是 Anduril 公司销售的监视系统的一部分，该系统包括哨塔传感器杆、Anvil 拦截无人机和 Lattice 人工智能软件。该监视系统的各部分能够自主合作探测并跟踪目标。美国国防部和英国国防部都是 Anduril 公司 Ghost 3 无人机的用户。Anduril 公司称其现有用户为 Ghost 4 无人机的设计提供了重要输入，并且对升级产品非常感兴趣。

Ghost 4 无人机可组群使用，或者与哨塔协同工作，例如哨塔可以利用顶部的光电 / 红外摄像机自动探测目标，并为无人机指示目标以便进行侦察，而 Ghost 4 无人机具备感知环境并将结果数据回传给操作员的能力。公司创始人称，Ghost 4 无人机的机载计算能力可以处理复杂的计算机视觉和传感器融合任务，他们设计的目标是一名操作员管理十几架无人机，所有数据回传后形成一个通用操作图像。

Ghost 4 无人机采用 Nvidia 的芯片，该芯片被设计用于无人驾驶汽车，一块芯片的成本只有几百美元。由于通信连接带宽的限制，数据链回传视频数据的分辨率、帧频、压缩率都要受到限制，这等于无人机自动搜索发现目标的能力受到将数据传输给地面计算机的连接速率限制，而 Anduril 公司设计要用机载设备处理搜集到的 ISR 数据。机载计算机不仅避免了数据传输的问题，使无人机具备更高的自主性，而且可以保持无人机的无线电静默。

Anduril 公司设想可以使用数架无人机监视一个地方，并用每架无人机分别监视不同时间离开的嫌疑人，而无人机可以设定为发现特定行为时才打破无线电静默发射信号，还能允许无须人员到场的异地部署远程遥控来执行任务，从而大大提高系统使用的灵活性。

Anduril 公司设计 Ghost 4 无人机还可执行使用探照灯和扬声器自动驱离越境偷渡者的任务，现场更换此类载荷仅需要几分钟。Ghost 4 无人机可以配备 5 个模块载荷舱，每个载荷舱都有数据和电源连接，可使用新型处理器、传感器、扬声器、激光指示器、电子战模块、3D 扫描模块和激光雷达。

Anduril 公司称，Ghost 4 无人机的载荷指标是开放的，以便客户和第三方开发者添加自己的设备，目前有第三方开发者正在为 Ghost 4 无人机研制通信和电子战载荷。

2.3.19 美国进行雀鹰无人机试飞

通用原子航空系统公司宣布执行了 MQ-9“死神”无人机的雀鹰小型无人机系留挂载试验。雀鹰无人机设计作为机载发射和回收演示飞行器，专门针对通用原子公司平台定制，用于研究美国空军先进战场管理系统（ABMS—Advanced Battle Management System）的可消耗 ONE 技术（Attritable ONE Technologies）。雀鹰无人机在通用原子公司参与 DARPA 精灵项目的基础上迭代，研究更小型无人机的无人机空中回收，以便降低操作成本，并为 MQ-9“死神”无人机提供新的任务能力。

通用原子航空系统公司总裁认为，雀鹰可扩展和倍增基于 MQ-9 的传感器，降低人力消耗并提高 ISR 覆盖面积，而且在可消耗 ONE 技术的帮助下，雀鹰将成为真正的游戏规则改变者。

通用原子航空系统公司宣布，他们共执行了 2 次飞行演示，内容是演示雀鹰无人机携带的载荷和自主系统，包括磁性多功能孔径（MFA—Magnetic Multi Function Aperture）和拒止环境协同（CODE—Cooperation in Denied Environments）自主发动

图 2-38 MQ-9“死神”无人机与雀鹰小型无人机的系留挂载

机吸气传感器，以及机载飞行计算机系统提供的大气数据。使用拒止环境协同（CODE）自主发动机是为了进一步理解认知人工智能对无人系统的处理。

通信通过 meshONE 数据链实现，该系统具备平台间协同自主能力。通用原子航空系统公司使用了战术目标网络技术 Collins Aerospace 公司的 QNT-200D 软件定义无线电。据称，QNT-200D 系统已经进入现役，并且展示出了及时精确快速传播大量数据的多节点能力。雀鹰无人机使用由一台笔记本电脑构成的通用原子航空系统公司专用的 Metis 软件定义控制站，这极大地降低了后勤压力并对战场上飞行器界面进行显示支持，于是无人机地面站方舱和车辆就没有必要了。雀鹰无人机的续航时间大约为 10 h，平均巡航速度根据高度不同在 110 ～ 120 节（203.7 ～ 222.2 km/h）范围内，其最大速度为 150 节（277.8 km/h）。

雀鹰无人机和空中回收的优势包括：

1）可实现天气条件（如云层）以下高度的 ISR 和受影响的目视以及声学 ISR。

2）可在复杂环境下进行可消耗的 ISR/ 电子战，从而保证大平台（MQ-9）保持在安全距离以外。

3）与地面起飞飞机和空中发射消耗性平台相比，可在更远的中转距离上携带更大更贵的载荷。

4）在恶劣天气、大平台（MQ-9）轮换接班或出现多个目标时，可保持监视链不间断。

5）高分辨率图像可通过通用原子航空系统公司的媒介通信列表（同公司产品中继平台）提供高质量的通信广播。

相关系统信息简介如下：

• 美国空军先进战场管理系统（ABMS—Advanced Battle Management System），包括美国国防部提出的 6 项关键技术和 28 个 ONE 产品，用于在未来多域作战行动中实现指挥和控制的军用互联网，该系统的目标是通过数字化手段，将系统各部分的 ONE 技术节点融合在一起，从而实现统一的作战指控。

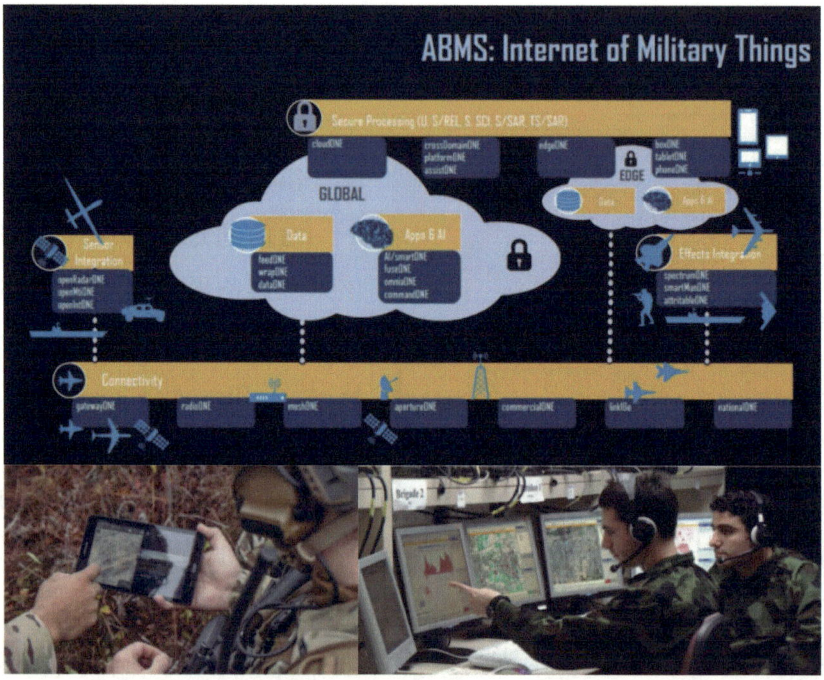

图 2-39　美国空军先进战场管理系统概念

• 可消耗 ONE 技术（Attritable ONE Technologies），是与美国陆军开发的空中发射效应（ALE—Air Launched Effects）项目产品 Area-I Altius-600 无人机系统相关的技术，大概可以理解为 Altius-600 无人机被视为可消耗侦察无人机。其基本指标：续航时间 4 h，航程 440 km，重量 20 ～ 27 磅（9.1 ～ 12.3 kg），载荷 3 ～ 7 磅（1.4 ～ 3.2 kg），巡航速度 111 km/h，最大速度 167 km/h。

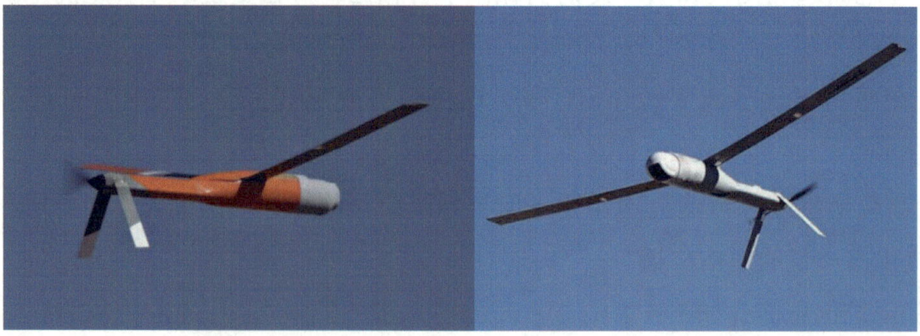

图 2-40　Altius-600 无人机

• 拒止环境协同（CODE），这是 DARPA 的项目，将用于帮助美国军方无人空战系统在拒止或复杂电磁空域对高度动态的地面或海上军事目标执行动态远程作战，同时减轻管理人员所需的通信带宽和认知负担。CODE 项目的主要目标是发展和验证协作自主的价值，即无人机集群可在人类指挥官的监督下进行单机或组队的复杂任务。

· 战术目标网络技术（TNTT），这是 Rockwell Collins 公司开发的一种安全鲁棒性较高的基于 IP 的波形技术，这种技术要求实现高吞吐量、抗干扰、低时延、快速加入网络和对高速运动平台的全球信息网格 IP 连接性波形。此项技术经验证可瞬时精确地在动态战场上分享保密语音、视频和数据。

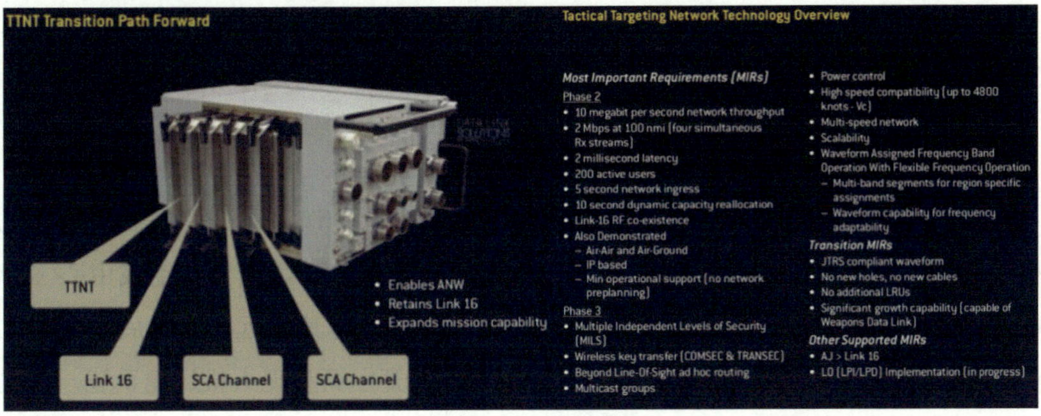

图 2-41 战术目标网络技术概念

· QNT–200D 软件定义无线电，这是一个具备双通道网络能力的无线电，可提供可靠的低延迟网络化通信，它采用基于 IP 的动态网状网络来保持所有节点的态势感知能力。基本指标：长 238.76 mm，宽 116.84 mm，高 58.42 mm，重量 2.18 kg，输入电源 28 V DC，工作温度 –40 ～ 54 ℃，工作频率甚高频 / 超高频和 L 波段，输出功率甚高频 / 超高频 5 W，L 波段 25 W。

图 2-42 QNT-200D 软件定义无线电设备

· 通用原子航空系统公司专用 Metis 软件定义控制站，该软件通过生成 ISR 任务，并提供基于地图的界面，可以使用户像滴滴打车 /Uber 下单一样管理 ISR 任务。

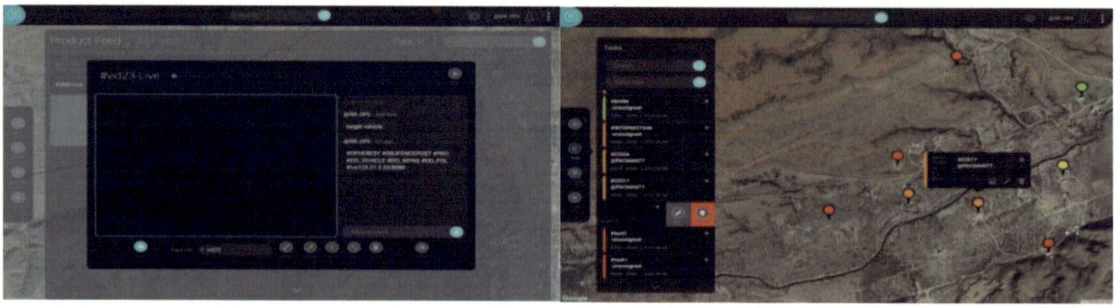

图 2-43　通用原子航空系统公司专用 Metis 软件定义控制站

2.3.20　美国海军获得远洋海上后勤无人机

得克萨斯州奥斯汀 Skyways 公司已向美国海军提供了该公司开发的后勤无人机原型机，用于演示验证海军远距离舰对舰和舰对岸货物运输。美国海军空战中心飞行器部的工程师和试验人员正在评估商业采购的无人机，并称其为远洋海上后勤无人机。Skyways 公司，是一家美国创新自主运输公司，主要开发新型无人机运输系统，成立于 2017 年，总部在得克萨斯州奥斯汀，目前的主要产品是垂直起降复合翼无人机。

图 2-44　后勤无人机原型机

美国海军空战中心飞行器部还在根据海军航空系统司令部的声明制定了军用海上补给的司令部和舰队司令部要求，对相关行业提出的要求是证明该无人机能够不加油自主运输 9 kg 载荷到 40 km 以外的一艘航行舰艇中。

为此，美国海军评估了超过 65 个型号的无人机，有 2 个系统被认为是在技术上部分满足上述要求。该项目负责人称，海军运输无人机要求能够成功适应非常困难的环境，包括强风、开阔水域和舰船海上的俯仰变化。美国海军称，根据损坏报告的历史数据显示，舰艇经常会因为后勤相关问题进入无法执行任务或者仅能执行部分任务的状态。这些问题包括电子部件或组件问题，其中在 90% 的情况下，所需后勤运输的重量都小于 23 kg。而目前，美国海军正在用贝尔 – 波音 V–22 鱼鹰倾转旋翼机这样的战术飞机执行此类任务。

2.3.21　美国研制能够发射火箭的无人机

美国航天技术公司 Aevum 开发了一型设计用于可以每 3 个小时就通过火箭执行航天发射任务的自主无人机 Ravn X，其价格低于每千克载荷 4000 美元。该公司称，按照重量计算，Ravn X 是世界上最大的无人机，比 RQ-4B 全球鹰无人机还大。

Ravn X 无人机长 24 m，翼展 18 m，高 5.5 m。与之相比，虽然美国空军的诺斯罗普·格鲁曼 RQ-4B 全球鹰的翼展是 40 m，达到 Ravn X 无人机的两倍，但是 Ravn X 无人机更长、更高，起飞重量 24950 kg，最大速度 925 km/h，重量也比 RQ-4B 无人机大 9072 kg，实用升限 18288 m。

该公司的 Aevum 火箭长 10.7 m，直径大约 1 m，可将 500 kg 载荷运送到低地轨道（LEO—Low Earth Orbit）或 100 kg 载荷运送到 500 km 的太阳同步轨道（SSO—Sun Synchronous Orbit）。

Aevum 公司独立设计了 Ravn X 无人机，并与“非常成熟的”飞机制造商合作生产了这架无人机。该公司还设计了火箭，并声称他们已经开发了适用 Ravn X 无人机使用的火箭。只要跑道长度超过 1600 m，Ravn X 无人机就能够正常起飞和着陆，所以它不需要发射场。该无人机起飞后，将爬升到一定高度，加速后释放火箭。

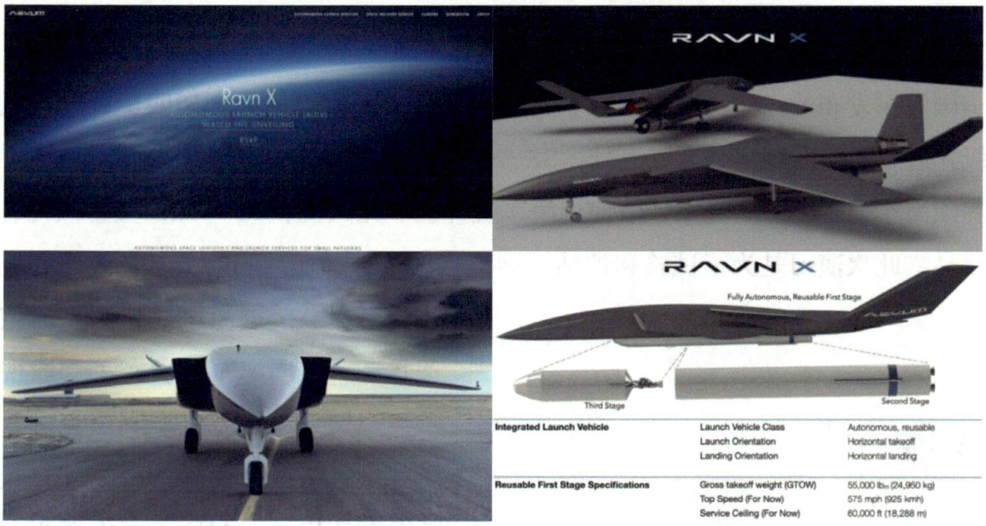

图 2-45　Ravn X 无人机

RQ-4B 全球鹰无人机是以诺斯罗普·格鲁曼公司为主，联合雷声公司和 L3 Comm 公司制造的高空长航时侦察无人机，配备高分辨率合成孔径雷达和远程光电红外传感器，可长时间巡航广域监视目标区域，一天监视飞行的面积可覆盖 4 万平方英里（10.4 万 km^2），大约相当于韩国的面积。该无人机于 1998 年 2 月完成首飞。

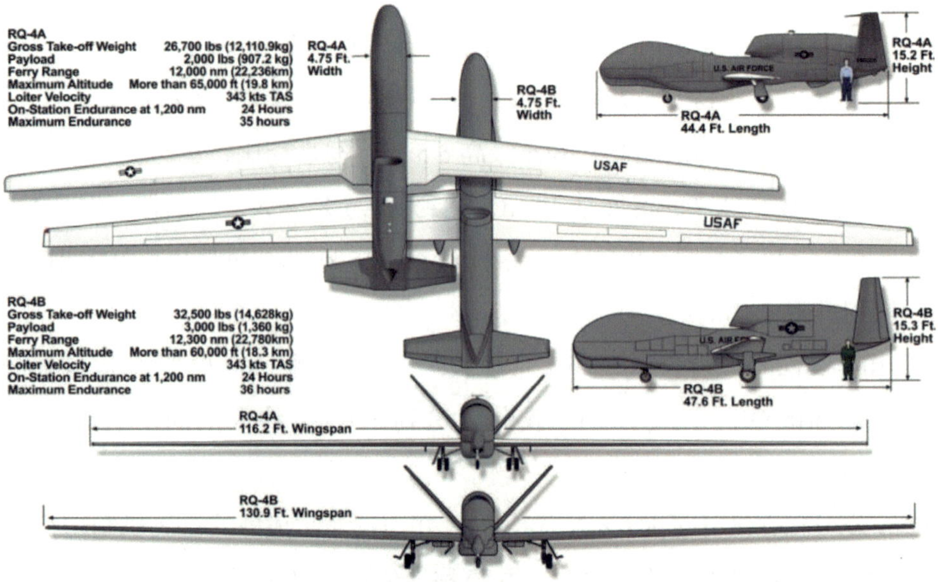

图 2-46　RQ-4B 全球鹰无人机

2.3.22　美国海军试验使用四旋翼无人机向潜艇运送物品

美国海军发布的一张图片显示，其海军在夏威夷岛附近使用一架四旋翼无人机向俄亥俄级弹道导弹核潜艇亨利杰克逊号（SSBN730）空运了一些物品。

美国海军通过海上演习来评估使用海军直升机、无人机和 MV-22B 鱼鹰倾转旋翼机运输物品。此次演习是为了试验和评估美国战略司令部远征后勤的战术、技术和流程，还为了提高美国海军战略力量的整体战备状态。美国海军还发布了一段视频显示，一架无人机飞过亨利杰克逊号核潜艇并投送了一个载荷。2019 年夏天，美国海军使用一架 MH-60S 海鹰直升机在飞掠拳师号两栖攻击舰甲板时以投送邮包的方式进行了试验，这种方式等于重新使用二战期间美国海军飞行员在低空低速飞掠军舰时以投送豆袋传递消息的

图 2-47　四旋翼无人机向俄亥俄级弹道导弹核潜艇空运物品

战术。美国海军声明，豆袋投送的目的是显示飞行员与舰船之间的即时通信不通过电子发射也能够实现，直升机和无人机提供了无线电静默条件下或者舰船之间通信遭到干扰时可能的通信方式选择。

2019 年 10 月，美国海军太平洋舰队潜艇司令部（CSP—Commander Submarine Force，Pacific Fleet）与夏威夷大学合作，使用四旋翼无人机向夏威夷瓦胡岛海岸附近的潜艇投送补给，当时无人机挂载了一个 5 磅（2.3 kg）的载荷，载荷中包括电路板、药品和食品。1 年以前，此项试验的概念来自潜艇司令部创新实验室。此后该创新实验室就与夏威夷大学应用研究实验室合作开发能够实现这个概念的方法。

2.3.23 美国空军的“无声之箭”货运无人机

“无声之箭”宣布获得美国空军编号 FA864921P0478 的合同，合同标题为“小型化和改装商用“无声之箭”货运无人机来满足空军特种作战司令部作战需求的可行性”，合同于 2021 年 2 月 5 日生效。此项合同将获得美国空军 AFWERX 项目的资助，并与空军研究实验室合作执行。

根据此项小企业创新研究（SBIR—Small Business Innovation Research）合同，美国空军已经成功将商用的 1 t 级货运无人机“无声之箭 GD-2000”平台尺寸缩小，以便通过 CV-22 倾转旋翼机的货舱尾门和小型固定翼飞机侧门执行特种任务。

“无声之箭”具备紧凑地集成在机身内部的专利弹簧释放机翼系统，具备 1600 磅（725.7 kg）载荷能力、40 英里（64.4 km）航程和系统低成本的特性。该系统已经获得了美国和世界客户的热情支持，目前正在批量交付之中。按照小企业创新研究项目的原则，“无声之箭”后续将由美国政府进行唯一来源采购，用于特种作战和战术补给以及人道主义救援和救灾。

图 2-48 “无声之箭 GD-2000”货运无人机

“无声之箭 GD-2000”平台，是美国 Yates Electrospace Corporation 公司开发的货运无人机。

“无声之箭”基本设计和指标：机身货舱尺寸 2.43 m × 0.6 m × 0.6 m（WB 型尺寸 3.96 m × 1.06 m × 1.06 m），翼展 2.43 m（WB 型 3.96 m），由铝合金结构和胶合板组成机体矩形盒子。货舱前的机头内置自动驾驶仪，机身货舱上方有 2 组纵列布局的 4 个可快速弹出折叠矩形机翼，加上尾部就构成了一架滑翔机。

GD–2000 型总重 907 kg，载荷 740 kg，25000 英尺（7260 m）高度空投滑翔距离 64 km，滑翔时间 12 min，失速着陆，着陆精度 100 m，907 kg 时失速着陆速度 83 节（153.7 km/h）。

滑翔无人机飞行无噪声，雷达特征信号极低，机载设备非常简单，不需要任何机载通信数据链，不必担心被拦截或意外中断，低成本可回收再用，也可抛弃。

目前对“无声之箭”最感兴趣、最有希望率先装备的是美国空军特种部队，除了空军之外，美国太平洋司令部 PACOM 也对“无声之箭”青睐有加，海军希望能够用更轻的玻璃纤维结构替代铝合金和胶合板，美国海军希望“无声之箭”在使用时可以在投放后漂浮在水面上，以便等待接收部队回收。

美国空军 AFWERX 项目，由一个美国空军 AFWERX 创新团队负责，该项目在 2017 年由美国空军部长宣布，目标是在空军内部培育创新文化，并通过扩展技术、人才和合作伙伴来提供快速低成本的商用和军用能力。

CV–22 倾转旋翼机，是贝尔 - 波音公司 V–22 鱼鹰倾转旋翼机的特种作战变型，主要用于美国空军特种作战行动的运输，与运输型 V–22 相比，CV–22 针对特种作战任务加装了一些专用机载设备，如地形跟踪规避雷达、增加航程的油箱、电子对抗系统和卫星通信系统。区别比较大的是，CV–22 的机头部分比 V–22 多更多东西，（图 2–49 中上两图为 CV–22，下两图为 V–22）。

图 2-49　CV-22 倾转旋翼机

2.3.24　美国空军 XQ-58A“女武神”无人机首次载荷释放试验

美国空军已完成了 XQ-58A“女武神”无人机的首次机内武器舱武器释放，这也是 XQ-58A“女武神”无人机的第 6 次试飞。此次试验在亚利桑那州尤马试验场进行，演示了从 XQ-58A 无人机武器舱释放 Altius-600 小型无人机的能力。美国研发无人机和靶机的 Kratos 公司、研发无人机的 Area-I 公司和 AFRL 实验室共同设计开发了小型无人机挂架和释放无人机的软件。

在此次试验中，XQ-58A 无人机首次在飞行中打开舱门。XQ-58A 无人机从武器舱释放 Altius-600，这标志着 XQ-58A 无人机具备使用小型无人机实现集束弹药的能力。“女武神”无人机计划释放最多 12 架小型无人机，具体数量取决于武器舱内部挂架所占用的空间。

图 2-50　载荷释放试验

XQ-58A“女武神”无人机是 Kratos 公司按照美国 AFRL“低成本可消耗飞机技术项目”开发的隐身作战无人验证机，曾于 2019 年 3 月 5 日完成首飞。

Altius 系列无人机由 Area-I 公司按照美国陆军“空中发射效应（ALE）项目”要求开发，其中 Altius-600 是 ALE 项目的主要无人机，已经成功演示在 C-130A、AC-130J、UH-60、P-3 等机型和地面车辆上的集成和发射。Altius-600 无人机续航时间 4 h，航程 440 km，重量 9~12.25 kg，载荷 1.36~3.18 kg，巡航速度 111 km/h，最大速度 167 km/h。Altius-600 通过发射管空中释放，区别在于直升机向前发射，固定翼飞机（如 P-3 和 XQ-58A）则向后下方发射。

ALE 项目的目标是以有人平台发射小型无人机作为先锋，通过执行探测识别定位报告、假信号欺骗、雷达干扰和摧毁敌方目标的“效应”，来提高美国陆军航空兵的生存能力和突防作战能力。但是随着试验平台范围的扩大，美军多部门都对该系统产生了相应需求，其用途已不仅限于掩护突防。2021 年 1 月，美国国防部发布反小型无人机策略文件，计划将洛·马公司的机载微波系统集成到 Altius-600 无人机上用于反无人机。

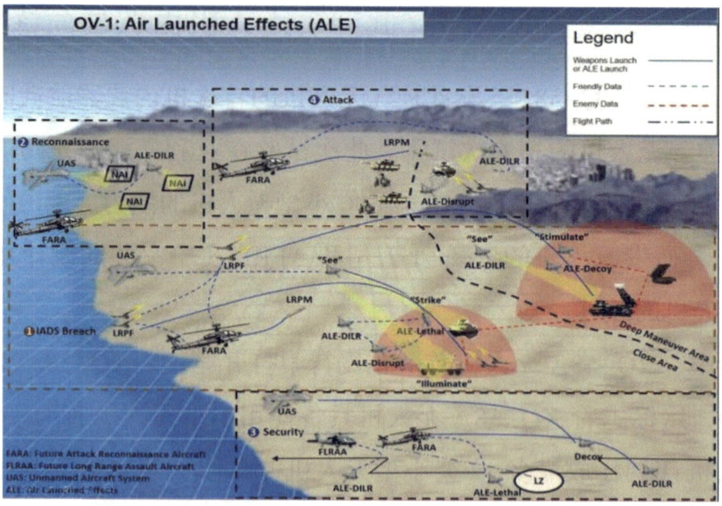

图 2-51　ALE 项目概念

2.3.25　美国陆军增订黑蜂 3 无人机

根据美国 FLIR 系统公司声明，美国陆军近期又授予了该公司一份价值 1540 万美元的合同，用于采购黑蜂 3 无人机。据统计，美国陆军从 2018 年开始已经多次采购黑蜂 3 无人机，合同总计价值超过 8500 万美元。

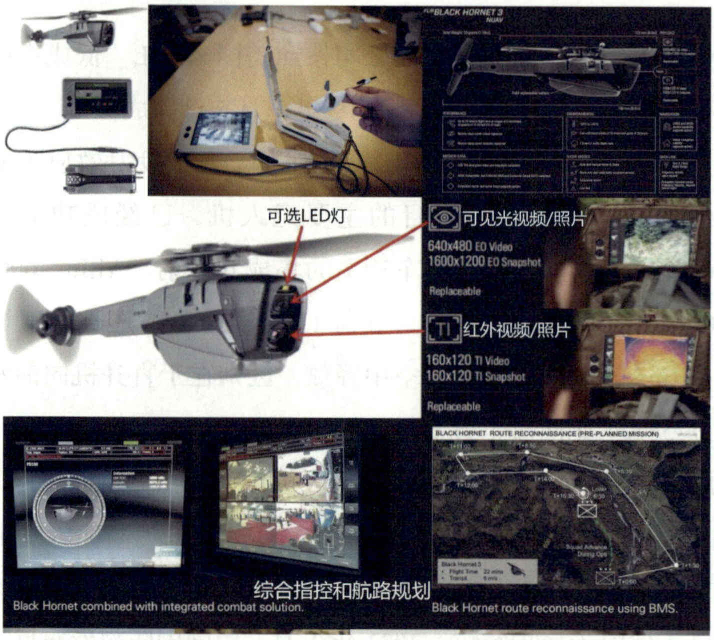

图 2-52　黑蜂 3 无人机

图 2-52 黑蜂 3 无人机（续）

黑蜂 3 无人机，还被称为“个人侦察系统”，重 33 g，长 168 mm，旋翼直径 123 mm，最大速度 21.5 km/h，控制距离 2 km，可在 10 m/s 阵风中飞行，续航时间 25 min。该无人机侦察系统具有极低的视觉和噪声特征，既能以 6 m/s 的低速搜索侦察和识别目标，又能在隐蔽处悬停或盘旋监视目标。黑蜂 3 无人机配备可见光和红外双光传感器载荷，两种传感器都可为操作员提供实时视频或高清照片。

黑蜂 3 无人机的地面控制站由一个收纳盒、一个控制器和一个显示器组成，全套系统重量为 1.3 kg。收纳盒里可容纳 2 架黑蜂 3 无人机，结合特制的单手控制器，能够实现规划、执行和分析任务的所有功能。所有数据都存储在收纳盒内的可拆卸 SD 卡上，方便查看和共享。FLIR 系统公司不仅将黑蜂 3 系统描述为单兵便携微型侦察无人机系统，还设计了可独立工作的多无人机车载地面站，用于执行车载侦察和要地防控等任务。

黑蜂 3 无人机的早期型号称为“PD-100 黑蜂”和“Nano 黑蜂”。英国、德国、挪威和澳大利亚都较早采购了该系统，美军从 2015 年开始采购其早期型号，用于在阿富汗的军事行动。根据 2017 年某新闻消息，当时的“一站两机”系统标价 19.5 万美元，其中 2 架无人机价值 8 万美元，即 4 万美元 / 架。黑蜂 3 无人机是该系列产品的最新型号，如果按每套 20 万美元计算，美国陆军斥资 8000 多万美元也只能采购 400 多套，这些设备应该仅够提供给陆军特种部队班排一级单位使用（据消息称，美国陆军特种部队规模为 1.5 ～ 2 万人）。

图 2-53　黑蜂 3 无人机的地面控制站

2.3.26　美国海军陆战队使用 Drone40 小型无人机

美国海军陆战队公开了使用 Drone40 无人机训练的照片。Drone40 无人机由澳大利亚 DefendTex 公司设计制造。Drone40 无人机是一种微型、低成本、可消耗的无人机，既能手动放飞，也可用 40 mm 榴弹发射器发射。该无人机可携带包括传感器和小型高爆战斗部在内的多种载荷。据称，英国陆军已经在西非国家马里执行维和任务时使用了 Drone40 无人机。但此次是美军首次公开宣布他们也在使用该系统。

Drone40 无人机长 180 mm，展开尺寸为 180 mm × 180 mm × 40 mm，重量 200 g，最大起飞重量 300 g，续航时间 30 ～ 60 min，航程 15 ～ 20 km，最大速度 72 km/h，载荷功率 10 W。另外 Drone40 无人机具备防水特性，因此可在海上和恶劣天气下使用和回收。

DefendTex 公司称，Drone40 无人机可配备全动光电摄像机、电子战系统、激光指示器，以及烟雾 / 闪光等多种载荷，该无人机还可携带小型高爆或穿甲战斗部。不过根据其重量判断，其战斗部威力显然十分有限。Drone40 无人机与以色列 SpearUAV 公司的 Ninox 系列无人机非常相似，区别是 Ninox 系列无人机的展开方式不同。

据称，Drone40 无人机激光指示器可用于照射目标引导精确制导弹药攻击，但其作用距离和照射时间尚不明确；烟雾和闪光功能可用于遥控 Drone40 无人机飞到敌军上空干扰其行动。另外该公司还称 Drone40 具备“多发同时弹着”能力，并将其称之为“蜂群能力”。“多发同时弹着”是一个炮兵概念，早期作战要求炮群通过协调各炮射击参数保证多发炮弹尽量同时打击目标，来减少敌方隐蔽生存的时间，后期发展为要求单门火炮通过调整每次射击参数，实现控制连续发射的多发炮弹同时打击目标。

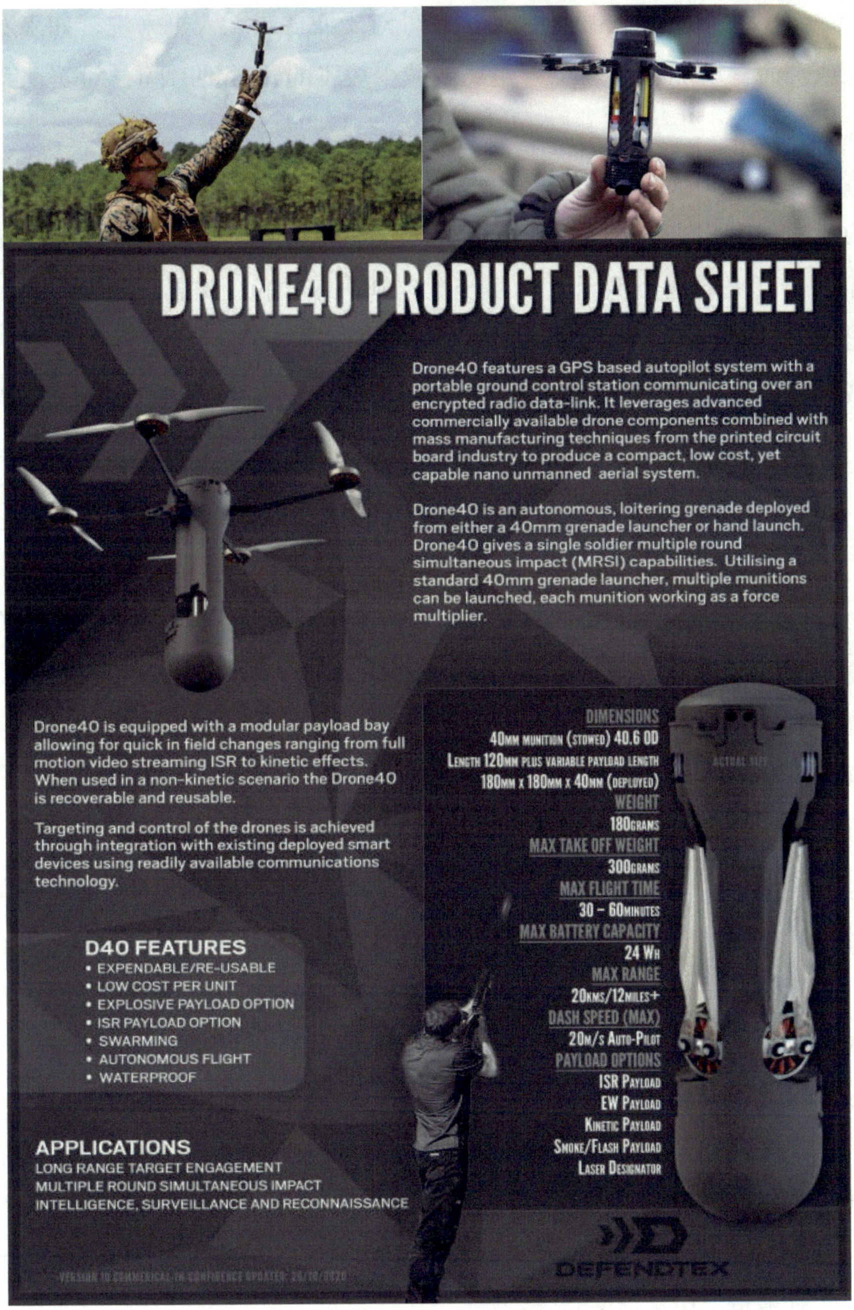

图 2-54 Drone40 无人机

虽然 Drone40 无人机可以通过常见的枪挂榴弹发射器方式发射，但到目前为止，美国海军陆战队和英国陆军都仅通过手动放飞 Drone40 无人机执行 ISR 任务，而没有采用榴弹发射器方式。笔者认为，这是军方在试验阶段要尽可能了解该系统的基本性能，而榴弹发射方式可能会带来发射冲击的问题（步兵 40 mm 榴弹发射器枪口初速范围为 76 ～ 120 m/s），因此军方并不急于使用。另外对于便携式无人机来说，如果发射冲击不影响可靠性或寿命，增加一小段飞行距离或减少放飞的几秒钟时间，对实现系统基本功能没有很大区别。

根据美国陆战队 2030 年规划报告要求，陆战队要具备从多平台操作无人机执行侦察和攻击的能力。为此，陆战队近年来已经试验了多种无人机系统，如黑蜂 3 无人机。陆战队多年来一直渴望将小型无人机系统推广到班级单位。陆战队曾在 2019 年的发展文件中指出，“小型战术无人机是战术机动单位的有机装备，通常在营及以下单位，包括特种作战小组和连，提供战场态势感知和目标搜索支持”。不过，陆战队最终的选择不仅取决于系统性能，更要看该系统的成本。

2.3.27 美国发布新型垂直起降无人机

美国 UAV Factory 公司近期推出了企鹅 C Mk2 VTOL 无人机，并确认已经做好了投产准备。企鹅 C Mk2 VTOL 无人机是在弹射器起飞的企鹅 C Mk2 VTOL 无人机和垂直起降的企鹅 B VTOL 无人机的基础上开发的，具备精确垂直起降能力，因此更适应严苛的应用环境。该无人机采用了拥有专利的“AEROFLOW 旋翼梁技术”，据称，该技术可使无人机的续航能力提高 20%。此项专利技术的显著特点是在垂直升力旋翼上设置了罩子，当无人机水平飞行时，罩子会自动遮蔽升力旋翼，从而显著降低无人机的寄生阻力。因此，企鹅 C Mk2 VTOL 无人机续航时间能达到 14 h，这在同类复合翼垂直起降无人机产品中处于领先地位。

企鹅 B VTOL 无人机基本指标：翼展 3.9 m，最大起飞重量 30 kg，载荷 11.7 kg（包括 3.9 kg 任务载荷和 7.8 kg 燃油），配备与企鹅 C Mk2 VTOL 同型发动机。

企鹅 C Mk2 VTOL 无人机基本指标：翼展 3.3 m，最大起飞重量 28 kg，任务载荷 3.9 kg，配备 1 台土耳其制造的 UAV28–EFI 单缸两冲程直喷汽油发动机，最大续航时间 16 h，航程 100 km，巡航速度 90.7 km/h，最大平飞速度 115 km/h，升限 5000 m，最大起飞高度 3048 m，工作温度 –40 ～ 50 ℃。

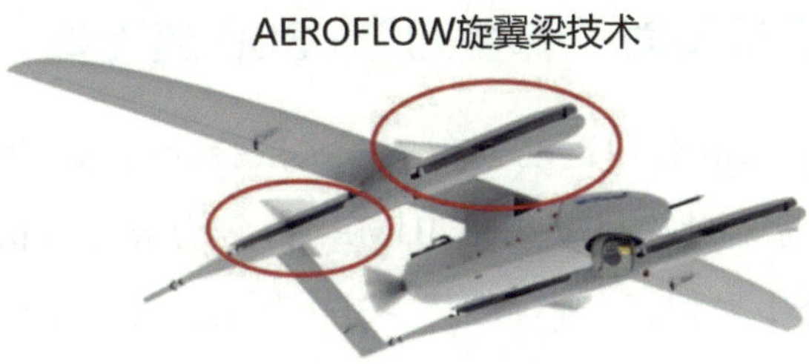

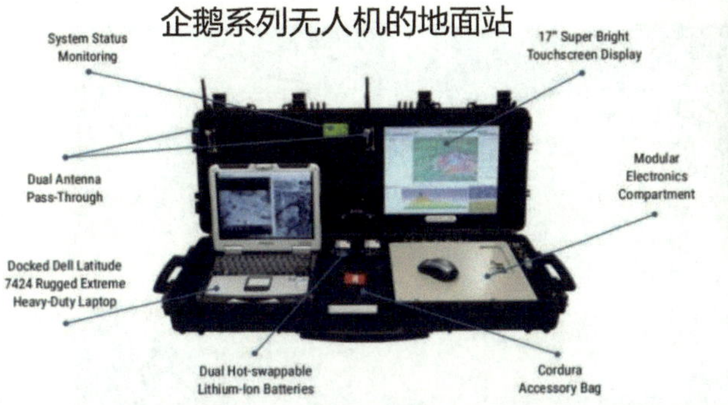

ELECTRICAL SPECIFICATIONS	
DC input	10–32 VDC, overvoltage protection, reverse polarity protection
Battery type	Lithium ion
Battery capacity	108 Wh
Battery operation time	2 hours (typical)
Connections (all routed to Dell Latitude 7424 Rugged Extreme)	2 serial (RS-232), 5 USB, 2 Ethernet, 1 composite video in (IMPERX video device needed), 1 VGA in (optional), 1 microphone in, 1 audio out, PCMCIA slot, HDMI
Connections to 17" display	Composite video (optional), external VGA input (optional)
DC power output 1	12V 5A fused, 50 W
DC power output 2	12V 5A fused, 50 W
Antenna pass-through	Two 50 Ohm antenna pass-through to upper lid. SMA-RP termination, RG 142
COMPUTER SPECIFICATIONS (NOT INCLUDED WITH GCS)	
Model	Dell Latitude 7424 Rugged Extreme
Durability	MIL-STD-810G & IP65 certified (up to 6' drop)
Display type	14", FullHD, touchscreen
Brightness	1000 nits
17" DISPLAY SPECIFICATIONS	
Display type	17 " TFT 1280x1024 (SXGA), optional touch screen
Brightness	1600 nits
Signal source:	Selectable between Dell Latitude 7424 Rugged Extreme Heavy-Duty Laptop and external VGA input (optional)

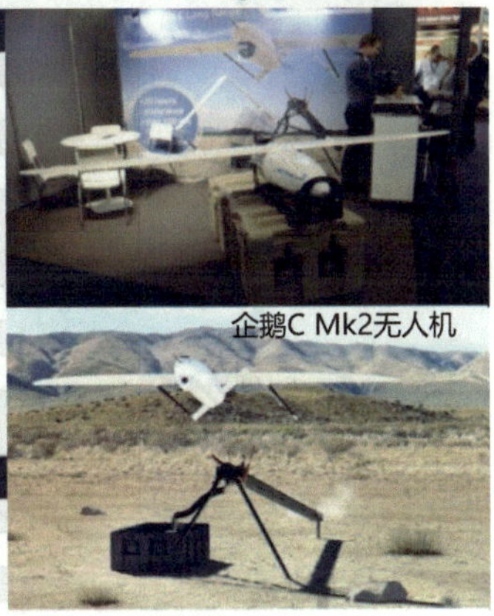

图 2-55　企鹅系列无人机配置

企鹅 C Mk2 VTOL 无人机全系统包括 3 架无人机、3 套 Epsilon 光电 / 红外传感器转塔、1 个地面站和 1 个多进多出跟踪天线，属于 3 类无人机，可搭载的 ISR 任务模块是 Octopus ISR 公司（该公司是 UAV Factory 公司设计制造无人机分系统的子公司）制造的 Epsilon 系列光电 / 红外传感器转塔。该无人机能在 15 m/s 的风速下正常起降，整套系统可使用 5 个 Pelican 箱子运输。电池更换操作仅需 2 min，可最大限度压缩架次之间的间隔延迟。

2.3.28 美国演示 JUMP-20 无人机发射“弹簧刀”-300 巡飞弹

美国无人机和巡飞弹制造商 AeroVironment 公司近期公布了一次试验的信息，该试验是为了演示验证“空中发射效应”的概念。此次试验采用 JUMP-20 复合翼无人机在旋翼梁下挂载“弹簧刀”-300 巡飞弹在空中发射，“弹簧刀”-300 巡飞弹最终精确命中靶标，JUMP-20 无人机也安全返航。

图 2-56 “空中发射效应”概念

JUMP-20 无人机和“弹簧刀”-300 巡飞弹都是 AeroVironment 公司的产品。JUMP-20 无人机属于 3 类无人机［重量小于 598 kg，高度小于 5480 m（离地高度），速度低于 463 km/h］。基本指标：翼展 5.7 m，长 2.9 m，最大起飞重量 97.5 kg，任务载荷 13.6 kg，最大高度 5200 m，速度 92.6 km/h，续航 14 h，控制距离 185 km。

“弹簧刀”–300 巡飞弹基本指标：长约 0.6 m，筒弹一体重量 2.5 kg，操作高度 152 m（离地高度），最大高度 4570 m（平均海拔高度），巡航速度 101.3 km/h，俯冲速度 160 km/h，续航 15 min，控制距离 10 km。

AeroVironment 公司发布的试验视频显示，“弹簧刀”–300 巡飞弹发射筒采用临时固定装置安装在 JUMP–20 无人机右侧旋翼梁下方，发射筒向后。据称，“弹簧刀”–300 巡飞弹的发射动作通过 JUMP–20 无人机的地面控制站指令完成，“弹簧刀”–300 巡飞弹发射后的飞行由巡飞弹地面终端控制。通过视频可以看到，“弹簧刀”–300 巡飞弹发射后快速展开了机翼和所有舵面，紧接着翻了一个筋斗稳定下来，然后转了个大弯才找到靶标位置，对正靶标后，“弹簧刀”–300 巡飞弹以大角度俯冲正中靶心。

图 2-57 “空中发射效应”试验现场

整体上讲，此次试验的技术难度不算很高，只是比较粗暴地将二者结合在一起共同完成了一次比较简单的攻击任务。但这是中小型无人机首次空中发射精确制导武器并成功命中靶标。尽管二者还没有实现通信连接和组网控制，但试验的成功等于吹响了后续相关控制技术开发的冲锋号，因为这验证了中小型无人机平台使用精确制导武器的可能性。

据称，自“弹簧刀”-300 巡飞弹问世以来，美国国防部已经订购了超过 4000 套，虽然其射程有限、战斗部威力较小，但它经受了 10 年中东和阿富汗战场考验，尤其在山区精确攻击非通视目标的效率很高。如果中小型垂直起降复合翼无人机能够携带、发射并中继遥控小型巡飞弹，那么它们就能提供快速、精确的空中火力支援。二者的结合不仅相当于增加了巡飞弹的航程和留空时间，更为中小型无人机实现察打一体目标铺平了道路，这无疑将成为陆军轻步兵的又一大福音。

2.3.29 美国 X-61A“妖精”无人机首次成功进行空中回收

美国 Dynetics 公司与 DARPA 联合研发的 X-61A“妖精”无人机在飞行试验中成功完成了一次空中回收。X-61A“妖精”无人机项目由 DARPA 从 2014 年开始研究。该项目的目标是研发一型能够由有人机空中释放和回收，并在有人机控制下独立或组成蜂群完成多种任务的“多用途”无人机。

该项目最初由美国 Leidos 公司开发，到 2018 年转由 Leidos 旗下的 Dynetics 公司继续开发，在 2019 年制造了 5 架原型机，并于 2019 年 11 月进行了 C-130A 翼下挂载 X-61A 的首次试验。

X-61A“妖精”无人机的基本指标：长 4.2 m，翼展 3.5 m（超临界翼型），机身截面积直径约 0.6 m，最大重量 680 kg，载荷大约 65 kg（载荷可提供 1.2 kW 电源），配备 1 台 317.5 kg 推力的 Williams F107 涡扇发动机，最大释放高度 12000 m，最大回收高度 6000 m，任务半径 46 km 时续航 4 h，任务半径 555 km 时续航 1 h，最大速度 0.6 马赫（735 km/h），航程 560 km。

2020 年 1 月 17 日，X-61A“妖精”完成了空中释放首飞，试验成功，但是由于降落伞未能打开，导致原型机在回收时坠毁。2020 年 8 月，X-61A“妖精”空中释放并飞到 C-130A 附近，最后成功伞降回收。2020 年 10 月，X-61A“妖精”首次试验空中回收，但 9 次空中对接都由于剧烈的“动态相对运动”失败，最后伞降回收。在试验团队花费大量时间改进自驾仪软件的响应能力后，首次回收最终成功。空中回收成功后的 24 h，X-61A“妖精”再次进行试验，但是没能实现空中回收。据记录显示，在此前的试验中，有 1 架 X-61A“妖精”原型无人机因故障坠毁。到目前为止，5 架原型机已经有 2 架因故障坠毁损失，所以还剩 2 ～ 3 架可以继续试验。

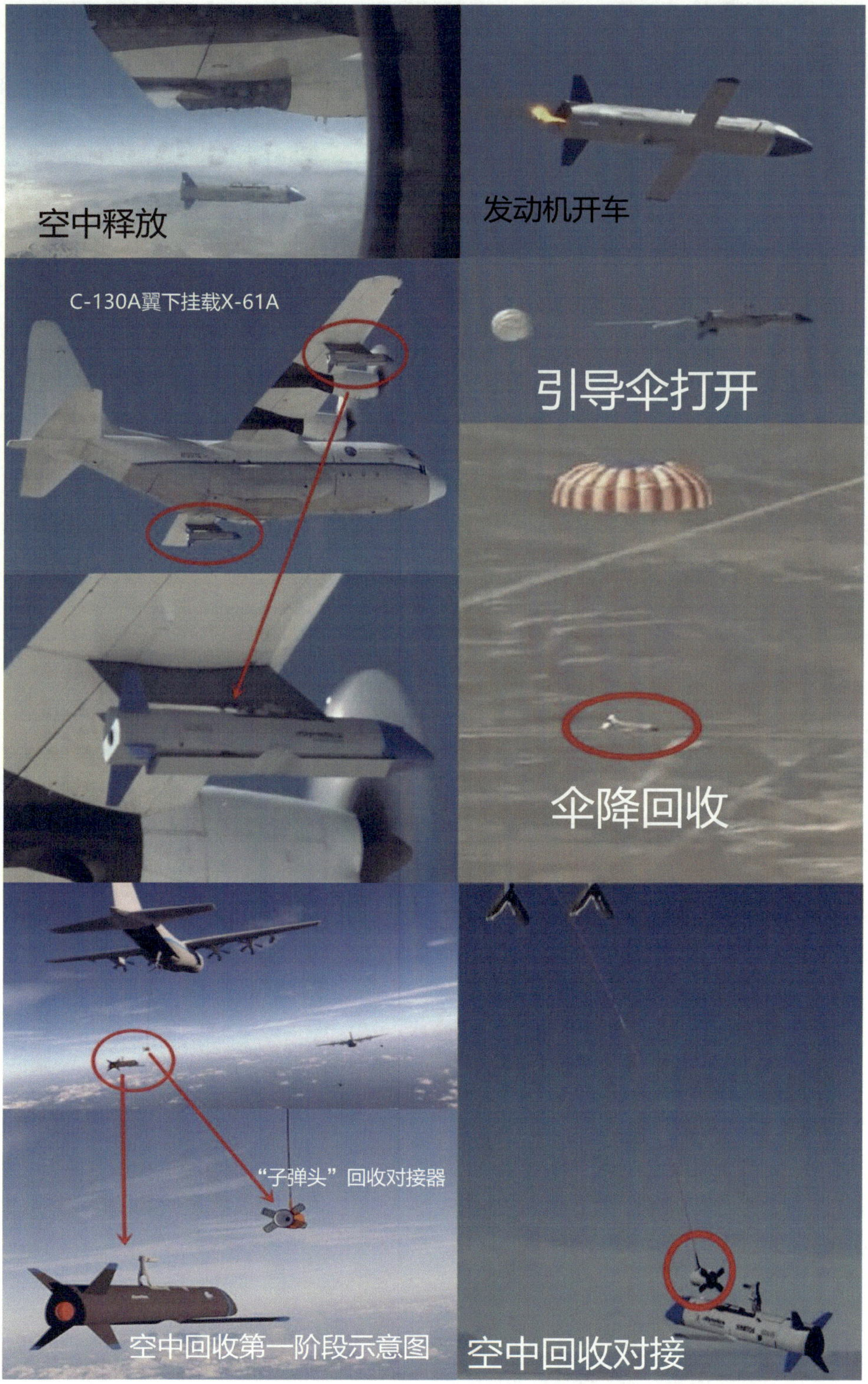

图 2-58　X-61A“妖精”无人机空中回收试验

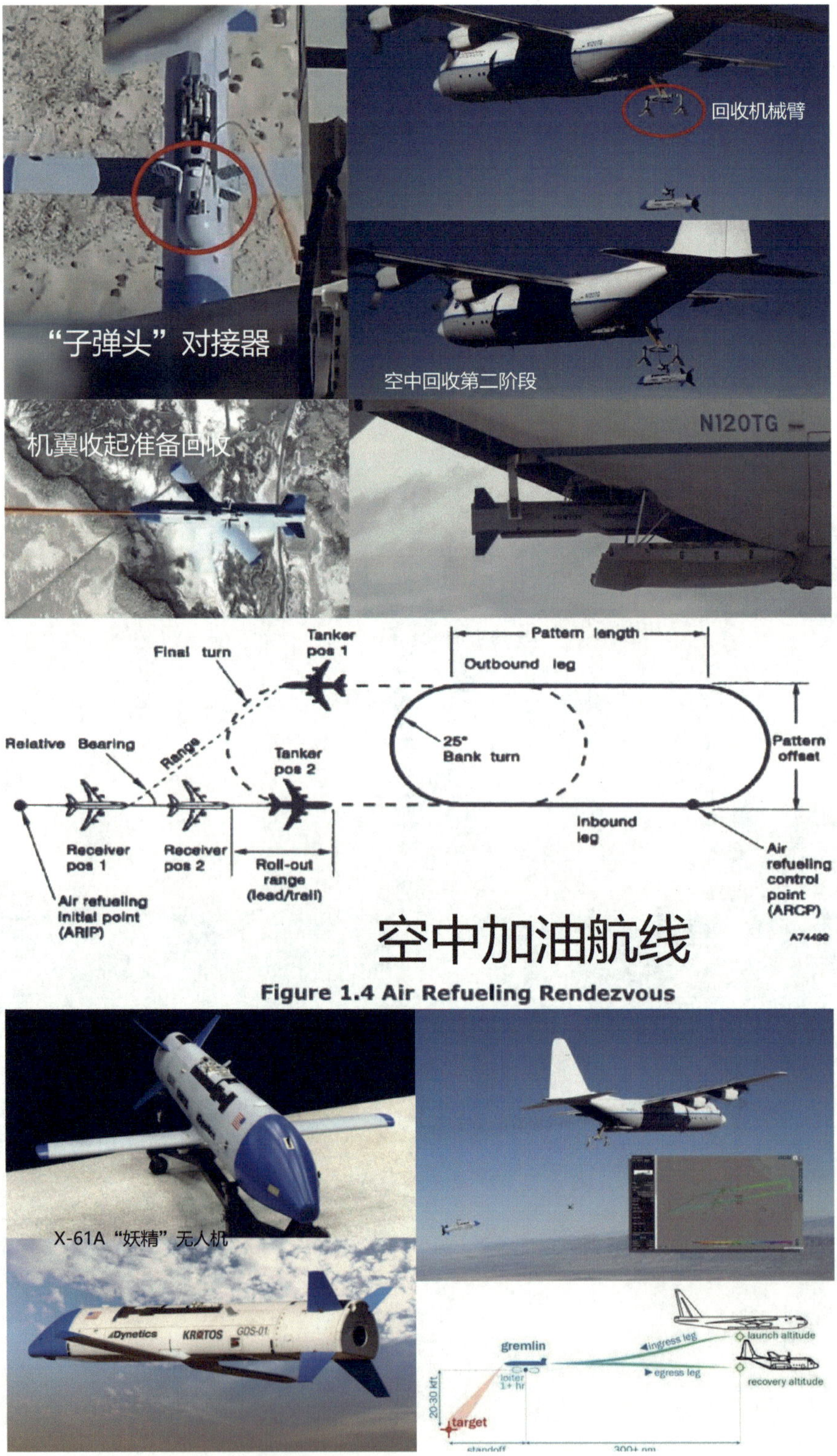

图 2-58　X-61A “妖精” 无人机空中回收试验（续）

空中回收分为两个阶段：第一阶段，X-61A“妖精”与对接系统连接，以保持无人机在空中气流和 C-130A 尾流影响下的稳定性；第二阶段，回收机械臂夹住 X-61A“妖精”，并将其收入 C-130A 尾部机舱。其中对接系统部分是一个空中拖曳的具备姿态控制的“子弹头”，X-61A“妖精”在靠近“子弹头”之前会伸出一根对接管，然后采取类似空中加油时“授油管插入加油锥套”的操作完成对接。配备了空中回收系统的 C-130A 母机，在美国犹他州 Dugway 试验场上空，以 296 ～ 370 km/h 的空速在 2895 m 和 4420 m 高度上，按照空中加油 / 待命的环形赛道航线飞行，航线单边 46.3 km。据称，回收系统的设计效率是大约 7 min 一架。

空中回收后 24 h 内再次试验是 DARPA 的要求之一。项目组认为，该无人机将由轰炸机或运输机等大型有人机在防区外大量空中释放，而且要具备空中回收后 24 h 内再次使用的能力。据称，X-61A“妖精”在预期寿命内要能够执行 20 次任务，这应该是为了保证突破敌方防空网的每个无人机批次数量。X-61A“妖精”计划携带的任务载荷包括光电 / 红外传感器、合成孔径雷达、激光指示器、电子战系统和攻击战斗部。

X-61A“妖精”的首次空中回收成功是该项目的又一个里程碑，不过后续开发仍然艰难漫长。对此，笔者有以下几点启示。

首先，不同平台空中释放无人机 / 智能弹药将极大增加其航程或者说射程，无人机 / 智能弹药的使用将更加灵活，并通过快速部署任务“蜂群”来提高效率。值得注意的是，XQ-58A“女武神”无人机空中释放 Altius-600 小型无人机没打算回收，美国空军“速龙”运输机货运托盘弹药项目是空投发射远程弹药，而美国通用原子公司用 MQ-9“死神”无人机进行了 2 次雀鹰小型无人机系留挂载试验。在 X-61A“妖精”项目的基础上迭代，最终目标是采用相同的方式实现无人机空中释放和回收无人机。

其次，空中回收无人机的主要目的应该是降低昂贵或保密任务系统（尤其是先进光电 / 红外和电子战系统）的使用成本。不过除了在技术上实现以外，空中回收的考验还有如何自动化综合管理回收操作，否则操作员将面临类似航母舰载机回收和空中加油排队时的工作压力。

最后，随着巡飞弹、组网智能弹药、无人机蜂群、运输机货运托盘弹药和无人机空中释放 / 回收项目的进展，至少在在研的项目中智能弹药与无人机之间的界线正在变得越来越模糊，双向数据链和机载人工智能最终会把所有平台都连接在一起。

2.3.30 美国 Mojave 短距起降无人机市场前景浅析

美国通用原子公司正式公布名为“Mojave”的短距起降无人机。该公司以其MQ-9“死神”和MQ-1C“灰鹰”无人机为基础，采用了MQ-1C“灰鹰”无人机的机身，以及上述机型的航电和飞控系统，通过加大机翼、使用增升设计（如前缘缝翼）和加强起落架等改进措施，投入约两千万美元，耗时大约两年时间开发出了Mojave无人机。据称，Mojave无人机的原型机已完成首飞，目前正在扩展飞行包线。

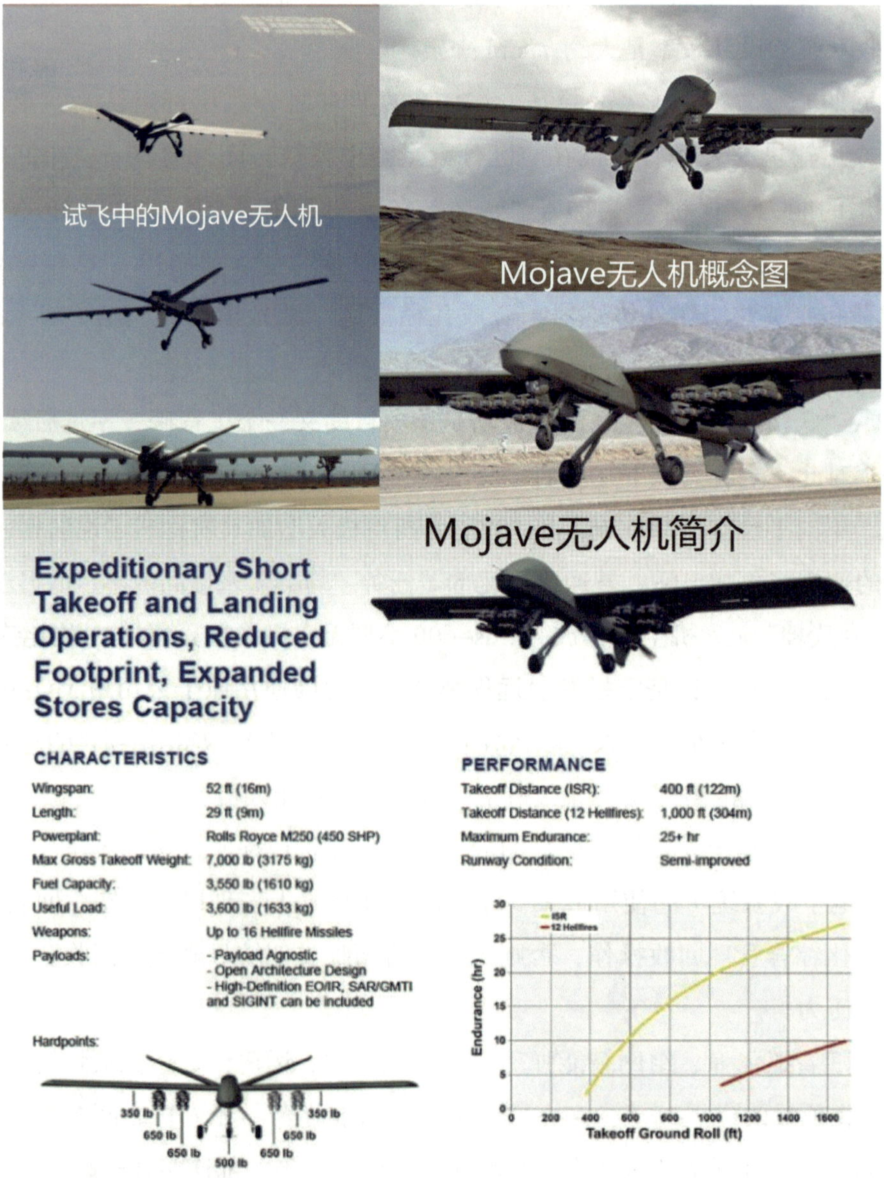

图 2-59 Mojave 无人机

Mojave 无人机的主要特性是具备在临时跑道上短距起降的能力。其侦察构型起飞距离 122 m，续航 27 h，挂载 12 枚 AGM-114 地狱火空地导弹（每枚重量大约 45 kg）起飞距离 304 m，挂载 16 枚地狱火空地导弹，起飞距离 488 m，续航 9 h。

目前已知 Mojave 无人机的基本指标包括：翼展 16 m，长 9 m，最大起飞重量 3175 kg，油量 1610 kg，可用载荷 1633 kg，最大载弹量 16 枚地狱火空地导弹，配备一台罗尔斯·罗伊斯公司 450 shp 功率的 M250 涡桨发动机，最大续航时间 27 h，最小起飞距离 122 m，最小速度 40 ～ 45 节（74.1 ～ 83.3 km/h，尚在试飞中）。

可以看出，Mojave 无人机的整体设计主要针对前沿部署的近距离空中支援任务，已经部分覆盖了武装直升机的任务范围。不过无人机的优势在于续航更长，可以更持久地提供空中侦察监视和火力支援，并降低了无人机对机场设施的要求，应该可以将其理解为 MQ-9“死神”无人机的“陆航专用改型”。

图 2-60　Mojave 与 MQ-9“死神”无人机对比

尽管 Mojave 无人机性能先进，但它的市场表现尚不容乐观。

首先，通用原子公司的 R/MQ-1“捕食者”和 MQ-9“死神”系列无人机，在美国三军以及各种机构至少有近 1000 架在役，到 2030 年还将不断交付新机，因此采购预算和需求应该已经占用。

其次，美国陆军现役有超过 800 架 AH-64 阿帕奇武装直升机，与之重叠的任务功能仍将由武装直升机承担。

最后，美国国会刚刚驳回了空军退役所有 A-10 攻击机的申请。美国空军现役 281 架 A-10 攻击机，空军希望将其全部退役，来解放预算和人员编制用于采购新系统，但由于某空军基地所在选区议员的反对而被阻止。“官方”的理由是，当年美国陆军航空队改编空军时，曾承诺保留一定数量的专用攻击机用于支援陆军。实际的理由是，一旦某基地的 A-10 攻击机全部退役，该基地可能被废弃，而该选区议员将失去大量选票。只要 A-10 攻击机继续服役，相应的需求就无法释放。

2.3.31　美国垂直起降无人机创造长航时世界纪录

美国洛·马公司宣布，该公司创造了一项小型无人机的长航时世界纪录。Stalker VXE 垂直起降无人机在空中持续飞行了 39 h17 分 7 秒，这是二类无人机的最新续航纪录。二类无人机的定义包括：重量 10 ～ 25 kg，离地高度在 3500 英尺（1066.8 m）以下，速度低于 250 节（463 km/h）。

Stalker 系列无人机制造商是洛·马公司旗下著名的“臭鼬工厂”，从 2006 年开始，该工厂针对美军特种部队特殊需求（如电机驱动超静音飞行）开发研制 Stalker 系列无人机，并于当年年中完成首飞。

Stalker 系列无人机的初始设计为手抛式小型侦察无人机，基本指标：重量 6 kg，翼展 3 m，载荷约 1.36 kg，续航 2 h，航程 20 km，典型操作高度 122 m（离地高度），最大高度 4572 m（海拔高度），抗风 30 节（55.6 km/h），控制终端最多可同时指挥控制 4 架无人机，机腹设计了专用减震垫，可自主返航降落在指定区域的 15 m 范围内。

Stalker 系列无人机从 2006 年开始进入美国特种作战司令部服役，美国陆军和陆战队的特种部队都曾在阿富汗使用 Stalker 无人机探测路边炸弹。特种部队反馈要求提高系统的续航能力，据称，为了完成任务，Stalker 无人机当时每天都要飞行 2 ～ 3 架次。

后来洛·马公司开发了增程型的 Stalker XE 无人机，基本指标：翼展 3.66 m，长 2.13 m，起飞重量 10.89 kg（包括标准载荷），可选用电池驱动续航 4 h 或者丙烷燃料电池续航 8 h，巡航速度 55 km/h，最大速度 72 km/h，可选用橡皮筋弹射起飞或弹射器发射起飞，仍然采用机腹减震垫降落，控制距离 59 km，最大航程 370 km。

Stalker XE 无人机通过扩大系统规模、改进动力系统的性能来提高它的续航时间和载荷能力，但同时由于尺寸和重量的增加，Stalker XE 无人机无法再采用手抛方式起飞，这在一定程度上降低了其应用灵活性。

而此次创纪录的飞行由 Stalker 无人机系列的最新型号 Stalker VXE30 完成。Stalker VXE 是 Stalker XE 的复合翼垂直起降改型，通过增加旋翼梁和 4 个旋翼使之具备垂直起降能力。

图 2-61　Stalker 无人机

图 2-61　Stalker 无人机（续）

Stalker VXE 无人机基本指标：翼展 4.88 m，长 2.59 m，最大起飞重量 21.77 kg（电池）/ 19.96 kg（燃料电池），载荷 2.49 kg，续航 4 h（电池）/8 h（燃料电池，可通过增加内部油箱达到 16 h），巡航速度 66.67 km/h，最大速度 107.4 km/h，最大通信距离 185.2 km，无风转场航程 255.58 km（电池）/498.19 km（燃料电池），操作高度 91.44 m（离地高度），最大离地高度 3657.6 m。

另外，此次创纪录飞行的 Stalker VXE 垂直起降无人机，不仅采用了丙烷燃料电池为电机提供电能，还在右侧机翼下方挂载了额外的机外油箱，燃料应该也是丙烷，不过油箱容积尚不清楚。由于油箱为单侧挂载，因此飞行在不对称构型下完成，应该是在试验空域飞行盘旋航线创造了此次长航时纪录。很显然，此项纪录主要归功于固体氧化物燃料电池（SOFC）的使用。燃料电池作为将燃料化学能直接转换成电能的化学装置，又称电化学发电器，实际能量转化发电效率约为 40% ～ 60%，能量密度可达普通电池的大约 6 ～ 8 倍。与电池供电相比，燃料电池供电只要提供燃料，平台的续航时间更长，加注燃料的时间也比电池充电短得多。当然，燃料电池技术仍存在一定缺陷，如燃料电池的成本和燃料的安全性问题。与常见的氢燃料电池相比，虽然丙烷的制取耗能和安全性比氢更好，但丙烷对人体有单纯性窒息和麻醉毒性，呼吸和皮肤接触都会中毒，且对环境有污染，熔点 –187.6 ℃，沸点 –42.1 ℃，无色气体，闪点 –104 ℃，总体上不算是一种很安全的燃料。无论如何，此次创纪录的飞行试验证明，燃料电池是除混合动力驱动以外，小型无人机（以及无人车）提高续航能力的另一个重要发展方向。美军展示“快速击沉”项目能力应视为对高性能无人机发展的肯定。

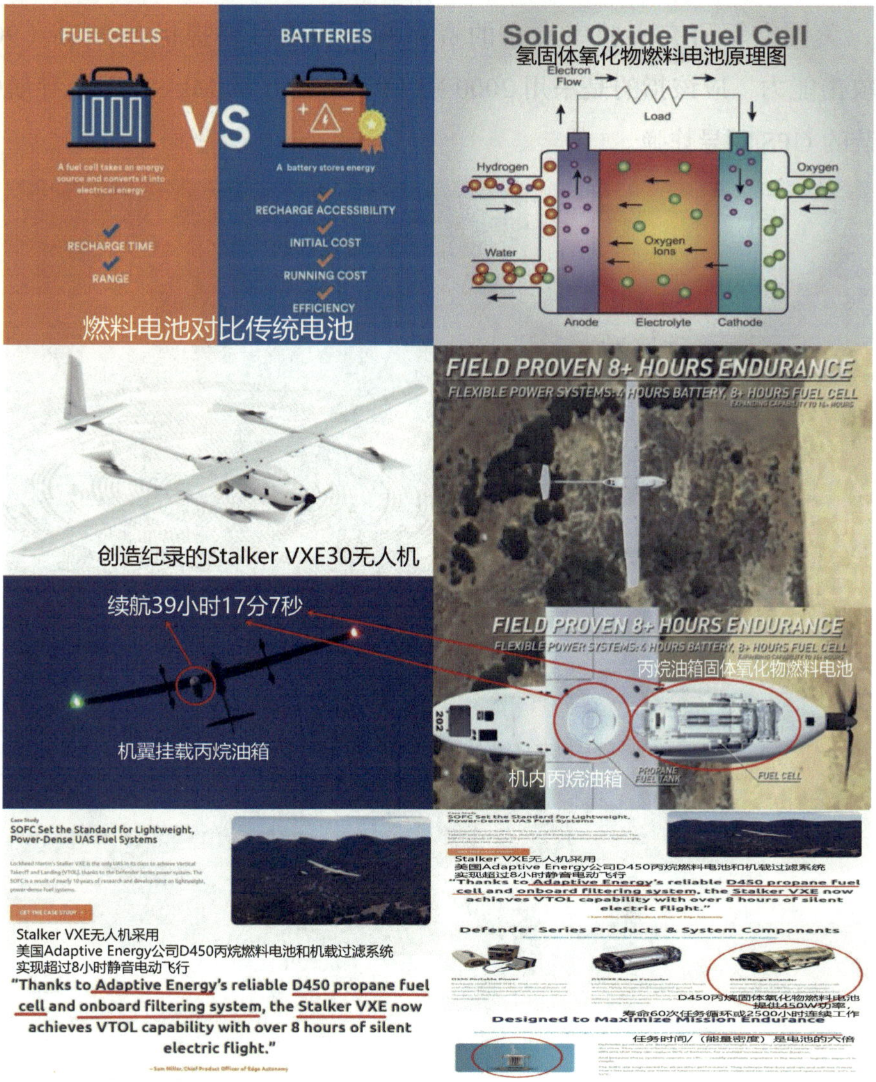

图 2-62　Stalker 无人机的动力电池技术

2.3.32 美军展示“快速击沉”项目能力的效果分析

美国空军研究实验室的联合试验团队，按照“快速击沉 – 联合能力技术演示（JCTD）”项目规划，由第 85 试验评估中队 1 架 F–15E“攻击鹰”战斗攻击机用一枚改装 GBU–31 联合直接攻击弹药（JDAM），在墨西哥湾击沉了一艘全尺寸靶船。当时各路媒体大肆宣传该项目有 2 个亮点：

1）武器开放系统架构（WOSA），快速提供即插即用制导部件达到联合打击的效果；

2）低成本，拿来对比的目标是美国海军的核潜艇和鱼雷。

另外，美国空军研究实验室发布的资料称，该项目要提供 2000 磅（907.2 kg）JDAM 的攻击能力，应该指的是采用 2000 磅（907.2 kg）的 Mk–84 无制导航弹加装控制舱段改装的 GPS 制导炸弹。

图 2-63 “快速击沉”项目试验

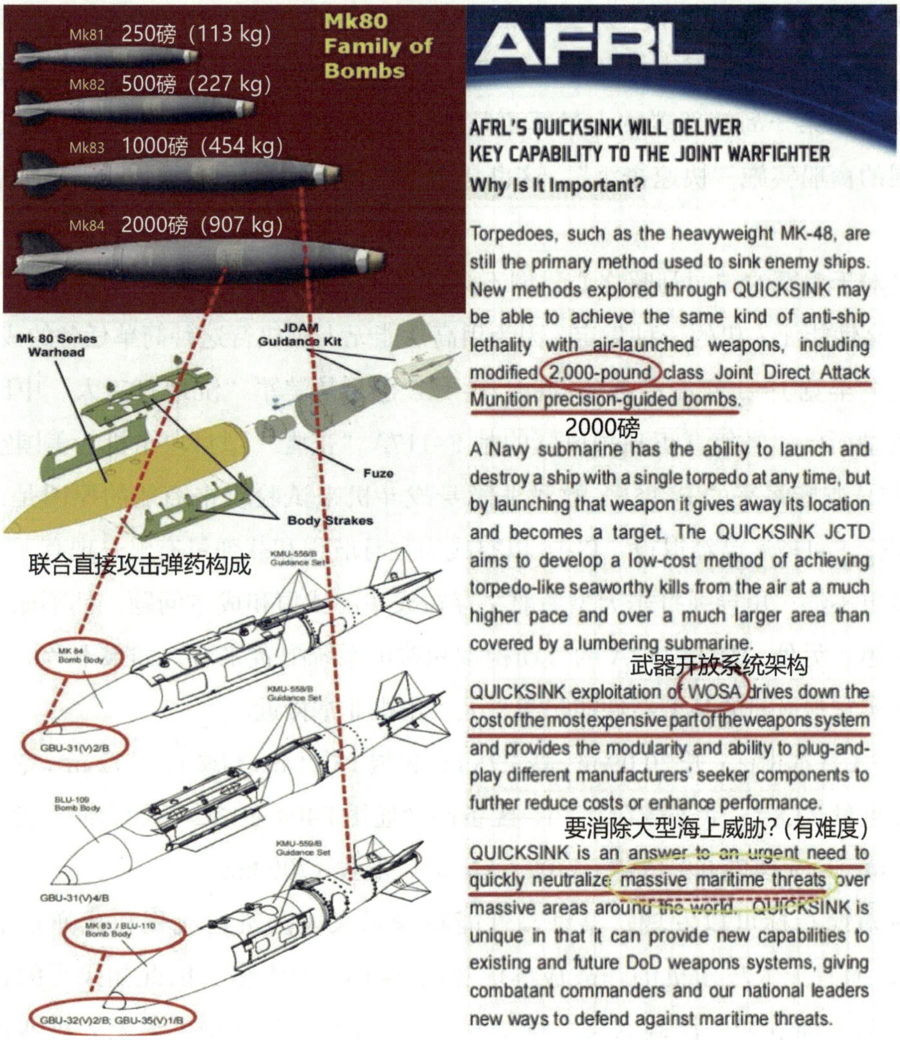

AFRL'S QUICKSINK WILL DELIVER KEY CAPABILITY TO THE JOINT WARFIGHTER

Why Is It Important?

Torpedoes, such as the heavyweight MK-48, are still the primary method used to sink enemy ships. New methods explored through QUICKSINK may be able to achieve the same kind of anti-ship lethality with air-launched weapons, including modified 2,000-pound class Joint Direct Attack Munition precision-guided bombs.

A Navy submarine has the ability to launch and destroy a ship with a single torpedo at any time, but by launching that weapon it gives away its location and becomes a target. The QUICKSINK JCTD aims to develop a low-cost method of achieving torpedo-like seaworthy kills from the air at a much higher pace and over a much larger area than covered by a lumbering submarine.

QUICKSINK exploitation of WOSA drives down the cost of the most expensive part of the weapons system and provides the modularity and ability to plug-and-play different manufacturers' seeker components to further reduce costs or enhance performance.

QUICKSINK is an answer to an urgent need to quickly neutralize massive maritime threats over massive areas around the world. QUICKSINK is unique in that it can provide new capabilities to existing and future DoD weapons systems, giving combatant commanders and our national leaders new ways to defend against maritime threats.

图 2-63 “快速击沉”项目试验（续）

凡此种种，这则新闻当时并未引起我们的关注。不过随着各种信息的积累和相互联系，此事就慢慢变得耐人寻味了。首先，据消息某东方大国的新型海上平台已成功试射了一枚新型导弹，专家们纷纷表示该弹“不可防不可控没治了”，紧接着美国空军就表演了“鹰击大船”。其次，“快速击沉”项目采用的装备组合体现了一丝“弹弹的忧伤”：F-15E 战斗机是海湾战争的老明星了，现在仍然是美国空军的一线“炸弹卡车”，尽管其作战半径超过 1000 km（不挂油箱不空中加油），但是它不隐身，而且 GBU-31 高空投弹的最大射程约为 28 km，无法在中程舰空导弹的防区外发射，所以对付现代化军舰风险很大。最后，美国空军研究实验室的资料显示，此次“快速击沉”项目的靶船是一艘千吨级散货船。综上所述，此次项目演示的威胁目标是民用商船，而不是军舰。联系近年来美军大搞“印太战略”，不难看出其“项庄舞剑，意在沛公”的企图，而美军沿第一岛链部署的大量军事基地，无疑可以用来封锁国际贸易水道和对某东方大国的商船实施“快速击沉”。这也是西方媒体大肆宣传该项目低成本所暗含的威胁意味。

不过对于美军的“司马昭之心”倒不必过于紧张，我们可以将“快速击沉”项目视为美军对高性能无人机的一种肯定，因为用高性能无人机执行这种简单任务的成本更低、效率更高。毕竟 1991 年海湾战争期间，F-15E 也只是美军“洗地打工人”中比较突出的一个机型而已，当年真正独领风骚的是 F-117A“夜鹰”隐身攻击机。美国空军之所以用 F-15E 或者将来的 F-15EX 这种非隐身战斗机来试验攻击商船的原因是：B-2 和 F-35 太贵，F-117A 已经退役，F-16 以空战为主且航程和载弹量有限，现有无人机的载荷和速度更不够，用导弹打击大型商船又存在战斗部威力和成本问题，都不如“老鹰下铁蛋”实惠。另外，从 F-117A 的气动构型和航电系统配置来看，如果不考虑飞行员的因素，其实它与最新的某型高性能隐身无人攻击机非常接近。

F-117A 基本指标：长 20.09 m，高 3.78 m，翼展 13.21 m，机翼面积 72 m^2，空重 13.3 t，最大起飞重量 23.8 t，武器载荷 2.2 t，配备两台通用 F404-F1D2 无加力涡扇发动机，升限 1.3 万 m，最大速度 0.9 马赫（1102.6 km/h），航程 1700 km。

通过对照指标可以发现，某型高性能隐身无人攻击机在航程和载弹量上都远超 F-117A，而且无人攻击机的作战成本优势比 F-15E 强太多，因此如果真的在这个赛道上玩威胁水面舰船的游戏其实“优势在我”。另外，若是将来该无人机通过改装能够到新型小平顶船上一展身手的话，美军分布式杀伤链的马赛克梦就能被我们提前实现，从而完成“走自己的路，让别人说去吧”到“走别人的路，让别人无路可走”的终极转变。

2.3.33 美国陆军萤火虫迷你巡飞弹的效能分析

萤火虫迷你巡飞弹是在 2019 年年末至 2020 年年初，以色列拉菲尔先进防务系统公司按照以色列国防部要求开发的一型同轴双旋翼智能弹药。拉菲尔公司也是著名的“长钉”系列导弹制造商，因此该公司在“萤火虫”（Firefly）前面冠以“长钉”（Spike）作为商标使用。

萤火虫迷你巡飞弹基本指标：尺寸 80 mm × 80 mm × 400 mm，巡飞弹重 3 kg，控制终端 1 kg，一站三机全套配置 15 kg（包括便携三联筒），配备双模导引头（非冷却红外 /CMOS 视频传感器），飞行距离 500 m（密集城区）～ 1500 m（通视开阔地），飞行速度 60 ～ 70 km/h（最大速度为俯冲速度），配备高爆破片战斗部（约 350 g）和近炸引信，侦察续航 30 min，攻击续航 15 min。

美国陆军在刚结束的名为“陆军远征勇士实验”（AEWE）的试验行动中，验证使用了萤火虫迷你巡飞弹。AEWE 是在乔治亚州本宁堡陆军基地进行的年度试验活动，2022 年已经是第 18 届，AEWE 的目标是在班排级小型陆军单位试验和验证创新的原型技术和概念，来为美国国防部联合多域作战项目提供最新的行业信息。据称，萤火虫迷你巡飞弹的最大卖点之一是操作简单，从而避免了信息化军队面临的“数据量超负荷”问题。在此次 AEWE 活动期间，拉菲尔公司用 2 天时间培训了 7 个步兵班，使之获得在城市战行动中使用配备教练战斗部系统的资质。据消息称，参加此次 AEWE 城市战行动的英国士兵，使用萤火虫迷你巡飞弹模拟攻击了建筑物顶层的敌方狙击手。参与行动的英国军官认为，此类智能无人作战装备为前线指挥官提供了牺牲士兵以外的选择。尤其是在城市战和攻坚战环境下，“不惜一切代价”干掉坚固火力点或者隐蔽狙击手的代价通常是士兵的鲜血和生命，而现在无人智能装备可以代替士兵，更快、更高效地完成这种“自杀式攻击”。据称，以色列国防军在 2020 年 5 月获得萤火虫迷你巡飞弹后，已经将其用于在实战中攻击建筑物内威胁以军的目标。

城市战当然是类似智能无人作战装备的理想应用场景之一。不过笔者认为，将其称为或者用作“巡飞弹”反而可能限制了其特性优势的发挥。尤其对于萤火虫系统的可折叠同轴双旋翼构型来说，其最大的优势在于体积小，重量轻和响应时间短。要想最大程度地发挥这几方面优势，可以在同一平台上将侦察和攻击两个功能分为两种系统，而不是集成为一个系统。

对于侦察任务，可以考虑：

1）班排级单兵便携式快速侦察无人机（包括应急野外搜救），这样一套系统的重量能降低到 5 kg 以下，重点是体积最小化，释放回收和使用比多旋翼无人机更加方便快捷。

2）针对重要设施的专用空中监视巡逻系统，通过多无人机构成不间断循环的昼夜空中巡逻队，利用体积小和垂直起降的特性，无人机站的设计和布置能够更加简单灵活，成本也更低。

图 2-64 “萤火虫”迷你巡飞弹与试验应用

对于攻击任务，除了用于城市战的便携式单兵系统外，还可以考虑重型拦截弹，采用更大装药的破甲、碎甲或者铝热剂战斗部，专门针对自杀式炸弹卡车类目标，提供快速建立临时防区的精确快反防御能力。假设一辆或多辆自杀卡车以 80 km/h 的速度向某新哨站发动攻击，只要在 1000 m 距离上确认目标并释放拦截弹，按 60 ～ 70 km/h 的速度计算，理论上至少可以保证在 300 m 或更远距离以外摧毁或者引爆自杀卡车。而目前绝大部分单兵武器，并不具备确保在安全距离上精确摧毁此类装甲机动目标的能力。如果将拦截弹集成在重型防雷反伏击车平台上的话，就能够快速构建“一夫当关，万夫莫开”的机动防御体系，这种能力特别适合某些热点地区的安全保卫任务。

2.3.34 美国各军种的微型无人机选择分析

自从 2020 年 8 月美国陆军发布“空中发射效应（ALE）”项目以来，该项目似乎一直围绕当初 Area–I 公司和现在 Anduril Industries 公司旗下的 Altius–600/700 系列无人机推进，我们也持续关注该项目的发展。从“空中发射管集成式无人机系统（Altius）”的名称不难看出，该系统非常强调紧凑性设计，以使更多的平台能够方便地运载、集成和发射 / 释放。其改型的 Altius–600M/700M 已经定位为巡飞弹，并集成到地面平台上参加展示。

不过，现在 Altius 系列无人机恐怕无法继续享受 ALE 项目“唯一候选人”的待遇了。因为美国军用无人机的“行业巨头”——通用原子航空系统公司宣布，该公司在 2022 年 12 月末成功完成了“小鹰”无人机的空中发射首飞。

其实我们早就注意到了相关消息，但受限于浅薄的认知能力，当时并未将“小鹰”无人机和 Altius 系列无人机与 ALE 项目联系在一起。“低级的借口”是，二者的系统设计差异巨大。

Altius–600 基本指标：翼展 2.74 m，续航时间 4 h，航程 440 km，重量 12.25 kg，载荷 1.36 ～ 3.18 kg，巡航速度 111 km/h，最大速度 167 km/h。而“小鹰”基本指标：重量 90.7 kg，载荷 9.07 ～ 13.6 kg，翼展 3.2 m，最大速度 213 km/h，续航 8 h，航程 700 km，升限约 4500 m。

“高级的借口”是，通用原子航空系统公司的产品序列迷惑了我们对无人机应用的认识。简单地讲，MQ–9 无人机不仅比 MQ–1 无人机更大、作战能力更强，而且 MQ–9“死神”是军用编号和绰号，通用原子航空系统公司称 MQ–9 为“捕食者 B”，将其视为上一代 RQ–1/MQ–1“捕食者 A”无人机的替代者，后面还开发了喷气动力的“捕食者 C”无人机。

图 2-65　美军各军种的微型无人机

可实际上，美国空军的 MQ-1 绰号是“捕食者”，美国陆军的 MQ-1 绰号是“灰鹰”。通用原子航空系统公司后来开发了 MQ-9“死神”，但仅装备了空军，因为陆军选择继续使用 MQ-1“灰鹰”的升级型。例如，通用原子航空系统公司宣布，美国陆军国民警卫队已经接收了国会 2023 财年拨款的 12 架新“灰鹰”25M 无人机（MQ-1C 升级型），用于提升多域作战能力。

空军和陆军的后勤保障能力差异，决定了动力燃油的选择，是这背后的深层次原因。美国空军使用昂贵且性能高的航空燃油，所以之前空军的 MQ-1“捕食者”无人机要使用烧航空燃油的奥地利 Rotax914F 活塞发动机（115 马力），而现在的 MQ-9“死神”无人机使用霍尼韦尔 TPE331-10 涡桨发动机（940 马力）。美国陆军坚持用物美价廉的重油，所以 MQ-1“灰鹰”选择使用德国 Thielert Centurion 重油活塞发动机（165 马力）。

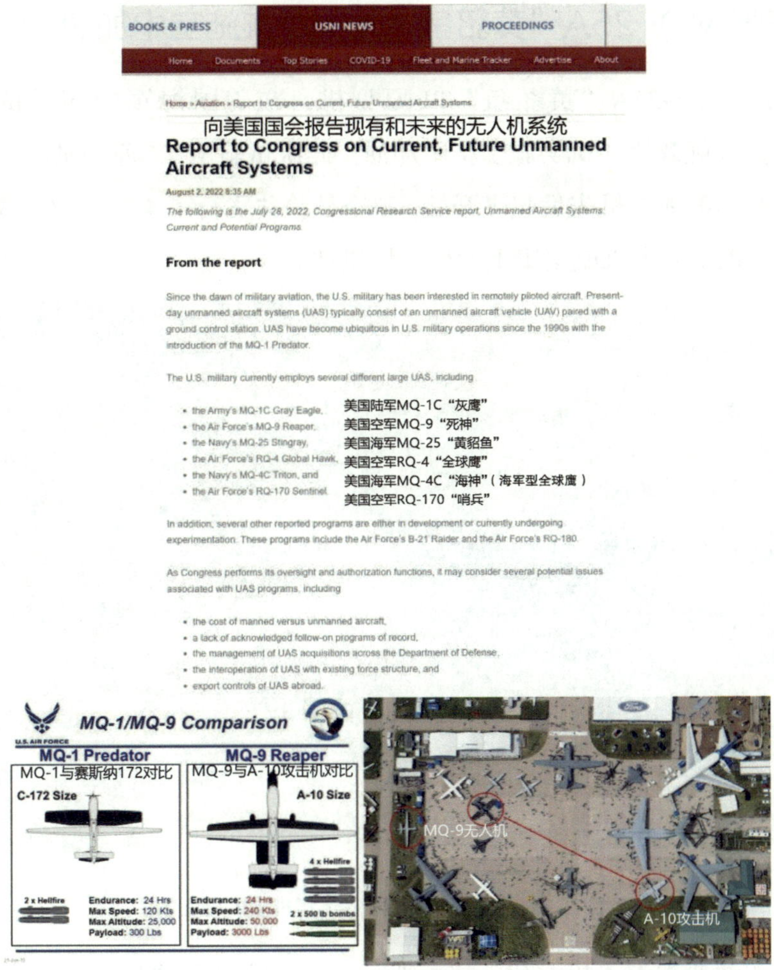
BOOKS & PRESS | USNI NEWS | PROCEEDINGS

Home Documents Top Stories COVID-19 Fleet and Marine Tracker Advertise About

Home » Aviation » Report to Congress on Current, Future Unmanned Aircraft Systems

向美国国会报告现有和未来的无人机系统

Report to Congress on Current, Future Unmanned Aircraft Systems

August 2, 2022 8:35 AM

The following is the July 28, 2022, Congressional Research Service report, Unmanned Aircraft Systems: Current and Potential Programs.

From the report

Since the dawn of military aviation, the U.S. military has been interested in remotely piloted aircraft. Present-day unmanned aircraft systems (UAS) typically consist of an unmanned aircraft vehicle (UAV) paired with a ground control station. UAS have become ubiquitous in U.S. military operations since the 1990s with the introduction of the MQ-1 Predator.

The U.S. military currently employs several different large UAS, including

- the Army's MQ-1C Gray Eagle, 美国陆军MQ-1C “灰鹰”
- the Air Force's MQ-9 Reaper, 美国空军MQ-9 “死神”
- the Navy's MQ-25 Stingray, 美国海军MQ-25 “黄貂鱼”
- the Air Force's RQ-4 Global Hawk, 美国空军RQ-4 “全球鹰”
- the Navy's MQ-4C Triton, and 美国海军MQ-4C “海神”（海军型全球鹰）
- the Air Force's RQ-170 Sentinel. 美国空军RQ-170 “哨兵”

In addition, several other reported programs are either in development or currently undergoing experimentation. These programs include the Air Force's B-21 Raider and the Air Force's RQ-180.

As Congress performs its oversight and authorization functions, it may consider several potential issues associated with UAS programs, including

- the cost of manned versus unmanned aircraft,
- a lack of acknowledged follow-on programs of record,
- the management of UAS acquisitions across the Department of Defense,
- the interoperation of UAS with existing force structure, and
- export controls of UAS abroad.

图 2-66　未来美军无人机规划

现在理清了美国空军系和陆军系的无人机选择，就能够理解通用原子航空系统公司为什么要用增程型 MQ-1 “灰鹰” 无人机挂载 “小鹰” 无人机试验空中发射了。毕竟美军陆航旅早在 2015—2019 年就计划采用有人 - 无人协同系统来补充作战能力了，其主力机型就是 AH-64 阿帕奇武装直升机和 MQ-1C “灰鹰” 无人机，而前面提到的 12 架正好是一个无人机连的装备。这样，AH-64 阿帕奇将作为陆航旅的 “炸弹卡车” 停留在安全空域，由 MQ-1C 挂载 “小鹰” 无人机前出，在距离目标 100 km 外释放 “小鹰” 无人机，执行 “空中发射效应（ALE）” 项目要求的探测、识别、定位、报告、袭扰、诱骗和攻击任务。等于用 “MQ-1C+ 小鹰” 的空 - 空无人作战体系，为后方的有人作战平台增加了第二层保护，同时又提高了任务灵活性和系统生存能力。至于 “小鹰” 无人机最终能够从 Altius 系列无人机手中分走多少蛋糕，让我们拭目以待吧。

2.3.35 美国 MQ-25A“黄貂鱼”无人机实施空中加油

波音公司的 MQ-25A“黄貂鱼”T1 原型机，在美国海军的演示试验期间为 F/A-18F 超级大黄蜂舰载战斗机实施了空中加油。此次试验从 T1 原型机和来自第 23 试飞评估中队的 F/A-18F 战斗机先后起飞开始，整个试验共飞行了 4.5 h。这不仅是“黄貂鱼”项目的里程碑，也是无人机航空史上的标志性事件。

图 2-67 MQ-25A“黄貂鱼”实施空中加油

由于空中加油要求无人机与战斗机相距仅 6 m，所以在试验的最初阶段，F/A-18F 在 MQ-25A 的后方，两架飞机必须保持作战速度和高度，并以密集队形编队飞行，用来评估空中加油前的性能和稳定性。试飞员在完成安全评估后，无人机放出加油锥套，试飞员驾驶战斗机将受油管插入加油锥套，并按照计划油量完成加油操作。据称，加油吊舱共携带了 500 磅（226.8 kg）燃油，空中加油将其中的 325 磅（147.4 kg）传输给了战斗机，选择这个油量也是为了试验加油吊舱的低油量指示器。

在此次空中加油试验之前，T1 原型机在 MQ-25A 无人机的完整飞行包线内，完成了 25 架次针对飞机和空中加油吊舱气动特性的试飞，并采用 MQ-25A 数字模型进行了大量空中加油模拟试验。波音公司称，在晚些时候到弗吉尼亚州诺福克基地进行航空母舰飞行甲板操作试验之前，该原型机将继续试飞。虽然此次试验非常成功，但波音公司的视频和图片显示，试验仍为陆基机场正常起飞和着陆。尽管 MQ-25A T1 原型机配备了舰载机标配的弹射杆、尾钩和起落架攻角指示灯（攻角指示灯用于为航母甲板上引导飞机安全着舰的着舰信号官指示舰载机的速度，战斗机座舱里也有一个指示灯与之同步工作）等舰载飞行辅助系统，但尚未发现任何 MQ-25A 无人机尾钩拦阻着陆的信息和图片。因此 T1 原型机仍需要完成大量试验，距离成为真正的舰载加油机还有很长的路要走。

美国海军要求 MQ-25A 无人机能够在距航空母舰 500 海里（926 km）的距离上提供 16000 磅（7.3 t）燃油，来保障 F/A-18E/F 战斗机在加油之后能够攻击 2000 km 以外的目标。只有这样才能确保航空母舰尽可能远离危险的拒止区域，以免遭受反舰弹道导弹的攻击。美国海军计划采购超过 70 架的 MQ-25A 无人机，将在 2024 年形成初始作战能力。不过按照 10 个舰载机联队计算，每个联队能够在 MQ-25A 无人机支援下执行“远程”攻击的飞机数量仍然有限。

MQ-25A“黄貂鱼”是波音公司针对美国海军舰载无人加油机系统项目开发的无人机平台。波音公司在 2017 年 12 月推出了参与竞标的原型机，并于 2018 年 8 月正式获得美国海军的项目合同，2019 年 9 月完成 MQ-25A 无人机的首飞，2020 年 9 月完成首次挂载空中加油吊舱的试飞。据称，波音公司胜出的原因是围绕低可探测性和空中加油任务设计大量采用了 F/A-18 战斗机的技术和部件以将成本压缩到最低。

MQ-25A 无人机的公开信息非常有限，搜集到的指标有：长 15.5 m，翼展 22.86 m，机翼折叠后宽度 9.54 m，高 4.78 m，最大速度 600 ～ 700 km/h，最大航程 4000 ～ 4500 km，升限约 12000 m，最大起飞重量大约 15 t。MQ-25A 无人机配备 1 台英国罗 · 罗公司的 AE3007N 涡扇发动机，其最大推力接近 4.5 t，而 RQ-4 全球鹰侦察无人机采用的是一台同系列 AE3007H 型发动机，干重 746 kg，长 2.92 m，直径 0.98 m。

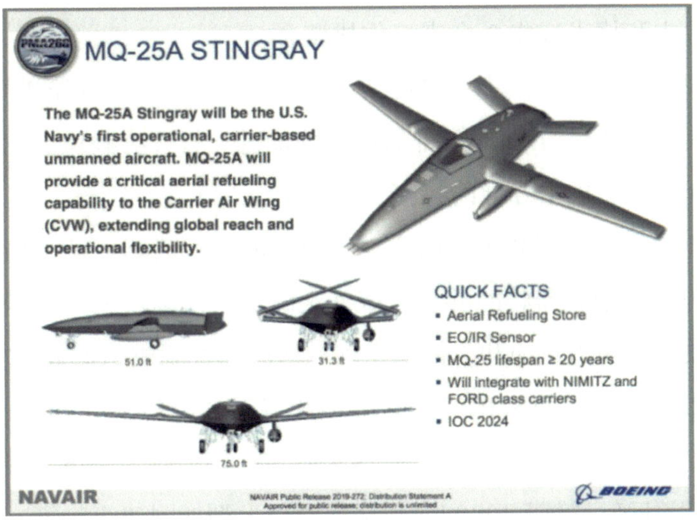

图 2-68　MQ-25A 无人机介绍

2.3.36 法国主张以蜂群滑翔弹和自卫硬杀伤主导未来空战

欧洲导弹集团 MBDA 是欧洲导弹的研发和制造商。它是由空客（Airbus）、莱昂纳多（Leonardo）和 BAE 系统（BAE Systems）公司的制导导弹板块于 2001 年 12 月合并而成立的一家合资企业，总部设在法国巴黎。据有关消息称，MBDA 为未来空战提供了新的视角，在 2019 年巴黎航展上，该公司展示了一系列未来武器，来显示德法下一代战斗机（NGF）或者被称为未来空战系统（FCAS—Future Air Combat System），以及英国的暴风（Tempest）战斗机将在 2030—2040 年挂载什么样的武器。

图 2-69 MBDA 的蜂群滑翔弹

据 MBDA 称，这些概念与未来飞行系统项目的能力具有一致性。新概念与美国现有项目，如 X-61 “妖精”（Gremlins）和 X-58A “忠诚僚机”（Loyal Wingman）有一些相似性，其他元素还依赖现有 MBDA 设计，如长矛 3（SPEAR 3）导弹和流星（Meteor）导弹。包括深入攻击和战术攻击 2 个未来作战概念。

深入攻击：未来深入攻击以两型巡航导弹为特征，优化在先进现代反区域拒止（A2AD—Anti-Access Area Denial）部署中实施渗透和打开突破口。此类巡航导弹具备隐身亚音速设计和超音速攻击导弹的特征。

战术攻击：超出对手近程和中程防空系统射程的增程武器，基于精确制导的有动力和无动力（滑翔）紧凑型武器将能够从防区外距离实施精确攻击，还能够通过编队或蜂群方式精确地使敌方防御力量饱和，依靠组网和协同的智能成为低成本攻击武器。

2 年前，MBDA 推出了两款相似的紧凑型武器：“灵巧滑翔弹（SmartGlider）”和“灵巧巡航导弹（SmartCruiser）”，它们有两个版本，轻型版长 2 m，重 120 kg；重型版重 1300 kg。灵巧滑翔弹可携带 1000 kg 战斗部对付大型加固建筑物等。每架飞机可通过六角智能发射器（HSL—Hexabomb Smart Launcher）携带 12 ～ 18 枚轻型灵巧滑翔弹，这样轻型灵巧滑翔弹就能通过饱和攻击摧毁敌方防空系统的方式来实现首次突防攻击的目的。

流星（Meteor）远程空空导弹仍然是下一代战斗机的主要力量，但 MBDA 在考虑增加硬杀伤反导弹系统（Hard—Kill Anti-Missile System），尤其是在假目标和软杀伤手段在近距离战斗中不再充分有效的情况下，此类系统还能够应对饱和式防御。

“远程载具（Remote Carrier）”是一类新武器，各种空射自动平台可展现多种效果，无论是致命或非致命，弹药的新服务包括情报搜集、目标指示和敌方传感器欺骗。有重量为 120 kg 和 240 kg 的两个量级的武器正在得到考虑。此类远程载具将起到诱饵和假目标的作用，在有人飞机前方携带额外的武器更接近严密防御的目标，收集 ISR 或建立通信节点。

与现在动辄数吨的重型武器不同，MBDA 计划未来武器要有紧凑型机体，可以在现有和未来飞机上被大量挂载。这些导弹将共享红外和射频传感器的连接，用于在复杂环境下进行数据融合和人工智能自动目标识别、威胁探测、复杂攻击计划和辅助决策，以使武器在有或没有人在回路中进行追踪攻击。

亚声速深入攻击型为隐身设计，能为现有或未来飞机外部挂载，它将成为 MBDA 的风暴暗影（Storm Shadow/SCALP EG）的替代者，现在称为 SPEAR 4，很可能是一个混合型武器，包括亚声速和超声速巡航导弹，超声速弹将被优化用于深入侵彻目标和攻击海军目标，隐身设计可以增加在有空防力量空域的生存能力。

2.3.37 法国发布 Anafi USA 四旋翼无人机

总部在巴黎的无人机开发商 Parrot 公司在 2020 年 6 月 30 日的电话会议上宣布推出新型 Anafi USA 四旋翼无人机，用于军事、国土安全和民防应用。该公司利用为美国陆军开发近程侦察（SRR—Short-Range Reconnaissance）无人机方面的经验，为 Anafi USA 无人机的初始设计引入了几项改进，包括新型摄像头载荷、企业级数据安全和 IP53 环境保护等级。

Anafi USA 无人机重量 500 g，折叠后尺寸 252 mm × 104 mm × 82 mm，展开使用时尺寸 282 mm × 373 mm × 84 mm。该无人机的标称最大平飞速度为 52.9 km/h，最大垂直速度 21.6 km/h，实用升限 6000 m。3400 mAh 锂聚合物电池（LiPo—Lithium Polymer）电池组可提供标称 32 min 的续航时间。

Parrot 公司称，Anafi USA 无人机可在不到 55 s 的时间内做好飞行准备，抗风 14.7 m/s。

该公司强调该型无人机也可在室内无 GPS 飞行，在离地 50 cm 高度工作时仅产生 79 dB 噪声。

图 2-70　Anafi USA 四旋翼无人机

2.3.38　法国 VSR700 无系留无人机进行试飞

空客直升机公司 VSR700 无系留无人机的首飞在法国南部 Aix-en-Provence 市附近的试验设施进行，10 min 的无系留飞行是该公司向海军演示项目迈出的重要一步，预期在首飞之后会加快 VSR700 无人机原型机的试验。该机的海上试验在 2021 年开始，甲板着舰试验会使用 VSR700 无人机的可选有人驾驶型（OPV—Optionally Piloted Version），该机将采用与其同型飞机的相同构型。

图 2-71　VSR700 无系留无人机

首飞之后，飞行器已经取得了多项进展，包括结构改装和加强，增加飞行结束时的"终止系统"和控制软件更新。VSR700 无人机属于 500 ～ 1000 kg 重量级别，能够携带多种海军传感器，续航时间为 8 ～ 10 h，具体续航时间取决于具体载荷。空客直升机公司正在按照 2018 年年初从法国军事采购局获得的合同与 Naval Group（海军集团）合作开发 VSR700 无人机。

VSR700 无人机是空客直升机公司以法国 Helicopteres Guimbal 公司的 Cabri G2 双座轻型直升机为基础开发的无人机直升机，基本指标：最大起飞重量 700 kg，载荷 100 kg，巡航速度 222 km/h，续航 10 h，升限 6000 m。该无人机可配备多种载荷。

图 2-72　Cabri G2 直升机与经过无人化改装的 VSR700 无人机

2.3.39　法国推出长续航 Orion 2 系留无人机

系留无人机解决方案供应商 Elistair 公司宣布，他们为军方、政府和工业用户开发了新型 Orion 2 系留无人机系统。与其他多旋翼无人机不同，Orion 2 六旋翼无人机能够一次提供最长 24 h 的不间断监视，使其成为一个真正的持久监视平台。

图 2-73　Orion 2 六旋翼无人机系留试验

Elistair 公司 CTO 称，如果客户需要悬停监视能力，那么小型多旋翼无人机系统是非常不错的选择，但其问题是依靠电池飞行的时间较短，而通过系留站供电，类似 Elistair 公司的 Safe–T 2 和 Ligh–T 4 产品，就能提供延长平台留空时间的解决方案，这对很多任务来说都非常重要，而且 Elistair 公司的解决方案能够满足留空一整天的需求。作为一型轻量级却超长续航的六旋翼无人机，Orion 2 设计用于快速部署、自动按钮起降，并且可以留空 24 h，过去这种能力只有充氦气的战术飞艇能够做到，而飞艇是一种大得多的平台，还要配备非常复杂的设备。Orion 2 无人机符合 IP54 防护标准，其包括电机在内的部件寿命也经过了优化，另外，还配备了一块在空中充电的安全电池。

Orion 2 系留无人机系统，是法国 Elistair 公司的主要无人机产品，以 Orion 2 六旋翼无人机为基础，其基本指标：长 1.19 m，旋翼直径 43 cm，翼展 1.63 m，载荷 2 kg，探测距离 10 km，续航 24h，系留索长 330 英尺（100.6 m），平均风速下飞行速度 35 km/h，突风下飞行速度 50 km/h，最大起飞重量 8.5 kg，数据链传输速率 200 Mbit/s。

Safe–T 2 和 Ligh–T 4 产品，是法国 Elistair 公司的机动式系留站产品。根据其产品介绍了 Safe–T 2 为专用型，系留索更长，供电电源更大，更偏向军用；Ligh–T 4 为通用型，系留索长度更短，供电电源更小，更偏向民用，可以匹配市场上畅销的民用级无人机使用。

2.3.40 法国的军民两用无人机开发项目

法国 Thales 公司在其半比例原型机首飞成功后正式公布了“UAS–100 项目”。该项目的目标是在2023年年底前得到一型取得适航证的轻型无人机系统，来满足新的欧洲“特殊条件 – 轻型无人机系统”法规。开发能在民航空域飞行的轻型无人机系统，主要是为了扩大商用市场，不过此类无人机必然要飞越人口稠密区，因此它也适用于政府应用。军用开发自然可以预见，但 UAS–100 无人机首先要设计成为一个安全且简单的系统，供政府和私营业务使用，然后再针对军用改装。UAS–100 项目与 2018 年新成立的法国国防创新局合作开发，这显示了法国军方对该无人机的兴趣。

为了提高系统的安全性，许多提高可靠性的解决方案正在开发之中，目标是提高系统在发生 2 个严重故障后仍能继续完成任务的能力。另外，无人机的安全也可能成为军事行动的一个问题。2000 年年初，曾有 12 架在科索沃上空飞行的“凤凰”无人机（英国 BAE 系统公司制造）坠毁，其中一些被炮火击落，但更多是因故障坠毁。当年只要有 1 架“凤凰”无人机坠落在人口稠密区造成伤亡，就会引发严重的附带伤害问题。而在非对称战争中，城市战是无人机与地面部队联合行动不可避免的情况，更不用说军事训练的问题了。

图 2-74　UAS-100 项目无人机

UAS–100 无人机的机体和控制律是由 Thales 公司与法国 Issoire Aviation 公司合作设计，飞控系统由另一家法国公司 Hionos 提供。该无人机的最终产品将是一个重量小于 100 kg 的平台，航程超过 100 km（UAS–100 由此而来），翼展 5.4 m，载荷能力 10 kg。

据称，其载荷不会按照军用无人机的典型方式安装。UAS–100 无人机为三机身设计，两侧机身配备了垂直方向舵，而中间机身安装了固定垂尾。中间机身前部的突出短舱用于安装燃油发动机，以便为电池充电来增加续航能力，即使这个位置并不利于解决重心问题。2 套电动螺旋桨安装在靠近机翼后部的机身支架上。Thales 公司称，最终的 UAS–100 无人机续航时间要达到 5 h。

据称，这种构型能使无人机起飞距离变得很短，达到“比足球场（最大 120 m × 90 m）小很多”的水平，而且飞到一定高度后，动力功率就会下降，以节省能量和增加续航。多台发动机也能提高系统安全性。UAS-100 无人机还能够全电动飞行，从而降低声学特征。据称，其可用动力能允许在强风中飞行。Thales 公司将来也许会开发全电动型，但其续航时间会缩短。UAS-100 无人机配备了提高效率的翼梢小翼，用于降低对环境的影响。另外，Issoire Aviation 公司作为世界上首架全碳飞机的制造商，Thales 公司选择与其合作说明，UAS-100 无人机的机体应该主要由碳纤维制成。

远程无人机绝对不会将操作高度限制在 150 m（离地高度）以下，但这是目前无适航证系统允许的最大高度。UAS-100 无人机的设计飞行高度为 FL100，即 1 万英尺或 3000 m 以上。Thales 公司表示，通视条件下通信由无线电链路保障，超视距操作由卫星通信以及 4G 和 5G 商业网络保障通信，而且系统将自动切换到最优的通信信道来增加安全性。

UAS-100 无人机具备失联后返航的功能，但 Thales 公司明确表示 UAS-100 不是遥控无人机，它起飞后要进行自主操作，操作员只是监督员。这似乎在暗示将允许 1 名操作员负责多架无人机。

2.3.41 法国陆军计划用无人机探测和拦截战场无线电通信

法国国防创新局针对军方对电子支援载荷的要求发布项目需求。该载荷要能够集成到最大起飞重量小于 25 kg 的无人机上，并且必须能够探测、定位、识别，甚至与通信发射机互动或者阻断其通信。此次项目需求的目标是按照法国国防部的要求签订一项或几项研发项目的协议，每个项目周期最长 7 个月，包括演示活动在内。

图 2-75 TRV-50 四旋翼无人机

美国的 TRV-50 四旋翼无人机已经用于无人后勤空运行动，但法国陆军将要选择的无人机必须由欧盟供应商提供。无人机领域的新兴需求是要具备电子支援载荷，对载荷有以下要求：

1）通过无人机部署，最大起飞重量小于 25 kg；

2）任务飞行期间可编程且重新定向；

3）尤其要限制尺寸、重量、功率和成本，尺寸要兼容固定翼或旋翼无人机挂架，最大重量小于 5 kg，能耗小于 50 W；

4）探测、定位和跟踪一个或更多类型的通信发射机，波段范围为 30 ～ 6000 MHz；

5）无论选择哪种技术解决方案，包括与终端互动在内，要都能同时识别探测到发射机；

6）无论在城市还是农村环境，要都能通过多种方式管理发射密度、不饱和屏蔽和多路径，能够在一定区域内测定具体发射机位置；

7）无人机地面站要能够实时获得无人机收集的信息；

8）载荷的自主能力可取决于其工作模式，需要具体规定各种相关消耗。

TRV-50 四旋翼无人机为美国 Survice Engineering 公司与英国 Malloy Aeronautics 公司为美国海军战术补给无人机（TRV—Tactical Resupply Vehicle）项目开发的货运无人机。根据新闻图片判断，该无人机型号应该是 TRV-150。美国国防部提出的后勤无人机系统（ULS-A—Unmanned Logistic System-air）要求轻型系统实现载荷 60 ～ 150 磅（27.2 ～ 68 kg），设计每架无人机在 10 ～ 15 英里（16.1 ～ 24.2 km）的距离上一天内运输大约 1000 磅（453.6 kg）后勤补给；中型系统要实现载荷 300 ～ 500 磅（136.1 ～ 226.8 kg），设计每架无人机在 20 ～ 125 英里（32.2 ～ 201.3 km）的距离上一天内运输大约 5000 磅（2268 kg）后勤补给；大型系统要实现载荷 2000 磅（907.2 kg），设计每架无人机在 350 英里（563.5 km）的半径上一天内运输大约 15000 ～ 30000 磅（6803.9 ～ 13607.8 kg）后勤补给，用于取代现有贝尔 - 波音公司的 V-22 鱼鹰倾转旋翼机或者西科斯基公司 CH-53 直升机的后勤补给能力。

Malloy Aeronautics 公司的产品包括 T-80 和 T-150。基本指标：T-80 最大载荷 30 kg，最大续航时间 34 min，最大航程 50 km；T-150 最大载荷 68 kg，最大续航时间 36 min，最大航程 70 km。

图 2-76　Malloy Aeronautics 公司的无人机产品

2.3.42　德国推进遥控操作巡飞武器能力提升

据报道，2019 年德国莱茵金属防务公司与波兰 WB 集团公司合作，为下车作战的步兵提供使用巡飞弹的高精度攻击能力。双方共同展示了在莱茵金属新型号 8 × 8 全地形“任务大师（Mission Master）”无人车上携带的“战友（WARMATE）”巡飞弹系统。

在这套系统中，操作员可以用一套移动地面控制站控制无人车和巡飞弹，其战斗管理系统包括使用莱茵金属防务公司“阿戈斯 / 百眼巨人（Argus）”士兵系统的标准手持式控制单元。莱茵金属防务公司之前已经在任务大师无人车上集成了火箭炮和遥控武器

图 2-77 全地形战车与巡飞弹结合系统

站，战友巡飞弹将拓展一个新的攻击和观察能力。巡飞弹不但可以作为无人机侦察平台扫描战场，探测和确定敌人的精确位置，还可以追踪和攻击这些目标。当攻击取消时，巡飞弹还可以被召回继续巡飞或者按指令攻击其他目标。根据任务大师无人车的载荷能力，它可以装载 6 管巡飞弹发射器进行单发攻击或者协同的“集群”制导巡飞弹。能够侦察隐藏目标并以最低的附带伤害在开始外科手术式攻击前进行精确识别是现代战场上的一项实际战术优势，而且无人车和巡飞弹都能够实现一定程度的自动化操作，因此可以减少所需军事人员的数量。

2.3.43 德国开展无人机与旋翼巡飞弹集成的新尝试

德国莱茵金属防务公司近期发布了一个宣传视频，公开展示了该公司无人机与旋翼巡飞弹集成的最新成果。视频中作为旋翼巡飞弹载机的是 LUNA NG 无人机。LUNA NG 无人机技术指标：长 2.28 m，翼展 4.17 m，重量约 80 kg，载荷 30 kg，使用 5 kW 汽油发动机，速度约 140 km/h，续航时间 12 h，航程 100 km，升限 5000 m。

图 2-78 德国 EMT 公司的无人机

该无人机之前的制造商是德国 EMT 公司，它曾是德国国防军重要的无人机供应商。该公司成立于 1978 年，无人机产品包括 Aladin 手抛无人机、LUNA 战术无人机、LUNA NG 无人机、LUNA NG VTOL 无人机以及与瑞士无人机公司合作生产的 MUSECO 无人直升机。LUNA 战术无人机和 Aladin 手抛无人机先后被德国国防军部署到阿富汗，截至 2011 年 6 月，Aladin 无人机共完成 10000 次飞行，LUNA 战术无人机共完成 7000 次飞行。

图 2-79 德国无人机的实战化应用

总之，EMT 的产品似乎能令客户满意，可德国的军用市场毕竟有限，所以尽管欧盟在 2016 年就因也门冲突通过了对沙特“形式上”的武器禁运，但 EMT 仍然在努力拓展海外市场。2018 年记者遇害案使欧美与沙特的关系急剧恶化，2020 年年末媒体曝光，至少有 1 架沙特的 Luna 战术无人机在也门冲突中坠毁，于是 EMT 公司遭到禁运，导致公司资金链断裂处于破产边缘。2021 年 4 月，以色列一度传出拉菲尔公司即将收购 EMT 公司的新闻，但 2021 年 11 月月末最终接手 EMT 公司的是莱茵金属防务公司。

视频中的旋翼巡飞弹比较神秘，型号和技术指标尚不清楚。从外观上看，这是一型旋翼可折叠收起的四旋翼无人机。该无人机顶部设有多个窗口，猜测可能配备有多个光学传感器，用于态势感知和侦察监视；其下部桶状结构用于容纳战斗部，战斗部尺寸与手榴弹差不多，应该可以快速安装。另外，视频显示该无人机可选配多种载荷。

莱茵金属防务公司于 2021 年 10 月与以色列巡飞弹制造商 UVision 达成战略合作协议，UVision 的 Hero 系列巡飞弹很快成为莱茵金属防务公司官网产品宣传的一部分。在 2022 年 6 月的欧洲防务展上，莱茵金属的 KF51 主战坦克在炮塔上集成了 4 架旋翼无人机，其基本特征与视频中的无人机非常接近。2022 年 12 月，国际媒体消息称两家公司将合作开发 Hero-R 旋翼巡飞弹，据称，其设计续航时间 10 min。综合各方面信息判断，视频中的旋翼无人机很可能就是“Hero-R 旋翼巡飞弹”。

视频中，LUNA NG 无人机在空中释放了 2 架 Hero-R 旋翼巡飞弹对目标实施攻击。LUNA NG 无人机应该是将原有的光电 / 红外载荷空间用于容纳巡飞弹，只要空间足够，LUNA NG 无人机的载荷能力应该可以一次运载更多巡飞弹。目前来看，Hero-R 旋翼巡飞弹的多用途功能还不错，既能在空中投送，又可以通过地面平台释放，近距离 ISR 和精确打击也能够胜任。

不过笔者认为，莱茵金属防务公司这种 LUNA NG 无人机与旋翼巡飞弹集成的新尝试能否成功，还有待时间验证以下三个方面的问题：

1）打击能力交换 ISR 续航的平衡。LUNA NG 无人机本身就是轻型侦察固定翼无人机，装载旋翼巡飞弹执行打击任务只是多了一种选择而已，是否这么做还要看最终用户的综合作战能力和具体任务需求。

2）毁伤能力对应的任务选择。旋翼巡飞弹战斗部的尺寸和重量，将其有效打击目标限制为人员和无防护装备 / 设施，因此除特种作战、城市战和治安战以外，在其他任务场景下适用性可能不强。

图 2-80　LUNA NG 无人机试验

3）系统综合作战成本的限制。旋翼巡飞弹虽然性能更强，但系统成本显然远高于民用无人机加装手榴弹。另外，视频背景是获取敌方情报后，无人机 - 巡飞弹组合起飞 - 索敌 - 攻击。假设没有情报支持，则该组合可能无法独立执行这次“察打一体任务”，也就是说，目前这种组合的系统综合作战成本还比较高。

2.3.44　英国皇家空军试验部队专注于开发无人作战蜂群能力

《简氏防务周刊》2020 年 3 月的消息说，英国国防部宣称英国皇家空军（RAF）一直支持试验部队专注于开发无人作战蜂群的能力。试验部队的主体是皇家空军第 216 中队。

图 2-81　英国皇家空军（RAF）试验部队的无人作战蜂群

英国皇家空军第 216 中队的任务是将蜂群无人机能力投入现役并继续开发。上一任国防部长表示到 2019 年年底，皇家空军要部署可联网的蜂群无人机中队，而且蜂群无人机要具备扰乱和压制敌方防空系统的能力。皇家空军就蜂群无人机潜在的解决方案已经明确表示不会采用定制平台而是使用现有平台，其目的是通过实现蜂群无人机能力来加强其有限数量飞机的实力。

2.3.45　英国陆军的微型“昆虫”无人机

BAE 系统公司与 UAVTEK 公司合作开发微型“昆虫”无人机，已经向英国陆军交付首批 30 架，目前正在接受测试。“昆虫”微型无人机重量为 196 g，与智能手机的重量差不多，电池续航时间 40 min，航程 2 km。在由英国国防部未来能力研究团队组织的陆军战斗试验（AWE—Army Warfighting Experiment）中，该无人机是唯一能够应对恶劣天气条件的微型无人机。

年度陆军战斗试验中的创新装备设计用于探索新兴科技和发现特殊能力。试验的重点被放在推动技术和军事能力进步的创新方案上，试验了多种原型产品，通过用户的使用为供应商提供军方的高价值反馈意见。

微型“昆虫”无人机，官网公布的指标：续航时间 30 ～ 40 min，重量小于 200 g，载荷 100 g 时重量在 250 g 以内，抗风 35 节（18 m/s）；突风 45 节（23.1 m/s），全天候飞行包括雨雪天气，最大速度 80 km/h（22.2 m/s），通信频率 5.8 GHz 时控制距离 2 km，LTE 通信控制距离 50 km。官网称其具备预设任务全自主飞行能力，可同时连接多个显示设备，具备蜂群能力，可根据 GPS 位置信息跟随长机飞行，标配电子对抗设备，价格低（官网价格为黑蜂无人机价格的十分之一，据消息称，黑蜂无人机单价为 4 万美元）。

图 2-82 微型“昆虫”无人机

陆军战斗试验（AWE—Army Warfighting Experiment），是英国陆军一年一度举行的新技术装备演示和试验活动，截至 2020 年 10 月，此项活动已经举行了 10 年，每年都会设置一个主题方向，要求军工供应商有针对性地提交相关新产品和新技术解决方案。

图 2-83　英国陆军新技术装备演示和试验活动

2.3.46　土耳其出售安卡 -S 无人机

据报道，2020 年土耳其航空工业（TAI—Turkish Aerospace Industries）公司获得了突尼斯的采购合同，包括 6 架安卡 -S（Anka-S）无人机、3 个地面站和未说明的技术转让服务。据称，这个合同价值 2.4 亿美元的项目等了超过一年时间。安卡 -S 无人机是安卡系列中的中等高度长航时无人机产品，也是土耳其航空工业为土军方开发的第一款无人机。

2013 年，TAI 与土耳其国防采购局（现简称 SSB）签订合同开发并生产 10 架安卡 -S 无人机。该机于 2016 年 9 月首飞，2017 年开始量产。安卡 -S 无人机可执行实时情报搜集、监视侦察、通信中继、目标探测和跟踪任务。机体为复合材料结构，配备土耳其开发的全自动飞控计算机，可在失去与地面站通信的时候让无人机自动返回预定空域。该机还配备了机载合成孔径雷达（SAR）、逆合成孔径雷达（ISAR）和地面运动目标指示

图 2-84　安卡 -S 无人机

（GMTI）。该机载荷为 200 kg，机翼下有两个武器挂点，可挂载 Roketsan 小型导弹发射架和 Cirit 70 mm 制导火箭巢。安卡 –S 无人机的变型配备了改装的整流罩结构来容纳大功率 Viasat VR–18C 机载卫通天线。

安卡系列无人机从 A 型到 B 型再到 S 型逐步开发，主体设计没有太大变化，B 型比 A 型增加了机腹 SAR 雷达，S 型主要的区别是换装了土耳其产的大功率卫通天线（因此机头整流罩上部形状变了）和土耳其的飞控计算机，但发动机与 A 型相同，S 型也开发了武装型。

A 型的基本指标：长 8 m，翼展 17.3 m，高 3.4 m，机翼面积 13.6 m²，最大起飞重量 1600 kg，最大速度 217 km/h，巡航速度 204 km/h，航程 4800 km，作战半径 200 km（A 型没有卫通），200 kg 载荷时续航时间 24 h，升限 9000 m，配备一台土耳其发动机工业公司的 Thielert Centurion 2.0 四缸涡轮增压发动机 155 hp。

图 2-85　安卡 -S 和安卡 -B

2.3.47　土耳其 Bayraktar TB2 无人机在卡塔尔服役

《简氏防务周刊》2020 年 4 月消息称，土耳其 Bayraktar TB2 无人机首次现身卡塔尔军事演习。卡塔尔国防部发布了“Al–Adheed 2020”演习视频，其中包括 Bayraktar TB2 无人机滑行和起飞的片段。当时该无人机未挂载完全，但视频暗示它在卡塔尔南部训练空域实弹射击时实施了精确攻击。卡塔尔在 2018 年 3 月的多哈国际海事防务展（DIMDEX）期间宣布订购了 6 架 Bayraktar TB2、3 个地面站和 1 套培训模拟器。

图 2-86　Bayraktar TB2

Bayraktar TB2 中等高度长续航（MALE）战术无人机系统由土耳其 Baykar Makina 公司制造。2007 年开始开发第一阶段原型机，2009 年 6 月首飞，2012 年 1 月开始第二阶段开发和系列生产 Bayraktar Block B（TB2），2014 年 11 月进行首次验收试验，并向土耳其陆军交付 6 架无人机，2015 年 6 月交付第二批 6 架无人机。

Bayraktar TB2 系统包括 6 架无人机、2 个地面站（GCS）、3 个地面数据终端（GDT）、2 个远程视频终端（RVT）和地面保障设备。标准载荷包括光电（EO）摄像模块、红外（IR）摄像模块、激光指示器、激光测距仪（LRF）和激光照射器，配备一台 100 hp 发动机和 2 叶变距螺旋桨。续航 20 h，航程 150 km，最大起飞重量 630 kg，最大速度 130 km/h，升限 6858 m，最大载荷 55 kg，翼展 12 m，长度 6.5 m。

图 2-87　不同武器配置的 Bayraktar TB2 无人机和系统地面站

2.3.48　土耳其 Kargu-2 多旋翼无人机蜂群能力形成致命威胁

土耳其军方将接收 500 架 Kargu-2 蜂群自杀无人机（Swarming Kamikaze Drone）。土耳其军方此前接收了一小批 Kargu-2 无人机。据消息称，它们被部署在叙利亚边境上用于对付反叛者。Kargu-2 战术无人机的名称来自古土耳其语词汇“瞭望塔”，它具备高度的机载情报能力，而其即将增加的蜂群能力将使它进入一个新的层次。

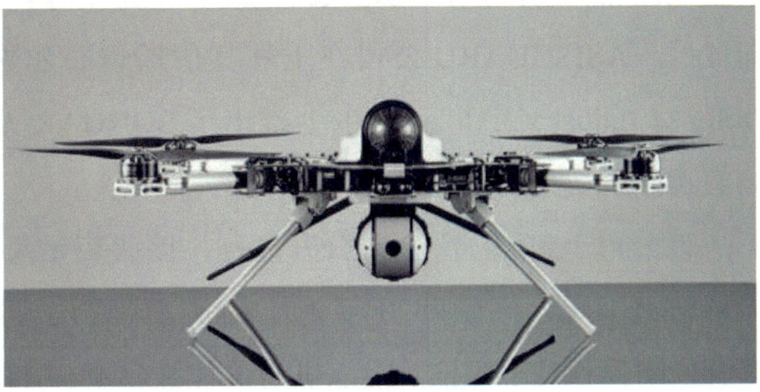

图 2-88　Kargu-2 多旋翼无人机

Kargu-2 无人机由土耳其公司 STM 生产，重量 15 磅（6.8 kg），最大速度为约 145 km/h，续航时间 30 min。标准模式下，该无人机由操作员从最远 6 英里（9.7 km）距离上直接控制，发现目标后无人机锁定目标然后俯冲，用携带的炸药摧毁目标。这个概念与美国特种部队使用的“弹簧刀”巡飞弹（Switchblade Loitering Munition）类似，不过 Kargu–2 无人机的战斗部要大得多。Kargu–2 无人机的 3 磅（1.4 kg）战斗部有 3 种类型：杀爆型（Explosive/Fragmentation Version）针对人员和轻型车辆；温压型（Thermobaric Version）用于摧毁建筑物和掩体；破甲型（Shaped Charge）用于反重装甲目标。与“弹簧刀”巡飞弹严格地一次性使用不同，如果未能发现目标，Kargu–2 无人机可以安全返回到操作员那里准备重新使用。

Kargu–2 无人机配备激光雷达（LIDAR）、白光摄像机和红外成像。在直接受控条件下，该无人机高度自主，能够按照航路飞行，并在没有人类帮助下使用深度学习算法定位、跟踪和识别目标。

Kargu–2 无人机具备人脸识别（Facial Recognition）能力，暗示它能够搜索特定人员。该无人机已经被描述为设计用于“反恐和非对称战争”。STM 公司还制造 ALPAGU 无人机，一型更小的发射筒发射自杀式固定翼无人机，它与 Kargu 无人机有很多通用部件。对土耳其来说，重要的是 Kargu 无人机的所有技术都在当地开发，这意味着该无人机没有受到国际武器贸易条例（ITAR—International Traffic in Arms Regulations）限制，因此可以自由出口。土耳其正快速成为军用无人机市场上的领先者，Kargu 无人机可能为此再添重大助力。

2.3.49 土耳其的 SONGAR 武装无人机系统

SONGAR 是土耳其 ASİSGUARD 公司设计和制造的新型武装无人机系统，ASİSGUARD 是 Asis Electronics and Information Systems 公司的一部分。该无人机系统是用于低烈度冲突中的力量倍增器，这是土耳其军队（TAF—Turkish Armed Forces）将要使用的第一种国产武装无人机系统，也是土耳其第一款配备机枪的国产无人机。2019 年 4 月，ASİSGUARD 公司在土耳其伊斯坦布尔国际国防工业展（IDIE—International Defence Industry Exhibition）上推出了 SONGAR 无人机，SONGAR 无人机主要用于提高巡逻区域交火生存几率。

该公司于 2019 年 12 月公开宣称，该武装无人机用于为车队或防守要点提供火力支援。该武装无人机在 2020 年 2 月成功完成验收试验之后交付土耳其军队。试验期间用榴弹发射器代替了机枪。无人机的设计符合 IP67 标准。

SONGAR 无人机宽 1.45 m，高 0.7 m，最大起飞重量 45 kg，具备失去链接时返航、飞行中更改任务和自主遥控模式的特性。该无人机系统的机枪可发射北约 5.56 mm ×

45 mm 子弹，最大载弹量 200 发，还支持单发和 15 发连发模式。该机枪能够执行全自主任务，配备多重保险，需要操作员的最终批准才能开火。无人机的弹药箱可以由操作员快速更换和装弹用于不间断任务。武装无人机系统可安装电子瞄准器具和弹道计算模块，以便提高射击精度。机枪配备后坐力吸收能力，机枪系统的枪管俯仰运动范围为 0°~60°。

该无人机提供各种子系统，包括多旋翼无人机平台（MDP—Multi-rotor Drone Platform）、机枪稳定系统（GSS—Gun Stabilization System）、配备无人机的机枪（DMMG—Drone Mounted Machine Gun）和地面控制站（GCS—Ground Control Station）。该无人机系统配备 2 个摄像机，包括 10 倍放大的飞行员视角摄像机和配备机枪的摄像机。这些摄像机能够传输视频和实时图像。夜间传感器可以使无人机能够在 10 km 距离上执行夜间操作。该无人机系统采用 GPS 和 GLONASS 两套导航系统。

图 2-89　SONGAR 武装无人机

该武装无人机可作为消灭已知威胁的军用快速反应系统，或者保护重要军用基地不受恐怖分子侵扰，还可以辅助军用车队作为武装无人机保护系统。系统的最大操作航程为 3 km。SONGAR 可从 200 m 距离上击中 15 cm 区域内的目标，可爬升高度达 2800 m（平均海平面高度）和 400 m（离地高度）。

2.3.50 土耳其用 Aksungur 无人机空投制导滑翔炸弹

土耳其航空工业公司的 Aksungur 察打一体无人机已完成了远程制导炸弹投射试验。该无人机从距离目标 30 km 的 20000 英尺（6096 m）高度上，投射了 1 枚千克 K–SİHA–82 卫星制导滑翔炸弹，炸弹成功命中靶标。该公司称计划下一次试验将把射程增加到 45 km。

图 2-90 Aksungu 无人机挂载激光制导导弹

Aksungu 无人机由土耳其航空工业公司为土耳其军方开发。该无人机采用了 Anka 系列无人机的成熟技术，是目前土耳其航空工业公司最大的无人机，设计用于长时间监视、信号情报、海上巡逻等任务。

Aksungu 无人机于 2019 年 3 月 20 日完成首飞，根据目前完成的试验显示，该无人机可携带 12 枚 MAM–L 激光制导导弹（MAM–L 重量 22 kg，12 枚 264 kg）飞行 28 h，或者无外挂载荷飞行 49 h。Aksungu 无人机主要设计指标为：翼展 24 m，最大起飞重量 3.3 t，载荷 750 kg，最大高度 12000 m，设计续航时间 40 h。该无人机配备 2 台土耳其 TUSAS 发动机工业公司制造的直列 4 缸水冷双涡轮增压 PD–170 发动机，单台发动机最大功率 170 hp。

2.3.51 土耳其公布 MIUS 无人机概念

土耳其 Baykar 无人机系统公司公布了 MIUS（土耳其语意为“国家无人机系统”）的概念图。MIUS 无人机构型特性包括鸭翼、无平尾和倾斜垂尾，通过无平尾和翼身融合设计优化降低雷达截面积。该机为单发喷气动力，进气口位于前机身两侧，起飞重量预计为 3500 ~ 5500 kg，载荷 1500 kg，其他指标尚不明确。MIUS 无人机可使用包括空对空和空对地弹药以及空射巡航导弹。需要保持低雷达截面积时，导弹可用机内弹舱携带；对于雷达截面积不重要的任务，导弹可使用机翼挂点外部挂载。

MIUS 无人机的首架原型机将以亚音速飞行，MIUS 无人机的后续原型机预计能够达到超音速。MIUS 无人机计划用于近距空中支援，压制敌方防空力量，以及空对空作战等不同作战任务。Baykar 公司称，MIUS 无人机的设计经过优化，可执行空战所需的攻击性机动。而且该机还将集成人工智能和智能机队自主技术，以便多架无人机能够独立行动，或者伴随支援有人驾驶战斗机。MIUS 无人机在图中引人注目的特点是，它将从土耳其未来的 Anadolu 号两栖攻击舰上起飞。尽管出人意料，但 Baykar 公司称，MIUS 无人机的重要研究方向是要具备舰载起降能力。

图 2-91　MIUS 无人机概念

据悉，土耳其政府已决定要将 Anadolu 号两栖攻击舰改装为攻击无人机航母。由于土耳其从俄罗斯采购了 S-400 防空系统，就无法从美国获得 F-35 战斗机，所以 Anadolu 号两栖攻击舰改为无人机航母，应该既是合理的尝试也是无奈之举。

土耳其国防工业负责人曾表示，Anadolu 号能够部署 30 ～ 50 架 Baykar 公司的 TB3 无人机，由舰上指控中心同时控制至少 10 架无人机执行作战任务。

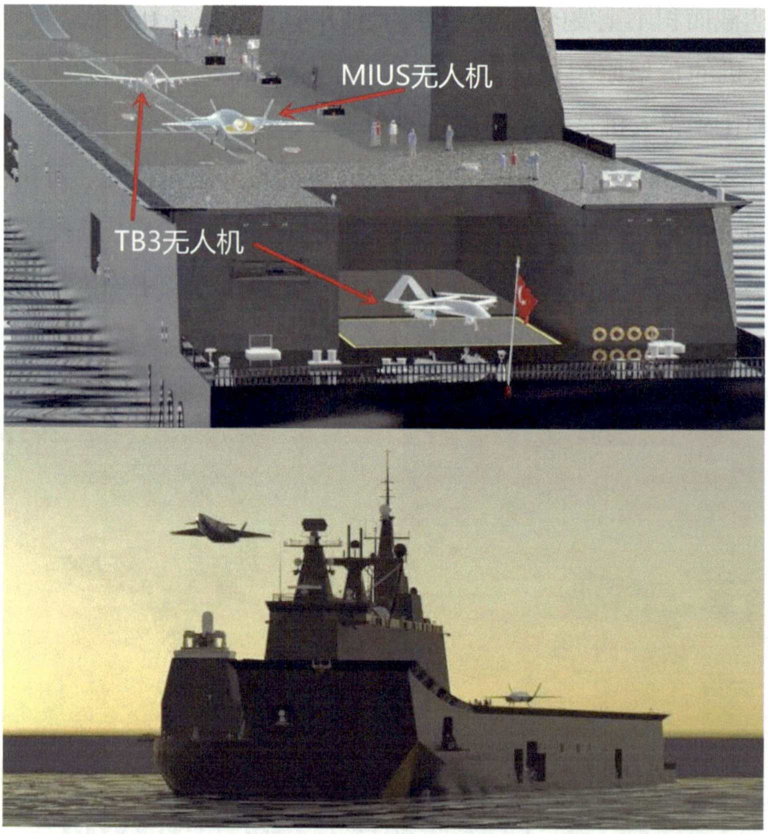

图 2-92　MIUS 无人机舰载设想

2.3.52　伊朗伊斯兰革命卫队服役长航程的新型无人机

2020 年 4 月，据伊朗无人机部门指挥官透露，伊斯兰革命卫队地面部队计划在近期接收本国研制的未知数量的远程无人机，该机被称为“天使”无人机。

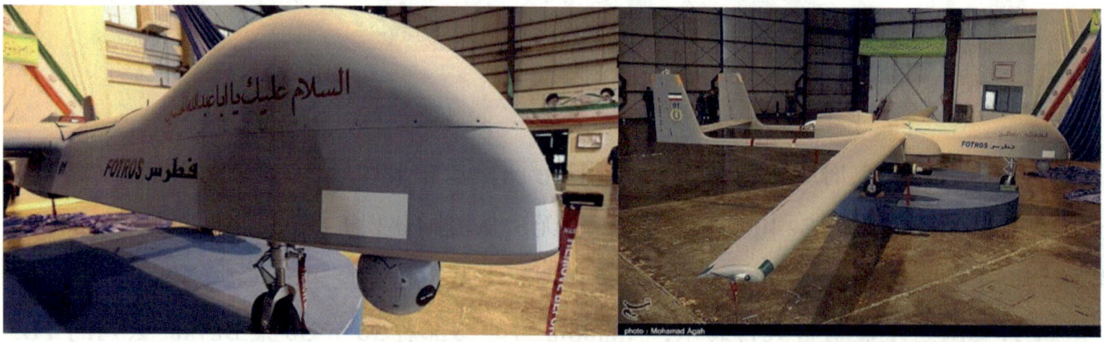

图 2-93　“天使”无人机

2013 年 11 月，“天使”无人机首次亮相，该机是大型多用途无人机，能够执行侦察和作战任务，作战航程可达 2000 km，续航时间达到 30 h，其升限为 7600 m，能够使用精确制导空对地导弹或反坦克导弹。

一方面，该无人机的外形很符合许多西方高科技无人机的设计概念，包括与美制捕食者无人机类似的球形机头，推测其内部是无人机的航电系统。另一方面，该无人机还与本地区其他大国生产的许多无人机特性保持一致，包括平直机翼设计、双尾撑和机身后部安装的发动机。

伊朗是世界上少数几个能够自主设计制造无人机的国家之一。除了“天使”无人机，伊朗还在生产大约 6 个型号的军用无人机。伊朗航空工业组织（IAIO—Iran Aviation Industries Organization）是一家成立于 1966 年的伊朗国有航空工业公司，负责计划、指挥和管理伊朗的军民用航空工业。

2.3.53 伊朗最新的“加沙”无人机

伊朗通过国家媒体机构发布了一系列图片和视频对外公开展示了该国最新的“加沙”无人机。该无人机是以巴勒斯坦领土“加沙”命名。视频显示，“加沙”无人机在外观和尺寸上与美国通用原子航空系统公司制造的 MQ-9“死神”无人机相似度很高。

伊朗伊斯兰革命卫队空军司令介绍了伊朗新开发的三种新型武器系统，包括“加沙”无人机、反隐身雷达和地空导弹。据这位将军称，“加沙”无人机具备 35 h 续航能力，升限 10668 m，速度接近 350 km/h，侦察构型时作战半径为 500 km，攻击构型时可挂载 13 枚炸弹。视频显示“加沙”无人机在机头下方安装了光电 / 红外传感器转塔。

图 2-94 “加沙”无人机

根据“加沙”无人机的外形及其与附近人员的相对尺寸判断，“加沙”无人机与“死神”无人机尺寸几乎相同，因此估计“加沙”无人机长约 11 m，翼展约 20 m。

另外视频中出现在“加沙”无人机后方的是伊朗的 SHAHED–129 无人机。该无人机是一型中等高度长续航察打一体无人机。SHAHED–129 无人机基本指标：长 8 m，翼展 16 m，高 3.1 m，配备 1 台 Rotax914 四缸四冲程航空发动机，巡航速度 150 km/h，最大航程 1700 km，续航 24 h，升限 7300 m。

图 2-95　SHAHED-129 无人机

2.3.54　澳大利亚亮相“忠诚僚机”原型机

波音澳大利亚公司于 2020 年 5 月 5 日宣布，根据澳大利亚皇家空军四千万澳元的 DEF6014 第 1 阶段项目（即众所周知的“忠诚僚机先进开发项目”），制造的前三架小批量产无人机的第一架飞机已经下线。这既是波音飞机首次完全在美国以外开发的型号，也是澳大利亚 50 多年来首次制造的军用飞机。这三架“忠诚僚机”预期将用于试验和验证未来澳空军的新技术和作战概念。

“忠诚僚机”项目，也称为“空中力量协同系统（ATS—Airpower Teaming System）”，是波音首个在澳大利亚设计和开发的无人系统，目标是实现有人机和无人机协同作战。

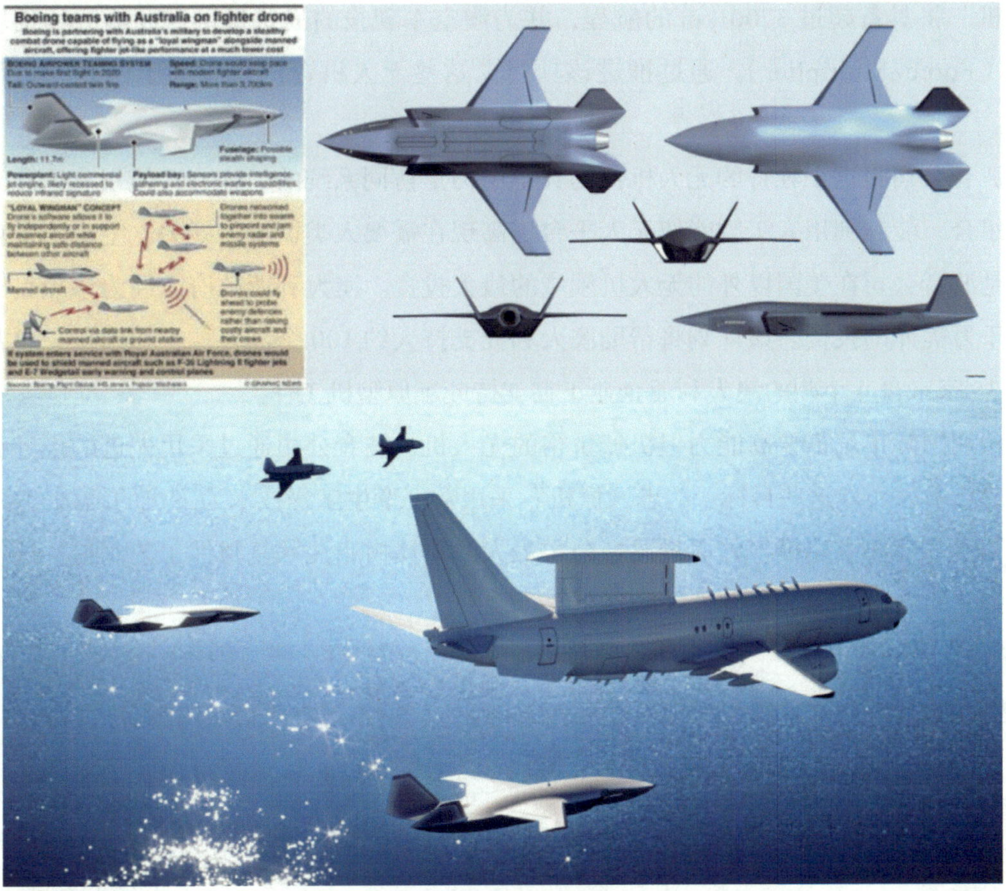

图 2-96 “空中力量协同系统”

这架具有战斗机尺寸的“空中力量协同系统”飞机长 11.7 m，作战航程超过 3000 km，该机长 2.59 m，超过 1.47 m^3 的内部空间和开放架构载荷接口的可改变构型机头部分，操作员可以根据战场任务的需要在“几小时内”轻松地改变飞机任务角色。波音公司倾向于不透露飞机将携带的任务载荷类型，但是之前的消息已经显示任务载荷将包括情报监视侦察（ISR—Intelligence，Surveillance，and Reconnaissance）和电子战（EW—Electronic Warfare）套件。

澳大利亚空军过去曾声明计划试验“忠诚僚机”与有人机协同和提高有人机态势感知与生存概率的能力，有人机包括波音公司的多用途 F/A-18E 超高级大黄蜂战斗机、EA-18G 咆哮者电子战飞机、E-7A 楔尾预警机和 P-8A 海上巡逻机，以及洛·马公司的 F-35A 闪电 II 联合攻击战斗机。

“忠诚僚机”原型机现在已进入地面试验阶段，后面将继续进行滑行和首飞。“忠诚僚机”将具备超过 3700 km 的航程，并为澳空军现役的战机提供重要的战力倍增器功能（Force-Multiplier）。通过推进该项目，这些无人机资产将有助于使有人机免受伤害。

波音公司将这个独特的无人机作为其空中力量协同系统的一部分，使用有人和无人资产组合，能够利用人工智能使无人平台提高现在需要人类监视的能力。空中力量协同系统是波音公司在美国以外的无人机领域的最大投资。澳大利亚政府已经为该项目增加了四千万美元的投资。该计划将帮助澳大利亚支持大约 100 个高科技工作岗位，总共有超过 35 家来自 4 个州的澳大利亚企业正在支持此项原型机工作。

预期国际市场需要高能力但极低价格的无人机，波音公司通过采用先进的设计创新和制造技术来实现这些目标。“忠诚僚机”采用数字孪生工程技术为飞机的结构、系统、能力和全寿命要求建模，并通过波音公司最大的单体树脂注入复材件工艺制造，还使用经过验证的先进制造工艺组装。

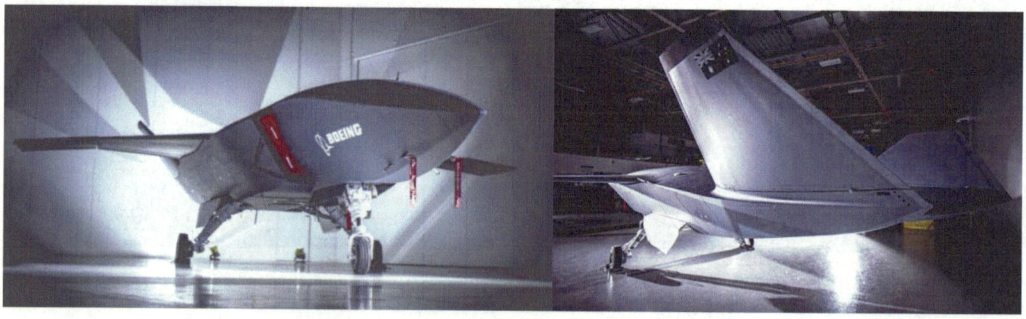

图 2-97 “忠诚僚机”无人机的特殊外形

2.3.55 澳大利亚陆军战术无人机第 3 阶段竞标

Schiebel Pacific 公司和澳大利亚雷声公司联合提供 CAMCOPTER S-100 无人机参加澳大利亚陆军 LAND129 第 3 阶段战术无人机（TUAS—Tactical Unmanned Aerial System）项目竞标。

澳大利亚陆军 LAND129 第 3 阶段战术无人机项目竞标，主要是为了替换澳陆军老旧的 RQ-7 影子 200 战术无人机。

澳大利亚雷声公司拥有 20 年多领域主要系统集成商的经验，这两家公司将提供一个基于 Schiebel 公司经过验证的 CAMCOPTER S-100 无人直升机的解决方案，该无人机将提供一个符合长航时自主战术无人机能力的高性能低风险平台。

图 2-98　CAMCOPTER S-100 无人机

CAMCOPTER S-100 是一型垂直起降（VTOL—Vertical Take Off and Landing）无人机，该系统具备经过验证的情报监视与侦察能力，其特性包括低可探测特征，能够在狭窄空域操作，起飞降落不需要设备或地面准备，飞行准备仅 20 min。该系统续航能力达到 8 h，昼夜均可飞行，到目前为止已经在全世界完成 10 万飞行小时。Schiebel Pacific 公司具备与澳大利亚国防军和本地行业合作的丰富经验。澳大利亚皇家海军在位于新南威尔士州 Nowra 的第 822X 中队操作若干架该型无人机系统。

CAMCOPTER S-100 无人机基本指标：最大起飞重量 200 kg，载荷 50 kg，数据链控制距离 200 km，长 3.11 m，高 1.12 m，主旋翼直径 3.4 m，最大速度 222 km/h，巡航速度 102 km/h，续航时间 6 h，升限 5500 m。该无人机可配备多种载荷，包括光电 / 红外、合成孔径雷达、激光雷达、信号情报搜集设备和高光谱成像系统。

2.3.56　澳大利亚 Aerosonde HQ 小型无人机系统

Aerosonde HQ 无人机是 Textron Systems 公司远征 Aerosonde 小型无人机系统的垂直起降变型。通过增加复合翼垂直起降能力，该系统以更小、更便携的形式保持了经过军队验证的能力。

Aerosonde HQ 无人机具备 8 h 续航能力和 10000 英尺（3048 m）实用升限，该无人机翼展 3.7 m，重量 47.6 kg，最大起飞海拔高度 2133 m，最大载荷 6.8 kg，空速 83.3 ～ 120.3 km/h，最大航程 140 km，飞行模式转换高度（Transition Altitude）为离地 4.57 ～ 45.7 m。系统集成了定制的莱康明 EL-005 重油发动机用于保证可靠性和性能。

基本指标：翼展 3.6 m，重量 36.4 kg，载荷 9.1 kg，最大起飞高度 2438 m，升限 4572 m，续航时间 14 h，航程 140 km。

图 2-99 Aerosonde HQ 无人机

该单缸两冲程发动机在 5500 转 / 分钟时的功率为 4 hp。机载的 TASE400 LD 光电载荷能够昼夜搜索、识别和照射战场目标。4 人操作员小组仅需要 20 min 即可将完整的 Aerosonde HQ 无人机系统从货运托盘上卸下组装并完成起飞。Aerosonde 小型无人机系统已经在全世界完成了超过 15 万飞行小时的商用和军用飞行。Aerosonde 无人机系统由美国 Insitu Inc. 开发，现在由以澳大利亚为基地的 Aerosonde Ltd 公司制造，Aerosonde Ltd 公司是美国 AAI 公司的战略性业务部，而 AAI 公司于 2007 年被美国 Textron 工业联合体收购。

2.3.57 加拿大的 210TL 纵列双旋翼无人机

在阿布扎比国际防务展上，加拿大 Avidrone Aerospace 公司展出了 210TL 纵列双旋翼无人机，该无人机配备了 Iris Automation 公司的 CASIA 探测规避（DaA—Detect-and-Avoid）系统。

Avidrone Aerospace 公司是世界上唯一一家将电动纵列双旋翼全自动无人直升机商用化的制造商。该公司的 210TL 纵列双旋翼无人机具备全自动大载荷的特点，可用于货运、医疗补给和机载传感器扫描。该无人机最大载荷为 16 kg。该型低噪声的垂直起降无人机可在无人干预的条件下完成超视距（BVLOS—Beyond Visual Line of Sight）操作。

图 2-100 210TL 纵列双旋翼无人机

Iris Automation 公司是一家计算机视觉技术公司，该公司在开发先进探测系统方面处于领先地位，其 CASIA 探测规避（DaA）系统能够为无人机安全执行超视距任务提供保障。CASIA 探测规避技术将无人机机载的软件和硬件相结合用于探测和分类其他飞机，并对它们造成的威胁做出判断，然后触发对遥控操作员的告警，同时指令自动机动来安全规避相撞。

210TL 纵列双旋翼无人机是加拿大 Avidrone Aerospace 公司的主要产品，基本指标：载荷 25 kg，航程 120 km，最大速度 100 km/h，续航 1.3 h。该公司的官网视频显示该机能够自动投送所运载的货物。

CASIA 探测规避系统，是 Iris Automation 公司的主要产品，该系统通过机载光电传感器探测其他飞行器并通过软件识别目标，然后发出指令告警并执行规避机动。根据图片判断，210TL 无人机配备的是远程型 CASIA 系统。

图 2-101　远程型 CASIA 系统

2.3.58　加拿大的 V-Bat 无人机

加拿大国防研究和开发局（DRDC—Defence Research and Development Canada）于 2020 年 11 月授予 Kongsberg Geospatial 公司一个价值 103 万美元、响应 2019 年该局创新倡议方案的合同。Kongsberg Geospatial 公司提交的就是 V-Bat 128 无人机方案。当时的倡议方案要求寻找一型续航时间长、特征痕迹低的 ISR 无人机。2019 年 7 月 24 日，Martin UAV 公司的 V-Bat 128 垂直起降侦察无人机曾经在先锋号远征高速运输舰的飞行甲板上降落。V-Bat 128 无人机具备自主迎风悬停能力，这是该无人机能够获得海上军用机会的成功秘诀。

V-Bat 128 无人机曾经在俄克拉荷马州进行过降落试验，V-Bat 128 无人机垂直起飞时能根据风力的情况调整方向，这对于舰船上由于风刮过船缘形成混乱涡流的情况非常有意义。V-Bat 128 无人机将通过 Kongsberg Geospatial 公司的 MIDAS 传感器数据管理系统进行通信。V-Bat 128 无人机和 MIDAS 系统的这种组合可以使加拿大海岸警卫队极大地扩展其搜救任务的监视范围，并且可以用于监视冰山的运动，而不需要使用有人飞机。

图 2-102　V-Bat 128 垂直起降侦察无人机

V-Bat 128 无人机基本指标：翼展 9.7 英尺（3 m），长 9 英尺（2.7 m），重量（包括燃油和载荷）125 磅（56.7 kg），续航 11 h，载荷 25 磅（11.3 kg）。

MIDAS 传感器数据管理系统是 Kongsberg Geospatial 公司开发的模块化 ISR 数据分析和存储系统。该系统用于接近实时地处理和分享无人机与其他系统的 ISR 传感器数据。MIDAS 来源于北约盟国地面警戒项目技术，该项目要求存储和检索巨量情报数据用于情报分析。该系统能够解决绝大部分无人机不具备标准化处理、利用和分配（PED—Process，Exploit，and Distribute）传感器数据能力的问题。无人机操作员可在 MIDAS 系统内分析传感器数据，进行实时数据对比，甚至使用 AI 工具进行全动图像（FMV—Full-Motion Video）分析。

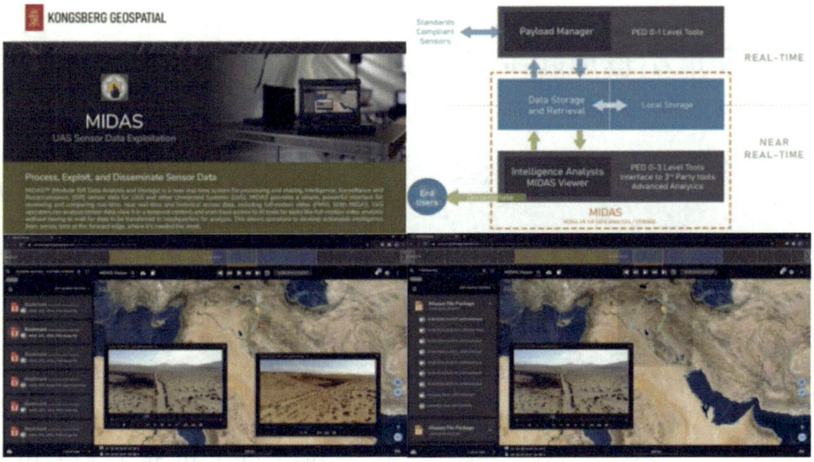

图 2-103　MIDAS 传感器数据管理系统

2.3.59 沙特新型猎隼 -1C 中等高度长航时无人机

沙特的 UAVOS 公司和 KACST 正在开发一种新型中等高度长航时（MALE—Medium Altitude Long Endurance）无人机，名称叫猎隼（Saker）-1C。猎隼 -1C 可携带的载荷包括合成孔径雷达（SAR—Synthetic Aperture Radar）、图像探测、陀螺稳定的光电 / 红外转塔和数字视频数据链。该无人机设计用于执行长航时监视、通信中继以及搜救任务。猎隼 -1C 无人机载荷能力为 300 kg，比较小的猎隼 -1B 载荷大。

图 2-104　猎隼 -1C 无人机

UAVOS 公司 CEO 和设计师表示，该公司必须为了安全做出很多平衡，来获得较大的载荷能力。机尾经过改装以便帮助分担机身的重量和增大的惯量。猎隼 -1C，设计指标：翼展载荷 300 kg，续航 30 h，最大高度 7000 m，最大速度 204 km/h。无人机采用了包括襟翼、扰流板和翼梢小翼等先进的机翼机构，以便在不同飞机构型和载荷重量变化情况下支持飞控系统。公司 CEO 表示，猎隼 -1C 无人机的要求之一是要能够在发生特情时起飞后立即满载着陆。为此，UAVOS 公司必须进行应急放油，提高起落架能力，并重新设计很多安全流程以便被批准在空域进行操作。

2.3.60 俄罗斯推出垂直起降 ZALA 421-16EV 固定翼迷你无人机

图 2-105　ZALA 421-16EV 固定翼迷你无人机

俄罗斯无人机制造商 ZALA Aero 于 2020 年 5 月 21 日宣布，该公司在 ZALA 421-16E 固定翼迷你无人机的基础上开发了一个垂直起降改型无人机。

ZALA Aero 公司集成了 4 个电机，每个机翼上 2 个电机，来为飞机提供垂直起降能力。新构型编号为

ZALA 421-16EV。根据该公司的指标显示，ZALA 421-16EV 具备可拍摄 2 h、1280 像素 ×720 像素高清视频的能力，航程 100 km。该无人机配备了一套光电 / 红外传感器，包括该公司自己的 Z-16VHD20-IR-TEM 视频和热成像摄像头。

该公司宣称，ZALA 421-16EV 可以使用其惯导系统（INS—Inertial Navigation System）和 2 个独立的无线电测距仪自主导航。垂直起降型与基础的 ZALA 421-16E 在外形上相对应，具备 2.8 m 翼展，还具备许多相同的性能特性，包括 110 km/h 的飞行速度，续航时间从 ZALA 421-16E 的超过 4 h 变为 ZALA 421-16EV 的超过 2 h，优化任务高度也从 16404 英尺（4999.9 m）下降到 6561 英尺（2000.7 m）。这两个型号都具备 10.5 kg 的最大起飞重量和 1.5 kg 的载荷能力。据称，ZALA 421-16EV 无人机抗风能力达到 10 m/s，工作温度范围为 -40 ～ 50℃。目前，ZALA 421-16EV 无人机已经完成了出厂试验和现场演示。

2.3.61 菲律宾空军的 HERMES 900 无人机

2020 年 6 月 26 日，菲律宾空军（PAF—Philippine Air Force）在其最新一期通讯简报上透露，他们期待今年交付的 9 架中的最后 6 架 HERMES 900 中等高度长续航无人机。该机从以色列埃尔比特系统公司订购，用于增强其情报监视侦察能力，菲律宾空军期待最后交付的两套无人机系统包括总计 6 架 HERMES 900 无人机、地面站、地面数据终端和其他支持设备，这些信息暗示着第一套无人机系统包括 3 架 HERMES 900 无人机已经完成交付。

2019 年 11 月，社交媒体上首次出现了 2 架菲律宾空军 HERMES 900 的影像，埃尔比特系统公司于 2020 年 5 月 7 日宣布具备新开发的救援能力的海上巡逻改型平台已经在近期交付给未透露的东南亚国家。该客户就是菲律宾。

图 2-106 在瑞士预选试验时的 HERMES 900 无人机

采购中等高度长续航无人机是菲律宾空军正在进行的现代化计划的一部分，该计划还包括采购 3 架 HERMES 450 长续航战术无人机，其中 2 架已经于 2019 年 8 月交付。菲律宾还订购了未透露数量的云雀 LEX 和云雀 3 无人机，这些无人机也是埃尔比特系统公司制造的，包括地面控制系统、支持设备、培训和一体化后勤支持。

（1）HERMES 450 长续航战术无人机

HERMES 450 长续航战术无人机是以色列埃尔比特系统公司开发的中型无人机，用于执行长航时战术 ISR 以及通信中继任务，1998 年投入现役。基本指标：重量 450 kg，载荷 150 kg，翼展 10.5 m，长度 6.1 m，最大速度 176 km/h，巡航速度 130 km/h，航程 300 km，续航时间 20 h，升限 5500 m。

图 2-107　HERMES 450 无人机

（2）云雀 LEX 无人机

云雀 LEX 无人机是以色列埃尔比特系统公司开发的便携式微型无人机，设计用于单兵战术侦察监视任务，可手抛起飞失速回收，落地时有小型充气气垫，配备白光摄像机或前视红外摄像机，航程 20 ～ 40 km，属于一类无人机。

图 2-108　云雀 LEX 无人机

（3）云雀 3 无人机

云雀 3 无人机是以色列埃尔比特系统公司开发的小型无人机，于 2016 年 2 月推出，设计用于旅级和师级单位侦察监视等任务，可气动弹射起飞短距降落，属于二类无人机。基本指标：翼展 4.8 m，最大起飞重量 45 kg，载荷 10 kg，航程 100 km，升限 4600 m，航时 6 h。埃尔比特系统公司的官网还宣传了一型被称为 Sky Striker 的战术巡飞弹，该巡飞弹就是以云雀 3 无人机为基础研发的。

图 2-109　云雀 3 无人机

2.3.62　瑞士陆军与洛·马公司联合成立 Indago 3 小型无人机机队

瑞士联邦国防采购办公室（Armasuisse）与洛·马公司签订了采购 Indago 3 小型无人机机队的合同，并为瑞士陆军提供备件、培训和技术支持以及额外系统的选项。Indago 无人机能够提供传统固定翼无人机无法到达环境的空中侦察能力。

该项目的第一阶段包括开发优化 Indago 3 的构型来满足瑞士陆军的要求。这些要求包括：集成一个用于感应和规避的雷达应答机，安装 Silvus Technologies 公司的无线电，采用洛·马公司 CDL 系统的 VCSi Touch SUAS 地面站系统软件，该软件包括可使用具备数字地形高程数据（DTED—Digital Terrain Elevation Data）和虚拟地理围栏的瑞士地图。

Indago 3 无人机配备高清彩色和红外三轴稳定传感器，可轻松地用单人背包携带，而且展开部署仅不到 3 分钟。其特点是携带方便，系统全重仅 4.5 kg，带载荷起飞重量 2.26 kg，数据链控制距离 10 ～ 12 km，300 m 离地高度低噪声低可探测，最大海拔高度 5500 m，具备 MANET MESH 组网功能。可选 ION（离子）30X 光电载荷，30X 光学变焦，分辨率 720 像素，重量 470 g；FLIR Systems 公司的双玻色子红外摄像头，分辨率 640 像素 ×512 像素，重量 570 g。

图 2-110　Indago 3 无人机

Indago 3 无人机将支持战术侦察和监视用于支援信息搜集、搜救、救灾和战效评估（BDA—Battle Damage Assessment）。Silvus Technologies 公司的无线电也能提供微型尺寸条件下的最佳性能和效率。根据载荷和操作环境，Indago 3 无人机的飞行时间最长为 50 分钟，航程 10 km，巡航速度 25 节（46.3 km/h），最大速度 40 节（74.1 km/h）。该无人机可在 -1.1 ～ 48.8 ℃温度环境下操作。

2.3.63　挪威开发无人机自主除冰技术

UBIQ Aerospace 公司是一家挪威高科技公司，主要业务是航空器能力扩展，首要产品是 D-ICE 除冰系统，用于智能探测结冰和除冰，该系统原型机于 2015 年在美国阿拉斯加州的 Elmendorf 空军基地进行了首次飞行试验。该公司成立于 2017 年，总部在挪威 Trondheim。

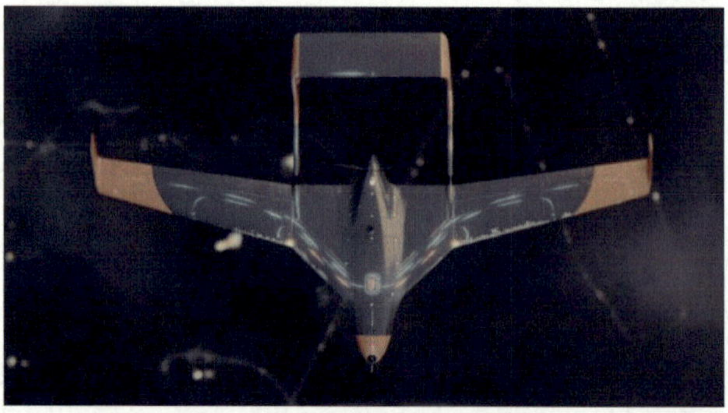

图 2-111　D-ICE 除冰系统原型机

UBIQ Aerospace 公司开发了基于电热概念的技术，以便 2 类和 3 类无人机能够在结冰条件下自主除冰。该公司 CEO 称，大部分现代固定翼无人机都设计用于在类似中东这样的天气晴好地区操作，而安排无人机在容易结冰条件下飞行的典型降低风险措施是推迟飞行直到条件变得更好。

UBIQ Aerospace 公司研究了无人机在飞行中因积冰问题坠毁的情况，通过采用监视大气条件的 D-ICE 除冰系统在飞机起飞后就开始工作来进行解决。即探测算法和传感器要针对气动特性的意外气动变化来监视飞机的性能，只要开始结冰或容易结冰的操作条件出现，系统就会开始工作并探测飞机的什么位置开始结冰。如果飞机上开始结冰，该系统会通过位于飞机容易结冰特定区域的电热面板来除冰，如在气动面的前缘。该系统还将这些电热面板用于结冰探测。UBIQ Aerospace 公司的系统要确保结了足够厚度的冰再除冰，因为如果仅仅是加热电热面板到高温，那么效率就太低了。

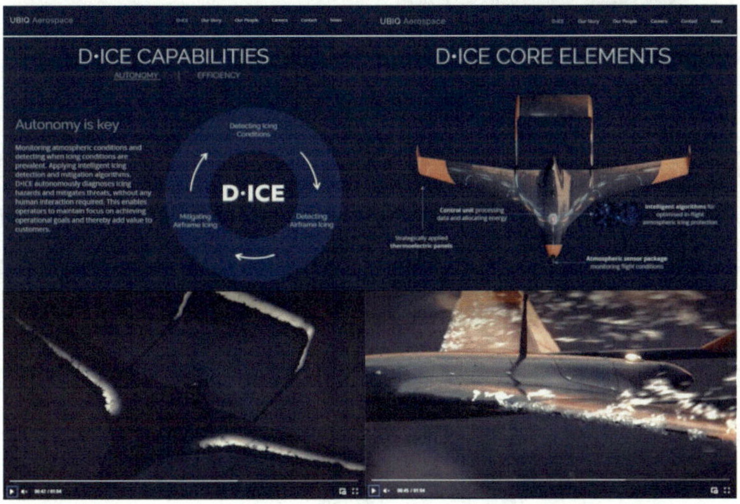

图 2-112　D-ICE 除冰系统概念

2.3.64　孟加拉国将开始接收 Wasp 无人机

孟加拉国将部署未知数量的 AeroVironment 公司的 RQ-12B 全天候 Wasp 小型无人机系统用于情报监视目标探测和侦察（ISTAR—Intelligence Surveillance Target Acquisition and Reconnaissance）。该无人机系统由手抛无人机和光电 / 红外载荷、地面站以及初始备件构成。

AeroVironment 公司的 Wasp AE 系统包括 2 架无人机和 1 个地面站。Wasp AE 是一种专门设计用于海上和陆地操作的小型无人机。该无人机长 0.76 m，翼展 1.02 m，动力为一个低噪声电动机，载荷为一个 Mantis i22 AE 光电 / 红外传感器，导航和控制具备集成数字数据链的自动驾驶仪和自主功能。该系统的地面站采用与 PUMA AE、Raven B 和 Wasp Ⅲ无人机相同的设备。

图 2-113　RQ-12B 全天候 Wasp 小型无人机

RQ-12B 全天候 Wasp 小型无人机是 AeroVironment 公司开发的手抛式小型侦察无人机，基本指标：长 0.76 m，翼展 1 m，重量 1.3 kg，控制距离 5 km，续航 50 min，巡航速度 43 km/h，最大速度 83 km/h，典型飞行高度 91 m（离地高度），最大起飞海拔高度 3048 m。

Mantis i22 AE 光电 / 红外传感器是 AeroVironment 公司设计制造的小型全天候光电 / 红外传感器。

SPECIFICATIONS

	MANTIS™ I45	MANTIS™ I25 AE	MANTIS™ I23	MANTIS™ I22 AE
WEIGHT	850 grams	650 grams	390 grams	275 grams
BALL DIAMETER	4.2 inches	5.8 inches	3.1 inches	2.5 inches
OPERATING TEMPERATURE	-20C to 50C	-20C to 50C	-20C to 50C	-20C to 50C
WEATHERIZATION	Waterproof	Waterproof	Water Resistant	Waterproof
CAMERA 1		Daylight 5 Megapixels	Daylight 5 Megapixels	Daylight 5 Megapixels
CAMERA 2		Thermal IR 640 x 480	Thermal IR 640 x 480	Thermal IR 640 x 480
LASER POINTER	Yes	Yes	Yes	No
ZOOM LEVELS		4	4	4
ROTATION LIMITS	Continuous	Continuous	Continuous	+/- 120 degrees
TILT LIMITS	+30 to -90 degrees	+10 to -95 degrees	+10 to -95 degrees	+5 to -95 degrees
CONTROL		High Speed Serial	High Speed Serial	High Speed Serial
VIDEO		MPEG	MPEG	MPEG

图 2-114　AeroVironment 公司的小型全天候光电 / 红外传感器

PUMA AE、Raven B 和 Wasp Ⅲ无人机是 AeroVironment 公司开发的 3 型大小不同的手抛式侦察无人机：

1）PUMA AE 基本指标：长 1.4 m，翼展 2.8 m，重量 7 kg，控制距离 20 ~ 60 km，续航 2.5 h，巡航速度 47 km/h，最大速度 76 km/h，典型飞行高度 91 ~ 152 m（离地高度），最大起飞海拔高度 3048 m。

2）Raven B（即美军的大乌鸦无人机），基本指标：长 1.4 m，翼展 0.9 m，重量 1.9 kg，控制距离 10 km，续航 60 ~ 90 min，巡航速度 32 km/h，最大速度 81 km/h，典型飞行高度 30 ~ 152 m（离地高度），最大起飞海拔高度 4267 m。

3）Wasp Ⅲ基本指标与 Wasp AE 非常接近，不同的是，Wasp Ⅲ可以用弹弓弹射起飞，只是图中演示的时候没有将机翼装配完整。

图 2-115　PUMA AE、Raven B 和 Wasp III无人机

2.3.65　西班牙的蜂群无人机

西班牙家族企业 Escribano Mechanicals & Engineering（EM&E）公司擅长设计制造复杂武器系统，该公司近期宣布获得了开发用于 ISTAR（情报监视目标探测和侦察）的自主多平台蜂群系统的合同。该系统被称为远程智能安全系统（LISS—Long-range

Intelligent Security System），EM&E 公司正在开发蜂群结构和不同类型的无人机，目前已经试飞了两个型号。

该系统现有和未来无人机的最大起飞重量范围为 1 ～ 75 kg，并将安装相同的航电设备，这样不仅可以降低成本，还能降低后勤压力，这是蜂群概念使用大量无人机时要应对的关键问题。EM&E 公司的项目负责人称，LISS 系统内都配有机载人工智能，所以这不是一个分层系统，因为所有飞行单元都是系统的节点。

这样做的好处是使系统具备很高的容错能力，即使个别无人机被敌方摧毁，系统仍能保持固有余度并自动重新编组。LISS 系统的地面站与现有地面站差别很大，因为该系统的地面站只向操作员提供关键信息和安全相关信息。系统能够选择全自主模式工作，也可以按照人在回路的标准构型工作，这样操作员能够控制所有蜂群无人机或者仅关注选定的无人机。LISS 系统将地面站视为一个标准节点，因此如果通信正常，地面站可以接收蜂群之间的所有共享信息，以便用于审查任务，而且基于人工智能的系统还具备自我学习能力，可以在获得“经验”的同时改进表现。

项目负责人介绍，他们已经用 6 架无人机执行了一次演示任务，用无人机航拍进行侦察，人工智能对目标进行了自动识别和分类。随后，系统为目标划分了优先级，来决定无人机要攻击哪个指定目标，而其余无人机则重新制定任务计划并用剩余力量继续执行任务。

蜂群的人工智能系统被认为处于 TRL 4 ～ 5 级（技术就绪水平 –Technology Readiness Level）的水平。下一个阶段性里程碑将是演示 1 名操作员控制 15 架无人机，另 1 名操作员控制 6 种不同的载荷。

EM&E 公司已经从西班牙国防部规划技术和创新办公室获得合同继续其研发工作，并要求于 2021 年 10—11 月在真实环境下进行一次新的演示。此项合同属于 RAPAZ 项目第二阶段的范畴，RAPAZ 项目是西班牙国防部 5 年前启动的用于评估最大起飞重量 150 kg 以下无人机的项目。

在无人机方面，EM&E 公司开发了包括固定翼和旋翼在内的一系列无人机产品，这些无人机将拥有 ISTAR 构型和巡飞弹构型。目前试验的 2 个型号，一个是最大起飞重量 7 kg 的固定翼无人机，另一个是最大起飞重量 4 kg 的四旋翼无人机。这两型无人机都安装了相同的传感器组件，固定翼无人机的传感器安装在机头位置，四旋翼无人机的传感器安装在机身下方。固定翼系统可以从直径 120 mm 的发射筒发射，这样很容易集成到海陆空各种平台上。

图 2-116　EM&E 公司蜂群无人机

图片显示，该系统的机翼可向后折叠到机身上方，V 型尾翼向前折叠，动力靠安装在尾部的电机提供，驱动 3 叶可折叠推进螺旋桨。该机的控制距离是 5 ～ 10 km，续航 45 min。

目前，EM&E 公司正处于第 3 个型号无人机的最终开发阶段，这个型号将是系列中最小的无人机，最大起飞重量 1.4 kg，固定翼构型。其他机型的开发也在进程中，EM&E 公司拒绝透露更多消息，因为研发要求可能变更而改变开发优先级。

EM&E 公司正在研究将其固定翼无人机集成到该公司的 Guardian30 遥控武器站上，该武器站正在争取西班牙陆军的龙式 8 × 8 步战车项目。

120 mm 直径发射管的选择显然与主战坦克的滑膛炮发射能力无关，而是针对海上巡逻机声呐浮标发射管的兼容性考虑，这样无人机就可以放入 A 型声呐浮标筒内，并在发射筒的降落伞打开后释放无人机。声呐浮标筒的尺寸为长 914 mm，直径 124 mm，这大概预示了无人机可能的长度，而其翼展大概在 1.35 m 左右。四旋翼无人机方面，据称，其续航时间在 30 min 左右。EM&E 公司对这两型无人机已经进行了超过 15 次试飞，其构型基本冻结。该公司仍在对系统的一些小细节进行重新设计，主要是为了简化生产流程，以便通过利用增材制造（即 3D 打印）生产大部分部件来降低后勤压力。这种措施将有助于军方后勤支持在部署之后生产某些部件，从而省去运输备件的麻烦。

图 2-117　Guardian30 遥控武器站

海上巡逻机声呐浮标，是固定翼反潜机和反潜直升机主要的反潜搜索手段之一，固定翼飞机声呐浮标发射器一般在机腹位置，反潜直升机一般在机身侧面。

2.3.66 希腊推出 LOTUS 战术无人机

新型欧洲战术无人机来自希腊，该无人机专门设计用于对边境威胁和高价值目标的高效 ISR 任务。INTRACOM DEFENSE（IDE）公司与欧洲委员会签订价值 970 万欧元的协议用于开发 LOTUS 无人机。

LOTUS 是低可见度战术无人系统（LOTUS— Low Observable Tactical Unmanned System）的项目名称缩写，该项目在欧洲防务工业发展项目（EDIDP— European Defense Industrial Development Program）框架中获得批准。

LOTUS 的创新性特性包括：隐身能力、防区外作战能力、基于北约标准的适航和互操作能力、可靠的通信能力、人工智能技术、支持额外任务的网络安全和可扩展性。LOTUS 项目将以 IDE 公司合作的无人机设计项目的经验和技术为基础，这些项目包括已经试飞的 HCUAV 项目和将要试飞的 DELAER 无人机项目。LOTUS 项目联盟由 IDE 公司协调，联盟的军工科技企业和组织来自希腊、塞浦路斯、西班牙和荷兰。通过项目合作，希腊国防部将通过一个 5 年计划实现相应的作战要求和自主能力。

LOTUS 无人机原型机是 Delare Aero 公司与亚里士多德大学（Aristotle University of Thessaloniki）流体力学和涡轮机实验室（LFMT—Laboratory of Fluid Mechanics & Turbomachinery）联合开发的 DELAER RX-3 无人机。现阶段基本指标：载荷 50 kg，续航 10 h，巡航速度 180 km/h，最大速度 250 km/h，巡航航程 130 km，起飞跑道长度小于 140 m。

图 2-118　LOTUS 无人机原型机

HCUAV 项目全称 HCUAV-RX1，HCUAV 是希腊民用无人机的缩写词（Hellenic Civil Unmanned Aerial Vehicle），是亚里士多德大学流体力学和涡轮机实验室开发的高性能无人机验证原型机，于 2016 年首飞，该机设计用于执行 7 天 24 h 的边境巡逻监视。该项目的后续开发型号就是计划称为 LOTUS 的 DELAER RX-3。

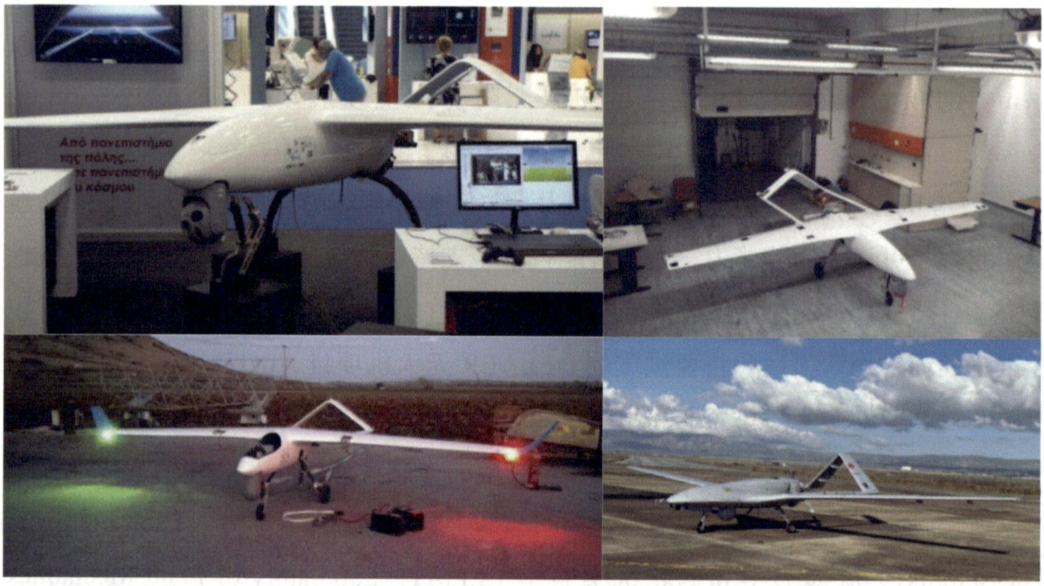

图 2-119　HCUAV 项目产品

2.3.67　以色列无人机在南中国海承担搜救任务

以色列埃尔比特系统公司近期向未透露身份的东南亚客户交付了用于海上搜救的无人机系统。HERMES-900 无人机配备了探测和识别系统、精确投放能力和最多 4 个充气救生筏，每个救生筏能够救援 6 名幸存者。该构型使无人机能够执行长航程海上搜救任务（SaR—Search and Rescue），并在发现幸存者后快速投送救生辅助设备。

因为无人机能提供长续航和大航程飞行，而恶劣天气条件和机组人员有限的任务持续时间经常使有人飞机的搜救能力降级，无人机可以提升传统有人飞机的搜救能力，因为有超过 24 h 的任务续航时间，所以该无人机可以昼夜执行任务，并在恶劣的天气条件下执行延长的任务。配备新搜救能力的 HERMES-900 无人机能够增加可安全执行的搜救任务数量，并提高海上搜救响应的安全和效率。

HERMES-900 海上巡逻无人机翼展 15 m，重量 1.2 t，是一型专门为濒海和蓝海行动定制的远程海上监视系统。该无人机使用机载海上搜索雷达可以探测遇难船只并评估幸存者情况。该无人机还配有卫星通信、船舶自动识别系统（AIS—Automatic Identification System）接收机和应急位置指示无线电信标接收机。

图 2-120　HERMES -900 无人机实施搜救任务

发现幸存者后，无人机的光电红外载荷可以提供目视识别，并快速计算救生筏的落点，以便无人机从 600 英尺（182.9 m）低空投放救生筏到幸存者安全距离上的精确落点位置。救生筏在投送出去后开始逐渐充气并在降落入水时完成充气。

HERMES –900 无人机是埃尔比特系统公司开发的一型中等高度长续航无人机，设计用于执行战术任务，于 2009 年 12 月 9 日首飞，是 HERMES–450 的后续型号。基本指标：翼展 15 m，长 8.3 m，总重 1100 kg，载荷 300 kg，最大速度 220 km/h，巡航速度 112 km/h，续航 36h，升限 9144 m。

图 2-121　HERMES -900 无人机结构外形

2.3.68　以色列获得防卫无人机

以色列航空工业公司（IAI—Israel Aerospace Industries）和 Iron Drone 公司宣布达成合作协议，将截击能力与以色列航空工业公司的先进反无人机系统 Drone Guard 集成到一起。

Iron Drone 公司的无人机截击系统由一个停机站构成，这个停机站内有若干架昼夜随时待命的无人机。该系统可以同时部署几架截击无人机，因此可以应对多个威胁或蜂群。以色列航空工业公司的 Elta Systems 分部已经开发了用于探测、识别和干扰恶意无

图 2-122　截击能力与反无人机系统集成

人机操作的 Drone Guard 系统。

自从 Elta Systems 分部推出 Drone Guard 系统以来，已经销售了超过 100 套。Drone Guard 系统由用于在一定距离上探测跟踪分类和定位无人机目标的雷达、信号情报和光电传感器构成，并在目标的作战有效距离上截击这些目标。到目前为止，以色列航空工业公司的 Drone Guard 反无人机系统部署了采用电子战（干扰和欺骗）或硬杀伤的反无人机措施。现在有了另一种依靠产生最小附带伤害物理攻击的“硬杀伤”截击，与动能或定向能手段相比，Drone Guard 系统可以用于很多区域，而其他反无人机措施则受到如机场、人口稠密区、发电厂、敏感设施以及其他基础设施之类环境或安全因素的限制。

Iron Drone 公司还提供了其他响应手段。该公司专利申请中的无人机截击技术能够完全消灭任何无人机威胁。ELTA 公司与 Iron Drone 公司合作是这个战略的一部分，来启动利用其创新技术提高现有系统的性能。Iron Drone 公司 CEO 介绍说：“与基于无线电的解决方案不同，我们的技术不依赖敌意无人机与其操作员之间的链接。因此，Iron Drone 公司的截击机可以在目标飞行预编程任务或使用保密无线电连接时消灭目标。”

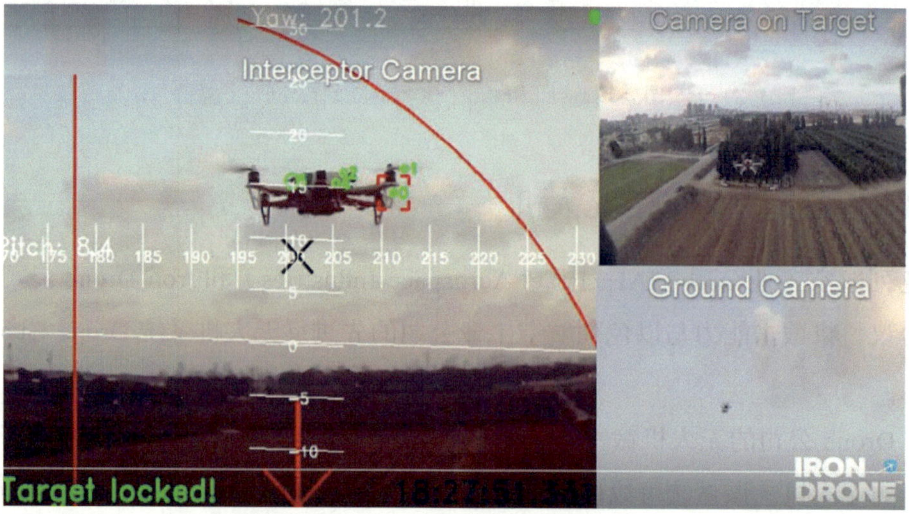

图 2-123　无人机目标被拦截

集成先进的雷达的 Drone Guard 系统在无人机进入防御空域时就会被发现。探测到目标后，截击无人机起飞由雷达引导飞向目标。Iron Drone 公司的截击无人机采用传感器和基于人工智能的计算机视觉来寻的和锁定目标，并引导无人机直到物理接触使嫌疑攻击无人机被消灭，整个攻击过程是自主的。通过先进的人工智能辅助计算机视觉（Computer Vision）、态势感知（Situation Awareness）、飞行计划和精确机动，使该截击无人机能够以目标定点的精度（Pinpoint Accuracy）进行攻击。

图 2-124　Iron Drone 公司的截击无人机

在与 Iron Drone 公司签订协议后，以色列航空工业公司将截击无人机集成进入其 Drone Guard 反无人机系统。根据两个公司发布的联合声明，截击无人机可昼夜随时从一个停机站起飞，该停机站内有若干架待命的截击机，几架截击无人机可同时起飞，来应对多个目标或蜂群。Drone Guard 系统使用雷达和光电系统探测和跟踪威胁，并采用射频干扰机扰乱敌机的通信和 GPS 信号。该截击无人机可以根据引导追踪并撞向目标，还会释放绳索以确保两架无人机会缠绕在一起掉落地面。

Iron Drone 公司 CEO 声称，上述措施可以确保目标无人机无法继续飞行。截击无人机与 ELTA 公司的系统连接，只要操作员决定启动，按下一个按钮，截击无人机就会起飞飞向目标。截击无人机从 Drone Guard 系统的雷达和其他传感器获得目标信息，当截击无人机飞向目标时，它会使用其昼夜光电传感器锁定目标，并持续高精度跟踪直至撞击。

2.3.69　以色列生产的德国苍鹭 TP 无人机成功首飞

德国苍鹭 TP 无人机是以色列航空工业公司在苍鹭无人机基本型基础上开发的加长航时改型。2008 年 6 月，莱茵金属防务电子公司与以色列航空工业公司联合为德国国防军提供苍鹭 TP 无人机解决方案。2016 年 1 月，德国宣布租用至少 5 架察打一体苍鹭 TP 无人机作为临时解决方案。

德国苍鹭 TP 无人机是一型配备多种载荷的中等高度长航时多任务无人机，该无人机以以色列 Eitan 无人机为基础，德国苍鹭 TP 无人机以创纪录的速度完成改装，而且集成了先进的以色列技术。基本指标：最大起飞重量 5670 kg，最大载荷 2700 kg，翼展 26 m，长 14 m，最大速度 407 km/h，航程 1000 km，续航 30 h，高度 13700 m。

图 2-125　德国苍鹭 TP 无人机

2020 年 7 月 26 日，德国苍鹭 TP 无人机在以色列完成首飞准备交付德国国防军。该无人机按照德国国防部需求和要求改装。这是以色列国防部（IMoD—Israel Ministry of Defense）国防研发局（DDR&D—Directorate of Defense Research and Development）无人机执行办公室领导的，以色列航空工业公司和空客 DS 机载解决方案（一家空客集团的公司）参加联合项目的结果。

2.3.70　以色列的“鸬鹚”垂直起降无人机

近期，以色列的战术机器人公司又向“说服”以色列国防军迈出了重要一步。以色列国防军一直在寻求一种能够在战场上执行伤病员后撤和补给任务的无人解决方案。另外，以军目前的新战略是在交战中使用压倒性火力迅速结束战斗，但这也增加了对类似“鸬鹚”无人机系统的新需求。战术机器人公司再次试图证明，其靠升力风扇驱动的“鸬鹚”垂直起降无人机能满足军方的需求。为此，该公司最近使用“鸬鹚”无人机演示平台完成了一系列试飞，后续还将进行一些改装并采用新的飞控系统来提高平台的稳定性。

“鸬鹚”无人机于 2009 年年初完成首飞，到 2010 年年初完成第一阶段试飞。2012—2016 年，“鸬鹚”无人机执行了升级改装和进一步试飞，2016 年年末完成了首次自主航线飞行。

目前技术验证机的尺寸大约相当于未来最终型号的 80%。目前，“鸬鹚”无人机基本指标：尺寸 7.55 m × 2.5 m × 2.35 m，旋翼直径 2.3 m，空重 977 kg，最大起飞重量 1741 kg，任务重量（包括 440 kg 载荷）1520 kg，载荷 / 实用油量 764 kg，Arriel 2 发动机最大连续功率 850 shp，最大速度 180 km/h，油耗（167 km/h）208 kg/h，续航 2.6 h（载荷 300 kg）。

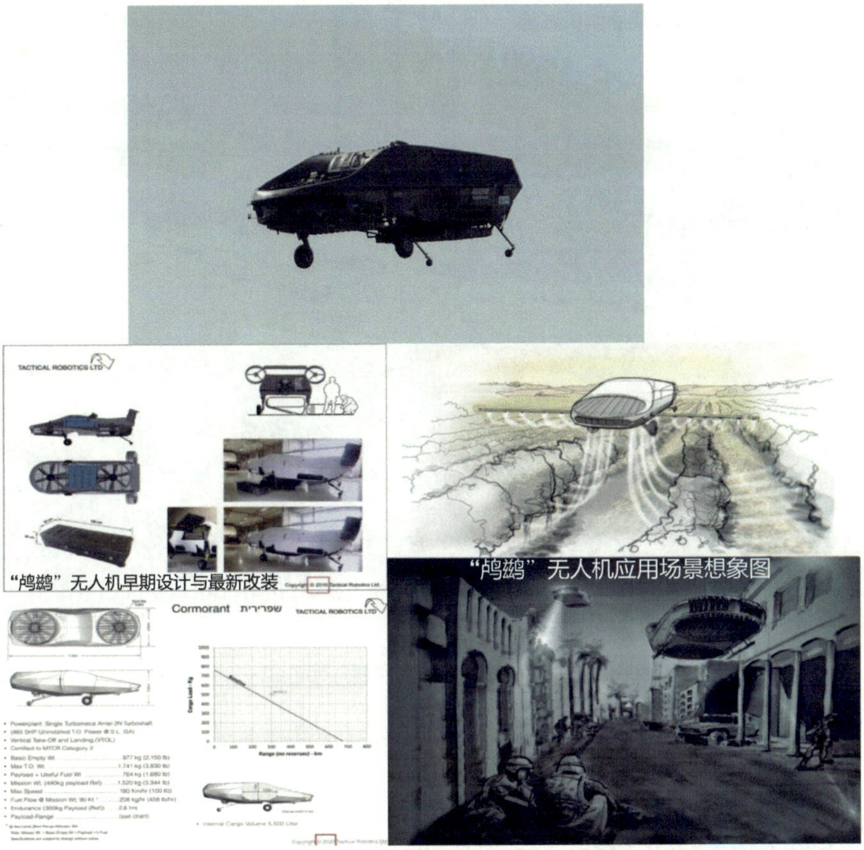

图 2-126　“鸬鹚”无人机

“鸬鹚”无人机设计采用机身构成翼型，在达到较高气动速度时机身可产生超过 50% 的升力。复合材料机体内设有 2 个 770 L 的机舱，用于容纳担架和伤病员，还有空间留给各种生命维持设备。另外，机腹位置还能安装一个可选吊舱，用于提供额外的 1100 L 空间。

在未做声学处理或铺设衬垫的情况下，飞行中的初始舱内噪声为 95 dB。

“鸬鹚”无人机早期原型机采用一台法国赛峰集团制造的 Turbomeca Arriel 1D1 涡轴发动机，后来更换为 Arriel 2 发动机。另外，最初的升力风扇设计为 4 桨叶旋翼，最新的改型使用 6 桨叶旋翼，还采用了交错旋翼来提供变速能力。另一个变化是取消了推进螺旋桨，因为设计者发现这种改进对机身内部形状的改装会带来额外的气动提升，使整个飞行包线反而更好了。这不仅降低了重量和复杂性，飞机宽度也减小了 30%，还有助于降低特征并提高生存能力。此项改装已经应用到目前的验证机上，改装之后的验证机已经完成了多次试飞。

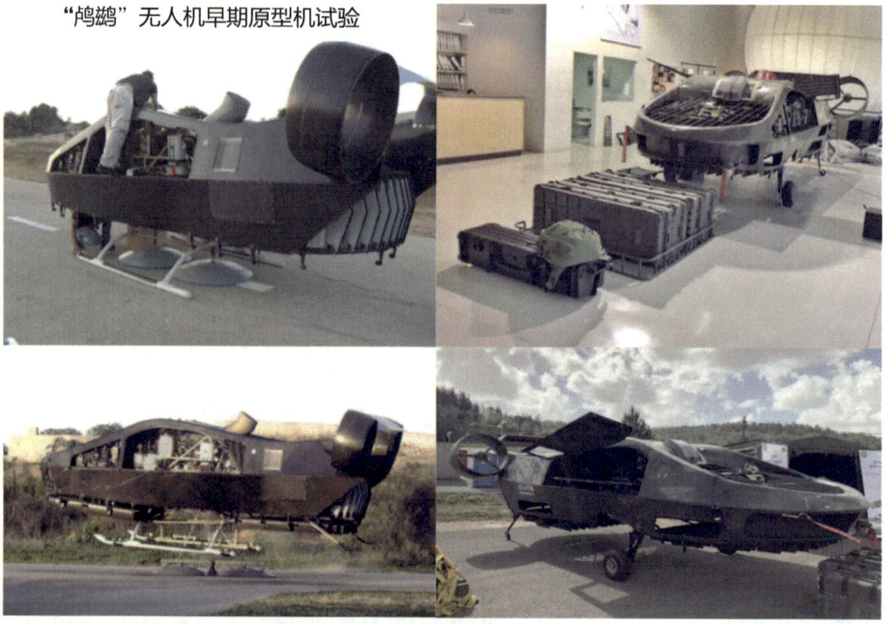

图 2-127 试验中的“鸬鹚”无人机

2.3.71 以色列推出混动无人机

以色列埃尔比特系统公司在 2022 新加坡航展上首次展示了混动云雀 3 无人机。该混动无人机以云雀 3 无人机为基础，云雀 3 无人机是该公司于 2016 年推出的小型战术侦察无人机，设计用于师旅营级单位的侦察监视任务，属于二类无人机。

云雀 3 无人机采用下单翼和倒 V 形尾翼气动布局，通过气动弹射器发射起飞，降落时机腹降落伞打开将机体翻转，机背上的充气气囊可以保护无人机平稳安全落地。云雀 3 无人机由尾部的电动推进式两叶螺旋桨驱动，机载 5 组锂离子电池支持其实现大约 5 h 的续航能力。

混动云雀 3 无人机基本保持了云雀 3 无人机的原有气动构型，主要变化是在机头加装了一台两冲程燃油发动机，并通过拉进式两叶螺旋桨为无人机提供额外动力。在保持最大起飞重量变化不大的条件下，混动云雀 3 无人机增加了 8 kg 的发动机及其配件和燃油，将电池组减少为 2 组。经过以上改装之后，混动云雀 3 无人机在最大速度和巡航速度与云雀 3 无人机相同的情况下，航程增加了 20%，达到 120 km，续航则增加到 18 h（据称，油机和电机的续航比例大约为 4 : 1）。混动云雀 3 无人机的实用升限比云雀 3 降低了 3000 英尺（914.4 m），为 3658 m，原因可能是重量增加和保证燃油发动机性能的综合结果，应该对其侦察任务总体影响不大。这样混动云雀 3 无人机的飞行剖面设计能够更加灵活多变，一般情况下可使用燃油发动机以较高速度飞往关注区域，到达之后燃油发动机切换为怠速，并打开电机进入“巡飞”模式，来降低红外和声学特征。另外，除了增加续航以外，配备两台发动机的好处是二者互相备份，从而提高了系统的可靠性和安全性。

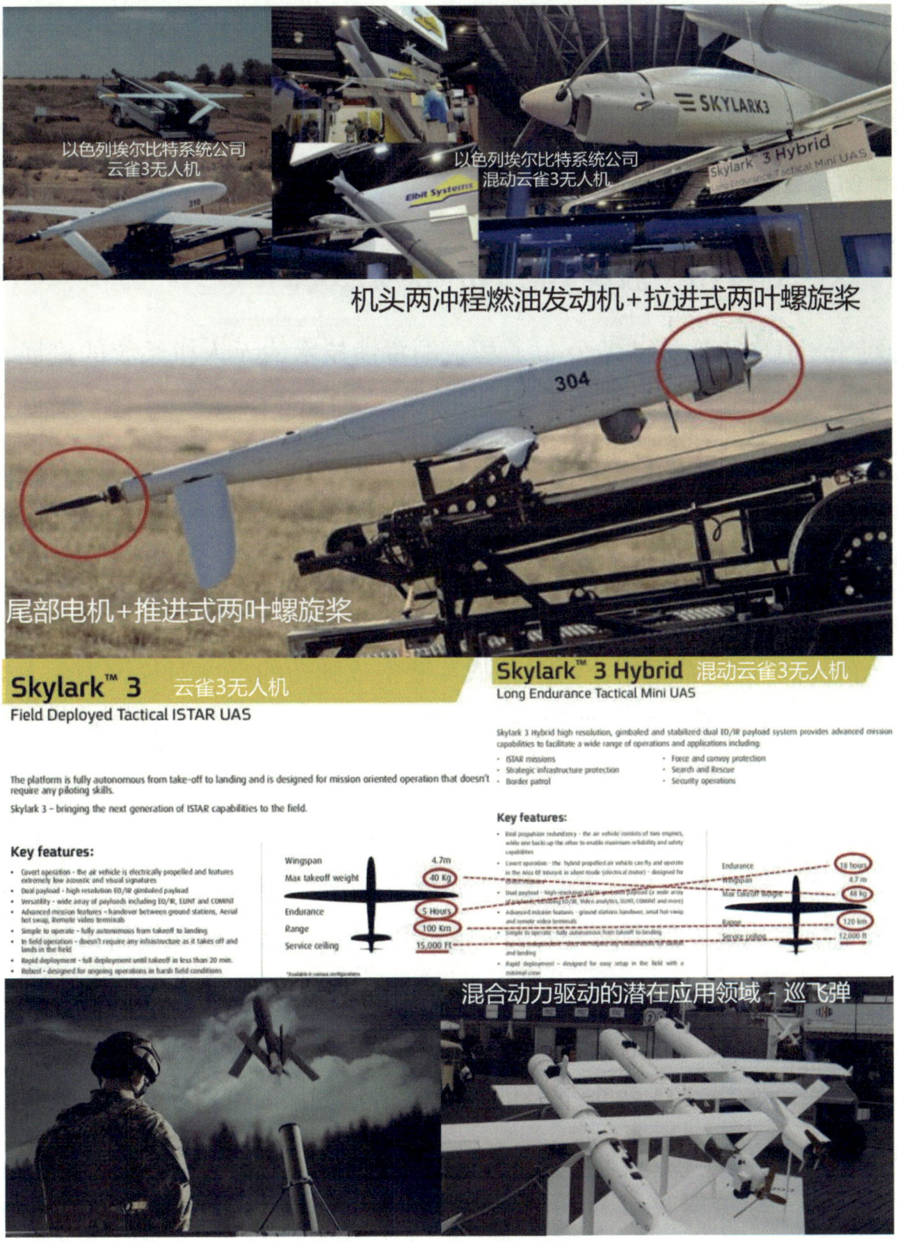

图 2-128　混动云雀 3 无人机

根据笔者观察，目前市场上采用混合动力驱动的无人机机型主要是较大型的多旋翼无人机和近年来风头正劲的复合翼 / 垂直起降无人机，混动的固定翼无人机倒是很少见。现有小型固定翼无人机确实受限于电池的能量密度，很难进一步提高速度和续航，因此，采用双动力混合驱动也许是一种有效的解决方案，只是这可能对系统整体设计的技术要求比较高。另外，这种混动模式似乎很符合巡飞弹的基本特征，如果能够在大中型巡飞弹上应用这种设计，就有可能在增加航程和续航时间的同时提高飞行速度，从而使巡飞弹能够更快地到达重点关注区域，提供更大的作战灵活性。不过，由于飞行器对重量的增加极其敏感，所以，此类设计的收益和代价可能在不同规模的平台上存在较大差异，需要认真平衡其利弊得失。

2.3.72 以色列发布“胶囊式”Ninox 无人机

以色列 SpearUAV 公司已经公布了基于颠覆性技术的无人机系统的进展，该无人机系统有可能使实时战场和国土安全（HLS—Home Land Security）态势感知发生革命性变化。SpearUAV 公司的解决方案在各型号前面都有 Ninox 的命名前缀，该无人机系统设计用于为战略、战术和小型战术任务提供简单快速的情报监视目标探测和侦察战术优势。

SpearUAV 公司研发的初衷是希望 Ninox 无人机系统能够被视为标准战场装备。该公司 CEO 解释说，他们希望用户以对待战斗装备或弹药的态度对待该型无人机，就像一发子弹或者一枚手榴弹，把它当作一个战场工具，随时随地准备使用而不用犹豫。用户可以是地面步兵或者海军平台水兵。Ninox 技术能提供一系列轻量型、模块化、立即使用和选择性可回收无人机系统，无人机内置在随时可用的气密可编程“智能胶囊”里。

Ninox 40 微型战术无人机，是以色列 SpearUAV 公司开发的“胶囊”定装无人机，可用 40 mm 榴弹发射器发射，该无人机重量不到 250 g，续航时间大约 40 min，配备昼夜摄像头。

以色列 SpearUAV 公司产品除了上述供单兵使用的 Ninox 40 微型战术无人机以外，还有 Ninox 66 和 Ninox 103 两个型号的产品。估计 66 和 103 可能对应的是发射筒的直径（mm）。Ninox 66 可从固定或机动车辆平台发射，据称，其具备操作简单（无须无人机操作经验）、蜂群组网、计算机视觉、自动跟踪目标和寻的算法等特性，续航时间 50 min，载荷 700 g，抗风 10 m/s；Ninox 103 可从大型海陆空平台上发射，载荷 1.5 kg，续航 60 min，抗风 10 m/s，功能特性与 Ninox 66 类似。

图 2-129　Ninox 40 微型战术无人机发射

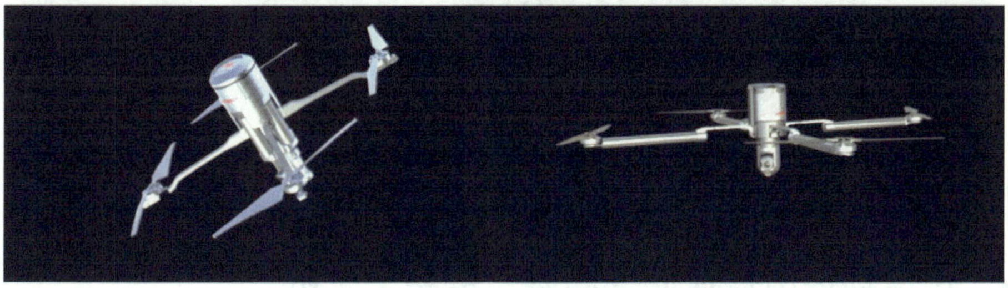

图 2-130　Ninox 66 和 Ninox 103 两型产品

2.3.73　以色列完成 Thor 无人机交付前的环境认证试验

以色列埃尔比特系统公司宣布其“雷神”（Thor）垂直起降（VTOL—Vertical Take-Off and Landing）小型无人机系统在向一东南亚国家陆军（据信是菲律宾陆军）交付超过 1000 套系统前已经完成一系列环境认证试验，来为该客户提供“网络化多层次无人机阵列”。该公司在一份声明中称，试验在一系列极端环境条件下测试了四旋翼系统的操作耐用性和按照美军标 MIL-STD-810 环境工程标准承受物理应力要求的能力。

试验演示了“雷神”无人机在温度从 -40 ～ 65 ℃变化条件下保持可操作性和承受大暴雨、剧烈振动、抵抗沙尘击穿和损坏的能力。此次无人机交付计划是 1.53 亿美元合同的一部分，该合同还包括几十架云雀 LEX、云雀 3 和 HERMES 450 战术无人机以及该公司的通用地面站。

“雷神”（Thor）垂直起降小型无人机系统，是以色列埃尔比特系统公司设计制造的小型四旋翼侦察无人机。基本指标：最大速度 65 km/h，巡航速度 40 km/h，升限 3658 m，航程 10 km，续航 75 min，重量 9.5 kg，最大载荷 3 kg。

图 2-131 “雷神”无人机

2.3.74 以色列推出其最新“黑鹰”旋翼无人机

Steadicopter 公司是一家成立于 2005 年的以色列私营科技公司，主要业务是设计制造旋翼无人机系统，主要产品是“黑鹰”系列旋翼无人机，包括燃油动力的“黑鹰”50 和电动的“黑鹰”25E/50E。该公司将产品瞄准小型战术旋翼无人机市场，“黑鹰”50 只需两人操作，适合小型单位和小型船艇使用。“黑鹰”50 机身下的金属圆筒可能是降噪排气管，“黑鹰”50E 没有类似装置。

“黑鹰”50 基本指标：长度 2.54 m，主旋翼直径 2.16 m，最大起飞重量 35 kg，载荷 5 kg，续航（悬停）时间 4 h（3 h），数据链最大控制距离 150 km，最大速度 126 km/h，巡航速度 81 km/h，操作温度 –10 ～ 45 ℃，抗风 45 km/h，升限 3048 m。旋翼顶部的装置是蜂窝式信号情报探测和搜集装置，该装置可识别射频信号，还能作为 Wi–Fi 载荷用于识别、探测和拦截 Wi–Fi 信号发射。

图 2-132 “黑鹰”无人机

2020 年 9 月 1 日，Steadicopter 公司公布了最新产品“黑鹰”25E 型和 50E 型旋翼无人机系统，该公司是旋翼无人机行业（RUAS—Rotary Unmanned Aerial Systems）的领跑者，新型旋翼无人机使用电机操作，设计用于各种执法、海事、民用和秘密任务。该系统基于 Steadicopter 公司的“黑鹰”平台，该平台已经通过军用作战需求的验证，而新系统的高性能和作战灵活性现在已经获得了安保部队和很多民用用户的认可。

Steadicopter 公司的“黑鹰”50E 系统改装为电动发动机已经极大地减轻了飞机的重量，并在需要的时候，允许针对各种任务增加载荷。平台重量仅为 18 kg，各型号能够携带额外的电池用于更长的飞行时间、更大的载荷以及其他能力。“黑鹰”25E 设计最大重量为 25 kg，使其适合城市战术任务，同时符合最严格的重量和级别法规。“黑鹰”50E

最大重量为 35 kg，能满足配备各种任务载荷条件下同级别最佳的飞行包线，为用户提供秘密行动最高等级的任务多样性。

具备低后勤需要的“黑鹰”25E 型和 50E 型无人机非常适合重要的海上操作。该小型战术无人机系统平台的小尺寸使之便于进行高效安全操作。从各型近岸巡逻艇到最繁忙的海上平台，“黑鹰”系列产品可提供一个综合解决方案用于需求严苛的海上应用，如基础设施安保、专属经济区执法（Exclusive Economic Zone Enforcement）、反海盗和非法捕鱼、搜救、近岸货运补给等。

根据 IP67 环境标准，所有“黑鹰”系统均通过验证可用于最严苛的海上操作环境。通过电机提供动力，这些型号成本效率高，操作简单，易于维护而且不需要燃油储存，环境友好而且安全。这些电动无人机已经通过燃油驱动“黑鹰”50 无人机证明了各种能力，包括垂直起降能力、军民用和国土安全任务的机器人监视系统以及昼夜视觉。此外，该无人机适应大高度飞行，因此，能够部署用于很多更大高度的操作需求。

2.3.75　以色列航空工业公司收购蓝鸟航空系统公司扩展战术无人机业务

以色列航空工业公司签署协议收购蓝鸟航空系统公司 50% 股权，蓝鸟公司是一家以色列小型战术无人机开发商。此次收购交易利用了蓝鸟公司要向欧洲客户交付 70 套垂直起降无人机系统的大宗合同。同时这笔交易也帮助以色列航空工业公司拓展了其垂直起降产品的种类，并且能够以竞争性价格向市场供货。

蓝鸟公司创始人认为，小型无人机是现在的趋势，过去要由战术无人机执行的任务，现在都由更小更灵活的平台执行，而且这还降低了后勤保障要求和操作员的负担。垂直起降无人机系统为此类平台增加了更多内容，可以为陆军和海军提供系统的近距支援。该公司的典型产品如下。

1）MicroB 是蓝鸟公司开发的轻型战术侦察无人机系统，基本指标：翼展 1.7 m，长 1.02 m，最大起飞重量 2.2 kg，载荷 300g，续航 2 h，控制距离 10 km，巡航速度 75 km/h，最大速度 120 km/h，升限 4877 m，主通信模式 2.4 ～ 2.5 GHz 扩展频谱 + 调频，图传下行数据链 1 ～ 1.5 GHz COFDM。该无人机的最大特点是配备了一个步枪式手持气动弹射器，动力源为民用 9 cm 长的二氧化碳压力气瓶，伞降回收。配备专用弹射器的原因可能是，该无人机为了保证机头的光电载荷位置，采用了标准后退式螺旋桨布局，所以手抛起飞存在安全风险，必须用弹射器。

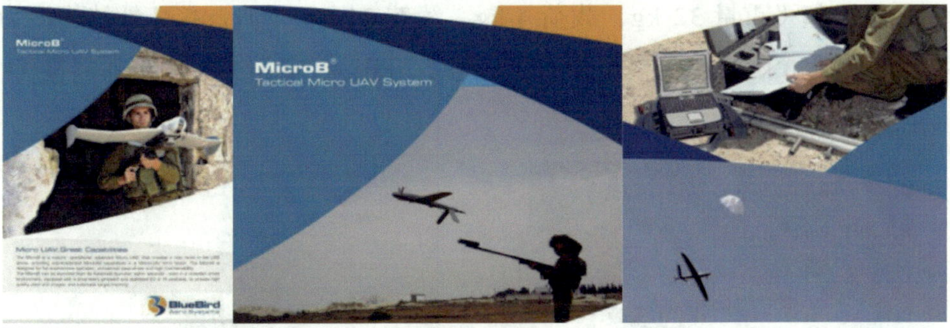

图 2-133　蓝鸟公司的 MicroB 无人机

2）SpyLite 是蓝鸟公司开发的小型战术侦察无人机系统，基本指标：翼展 2.75 m，长 1.35 m，最大起飞重量 9.5 kg，续航 3 ～ 4 h，控制距离 50 ～ 80 km，速度 60 ～ 120 km/h，升限 9100 m，最佳操作高度 1000 m，弹射器起飞，伞降气囊回收。

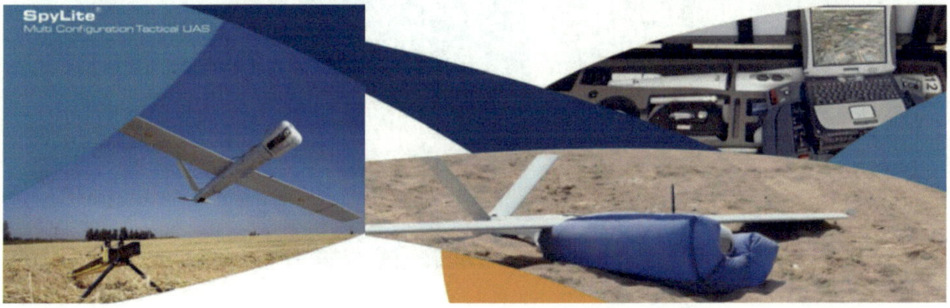

图 2-134　蓝鸟公司的 SpyLite 无人机

3）WanderB 垂直起降无人机，是蓝鸟公司开发的多旋翼垂直起降固定翼无人机系统，基本指标：翼展 3.1 m，长 1.79 m，最大起飞重量 13 kg，续航 2.5 h，控制距离 50 ～ 80 km，速度 60 ～ 120 km/h，升限 6706 m，最佳操作高度 1000 m，电力驱动。

图 2-135　蓝鸟公司的 WanderB 无人机

4）ThunderB 垂直起降战术无人机，是蓝鸟公司以 ThunderB 长航时固定翼战术侦察无人机为基础开发的多旋翼垂直起降固定翼无人机系统，基本指标：翼展 4 m，长 1.9 m，最大起飞重量 32 kg，载荷 4 kg，续航 24 h（垂直起降 / 外挂构型为 12 小时），控制距离 150 km，速度 60 ～ 134 km/h，升限 4870 m，最佳操作高度 1820 m，电力驱动。

图 2-136　蓝鸟公司的 ThunderB 无人机

2.3.76　欧洲新型无人机与直升机和旋翼机技术的结合

Airial Robotics 公司推出了一个基于其 Gyrotrak 平台的新型无人机概念，一项结合旋翼机自转原理和直升机精确悬停的混合技术。结合经过验证的气动原理和最新的航空技术，Gyrotrak 平台提供延长的飞行时间、载荷能力、航程和效率，以及适用于广泛商用无人机应用的模块化系统架构特性。Airial Robotics 公司是一家欧洲科技公司，总部在德国，研发和生产者为匈牙利，试验和培训设施在英国。该公司的主要产品就是 Gyrotrak 混合无人机。

Gyrotrak 无人机的主旋翼自转确保平台消耗能量非常少，具备非常好的向前飞行稳定性，而且即使电动机发生故障也可以安全着陆。混合技术解决方案还具备和直升机一样的精确悬停、向后飞行和垂直起降特性。多功能模块化结构允许 Gyrotrak 平台轻松地适应不同商用市场的变化要求，如精准农业、备件货运到海上钻井平台、高精度巡查和

图 2-137　全电动 GT20 Gyrotrak 无人机

安保。该平台比例可调，设计允许创建不同尺寸和重量级别模型，起飞重量范围为 4 ～ 300 kg。

基于新概念的首个产品为全电动 GT20 Gyrotrak 无人机。该无人机最大起飞重量 20 kg，能够执行视距（LOS—Line of Sight/ 通视）和超视距（BVLOS—Beyond Visual Line of Sight）飞行。载荷能力大约 13 kg，可根据任务需要在电池和额外载荷之间进行分配。

Airial Robotics 公司 CEO 解释说："我们的技术是一种属于直升机和旋翼机之间的混合无人机解决方案。与传统多旋翼系统相比，GT20 Gyrotrak 无人机使我们能够在重要的指标上（如飞行时间、航程和载荷）至少翻倍。另外该无人机还可以长时间悬停飞行和多次起降，这对于很多垂直起降固定翼解决方案来说是根本不可能的。GT20 Gyrotrak 无人机成功的关键还在于通过先进的软件来自动完美地实现直升机和旋翼机的飞行模式无缝转换。该无人机完全在欧洲开发和生产。我们使用的自动驾驶仪都取得了 DO-178/ED-12 或 DO-254 航空证书。"

如果给 GT20 Gyrotrak 无人机配备重 500 g 的专业相机，那么该机可在空中飞行大概 2.5 h，巡航速度 90 km/h 条件下航程可达 150 km。因此该机是一个警用、安保和搜救的完美工具，也适用于巡线或安保巡逻。载荷分配可以调整来适用每次单独的物流应用，GT20 Gyrotrak 无人机能够通过调整构型来运送重量较大、时间紧迫的货物以快速安全地到达目的地。

（1）Gyrotrak 平台

GT20 Gyrotrak 无人机是 Airial Robotics 公司的第一架"飞行机器人"。基本指标：空重 7.5 kg，最大起飞重量 20 kg，载荷 3 kg 续航时间 2 h，尺寸 1159 mm × 1150 mm × 493 mm，最大速度 150 km/h，巡航速度 60 km/h，最大载荷 12.5 kg，任务载荷 3 ～ 6.3 kg，电池载荷分为大中小：9.5 kg、7.9 kg、6.2 kg。

（2）一个结合旋翼机自转原理和直升机精确悬停的混合技术

首先，区分一下自转旋翼机和直升机。自转旋翼机是一种由旋翼自转而非动力驱动来获得升力的旋翼类飞行器，一般带有一个推进螺旋桨来提供前进动力；直升机的旋翼是直升机的唯一动力源，它既要提供升力，又要提供飞行时所需的动力，并且还要控制飞行的方向。大多数旋翼机不能像直升机那样进行垂直起降，而必须像固定翼飞机一样经过滑跑才能起飞。但是，旋翼机的旋翼可以在起飞时通过离合器与发动机进行短暂的连接，虽然这不足以产生足够的升力来垂直起飞，但旋翼的主动旋转却可以有效地缩短飞机起飞时的滑跑距离。在飞行过程中，旋翼机只可以向前飞行，而且旋翼总是向后倾斜的；直升机则可以向任意方向飞行甚至空中悬停，旋翼的倾斜角度也随着飞行方向的变化而变化，这也是在飞行中区分两种机型最直观的方式。

其次，Gyrotrak 无人机的混合技术应该主要解决有动力旋翼与推进螺旋桨的飞行控制配合问题，以及什么时候为主旋翼提供动力和切断动力的问题，不过作为电动动力系统，相比燃油动力系统应该简单不少。

2.3.77 欧洲用无人机指示目标发射 MMP 导弹

欧洲 MBDA 公司是欧洲导弹的研发和制造商。MBDA 公司宣布，该公司成功演示了通过无人机提供目标指示发射中程导弹（MMP）产品。下车作战的 LynkEU 项目发射演示包括步兵构型的中程导弹与武器终端连接的 Novadem 公司的 NX70 无人机。发射演示得到了法国国防采购和技术局（DGA）的支持，演示在法国南部的 Canjuers 军事训练场进行。

演示期间，目标坦克位置在导弹射手的视线以外。射手通过无人机发现并识别目标，然后目标的坐标被发送给射手，射手在导弹飞行中通过导弹导引头的视频数据流发现并锁定目标。导引头的视频数据流通过光纤发送到发射控制站，最终导弹直接命中目标。

1）MMP 导弹是 MBDA 公司开发的第五代便携式反坦克导弹系统，设计用于替代法国陆军上一代米兰反坦克导弹。该项目从 2009 年开始研发，2014 年开始投产，2017 年开始装备部队。虽然作为下车作战步兵和战车使用的最新型陆地作战导弹系统，但该导弹系统在经过验证后也可在小型舰艇上使用。基本指标：长 1.3 m，直径 0.14 m，包括发射筒重量 15 kg，发射器重 11 kg，射程 4000 m，两级火箭推进，多用途串联战斗部具备 1000 mm 的均质装甲穿深（RHA—Rolled Homogeneous

图 2-138 用无人机指示目标发射 MMP 导弹

Armour）和 2000 mm 混凝土穿深，能够应对新一代爆炸反应装甲（ERA—Explosive Reactive Armour）。MMP 导弹具备在受限空间内发射的能力，其火控系统的发射后不论模式允许射手在发射后锁定目标。火控系统配备最新的红外波段 2、可见光摄像机、激光测距仪、GPS 和磁罗盘。MMP 导弹安装了红外 - 可见光双模导引头和弹载激光测距仪，通过光纤实时数据链控制。

图 2-139　MMP 导弹

Novadem 公司是一家成立于 2006 年的法国无人机公司，其主要产品包括民用的 U130 和军用的 NX70 四旋翼无人机。NX70 四旋翼无人机可兼容北约军用格式的地图，并提供基于数字地形模型的目标参照指示。基本指标：展开尺寸 51 cm × 51 cm × 13 cm，折叠尺寸 27 cm × 19 cm × 13 cm，起飞重量 1 kg，续航 45 min，控制距离 1 ～ 5 km，最大飞行高度（海拔）3000 m，通信波段 5 GHz/2.4 GHz，远距可选波段 2.3/2.4GHz。

图 2-140　Novadem 公司军用 NX70 四旋翼无人机

BLOS（Beyond Line of Sight）一般译为超视距，但实际上 BLOS 更偏非通视的意思。而如果是强调非通视条件，还有一个术语叫 NLOS（Non Line of Sight），NLOS 后面加上武器系统名称的话，就是非直瞄武器系统的意思。另外，超视距还有一个名为 BVR（Beyond Visual Range）的空战术语。

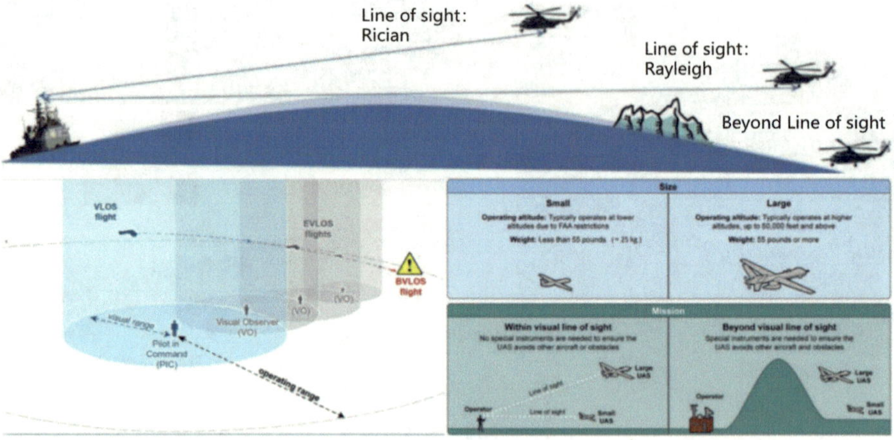

图 2-141　BLOS 超视距概念

2.3.78　非洲派拉蒙集团的远程蜂群无人机系统

派拉蒙先进技术公司（PAT）是派拉蒙集团的子公司，作为一家全球航空科技公司，其在阿布扎比国际防务展（IDEX 2021）上宣布推出了一型名为 N-Raven 的低成本远程精确打击蜂群无人机系统。

N–Raven 系列自主多任务无人机具备下一代“蜂群”技术，可用于各种精确打击任务。41 kg 的 N–Raven 无人机将以隐蔽的低特征方式提供大约 180 km/h 的巡航速度，并达到大约 2 h 的巡飞续航时间。N–Raven 蜂群巡飞弹配备多种传感器，载荷可达到 10 ~ 15 kg，航程可达 250 km。N–Raven 蜂群无人机系统的模块化系统将实现灵活的任务计划，作战单元可从多种陆基、海基和机载平台发射。该系统可利用“蜂群”特性攻击静态和运动的高价值目标。

该系统提供对多种目标的探测、识别、定位和报告（DILR—Detection，Identification，Location，and Reportage）。N–Raven 蜂群无人机设计用于凭借数量优势在目标区域通过机载光电 / 红外和半主动激光传感器进行目标识别和跟踪，可在快速变化的战场安全地提高用户的相应能力。为了降低技术解决方案的成本，该系统采用了一些经过验证的商用部件。

N–Raven 的低成本远程精确打击蜂群无人机系统尚处于概念阶段，具体信息较少。

图 2-142　N-Raven 系列自主多任务“蜂群”无人机

2.3.79　蓝海领域大国竞争中的多用途无人机反潜能力

21 世纪 20 年代的世界正在以令人应接不暇的加速度冲向“百年未有之大变局”：末日帝国为了保住快速衰落的霸权，不惜到处煽风点火，各地区强国也纷纷蠢蠢欲动，国际局势在短短两三年内剧烈动荡。面对日益激烈的地缘政治对抗，要想保护主权和领土完整、能源和贸易战略通道畅通、海外利益不被掠夺，航母战斗群将成为大国最主要的军事力量投送手段。而在可预见的将来，大国竞争的长期化、复杂化意味着：

1）各方都将更多部署和使用能够高效调动和消耗对方的手段，如潜艇和各种无人平台；

2）各方区域拒止能力的提高，企图介入一方的成本将急剧上升，将促使其选择隐蔽渗透的手段，因此水下斗争必将进一步激化。

根据冷战时期美海军的反潜操作经验，航母战斗群可能最多配置四层反潜力量，来保证航空母舰的安全。最外层是大型反潜巡逻机和 / 或攻击型核潜艇，第 3 层是固定翼舰载反潜机，第 2 层是航空母舰或护航舰艇的反潜直升机，最内层是护航舰艇。

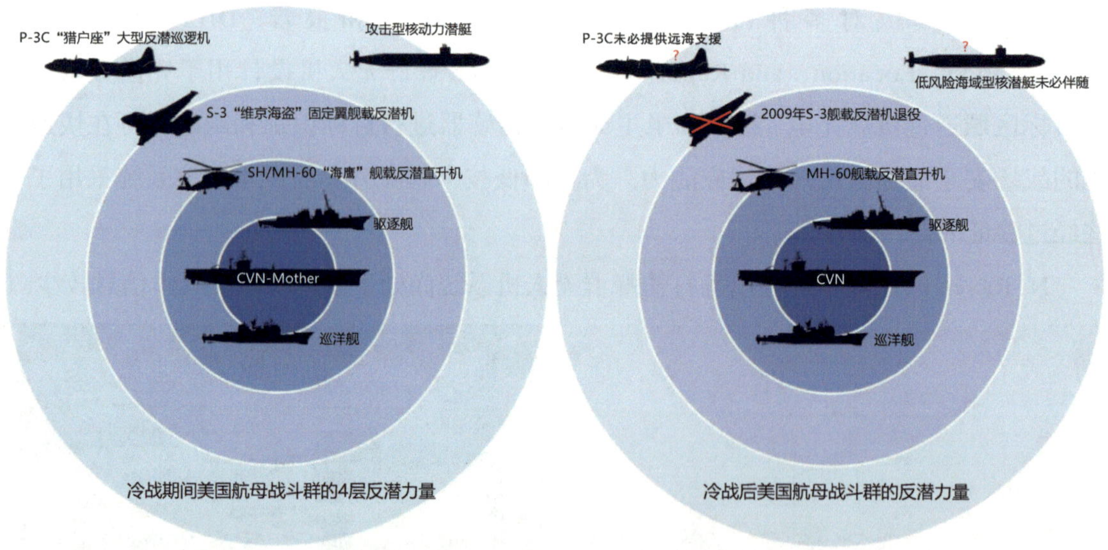

图 2-143 冷战前后的美国航母战斗群布局

但随着冷战结束，水下威胁急剧下降，美军的反潜保护层减少到 3 层（退役了固定翼舰载反潜机），在低威胁海域甚至可能减为 2 层（核潜艇未必伴随）。

但是这一切都将随着大国竞争的加剧而改变。现有的反潜巡逻机、潜艇、反潜直升机和护航舰艇的反潜能力，恐怕尚未获得相对技术优势，所以尽快投入更多技术兵器，保持数量和效率优势才是目前最稳妥的反潜策略。

根据上述反潜策略，笔者认为，研发一型多用途反潜无人机是一个快速高效、低成本的解决方案。而该无人机参照的蓝本，就是第 3 层反潜力量的核心——已经被美海军退役的 S-3"维京海盗"固定翼舰载反潜机。S-3 反潜机是洛 · 马公司于 20 世纪 70 年代初研发的一型四座双发喷气舰载反潜机，用于替代老式 S-2"追踪者"反潜机，截止到 1978 年总计制造交付了大约 188 架，当年造价每架 2700 万美元。

图 2-144　各种反潜机

冷战期间，S-3 最多装备了 19 个舰载反潜机中队，每艘航空母舰的舰载机联队下辖 1 个 S-3 中队，一般配备 8 架 S-3A。冷战后，一个中队通常配备 6 架各种改型 S-3。由于 S-3 入役较晚，在 20 世纪 80 年代初步崭露头角，到 90 年代末就失去了主要对手，并逐步放弃本行，改装用于执行空中加油、电子战、舰载运输和海上巡逻等任务，并于 2009 年从美国海军退役封存。近年来，美国国内开始不断有声音呼吁恢复封存的 S-3，甚至将其改为无人机，用于应对其他国家的崛起，只是苦于人员训练和设备更新升级的经费问题而难以实现。另外据称，韩国已经采购了 12 架封存的 S-3，计划用于补充其岸基反潜机数量的不足。

S-3 反潜机基本指标：四人机组，空重 12 t，载荷重量 17.3 t，最大起飞重量 23.8 t，长 16.26 m，翼展 20.93 m（折叠后 9 m），高 6.93 m（垂尾可折叠），配备 2 台与 A-10 雷电攻击机同系列的通用电气 TF34-GE-2 涡扇发动机，单台推力 41.26 kN。海平面最大速度 795 km/h，6000 m 高度速度可达 0.79 马赫（967 km/h），巡航速度 650 km/h，航程 5100 km，实用升限 12500 m，可携带 2220 kg 多种航空 / 反潜弹药，航电系统配备 AN/APS-116 对海搜索雷达，最大探测距离 278 km；OR-89 前视红外相机；AN/ARS-2 声呐浮标接收机，机腹安装 13 个刀形天线用于声呐浮标精确定位；AN/ASQ-81 可伸缩磁异探测器；可携带布放 60 个声呐浮标。

图 2-145　S-3 反潜机

与 S-3 反潜机相比，P-3C 大型反潜巡逻机和 MH-60R/S 舰载反潜直升机的优势和劣势都非常明显。例如，P-3C 航程远（8800 km），载荷大（26 t），综合能力更强；但 P-3C 必须依赖大型岸基机场，很难为远海任务提供充分支援。

而 MH-60R/S 平台较小，能从多种舰艇上垂直起降，还能悬停使用吊放声呐；但直升机速度低（巡航速度 250 km/h），航程短（700 km），因此任务响应较慢，任务范围较小，且空间狭小、环境噪声大。值得注意的是，长时间低空反潜任务对人员消耗很大，大飞机机组一般 8 ～ 10 h 接近生理极限，直升机仅为 4 ～ 5 h。

另外，精确搜潜的任务高度一般在 500 m 以下，除了飞行疲劳和恶劣天气影响外，撞鸟甚至遭到潜艇释放无人机 / 巡飞弹攻击的风险也不容小觑。相比之下，S-3 的设计在性能和能力上更加平衡，不仅反潜和多任务的潜力更大，也更适合设计成无人机，而无人机面对上述风险的顾虑就小得多。

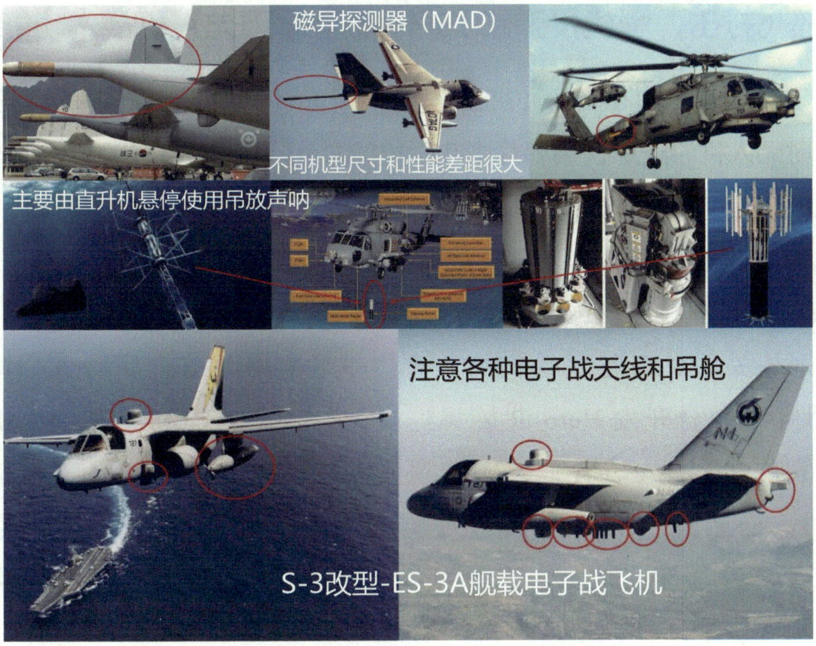

图 2-146　反潜机吊舱与声呐传感器

如果不考虑 S-3 的四人机组及其相关设备和武器载荷，则无人机自重可至少降低 4 t，其结构重量和整体尺寸都可以进一步减小。这样它将具备以下优势：

1）可从航空母舰或岸基机场，甚至两栖攻击舰上起飞，利用数量、速度和续航优势执行更大面积的反潜搜索，由反潜巡逻机、直升机甚至舰艇作为无人机的指控和武器投送平台。

2）与美军“死神”无人机改装“海上卫士”反潜无人机相比，基于 S-3 的无人机速度更快、航程更远、载荷更大、反潜设备更多更强，恶劣天气条件下低空搜潜受到影响更小。

3）除反潜任务以外，该无人机通过模块化设计，将具备与 S-3 系列改型类似的空中加油、电子战和舰载运输等多用途能力，这对于空间有限的航空母舰、小型岸基机场，甚至民用改装，都具备更广泛的适应性和更大的需求量。

图 2-147　立体反潜网

2.3.80 巡飞打击、骚扰投弹和 ISR- 小型军用无人机战术功能优选分析

近年来，无人机的作用在多场冲突中作战双方作战体系和能力落差的衬托下显得“至关重要”。有时无人机的空中侦察和打击几乎成为参战双方唯一有效的“突破性”手段，其中尤以小型军用无人机的战术作用最为突出。从市场规模和应用范围上看，小型军用无人机更是远超大中型无人机，尽管其战略价值无法与大中型无人机相提并论，却是一线部队接触最多的高科技信息化装备之一。

最近两则相关消息引起了我们的注意：一是德国莱茵金属防务公司与以色列 UVision 公司宣布联合开发 Hero-R 旋翼巡飞弹；二是美国陆军开始为排级单位装备 Skydio 公司的 RQ-28A 近程侦察四旋翼无人机。其中关于 Hero-R 旋翼巡飞弹，除了 CG 图片，尚无其他任何具体信息。该旋翼巡飞弹的外观看起来与欧洲防务展（Eurosatory 2022）上莱茵金属防务公司展示的 KF51 主战坦克炮塔集成的旋翼无人机高度相似。

图 2-148　KF51 主战坦克炮塔集成的旋翼无人机

虽然不能确认这就是同一型装备，但考虑到该公司与 UVision 在巡飞弹领域的战略合作，恐怕不能排除这种可能性。不过当时普遍认为，该旋翼无人机应该是提高坦克态

势感知的侦察型，我们还对它的释放和回收方式产生过争论。现在看来，如果它设计为旋翼巡飞弹，显然就不存在回收的问题了，那么 KF51 可能会成为全球首款集成 Hero-120 和 Hero-R 两型巡飞弹的坦克，不过这一点尚有待确认。

而 RQ-28A 是美军首个四旋翼无人机项目。因为 RQ-28A 是基于 Skydio 公司的民用型 X2D 无人机研发的，所以 Skydio 公司才赢得了近程侦察（SRR）无人机的竞标合同，目前尚不清楚 RQ-28A 将在多大程度上取代美军现役的手抛式固定翼 RQ-11B “乌鸦” 无人机，还是美军将同时装备固定翼和旋翼两种小型无人机。

图 2-149　RQ-28A 和 RQ-11B 无人机

顺便提一句，RQ–28A 无人机的体量和功能与目前在俄乌战场上大量应用的某国的民用无人机非常类似。所不同的是，美军采购的 RQ–28A 显然设计用于近距离 ISR 任务，而俄乌双方除了将其作为军用侦察机使用之外，还自制改造用于投掷改装的手榴弹或者枪榴弹。互联网上已经有大量视频显示，双方都在使用相同的方法袭击对手的步兵和装备。

这就引发了我们对小型军用无人机战术功能优选的联想。作为潜在市场规模最大军用装备，小型军用无人机的战术功能目前主要集中在以下三个方面：巡飞打击、骚扰投弹和 ISR。那么作为“军工成年人”，我们是否能够三种功能全都要，争取为客户提供一种“万能”的小型军用无人机呢？理性现实的思考结果是“不能”。

图 2-150　无人机与巡飞弹的改装应用

因为无论是固定翼还是旋翼小型无人机，在有限的飞行性能和载荷能力范围内，很难通过简单更换任务载荷模块来完美兼顾上述三种功能。另外，考虑到不同客户的能力和作战需求，如果仅凭单一型号平台包打天下，最终满足客户要求的成本反倒可能超过针对具体需求的专门设计。综合观察全球军用无人机厂商的产品开发方向，我们注意到以下小型军用无人机的战术功能优先选择规律。

1）对于具备完整信息化作战体系和强大远程支援能力的客户来说，为一线部队提供便携式高性能 ISR 无人机是提高战斗力的首要选项。因为此时无人机提供的 ISR 功能，等于连通了从班排到营连乃至旅团各级信息情报通道，在提高各级单位战场态势感知能力的同时，还随时为上级单位的远程火力支援提供精确坐标指引和战效评估。

2）对于具备有限信息化作战体系，或有限远程支援能力的客户来说，在某种程度上，便携式巡飞打击小型军用无人机 / 巡飞弹，可能是一个能够满足侦察和打击双重需求的最经济选择。应该强调的是，固定翼巡飞弹是脱离有效远程支援活动单位的高效反击手段。例如深入敌后的特种部队，在遭遇狙击手、迫击炮以及伏击偷袭时，便携式固定翼巡飞弹绝对是突出重围的救命神器，而旋翼巡飞弹在速度、航程和续航方面就要差一些。

3）近年来，在中东战场和俄乌战场上广泛应用的改装投弹民用无人机，虽然尽显“菜鸡互啄”的能力本质，但也不应忽视其“非接触作战”特性。只不过，有此类需求的客户信息化作战体系或远程支援能力通常较差。综合成本和技术因素考虑，小型多旋翼军用无人机仍然是骚扰投弹的首选平台。进一步优化投掷弹药的设计和应用方式，应该能够有效提高骚扰投弹的作战效率，使之成为践行“敌驻我扰”原则的高技术信息化装备。

第3章

对陆领域
军用陆地机器人

对陆就是在陆地上，其范围涉及一个国家的领土或领陆的大小。领陆是指国家国界范围内的陆地及其底土，是国家领土组成的基本部分，包括了大陆部分和其所属岛屿。领陆是确定国家领空和领海的基础，一个国家可以没有领海或河流、湖泊，但不可以没有领陆。因此，保护本国领土完整是一个国家的首要任务，也是国家政治、经济、科技和军事发展的基础保证。

进入 21 世纪以来，微电子技术、光电子技术、纳米技术、微机电技术、计算机技术、大数据信息处理技术、通信与网络技术、新材料技术、动力装置和航空航天技术以及人工智能技术等都获得了迅猛发展，这些技术推动了军事装备的研发和应用，为无人作战平台系统的技术研究和产品应用推广提供了强劲动力。以至于美国军事专家在《21 世纪战略技术》中表述：“20 世纪地面作战的核心武器是坦克，而 21 世纪地面作战的主体力量则可能是军用机器人。”而原中国工程院院长宋健曾指出：“机器人学的进步和应用是 20 世纪自动控制最有说服力的成就，是当代最高意义上的自动化。”由此可见，机器人的军事化应用将成为 21 世纪一种崭新的无人作战力量。

3.1 军用陆地机器人的技术内涵

机器人（Robot），是指包括一切模拟人类行为或思想与模拟其他生物行为的机械装置。用于工业领域的机器人称为工业机器人，用于军事领域的机器人称为军用机器人。

在当代工业领域，机器人是指能够自动运行任务的人造机器设备，用以取代或者协助人类工作，一般是机电设备，由计算机程序或电子线路控制。而在军事领域，从设计结构上讲，军用机器人一般是由指挥控制系统、操作系统、传感器系统、信息传递系统、动力系统、执行 / 输出机构等分系统构成的无人驾驶的可以移动的机器载具，当这些载具加装了不同的功能载荷，就构成了具有不同功能的机器人装备，如侦察机器人、攻击机器人和医疗救护机器人等。

军用机器人由于构成系统的功能部件多，子系统多，所涉及的技术领域广泛，因此具有非常明显的技术特点：

1）具备强大的防御和攻击能力，可以集成加装不同的多种功能用途的载荷，形成非常强大的战斗力；

2）具备高速移动和精准的打击能力，体积小、行动速度快、计算机决策控制精准度高；

3）具备隐蔽性和灵活性，小型化容易实现隐身和藏匿效果，个体小易于灵活机动；

4）具备高效的信息收集和传输能力，采用高性能计算机技术和高动态采集的智能传感器技术以及高速信息传递通信技术，可以实现现场态势感知和信息交互；

5）能够快速响应和高效执行系统的命令，及时准确完成任务；

6）可以适应不同的环境和执行多种操作命令，具有很强的环境适应性和可操作性；

7）从未来的发展来看，还具备多个机器人的相互协同能力。

3.2 军用机器人的分类及未来发展方向

军用机器人的分类方法有很多，可以按照应用领域和使用方式分，也可以按照控制模式分，还可以按照作战任务来分。

按照应用领域分：可以分为空中机器人、陆地机器人和水面机器人。空中机器人就是我们前文所说的空中无人驾驶飞行器，如无人机和飞艇等；陆地机器人是指用于地面侦察、攻击、排险、救护、运输、诱饵等特殊作战任务的军用机器人；水面机器人是指水面无人驾驶船、艇和水下无人驾驶潜航器等。

对于地面军用机器人的划分，按照使用方式可以分为固定式和移动式。固定式多用于防御作战，通常被固定在阵地内部。而移动式通常分为轮式、履带式和步行式，如各种无人车、步行式机器狗、机器狼和机器骡子等。

按照控制方式分：可以分为遥控式和自主式机器人。

按照作战任务分：可以分为战斗机器人、侦察机器人、排险机器人、工程运输机器人和医疗救护机器人等。

对于地面军用机器人的使用，无论是遥控式还是自主式，都是以地面无人作战平台进行交付和使用的。遥控式都会配备人工操作的控制器或操作系统，包括现场信息的显示功能等；同样，自主式也会配备自主任务的程序事先加注设备和现场信息的回传与接收显示功能。因此，地面无人作战平台也是现代多学科专业高新技术的集成，其未来的发展方向与使用需求和技术发展趋势密不可分。

1）机器人技术发展需要向更加智能化的方向发展，目前已经由第一代的再现工业机器人和第二代的具备简单“思维”能力机器人向着更加“智能”的第三代方向发展。

2）需要不断提高机器人的快速反应能力，不断增强机器人的自主决策能力和态势感知能力，降低人员操控难度。

3）进一步提升机器人的各项性能指标，使未来军用机器人具备更高、更远、更快和更强的综合能力，以适应不同的实战化需要。

4）促使机器人配件生产标准化、模块化，实现机器人功能部件的相互替换，不断降低机器人的生产成本，提高机器人的伤亡维护和使用效率。

5）增强一体化作战支援能力，提升机器人之间的协调互操作性，解除各无人作战机器人平台之间的信息孤岛，增强兼容性。

6）机器人协同作战需要绝对安全的敌我识别能力和人工安全控制机制。

3.3 国际对陆军用机器人技术与产品研发进展

为了较完整地分享国际同行的最新装备技术与产品信息，本节与 2.3 节一样，将以所收集到的对陆军用机器人最新事件的信息为基础，尽可能地体现事件信息的先进性，也尽可能地遵照信息原意，尤其是新概念提出和对联合研发、验证、迭代等过程进行进一步挖掘和补充分析，对一些典型产品尽可能地尝试用文字和图片相结合的方式进行展示，以确保能够提供全方位的信息，满足不同读者的需要。

3.3.1 德国的任务大师多任务无人车

德国莱茵金属防务公司的任务大师无人车（MMUGV—MissionMaster UGV）采用

加拿大 Argo 公司制造的复仇者（Avenger）作为 8×8 轮式平台，设计用于支持下车作战的士兵，提供后勤运输、监视、保护、伤病员运送、火力压制、核生化（CBRN—Chemical，Biological，Radiological and Nuclear）探测和通信中继等功能。

任务大师无人车经过极端户外条件的考验可执行长续航任务和静音行动，它使用混动电驱，可保持 8 h 自助工作。该车具备全两栖特性，两栖条件下载荷为 300 kg，水上速度 5 km/h，且配备模块化运输箱，最大载荷达到 600 kg，其操作模式包括通视条件遥控、半自动跟随和车队模式，可以 40 km/h 的速度在公路和越野条件下行驶。该车可用重型直升机舱内运输或吊挂运输。

另外，任务大师无人车可装备不同任务载荷，包括遥控武器站和安装在伸缩杆上的 ISR（Intelligence，Surveillance and Reconnaissance）传感器组合（类似潜艇上潜望镜的光电桅杆）。

任务大师无人车在 2018 年欧洲安防展上展出了基本步兵支援货运构型，基本构型包括 360° 视野驾驶相机以及用于障碍探测和区域扫描的激光雷达（LIDAR—Light Detection and Ranging）。该车还配备了 ROSI 自卫烟雾弹发射器，它可以根据威胁情况进行探测或者掩护其他单位进行遥控发射。

图 3-1　任务大师无人车

3.3.2 德国推出武装侦察无人车

德国莱茵金属防务公司推出了针对其任务大师自主无人车（A-UGV—Autonomous Unmanned Ground Vehicle）的新型武装侦察任务模块。

任务大师自主无人车基本指标：长度 2.95 m，自重 1100 kg，载荷 600 kg，最大速度 40 km/h，水上速度 5 km/h，水上载荷 300 kg，满电续航时间 8 h 或续航里程 140 ~ 160 km，速度 20 km/h。

新型武装侦察任务模块包括情报搜集多传感器组合和遥控武器站。有了这些系统，任务大师武装侦察操作员就能够搜集行动区域内的战术情报并为一线部队提供火力支援。自主机器人车辆的主要优势在于无车组人员操作，这样就可以到高风险区域搜集情报，用机器人作为侦察兵而不用人员冒生命危险。任务载荷安装在 3.5 m 高的可伸缩光电桅杆上，光电桅杆配备倾斜机构，以使车辆能在运动中使用该系统，或者在必要时光电桅杆向后倾斜收入车舱内，将传感器系统遮蔽起来，使对敌暴露的概率降到最低。

侦察载荷的组成包括：光电桅杆的前下方是 ELM-2112 数字凝视雷达的 2 个平板地面监视雷达天线，覆盖范围 180°，用于提供对广阔区域的持续监视；在雷达上方，一边是 1000 像素 ×1000 像素 CCD 传感器的可见光摄像机（Day Camera），水平视野 20° ~ 2.2° 和 640×452 冷却焦平面阵列的中波红外热成像夜视传感器，宽视野 9.15°，窄视野 2.75°；在另一边，是激光指示器，可为激光制导火箭弹、导弹和炸弹照射目标；在光电 / 红外传感器上方是激光测距仪，最大距离 10 km，光电桅杆最顶端是全景全向摄像机，用于提供额外的 360° 监视。其中光电 / 红外双光摄像机用于观察其他传感器探测到的可疑目标，并将目标信息回传给操作员；激光测距仪和指示器，用于辅助定位目标，并协同其他平台的直射火力和间接火力攻击目标。按照目前的构型，该车前部安装了莱茵金属防务公司自己的 Fieldranger 轻型 7.62 mm 遥控武器站，可向车辆正面 180° 弧形范围内射击。

图 3-2　任务大师自主无人侦察载荷

电动任务大师平台包括电池在内重量 1100 kg，该车底盘来自加拿大 Argo 公司的 8×8 全地形车，其载荷可达 600 kg。所有任务大师无人车的变型车，包括侦察车，都可以通过铁路和运输机运输，还可以用 CH–53 或 CH–47 直升机吊挂运输。

莱茵金属防务公司还开发了运输箱，可以实现重型运输直升机一次空运部署 2 辆任务大师无人车。该平台还具备两栖能力，水上速度 5 km/h，水上载荷 300 kg。

任务大师无人车的自主能力来自莱茵金属防务公司专门设计用于军用自主车辆的 PATH 自主车辆工具软件包。该软件包符合 SAE 的 4 级标准，可使无人车在民用公路上的最大行驶速度达到 30 km/h，按此功能考虑，PATH 自主车辆工具软件包达到了 TRL8 等级标准。PATH 工具软件包允许用户通过平板电脑、智能手表、手持控制器或常见的军用计算机来遥控任务大师无人车。这些设备都可以使用先进的 PATH 功能，如跟随、护送和自主导航模式。每种控制模式都包括多层防护以便确保无人车始终都能安全操作。武装侦察型无人车已经与 Argus 士兵系统以及莱茵金属防务公司指控软件网络连接。指控软件可以安装在用户的任何战场管理系统中。在自主导航期间，系统要依靠人工智能和机器学习来掌握作战区域的地形地貌（城市、沙漠和林地），这样来提高推理、理解目标障碍物和运动策略的能力。

任务大师无人车具备电台互通系统，因此客户可以延用自己原来的电台来满足自己的通信需求。无人车操作员和机器人通过电台进行双向通信，可以遥控其与其他机器人通信，以及与上级指挥部联系。操作员在遥控机器人接收侦察信息的同时，还可以执行自主导航运动并按照任务计划自主执行一些监视任务。在任务包里，人工智能还用于增强监视、探测变化、跟随目标不同行为和跟踪，以便评估和确定其意图。某些侦察监视功能已经开发并经过试验（TRL–8），而遥控武器站自主（不包括真实射击）仍在开发中（TRL–6）。

有关自主武器射击，莱茵金属防务公司强调他们承诺要在所有动能作战行动中保持人类在环内，以确保人类来决策何时射击，而永远不是由机器决定。

任务大师无人车的自主等级已经快接近莱茵金属防务公司的全自主“狼群”概念，即一队机器人由一个人类操作员指挥准备执行作战任务。“狼群”包括多辆任务大师无人车作为一个执行具体任务的团队，例如区域监视、侦察或者执行具体团队任务，例如目标转移阵地或多平台按照指示转向。为了实现所有车辆整齐划一，就必须相互通信，并使用人工智能来保持总体态势感知。

“狼群”概念与美国和澳大利亚军方追求的僚机概念不同，“狼群”概念更集中在任务自主能力上。僚机概念包括 1 ～ 2 辆无人车，要由人类操作员密切控制来形成战斗组，而“狼群”概念要用 2 ～ 6 个机器人由 1 个操作员从远程指挥所或指挥车上“放牧”。因此，1 个操作员要能够从任何地方通过 LTE 网络、卫星通信或者军用云管理整个“狼群”。这是一个直观的概念，即仅需 1 个操作员而不是一组或多个不协调的操作员，而且操作员要集中精力在整体任务上，而不是管理每台无人车的所有任务。

简言之，在“狼群”概念中，操作员类似一个任务管理者，无人车全自主执行操作员分配的任务（武器射击除外）。在原型车阶段（TRL–6），莱茵金属防务公司计划在 1 年内论证这个概念。新型武装侦察任务模块是模块化任务大师家族的最新成员，其全地形机动能力和在危险环境下部署保卫步兵安全的能力都得到了广泛赞誉；而货运模块可运载超过半吨补给，为部队减轻身体的负担；火力支援模块能够增强下车作战单位的作战能力；救援模块可在战场上自主撤离伤员并运载医疗专用设备。此外，每个单独模块配备的蓝军跟踪系统都完全兼容北约标准。

图 3-3　莱茵金属防务公司的全自主“狼群”概念

3.3.3　德国联邦国防军陆军的无人车试验

德国联邦国防军计划为陆军装备无人车用于后勤保障，并且正在通过变换部署场景来试验市场上现有的各种无人车系统。

陆军多家单位近期在莱宁市的军事训练区进行了两个型号系统的试验。目前试验的重点是带载荷无人车在丛林区域的独立跟随行动。Diehl Defense 公司的 Ziesel 无人车和 Milrem Robotics 公司的 THeMIS（履带式混动模块化步兵系统的缩写）无人车参加了试验。

图 3-4　带载荷无人车试验

2019 年秋，Hammelburg 的步兵

学校就进行了获取初始实用知识的遥控系统试验，参加试验的系统包括莱茵金属防务公司的任务大师无人车、Diehl Defense 公司的 Ziesel 无人车和埃尔比特系统公司的 Probot 无人车。根据试验报告，这些无人车在陆军参与者中获得了积极评价。未来德国军方还计划试验市场上的其他无人车系统，并且计划将此类无人车在重步兵训练和重型武器的运输中用作运货车辆，如运输 H&K GMG 自动榴弹发射器和 MELLS 反坦克导弹。作为完整装备，陆军计划共需要 6 套系统，3 套用于自动榴弹发射器，3 套用于反坦克导弹。

3.3.4 德国探索有人驾驶无人车

在美国陆军协会年度会展（AUSA2022）上，德国莱茵金属防务公司推出了最新开发的任务大师 CXT 无人车，或者更准确地说，是可选有人驾驶车辆（OMV）。该车不仅采用了全新的构型，还配备了莱茵金属防务公司专门开发的火力支援模块。安装在该公司 Fieldranger 武器站上的双联 M134D 六管 7.62 mm × 51 mm 加特林机枪。

图 3-5 可选有人驾驶车辆

莱茵金属防务公司称，该上装系统不仅可以提供针对地面目标的近距离火力支援，还能通过接收本车或其他车辆上雷达的指引，来执行超低空反小型无人机任务。从

M134D 机枪 3000 发 / 分（50 发 / 秒）的射速和 1200 m 的最大有效射程来看，反无人机不失为一种“高附加价值选项”。

在外观上，任务大师 CXT 与任务大师 XT 相差无几，以至于我们一开始认为它只是任务大师 XT 的改型。然而现实是，CXT 是基于 XT 重新开发的无人车，CXT 中的 C 代表“紧凑型”，也就是说，CXT 比 XT 尺寸小很多。这一点从轮胎尺寸一望可知，CXT 为 520 mm × 190 mm × 200 mm，而 XT 为 1640 mm × 640 mm × 610 mm。特此说明一下，任务大师 XT 为柴油发动机驱动，仅具备电力静默值守功能，因此它应该属于油动型。

莱茵金属防务公司将其任务大师系列无人车产品称为“自主无人车（A–UGV）”。其中任务大师 SP 系列在 2017 年亮相并不断更新迭代，任务大师 XT 在 2021 年 6 月推出，而任务大师 CXT 仅间隔一年就上新，这可能与市场反馈不无关系。一般来说，轮式车辆在越野性能上很难与履带式车辆相比，为此莱茵金属防务公司将加拿大的“肥卡（Fat Truck）”轮式越野工程车改造成任务大师 XT，来提高任务大师系列无人车的越野能力。

但是，任务大师 XT 显然过于笨重，与无人车小巧灵活的“初始人设”不符。于是针对性改型的 CXT 就在保持性能与 XT 基本一致的同时，大幅减小了尺寸和重量，虽然越野通过性会差一些，但提高了两栖能力。这种变化的影响，最直接地体现在运输便利性上：XT 无人车仅能通过 CH–53 和 CH–47 直升机吊运，只有 C–130 运输机才能舱内运输；而 CXT 则可以用上述所有机型舱内运输 / 空投，甚至民用飞机舱内运输，陆运和海运也很方便。

目前 CXT 的公开信息有限（图片也很少），只知道其动力系统为一台柴油发动机和一台电动机的混动构型，续航里程 450 km，其中包括 50 km 电动里程。CXT 的载荷与 XT 都是 1000 kg，而且莱茵金属防务公司称，CXT 是现在唯一能够满载 1000 kg 实施浮渡运输的“两栖”无人车。CXT 还同样配备了中央充放气系统（CTIS）实时调整胎压，以便适应各种复杂路况和地形，并且保证轮胎在出现一个直径 2.5 cm 的洞之后还能正常行驶。

另外，我们注意到，任务大师 CXT 和 XT 都保留了“肥卡”工程车原始设计的驾驶员位置和设备，使其实际上成为可选有人驾驶车辆。尽管莱茵金属防务公司称任务大师系列无人车都能实现高度自主的驾驶和导航，而且 CXT 比 XT 的传感器数量还有所增加，但在陌生环境下的越野行驶恐怕离不开操作员的实时遥控。

毕竟以目前人工智能的水平来看，高度自主控制的空中 / 海上有人 – 无人系统协同尚未完成探索，陆地有人 – 无人系统协同困难重重，能够保证无人车和人员安全的近距离的人 – 机自主协同则要求更高。在复杂环境里或紧急情况下，人员直接驾驶执行小范围快速机动的意义仍然很大，因此可选有人驾驶也许是现有技术条件下系统性能与成本的初始平衡点，应该是中小型陆地无人系统的一个合理技术路线选项。

图 3-6　XT 系列无人车及配置

3.3.5 针对德国的无人车需求案例简析

在捷克布尔诺举行的国际安防技术展（IDET2023）上，德国 Diehl Defence 公司展示了其号称“革命性的”Ziesel 无人车。虽然人们对此类产品描述总是各有理解，但笔者认为，至少从该军用无人车的民用越野版平台起源来说，确实称得上具有革命性跨界思维。Ziesel 无人车的前身是奥地利 Mattro 公司于 2013 年推出的 Ziesel 有人驾驶电动三角履带运动平台，它看起来像一个履带式轮椅。

图 3-7 Ziesel 无人车

Ziesel 平台出色的运动特性、电驱基础和载荷能力，都可能是吸引德国 Diehl Defence 公司将其改造成军用无人车的原因。2019 年 8 月，该公司就完成了 Ziesel 军用原型车的改造，给它配备了一定的自主能力，并交付德国国防军进行试验。Ziesel 无人车基本指标：尺寸 1.31 m × 1.23 m × 0.6 m，自重 350 kg，最大载荷 500 kg，配备可换电

10 kW·h 锂电池包的全电驱动，续航里程 40 km，续航时间 24 h，最大速度 20 km/h，纵坡坡度 60°（目测侧坡坡度约 30°）。

Ziesel 无人车的原型车交付德国联邦国防军之后，它先后在 2019 年和 2020 年参与了一系列各种环境的测试，包括在汉堡的城市环境和勃兰登堡州莱宁的林区环境试验，用途主要侧重支援步兵的后勤保障运输和伤员后送（CASEVAC）。必须指出的是，参加这些试验的无人车平台还包括爱沙尼亚 Milrem 公司的 THeMIS 无人车（1.65 t）、德国莱茵金属防务公司的任务大师无人车（1.1 t）和以色列 Roboteam 公司的 Probot 无人车（435 kg）。上述其他平台的尺寸重量和能力都明显大于 Ziesel 无人车。

尽管无从得知这些测试的具体结果，但可以确认的是，德国联邦国防军在 2022 年 12 月采购了 2 辆 Ziesel 样车用于进一步试验和评估。据称，当年德国联邦国防军刚开始探索无人车应用时，和所有其他军队一样并不清楚自己需要什么，他们考虑的出发点是，无人车必须能够在预想的战场环境下操作。

根据上述信息，我们可以针对德国联邦国防军对无人车需求，给出一个“马后炮式”的简要分析，其中包括三个方面：预期行动环境、对手能力和平台技术特性。

1）预期行动环境。尽管统一后德国于 1990 年完整加入北约，并开始参与国际军事行动，但德国联邦国防军的行动范围和任务角色仍然以“看家国防”为主。从试验范围可以看出，德国联邦国防军更重视城市战和靠近波兰一侧的低海拔林区作战环境。而这些环境对规模更大的平台明显很不友好，尤其是丘陵密林区，此时平台规模越小环境适应性越好，更大的平台反而因性能过剩而受限。

2）对手能力。经过乌克兰一战，俄罗斯恐怕再无力对欧洲发动大纵深突击。德军坐拥先进的坦克和火炮系统足以自保，自身又没有类似美军的全球行动要求。那么对手能力的严重下降，将大幅削弱德国采购更先进系统的动力，“够用就好”可能成为选择 Ziesel 无人车的主要理由。

3）平台技术特性。与美国陆军选择的通用动力公司 8×8MUTT 无人车（1.5 t）相比，Ziesel 无人车可谓小巧玲珑。而其行动机构设计与美国 L3Harris 公司的 T7 排爆机器人几乎一样。这种大三角履带构型具有很高的底盘稳定性，低速全地形越野能力不错，在控制载荷尺寸和高度的情况下运输能力非常优秀，更小的尺寸保证了密林区的通过性。唯一的缺点是速度不快，只能配合人员行动。但德国联邦国防军的重点行动环境对速度要求有限。Ziesel 无人车全电驱动的静音性和更低的后勤保障要求，也是其相对其他更大混动平台的优势。

实际上，从 Ziesel 无人车前身的广泛应用尝试可以看出，除伴随步兵运输以外，它的应用场景可以更多。另外，对比法国 Nexter 公司在 2021 年阿布扎比国际防务展上推出的 Z-Trooper 半自主炮弹运输车之后，我们严重怀疑 Z-Trooper 无人车是 Ziesel 无人车的一个套皮改型。毕竟 Nexter 公司是德法联合 KNDS 防务公司的法国分支，与德国其他同行的合作很正常，只要挂上一个法国铭牌就好了。因此，Ziesel 无人车像 Z-Trooper 无人车一样用作炮弹运输车，来支援炮兵也就顺理成章了。

3.3.6 英国开发无人车的空投平台

为了在高威胁环境下操作而不必让军人承担风险的挑战放在了决策制定者的面前。解决方案的一部分是使用无人车并空投，这样不仅安全而且可能比有人车更高效。

该方案的空投系统采用将 Milrem 机器人公司的无人车快速部署到战区或者大规模火灾现场，该系统已经由 IrvinGQ 公司开发并试验，IrvinGQ 公司是世界领先的空投解决方案供应商。通过采用他们独有的技术 ATAX® 空投系统，IrvinGQ 公司将集成 2 台 Milrem 机器人公司的 THeMIS 无人车或多用途救援无人车用于防御作战或消防灭火任务。

ATAX® 空投系统是个模块化快速装配 / 解脱的空投系统，它采用软着陆气囊而不是传统的散能材料（EDM—Energy-Dissipating Material）。比起传统方式，可重复利用的气囊提供了多项优势：通过取消易耗损装配材料来减少装载准备工作和装配时间，极大降低了对货物载荷的冲击力，以及加强真正的上下空投系统的能力。

根据无人化自主遥控车辆的新特性和降低作战人员工作负荷的要求，IrvinGQ 公司正在开发具备自动释放能力的空投限制器系统，以使无人车可以无须帮助就能自动解脱并离开 ATAX® 平台，这是一项真正的自主能力。另一种空运部署的可能性包括直升机吊挂或装载于重型直升机的货舱内。

图 3-8　ATAX® 空投系统

3.3.7 英国国防部采购爱沙尼亚 THeMIS 无人车

Milrem Robotics 公司向英国国防科学技术实验室（DSTL—Defence Science and Technology Laboratory）交付了两台 THeMIS 无人车。

图 3-9　THeMIS 无人车

英国国防科学技术实验室的目标是最大化科技对英国防务安全的影响，因此采购无人车来探索这些系统机动性、易损性和安全性的能力与限制。此次交付的无人车是 Milrem Robotics 公司与 QinetiQ 公司合作的成果，QinetiQ 公司负责集成自主功能并负责转移给最终客户。通过与 QinetiQ 公司合作，Milrem Robotics 公司参与了英国的两个大规模机器人项目——联合战术自主补给（JTARR—Joint Tactical Autonomous Resupply and Replenishment）项目和机器人排级车辆（RPV—Robotic Platoon Vehicle）项目。英国国防科学技术实验室跟随着荷兰、挪威和德国的类似机构选择了 THeMIS 无人车。此外，THeMIS 无人车也以后勤构型交付法国、美国和印度尼西亚，准备提供作战支援和运载补给，此外还提供了集成其他载荷的选项。Milrem Robotics 是一家爱沙尼亚（Estonia）公司，成立于 2013 年，THeMIS 履带式混动模块化无人车是该公司的主要产品。

THeMIS 无人车的基本指标为：最大速度 25 km/h，尺寸 240 cm × 200 cm × 115 cm，重量 1630 kg，额定载荷 750 kg，最大载荷 1200 kg，最大纵坡 60%，最大侧坡 30%，离地间隙 40 ～ 60 cm，牵引力 21000 N，混动续航时间 12 ～ 15 h，电动续航时间 0.5 ～ 1.5 h，电池组为铅酸电池或锂电池，动力系统为柴油发动机兼发电机，通视控制距离最大 1.5 km，平台可空运，防弹符合 STANAG3542，牵引速度最大 80 km/h，通信功率 4W（可定制 MIMO 组网），加密 AES256 支持调频，传感器包括激光雷达、红外（MIL-STD-810G）热成像高清摄像机、LED 和红外照明。

3.3.8 英国国防科学技术实验室获得第一批自主无人车系统

2020 年 3 月 16 日，高效低风险地向前线自主运送重要补给的能力已经向现实又迈进了一步，英国国防科学技术实验室宣布采购 5 台全新的自主无人车系统。总价 500 万英镑的两项合同分别要求 HORIBA MIRA 公司和 QinetiQ 公司生产一定数量的无人车，并要求其自主系统作为推进英国国防部对英国陆军改革基金委托的一部分。

提修斯（Heseus）项目是英国国防部部长宣布的自主后勤补给系统开发和战场试验项目，后续进度由国防科学技术实验室领导的创新自主“最后一英里”挑战赛负责。这些合同构成了帮助国防部加深理解这些系统机动性、易损性和安全性的能力与限制的一部分风险降低工作，使得英国陆军可以进入项目的下一个阶段，即更重要的提修斯项目竞争。

HORIBA MIRA 公司在 2020 年夏天交付 3 台全地形“维京（VIKING）”6×6 无人车，该车使用先进的基于 AI 的自主能力和 GPS 拒止导航，可为前线部队运载 750 kg 补给载荷。

图 3-10 全地形“维京（VIKING）”无人车

2 台“泰坦巨人（TITAN）”无人车将在 2020 年秋交付，包括围绕模块化任务系统软件架构的履带式系统。这些车辆将由英国国防科学技术实验室联合作战服务支援训练和开发单位（CSS TDU—Combat Service Support Training and Development Unit）共同试验。此项工作将寻求增加对系统潜力和限制的理解来降低风险，尤其是获得联合战术自主补给能力的风险，同时还要深入了解陆军未来部署高级自主系统能力的知识。

3.3.9 英国的铁甲无人车

英国 BAE 系统公司的铁甲无人车在伦敦 2017 国际防务与安全城市环境和山区机动演习中进行了跨地区行动，该车可以使用拖车或皮卡装载运输或者加入其他车辆的车队。它采用不对称设计的橡胶履带来增强机动性使其爬坡能力达到 45°，执行静默任务时电池续航里程可达 50 km，其重要系统和载荷有装甲外壳防护可抵御弹道威胁和爆炸影响。

该系统的一大特点是可以两车连接构成一台加长版无人车，其载荷可达 500 kg，还可以通过专用担架运送伤员。该车目前为操作员遥控操作，但 BAE 系统公司正在开发自主工作功能以使其成为战斗组的一部分与其他无人车和地面部队互动并执行任务目标。目前通过遥控可实现的功能包括遥控区域拒止、使用结合音视频传感器的武器站、排爆（EOD—Explosive Ordnance Disposal）、操作机械臂（Manipulator Arm）和喷气 / 水排爆枪（Disruptor）。

图 3-11　BAE 系统公司铁甲无人车

3.3.10 英国安防采用 X 系列无人勘测系统

英国安防促进团队（DASA—Defence and Security Accelerator）已经给了数字概念工程公司（DCE—Digital Concepts Engineering Ltd）一个开发半自主侦察勘测系统的合同。该系统要使英国陆军部队能够快速安全地跨越水域障碍，如河流和小溪以及泥沼之类的“潮湿沟壑”。这些行动通常需要皇家工程侦察人员之类的部队来执行，如勘测河流堤岸。通过“测绘水沟” - 自主水沟跨越勘测竞赛，英国安防促进团队正在寻求能够提高此类勘测跨越行动速率的遥控操作系统，来为指挥官增加可用的选择，并提供超越对手的更大机会。该系统还需要能够规划其他路线来进出可能的跨越位置，以及等

图 3-12　X 系列无人车

待跨越障碍部队的可能集合区域。数字概念工程公司将率领其测绘水沟工业团队使用基于该公司坚固的 X 系列无人车参加竞赛。

X 系列无人车，是 DCE 公司开发的履带式无人车，据称，该无人车载荷达到 250 kg，牵引重量可达 3 t，可在泥沼、斜坡和碎石地形进行操作。图片中看着该无人车不是很大，其实通过指标判断该车尺寸和重量至少能达到汉骡无人车的级别。目前该系列无人车正在针对勘测水道功能进行开发。

英国安防促进团队，是英国国防部国防创新局的一部分。该团队成立于 2016 年，是一个跨政府部门的组织，由大约 50 人组成，人员来自国防、安全、私营和学术等领域。该团队负责寻找和资助有潜力的创新成果来支持英国安防部门。

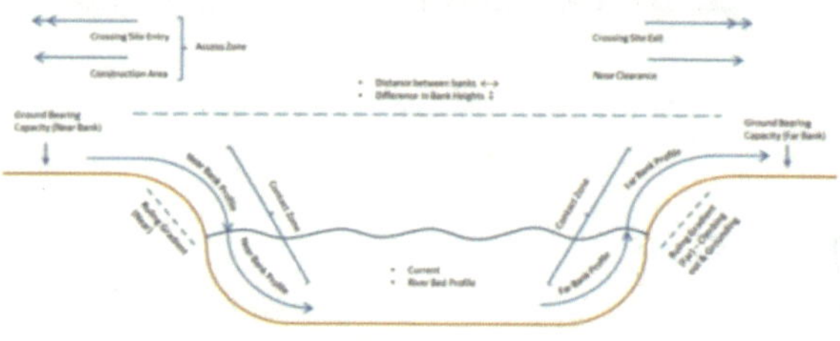

图 3-13　“自主水沟跨越勘测竞赛”

3.3.11　英国开发无人车的假目标和欺骗能力

在英国陆军“陆军作战试验 20”期间，机器人和无人车制造商 DCE 公司使用配备扬声器的无人车迷惑对手，这令英国陆军军官印象深刻。DCE 公司演示了其配备战术广播系统的 X2 和 X3 无人车能够冒充更大型的车辆，或者在近距离作战场景下干扰语音沟通。试验期间，X2 和 X3 无人车配备了英国 Vitavox 公司的 Outacom 战术广播系统。X3 是升级的 X2 无人车，设计用于满足英国陆军速度更快和噪声更低的要求。

DCE 公司还演示了无人车提高部队态势感知和通信效率的能力。无人车可为指挥官提供装甲车辆的外部情况，从而提高下车步兵的安全。具体包括：无人车可与地面人员沟通，这样车载步兵就不必下车，还能建立车载步兵和下车步兵的部分联系；在维和、维持秩序和反叛乱行动中，无人车的广播系统效果明显；车载步兵刚下车时，只能通过个人电台沟通，此时很难及时通告周围的情况，而指挥官可通过无人车观察环境，并用广播系统与士兵沟通。例如，当指挥官或操作员通过无人车传感器发现有隐藏的狙击手时，就能立即将威胁通知到所有人。

图 3-14　DCE 公司无人车与广播系统

无人车广播系统还可以提供攻击能力，只要在近距离播放刺耳的噪声，就能干扰敌方的口头交流，或者使潜在威胁“晕头转向”，甚至强迫其投降。据称，该战术广播系统的音量非常高，无人车演示播放 130 dB 摇滚乐时（130 dB 相当于飞机起飞降落的噪声水平），人们无法进行口头交流。另外，无人车广播系统还可以用来吸引威胁的注意力，方便下车的步兵声东击西。DCE 公司正在研究用无人车来提高英国陆军的假目标和欺骗能力。该公司计划通过无人车模拟枪械射击、车辆和环境的噪声来迷惑对手。据称，播放枪械射击的录音效果明显。该系统还能播放坦克噪声和坦克运动的录音，英国陆军曾经在东欧进行过此类演示。当时广播系统安装在一辆装甲车上，欺骗演习对手有重型装甲车辆接近。后来证明，演习对手确实曾经报告怀疑有重型装甲车辆的运动及其方位和距离，并且据此重新部署了反装甲力量。这个结果至少证明，在战场上可以用无人车广播系统制造一些迷惑性假象。

3.3.12 英国陆军再次订购任务大师无人车

莱茵金属防务公司近期又在英国获得了新订单。英国国防部根据“排级机器人车辆项目”的第二阶段计划再次订购了 4 辆任务大师无人车。此前莱茵金属防务公司的任务大师无人车已经成功进入该项目的第一阶段。“排级机器人车辆项目”旨在试验无人车如何提高排级下车作战部队的火力和能力。

英国军方已经在 2020 年春采购了 4 辆配备货运模块的任务大师无人车，此次采购的是 4 辆配备火力支援模块的任务大师无人车，用于探索潜在的作战能力。该订单将由莱茵金属加拿大公司承担，还包括培训和提供支持以及备件。

任务大师无人车基本指标：长 2.95 m，自重 1100 kg，载荷 600 kg，最大速度 40 km/h，水上速度 5 km/h，水上载荷 300 kg，满电续航时间 8 h 或 20 km/h ，里程 140 ～ 160 km。

图 3-15 任务大师无人车

任务大师无人车的“神经中枢”是莱茵金属防务公司的“PATH 自主车辆工具套件”。该套件符合高级自动驾驶的 SAE4 级标准，公路最大速度可达 30 km/h。该套件允许操作员通过平板电脑、手持控制器或军用计算机来遥控无人车，操作员还可以通过无人车上的界面按钮控制无人车进入跟随、护送和自主导航模式。此次采购的火力支援型无人车装备了莱茵金属防务公司的 Fieldranger Multi 遥控武器站。

该武器站空重 200 kg，可选配备 7.62 mm 机枪 /12.7 mm 重机枪或 40 mm 自动榴弹发射器，可在运动中精确射击。

图 3-16　任务大师无人车的各种实战应用

图 3-16　任务大师无人车的各种实战应用（续）

到目前为止，任务大师无人车公开展示过 4 种上装模块，包括货运模块、救援模块、武装侦察模块和火力支援模块（可细分为遥控武器站模块、巡飞弹模块和火箭发射器模块）。其中货运模块既可运输也可供人员临时搭乘；救援模块可运输两名伤病员；武装侦察模块可同时配备遥控武器站和安装在可伸缩光电桅杆上的雷达加光电 / 红外侦察系统；火力支援模块分别采用 Fieldranger 遥控武器站、赛利斯公司的双联 7 管 70 mm 火箭发射器或者波兰 WB 集团公司的“战友”巡飞弹。

3.3.13　英国推进无人车核生化探测和后勤补给能力开发

英国国防科学技术实验室正在探索用于探测核生化危险的自主机器人解决方案。英军目前的广域三防侦察以专门改装的狐式装甲车为基础。长期以来，英国国防科学技术实验室一直在研究使用自主无人系统大面积探测核生化物质的可能性。近期相关研究项目获得了军工企业 150 万英镑的资助，该机构将开发一个概念演示系统以便进行广泛的试验。研究的目标是消除人员进入危险区域的必要性，或者即使需要人员进入，也要坐在有防护的车辆里。

尽管空中和地面自主平台的发展为核生化探测提供了新方向，但在做出重大改变之前，仍然需要深刻了解所有可能的核生化应用场景，以及需要自主无人系统完成的任务。

图 3-17 探测核生化危险的自主机器人方案

英国国防科学技术实验室已经与 HORIBA MIRA 公司签订了改装 1 辆 VIKING6 × 6 无人车的合同，该无人车将集成由英国国防科学技术实验室提供的 1 套化学和辐射传感器。利用开放式架构的优势，可以在标准的“托盘”上开发核生化传感器套件，然后在需要时安装到适用平台上。新合同将支持开发自主算法，以便核生化传感器的输出结果辅助驱动无人车的行动，从而完成探测和绘制化学或辐射危险区域的地图。项目的目标不是开发一个新的原型系统，而是搜集证据来确定哪些概念能够被实现。HORIBA MIRA 公司称，他们将在过去小型机器人自主危险区域探测的基础上，利用 VIKING 无人车和基于人工智能的自主能力继续开发。概念演示系统将包括新型传感器和自主行为、模块化自主控制设备、ATLAS 卫星定位失效导航系统以及用户界面。

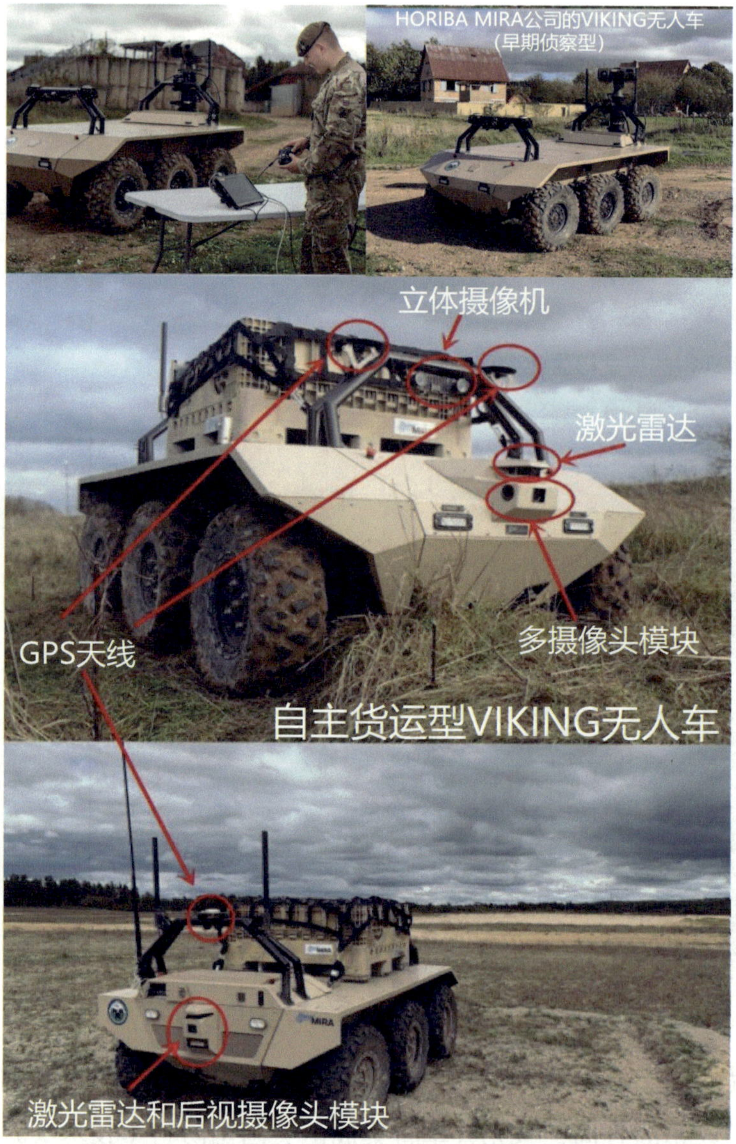

图 3-18　VIKING 无人车配置与应用

VIKING 无人车采用柴油并联混合驱动，纯电驱动可行驶 20 km，混合动力驱动行驶里程可达 200 km，公路最大速度 50 km/h，采用 6 × 6 独立悬挂和 4 轮转向提高越野机动能力，载荷达到 750 kg。ATLAS 卫星定位失效导航系统是 HORIBA MIRA 公司开发的不依靠 GPS 的定位系统。该系统以计算机视觉和深度神经网络为基础，采用驾驶员看地图的方式为无人系统提供导航。因此该公司称，GPS 干扰对 ATLAS 导航系统无效，因为该系统通过人工智能识别路标对比车载地图来导航，进入陌生区域和环境变化对该系统的影响也很小。

另外，2020 年 1 月，英国国防科学技术实验室与 HORIBA MIRA 公司和 QinetiQ 公司签订合同，根据"THESEUS 项目 – 联合战术自主补给能力"要求，以 550 万美元的总金额采购 3 辆 HORIBA MIRA 公司的 VIKING 无人车和 2 辆 QinetiQ 公司的泰坦无人车（即爱沙尼亚 Milrem Robotics 公司 THeMIS 无人车的英国代理型号）。英国国防科学技术实验室公开展示了"THESEUS 项目"的 1 辆 VIKING 无人车和 1 辆泰坦无人车。英国国防部称，THESEUS 项目希望能够定义和交付 24/7 全天候，由后勤信息系统支持的、端到端的、高度自动化的地面和空中补给网络。THESEUS 项目主要研究在作战人员与前沿后勤基地之间提交申请、计划和交付物资的过程中应用自主能力的可能性。英国国防部项目文件的描述是，该项目应该至少在 15 km × 15 km 的区域（225 km^2）内提高战场的货运量和交付效率。

3.3.14 英国数据分析和咨询公司调整无人车的发展趋势

GlobalData 公司，全称 GlobalData Plc，是一家成立于 1999 年的英国数据分析和咨询公司，该公司总部在英国伦敦，在英国各地、美国、阿根廷、韩国、墨西哥、中国、日本、印度和澳大利亚都设有办事处。

英国国防科学技术实验室"最后一英里"后勤挑战赛，是于 2017 年发起的一项技术演示验证活动，此项活动旨在用 3 ～ 5 年时间的努力推动业界研发出新型无人车来实现未来战场上的无人化补给。

英国《军用无人车》消息称，制造机器人系统是一项涉及广大供应链的非常复杂的工作，这取决于应用、成熟度和可靠性要求，机器人技术通常还涉及多层次的控制和处理。因此军工行业要持续地符合通用标准、整合重组和协调合作以便保持竞争性。

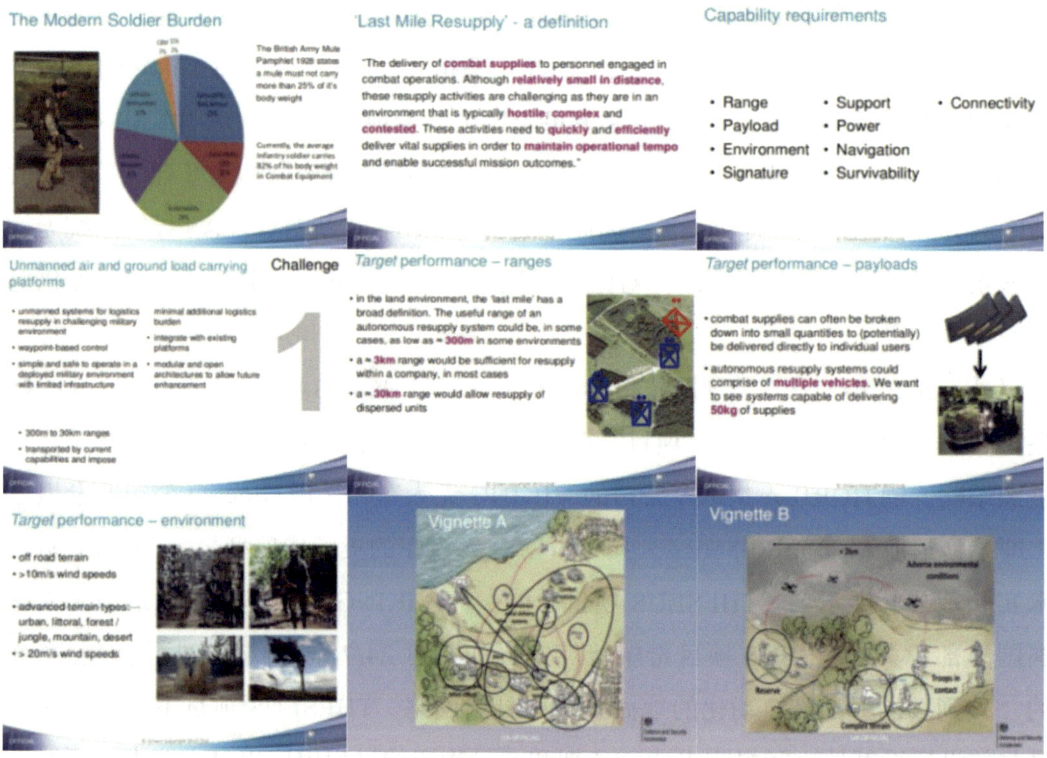

图 3-19 后勤挑战赛概念

GlobalData 公司通过与英国国防科学技术实验室合作，经过全面分析列出了研究发现的影响无人车技术发展与调整的因素。

1）通用标准开发单兵系统装备套件需要标准化。此项原则对于服装来说没有那么重要，但标准化对于防护装具、传感器和电子部件却至关重要。即使部件本身已经存在标准，但对于数字化单兵装备套件却需要努力建立一套标准。标准化的目标是解决友军之间互操作性、任务适用性、维护和寿命周期成本以及整体作战效率的问题。

2）军工企业整合重组是为了解决与能力开发和整体市场竞争相关的金融问题，军工企业需要持续地进行整合重组。军工企业的合并和收购（M&A–Merger and Acquisition）将使其能够提供更广泛的产品或以更低成本的流程重新设计现有产品。随着机器人技术应用的扩展，主要军工企业大都收购了该领域的公司，以便在更短的时间内使自己处于有利的竞争地位。总之，整合重组将精简军工市场的供应链，并同时提高这些公司的地位。

3）防务组织协调类似北约（NATO—North Atlantic Treaty Organization）和欧洲防务局（EDA—European Defence Agency）之类的防务合作组织起到了发起和协调武装力

量建构，分担共享、研发、标准化和采购的工具性作用。这些组织能够通过启动程序、提供必要的官僚支持、成为主要采购方、将资金分配给关键研发领域、促进分担共享以及培训活动来驱动变革，变革的形式是基于历史教训的通用标准化。

4）两用技术和材料方面，两用技术或商用标准产品（COTS—Commercial Off-The-Shelf）系统在保证机器人系统成功开发的过程中起到了重要作用。考虑到电子设备、数据处理、软硬件的开发，军工制造商采用已经得到测试和验证的商用标准产品（COTS）技术更安全，因此也就降低了开发相关的风险。

5）文化对于市场拓展或限制是非常重要的驱动因素。军队体系内部存在接受无人机的阻碍，但无人机在战斗中的应用却打开了大量采用的大门。地面机器人系统必将经过同样的过程。在任务部署期间进行试验，就像 Milrem 的 THEMIS 无人车试验，或者参加如英国国防科学技术实验室“最后一英里”后勤挑战的技术演示演习，这些都是能提供有价值经验和数据的重要且必需的工作。不过，有人 - 无人协同（MUM-T—Manned-Unmanned Teaming）或无人系统蜂群所需的新作战概念却是一个需要军队高官去研究的新谜题。

6）国土安全领域的无人系统。国土安全（HLS—Homeland Security）组织是第一批采用无人车执行排爆（EOD—Explosive Ordnance Disposal）任务的组织。而无人车还能提供其他能力，如边境巡逻或重要基础设施保护。缺乏资金有时是妨碍此类组织快速采用新技术的因素。

7）无人车与民众。无人车正在用于基础设施保护，但无人车的用途目前也仅限于此。无人车可以成为保护民众和重要资产的理想工具。不过，在民众中操作武器化平台时，无人车肯定会引起严重的担心，即使是人在环内的操作流程，也会存在对于可能的误伤或机器“错误判断”的担心。因此，国土安全部门发现，在公共区域（机场和港口周围）操作配备非致命武器的无人车或作为 ISR 平台会更容易一些。

3.3.15 英国陆军开发无人车作战能力新概念

英国国防部已公布了“车载作战系统”研究项目下无人车部分的新概念。此项无人车作战能力研究主要由英国国防科学技术实验室和莱茵金属 -BAE 系统陆地（RBSL）财团公司负责概念开发、分析和技术风险控制。据称，除研究机动作战中无人车如何与有人平台协同以外，该项目的主要目标是开发具备两栖能力和全地形能力，且鲁棒性、敏捷性和效率更高的平台，以便适应高频率行动，并且要具备打乱敌方部署的能力。

图 3-20　无人车作战能力新概念

项目解决方案开发计划分为两个阶段，第一阶段采用现有成熟技术，第二阶段将采用可能在未来 10 年内可用的技术。目前英国国防科学技术实验室和 RBSL 正在集中精力开发一个中型平台，大约重量 2 ～ 5 t，该级别平台将足以安装用于补给运输、伤病员撤离、侦察 / 武器系统、假目标和通信的任务载荷。

RBSL 是德国莱茵金属防务公司和英国 BAE 系统公司联合成立的陆地装备集团公司。该公司刚获得了英国国防部升级 148 辆挑战者 3 型坦克的合同，合同价值 8 亿英镑。尽管相关人员称“需求苛刻且相互矛盾，平台需要改变构型来满足任务要求”，不过相信只要获得明确的概念和设计需求，该集团研发制造无人车完全没有问题。

尽管该项目公布的信息十分有限，仅包括几张概念设计图、一个模糊的指标范围“重量 2 ～ 5 t”和两栖以及全地形能力要求，但这些信息已经暗示，之前英国国防部、英国陆军和英国国防科学技术实验室试验过的无人车和机器人尚未满足所有相关需求。根据过去两年搜集的信息，英国国防科学技术实验室近年来已经少量采购和试验了目前多数国际主要制造商的军用无人车。例如莱茵金属防务公司已经交付了 8 辆运输型和火力支援型任务大师无人车，用于英国陆军的“排级机器人车辆”项目试验。除了任务大师无人车，英国国防科学技术实验室还在试验爱沙尼亚 Milrem Robotics 公司的 THeMIS 无人车，英国 HORIBA MIRA 公司的 VIKING6×6 无人车，以及美国通用动力公司的 MUTT8×8 无人车。

根据指标对比可以发现，上述平台的自重都低于 2 t，载荷能力为 500 ～ 1000 kg，尺寸大概为（2 ～ 3）m×（1.5 ～ 2）m，最大速度 20 ～ 40 km/h，除了 THeMIS 无人车是履带式，其他三型都是轮式无人车。对照 DSTL 的“排级机器人车辆”项目要求：无人车配备中口径 / 重机枪，在所有光照条件下 2 km 距离上能探测人体，在下车步兵班 / 排范围内行动，在城市和野外环境下穿越地形同时配合步兵作战。以每个机械化步兵排 30 ～ 40 人计算，可以推测 1 辆上述无人车按照要求高效支援所有随步战车机动部署的 3 ～ 4 个班难度不小。而两栖及全地形要求，一方面显示出英国陆军有更高的地形适应性要求，另一方面也说明“小平台”受复杂地形影响严重。这方面参考的依据是，美国陆军将重量 6.3 t、载荷 3.2 t 的无人车定义为轻型机器人战车（RCV–L）。综上所述，通过扩大平台规模来提高能力的无人车大型化趋势显得更加明确了。

3.3.16 任务大师无人车第三次中标英国排级机器人车辆项目

英国国防部宣布，已经将“排级机器人车辆项目”第三阶段的订单授予德国莱茵金属防务公司（合同 1 月份签订），订购了 7 辆任务大师 SP 无人车。该项目的目标是试验无人车如何提高排级步兵单位的作战效率和作战能力。笔者一直在关注任务大师系列无人车的发展情况，因为该系列无人车研发试验的信息具有很高的参考价值。第一则相关新闻是 2021 年 7 月 15 日发布的《英国陆军再次订购 4 辆任务大师无人车》。

图 3-21　任务大师无人车

莱茵金属防务公司于 2017 年推出了配套“未来士兵扩展系统”的任务大师无人车。最初的任务大师为配备升降光电桅杆的侦察型无人车，后来又进一步开发了配备遥控武器站的防护型（自身增强了防护装甲，如保护轮胎的侧裙板），此时的系统设计都围绕“未来士兵系统”提供机动式功能平台。2018 年，任务大师的构型发生了较大变化，推出了货运型无人车，进一步增强了自主行驶能力，还配备了可以快速拆装的侦察模块，实现了一车两用。2019 年，莱茵金属防务公司开发了更多上装模块，包括医疗救援模块、火箭发射器模块和波兰“战友”巡飞弹模块。2020 年，新构型增加了配备升降光电桅杆和轻型武器站的武装侦察型和中型武器站的火力支援型。2020 年车型的最主要变化是增加了车头两侧的毫米波雷达天线和车头前方一个疑似地形扫描传感器的长条形物体。与此同时，莱茵金属防务公司专门开发了 PATH 自主车辆工具软件包，据称，该软件包可使车辆能够实现 4 级 SAE 标准高度自动化无人驾驶，公路最大速度 30 km/h。2021 年，车辆增加了 M134 六管 7.62 mm 加特林机枪武器站和另一型光电桅杆的上装选择。2021 年 6 月，莱茵金属防务公司推出了可选有人驾驶的 4×4 混动任务大师 XT（极限地形）无人车。后来莱茵金属防务公司还在瑞典靶场使用配备赛利斯公司 FZ275 激光制导火箭发射器的任务大师无人车，为欧洲六国进行了实弹射击演示。任务大师无人车在 4 km 距离上向一辆车发射了激光制导火箭弹，并准确命中目标。

根据消息称，2019 年年末，英国陆军“排级机器人车辆项目”订购了第一批 4 辆货运型任务大师无人车，莱茵金属防务公司在 2020 年第二季度完成交付；2021 年 2 月订购了第二批 4 辆火力支援型，2021 年 5 月～ 8 月完成交付；2022 年 1 月订购了第三批 4 辆侦察型和 3 辆货运型，预计 2022 年 8 月底完成交付。英国国防部已经将前期交付的任务大师无人车提供给驻守塞浦路斯的约克郡步兵团第二步兵营，用于组建和试验新型“加强轻装步兵营”。这是价值 1.2 亿英镑为期 3 年的一部分，该项目研究“未来步兵如何作战”，显然“排级机器人车辆”也服务于此项目。待全部订单完成交付，届时试验部队将总计拥有 15 辆任务大师无人车，包括 4 辆侦察型、4 辆火力支援型和 7 辆货运型。按照英军步兵排的编制推测，这 15 辆无人车可能会按照侦察型 + 火力支援型 + 货运型各 1 辆，来构成 4 个步兵班组支援车队，另外 3 辆货运型可能会作为后勤支援车队。

我们注意到，根据英军发布的“陆军机器人和自主系统实现人 – 机协同的途径”文件的介绍，英国陆军计划在 2025 年前建立第一个由空地无人系统加强的轻型旅级战斗队，在 2030 年前建立集成空地无人系的旅级战斗队，并在 2035 年前建立各级单位都广泛集成空地无人系统的陆军师。虽然该计划十分宏大，而且英军未必能够按时实现计划的所有目标，但这至少说明各军事强国都在积极推进空地无人系统与现役部队的融合试验。通过观察任务大师无人车的发展历程和英军对该无人车的应用试验，我们需要思考怎样才能充分发挥无人系统的优势，并尽快将空地无人系统融入现代军队的设想付诸行动，来提高士兵面对未来战场挑战的适应能力。

3.3.17 英国推出 RANG-R 多功能无人车

英国 Aardvark 公司是一家位于苏格兰 Dumfries 的扫雷车制造商（Aardvark 意为土豚 / 非洲食蚁兽）。该公司从 1982 年开始设计制造扫雷套件和专用扫雷车，其产品在多国军队服役，并在全球冲突地区清扫了大约九千万到一亿颗地雷。去年该公司推出了 Aardvark GEN2 全自主扫雷无人车，在今年的伦敦国际安防装备展上，Aardvark 公司又发布了 Rang-R 多功能无人车。从宣传视频看，Rang-R 无人车的设计用途包括后勤补给运输、战场工程施工、扫雷排爆、道路清障、无人机侦察监视和传感器布放，以及抢险救援和消防灭火。

图 3-22　RANG-R 多功能无人车

Rang-R 无人车在体积上很接近爱沙尼亚 Milrem Robotics 公司的 THeMIS 无人车，二者尺寸也相差不大，但是重量和载荷能力区别很大。主要原因是 Rang-R 无人车属于动力系统在车身内的传统履带式车辆设计布局，而 THeMIS 无人车的动力系统分别布置在两侧履带结构内，相互独立，中间通过框架结构机械连接。因此在总体积相近的情况下，THeMIS 无人车的重量和载荷能力均小于 Rang-R 无人车。

Rang-R 无人车基本指标：尺寸 2.659 m × 1.580 m × 0.92 m，自重 2650 kg，载荷 3850 kg（2 个重型北约标准托盘），最大总重为 6.5 t，动力为配备 2 台 115 kW 驱动电机和 1 个柴油多燃料电力包的串联柴电混动系统。电池组续航能力可确保静音行驶 1 km 和静音值守 8 h。动力系统配备排气冷却系统，具备低热特征和低噪声特性，5 m 处低于 32 dB。拖车牵引总重可达 10 t，可选择自重 3.5 t 的有刹车拖车或自重 750 kg 的无刹车拖车。配备调速和转向的电子双履带控制系统，最大速度 70 km/h，（最大总重条件下）纵坡坡度 100%，侧坡坡度 70%，地面压力 0.52 kg/cm^2。配备电控可变阻尼的独立浮动悬挂，悬挂行程 90 mm，最大总重条件下的离地间隙 425 mm，混合地形上续航里程超过 100 km，无补给任务时间可达 72 h。

Rang-R 无人车能够在最大载荷条件下实现大坡度机动能力的原因是，运输型 Rang-R 无人车安装有配备摄像头和传感器的装卸机械臂，使平台能够自主评估重心位置，并在重心超限时控制平台坡度防止倾覆。据称，Rang-R 无人车目前通过车载摄像头、激光雷达和传感器可实现控制转向和加 / 减速的 2 级自主能力，Aardvark 公司的目标是达到高级自动驾驶的 4 级自主能力。Rang-R 无人车现在处于 3 级技术就绪水平，预计在找到客户后将能够很快实现 5 级技术就绪水平。

虽然 Aardvark 公司的核心业务是扫雷，RANG-R 无人车也是按照扫雷客户的要求开发的，但该无人车可输出 25 kW 电力，因此可以配备多种上装来实现很多功能。根据官方宣传视频判断，除扫雷老本行以外，RANG-R 无人车主要设计用于后勤补给运输和战场工程施工。运输型 RANG-R 无人车配备了能够在 2 m 距离上提升 1850 kg（重型北约标准托盘为 1814 kg）的机械臂，其最大伸展距离超过 4 m，还配备远程释放吊钩。运输型 RANG-R 无人车通过机械臂实现了快速装卸重载货物的能力，这将大大提高战场补给的效率。

该机械臂还可以通过安装不同的工具来完成多种任务，如用于排爆或清障的触觉回馈机械手以及水炮。而工程型 RANG-R 无人车不仅配备了安装铲斗的机械臂，还装备了推土铲，这对于工兵快速建筑前沿基地和步兵快速构筑工事都非常重要。RANG-R 无人车还针对快速空中吊运按照北约 STANAG4478 标准设计了车体吊耳，这将有利于在战场上用直升机执行快速部署。

图 3-23　RANG-R 无人车的多用途

官方视频还呈现了一些有趣的内容。例如，RANG-R 无人车采用系留方式将 Aardvark 公司的 SM PRO 四旋翼无人机用于侦察和监视。Aardvark 公司为了提高扫雷系统的态势感知能力，从 2017 年开始引入无人机业务，现在拥有 3 型固定翼和 1 型多旋翼无人机。该公司还有一个叫 RDC2 的隐蔽式远距探测器，外形类似大号螺钉，采用地震传感器工作，据称，其能在 30 m 距离上探测到人，100 m 距离探测到车辆，30 m 距离探测到挖掘动作。RDC2 探测器可以用于构建被动的可组网监视系统。官方视频显示，RANG-R 无人车使用机械臂将 RDC2 传感器旋转钻入地下部署。如果这个功能可以通过遥控 / 自主实现的话，也许该无人车在某种程度上也具备了“无人布雷”能力，尽管 RANG-R 无人车和 Aardvark 公司的初心都是扫雷。

3.3.18　以色列的兰博无人车

以色列的流星宇航（Meteor Aerospace）公司开发了兰博（Rambow）无人车作为其海、陆、空无人系统解决方案的一部分。

该无人车为电动 6×6 平台，总重 3.5 t，载荷超过 1000 kg，公路和越野速度可达 50 km/h，电池续航里程 50 km，串联式混动（油机发电电力驱动）里程 300 km。

图 3-24　兰博无人车

该车采用“受控自主”模式，即车辆可以在车队中以头车或尾车位置沿预定路线自动行驶和自动避让，或在复杂环境用遥控方式控制。兰博无人车采用轮毂电机和液压独立悬挂可在纵坡 60°、侧坡 40% 的条件下行驶。基本构型用于安保巡逻，配备有目标探测相机的遥控武器站和伸缩杆光电载荷，另外平台留出很大空间可装载 700 kg 货物。该车还可通过后跳板门装载小型无人机或无人车用于近距离探测路边炸弹（IED）和地雷，这样兰博无人车就可用于自主巡逻或守卫、武装侦察和城市战火力支援。

该车还可通过加装推土铲或其他清障工具改为战斗工程车（CEV—Combat Engineering Vehicle）。流星宇航公司还提供了配备该公司开发的 Marlow 巡飞弹六联装发射器的火力支援车型。产品覆盖海、陆、空无人平台 + 制导弹药。

3.3.19 以色列国防部评估装甲战车的未来概念

以色列国防部（MOD）国防研发局（DR&DD）简要介绍了卡梅尔（Carmel）技术演示项目，该项目用于在 2020 年年末之后评估未来战车技术。

该项目现在有三家企业集团参与，分别是拉菲尔（Rafael）、埃尔比特系统（Elbit Systems）和以色列航空工业（IAI）。三家企业都以 M-113 履带式装甲运兵车为平台开发演示战斗车辆。未来的平台将采用新的底盘，通过柴油发电机为充电电池组供电来为驱动系统和所有系统供能。

三家在项目的第一阶段的挑战是：证明装甲战车由两人车组在关闭舱门条件下操作的可行性。这个两人车组要使用不同车载和非车载传感器，包括雷达热成像、视频摄像头、声学传感器、激光和无人机，所有输入都融合显示给车组用于态势评估和响应。

图 3-25　M-113 履带式装甲运兵车

3.3.20 以色列和美国联合开发联网自主作战系统

埃尔比特系统公司是一家总部在以色列的国际防务电子公司，其业务遍布全球，涉及领域包括海陆空天 C4ISR 系统、无人机系统、光电系统、电子战系统、数据链通信和射频系统。

Roboteam 公司是一家美国的先进无人平台制造商，专门为防务、执法力量和安保提供服务。该公司于 2009 年建立，总部在马里兰州的 Gaithersburg。该公司的产品主要用于侦察、排爆和运输。

以色列的埃尔比特系统公司和美国的 Roboteam 公司共同公开了他们的首个合作项目——设计用于扩展步兵单位任务能力的联网自主作战系统。

图 3-26 联网自主作战系统

Probot 无人车是 Roboteam 公司的大型无人车平台，基本指标：95 cm × 126 cm × 106 cm，重量 435 kg，最大载 750 kg，速度 12 km/h，IP67，越障 250 mm，侧坡坡度 34°，控制距离通视 700 m，续航时间 8 h。

图 3-27　Probot 无人车

Torch-X C2 技术是埃尔比特系统公司集成的指挥控制通信计算机和情报系统。根据网络搜索结果，Torch 监视系统初始用于 2009 年 9 月的巴以隔离墙，后来埃尔比特系统公司给地面机器人增加自主套件，设计用于联网的指挥和控制（C2—Command and Control）技术，除控制无人车以外，还可以操作遥控武器站。

Torch-X 载荷测量全重小于 70 kg，包括光电 / 红外摄像机系统、GPS 和软件包。软件包包括传感器不明地形分类软件，以便实现离线处理图像情报和实时物理运动模拟无人车动力系统，转向和悬挂系统来生成“可通过性”地图，该地图将辅助无人车选择操作区域内的优化路线。

Torch-X 软件还为无人车提供通过车载传感器执行运动中数据采集的能力，这将有助于建立“接近”环境的更精确地形，包括人类、动物，以及其他军用 / 非军用平台在内的动态物体，以使无人车可以在需要的情况下修正其路线。

Roboteam 公司在地面机动性方面的专长和埃尔比特系统公司自主指挥控制和机器学习技术融合到了一个无人车上。

以色列国防军与 Torch-X 软件辅助的 Probot 无人车进行了演习，用来发现与无人车操作相关行动、战术、技术和流程的概念。英国国防部已经选择从埃尔比特系统公司采购 4 台 Torch-X 软件辅助的 Probot 无人车，来支持遥控巡逻车辆（RPV—Remote Patrol Vehicle）实验项目。

图 3-28　Torch-X 软件辅助的 Probot 无人车

3.3.21　以色列使用机器人追踪室内目标

拉菲尔公司，全称 Rafael Advanced Defense Systems Ltd.，是一家成立于 1948 年的以色列防务技术公司。该公司成立时作为以色列国防部下属进行武器和军用技术开发的以色列国家防务研发实验室，2002 年成为有限公司，总部在海法（Haifa），员工大约 7000 人，2016 年营业额达到 23.7 亿美元。

图 3-29　四足机器人

在拉菲尔公司项目中，四足机器人被称为 Spirit，在其官网上称为四足无人车（Q-UGV—Quadrupedal Unmanned Ground Vehicle），在其他项目中还称为 Vision60。从外观上看，该型机器人与大名鼎鼎的波士顿动力公司的 SpotMini 机器人非常接近。下图中黄色机器人是波士顿动力公司的 SpotMini，与使用者在一起的是 Spirit/Vision60。

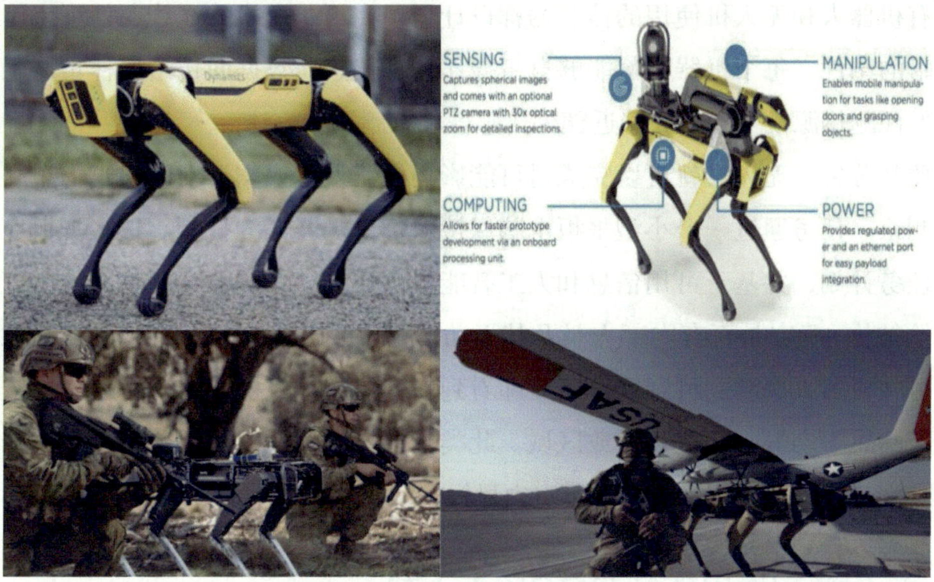

图 3-30　SpotMini 系列机器人

拉菲尔公司的室内自主监视能力通过一组无人系统测绘室内空间来使能力升级，并且帮助士兵探索怀疑被敌人占据的建筑物，而不必让人员在房内清理和近距离作战过程中暴露在危险之下。

在此期间，拉菲尔公司发布了一组商用货架产品的机器人平台，包括 Ghost Robotics 公司的四足 Spirit 机器人、Magic Fly 微型无人机和稍大一些的 Raven 多旋翼无人机。基于人工智能的自动目标识别（ATR—Automatic Target Recognition）将有助于完成自主任务。

Spirit 是一个全自主可执行三维室内测绘的机器人，该机器人能行走、爬楼梯和潜行，它具备强大的自动目标识别能力，可执行监视和致命任务。这台四足机器人能够连续工作 2 h，载荷能力达到 9 kg。

图 3-31　Spirit 机器人全自主执行三维室内测绘

所有机器人和无人机使用的传感器都设计用于在不断变换的光线条件下工作，包括完全黑暗的条件。每个机器人都能够自主操作并将传感器数据回传给操作员，还可以为系统增加探测热源或与物体的接近额外传感器和人脸识别算法。

只要几分钟，无人机就可以完成对可能影响机器人或人类活动的建筑物布局和内部家具的测绘。任务通过一个小型平板电脑保持对每个机器人的控制。这台平板电脑还可以编制任务计划，并基于可用信息和人工智能提供建议。在进入建筑物之前，机器人会自动测绘结构，确定是否有内部人员及其运动情况，并确定是否存在特定物体，如武器。操作员可在机器人探测到可疑物体后立即看到发现的物体。操作员还可以根据传感器数据和告警信息手动探查某些物体或区域。此类传感器的潜在用途还包括进入建筑物前测绘，以及为其他武器系统探测和指示室内目标。

3.3.22 以色列推出新型 ROOK 无人车

近期，以色列埃尔比特系统公司和 Roboteam 公司发布了双方联合研制的 ROOK 6×6 无人车，从 Roboteam 公司的官网和发布的宣传视频看，ROOK 无人车的基本设计用途是运输、伤病员撤离、ISR 侦察和武装突击，具备遥控、跟随和坐标导航模式。只是官网宣传并未列出武装突击的任务类型，而宣传视频中体现了 ROOK 无人车配备遥控武器站伴随步兵进攻的画面。

ROOK 无人车的基本指标：重量 1200 kg，载荷 1200 kg，尺寸 2.7 m × 1.6 m × 1.2 m，离地间隙 24 cm，IP67 防护，转弯半径 0，纵坡坡度 60°，控制距离 1000 m，具备混动模式，续航时间 8 h，速度 30 km/h，牵引速度 80 km/h。而 Roboteam 公司之前的“大型”4 × 4 无人车 Probot，基本指标为：重量 435 kg，载荷 750 kg，尺寸 1.95 m × 1.26 m × 1.06 m，IP67 防护，越障 25 cm，纵坡坡度 34°，控制距离 700 m，具备混动模式，续航 8 h，速度 12 km/h，牵引速度 80 km/h。

单从指标上看，ROOK 无人车主要在重量、载荷、尺寸和速度上比 Probot 无人车有所提高，但多数指标的变化不是很大。那么 Roboteam 公司是根据什么需求来投入力量重新开发一个有限提高的产品呢？所有相关新闻消息都称，ROOK 无人车的开发是基于 Probot 无人车在美国、法国、以色列和英国实际应用中积累的操作经验。那么我们也许可以将 ROOK 无人车相对于 Probot 无人车的变化理解为：这是 Roboteam 公司针对客户应用中建议的积极响应。

图 3-32　ROOK 无人车的应用

图 3-33　Probot 无人车

这些响应中比较明显的有：ROOK 无人车的尺寸更大了，这最直接的作用是与 Probot 无人车仅能运送 1 名伤病员相比，ROOK 无人车提供了能够同时运输 2 名伤病员的“双人床”能力；执行 ISR 任务的 ROOK 无人车配备了一个很大的光电 / 红外转塔，视频中还释放多旋翼无人机执行近距离侦察；武装突击型 ROOK 无人车配备了埃尔比特系统公司的遥控武器站，与 Probot 无人车之前选择的“小巧”武器站不同，该武器站重量达到 180 kg。另外值得注意的是，ROOK 无人车的传感器似乎很少，仅在车头正中央有一个激光雷达或者视频模块。ROOK 无人车现在看起来仍然是一个偏重运输的无人平台，不过鉴于目前掌握的信息还很少，它的发展还有待观察。

3.3.23　以色列推出 REX MK II 多任务无人车

以色列航空工业公司推出了新型 REX MK II 多任务无人车。该无人车的多任务能力包括侦察监视和情报收集、后勤补给运输、火力支援以及伤病员撤离。以色列航空工业公司的概念设计以三个原则为核心，即态势感知、生存能力和杀伤能力，REX MK II 无人车按照三个原则来构建整体系统，具备超视距遥控、跟随和全自主的工作模式并配备多种上装。REX MK II 无人车的上一代产品 REX 无人车是纯运输型，平台较小但具备跟随能力。

图 3-34　新型 REX MK 与 Guardium 多任务无人车

REX MK II 无人车应该与以色列 G-NIUS Unmanned Ground Systems 公司有一定渊源。G-NIUS 公司是以色列航空工业公司和埃尔比特系统公司的合资企业，该公司曾经开发了用于边境墙巡逻的 Guardium 系列巡逻无人车，Guardium I 无人车以美制悍马车为平台，Guardium II 无人车以美国 TOMCAR 公司的全地形车底盘为基础。根据 2012 年的新闻消息，Guardium 巡逻无人车由全部是女兵的操作员在指控中心像驾驶汽车一样遥控操作。

TOMCAR 全地形车的军用型也被以色列国防军采购用于特种部队突击车和高机动长钉导弹发射车。TOMCAR 全地形车的基本指标（可作为 REX MK II 无人车的参考基础）：尺寸 4.04 m × 1.83 m × 1.73 m，轴距 3.04 m，离地间隙 0.43 m，自重约 1200 kg，载荷约 1100 kg，轮胎尺寸 265/75/16。REX MK II 无人车采用混合动力驱动，据称，载荷达到 1.25 t，混动行驶里程为 300 km，纯电行驶里程为 70 km。

根据以色列航空工业公司发布的视频和图片判断，REX MK II 无人车可以分为 4 个类型，包括运输型、武装巡逻型、无人机侦察型和火力支援型（它们都具备一定运输能力，只是空间有所不同）。这 4 个类型除了不同的上装配置以外，最主要的区别是光电桅杆上集成的传感器数量，这也决定了其态势感知能力的高低，可以据此再将它们分为“强态势感知型”和“弱态势感知型”。无人机侦察型和火力支援型 REX MK II 无人车属于“强态势感知型”，其可升降光电桅杆上集成了红外 / 光电摄像头、4 个毫米波雷达（覆盖 360°）、2 个全景摄像机（覆盖 360°）和 1 个激光雷达。运输型和武装巡逻型 REX MK II 无人车属于“弱态势感知型”，因为其固定式桅杆上仅集成了 1 个可能的激光雷达或者摄像头模块（现有图片无法确认）。另外所有类型 REX MK II 无人车的平台都配备前后各 1 个激光雷达和 1 个下方摄像头，另外车头正前方配备 1 组立体摄像机。

上装方面，火力支援型在无人车前部配备 1 个 12.7 mm 重机枪遥控武器站，后部配备了 1 个 7.62 mm 机枪的遥控武器站；无人机侦察型在无人车前部配备 1 个 7.62 mm 机枪的遥控武器站，后部配备了 1 个无人机坞站；武装巡逻型在无人车前部配备 1 个 7.62 mm 机枪的遥控武器站；运输型则没有配备上装。值得注意的是，在以色列航空工业公司发布的视频中，火力支援型 REX MK II 无人车还有足够空间放置 2 名担架上的“伤员”，因此可以确定武装巡逻型和运输型都能装载更多其他载荷。

图 3-35　各型无人车的配置与应用情况

运输型 REX MK II 无人车还参与了德国国防军的无人车测试。其间，以色列航空工业公司与德国的装甲车辆制造商 FFG 公司联合参与，REX MK II 无人车的竞争对手包括爱沙尼亚 Milrem Robotics 公司的 THeMIS 无人车、德国 Diehl Defense 公司的 Ziesel 无人车和以色列埃尔比特系统公司的 Probot 无人车。德国军方对无人车牵引拖车运输武器和物资的概念比较感兴趣，还要考验无人车在野外复杂地形上远距离运动的能力，包括使用遥控和自主驾驶模式。

3.3.24 从以色列新型机器人战车看大型作战无人车的隐忧

以色列埃尔比特系统公司在 2022 年欧洲防务展（Eurosatory 2022）上展示了被称为中型机器人战车（M–RCV）的大型作战无人车，该无人车的系统描述是 Robust，即“机器人自主感知和打击”的英文选取字母的组词。M–RCV 虽然集成了埃尔比特系统公司的多个重要产品作为子系统，但并非该公司的独家产品。它实际上是以色列国防部下属研发部门和坦克装甲车部门联合开发的大型作战无人车，据称，以色列国防部计划对 M–RCV 进行实地试验。

据消息称，M–RCV 无人车主要由 MATE–30 遥控武器站和 BLR–2 机器人平台组成。MATE–30 遥控武器站源于以色列 Eitan 轮式步兵战车的无人炮塔，而该炮塔实际上是拉菲尔公司“参孙 –30”遥控武器站的某种改型。该武器站除了配备 30 mm 机炮和 7.62 mm 并列机枪外，还集成了埃尔比特系统公司的“铁拳”主动防御系统和拉菲尔公司的“长钉”反坦克导弹。而 BLR–2 机器人平台虽然看起来很新颖，也没什么名气，但经过图片对比可以判断，它就是以色列航空工业公司于 2016 年前后推出的 RoBattle 自主作战系统和 RobARC 自主排爆清障系统的通用 6 × 6 全地形高机动底盘。BLR–2 机器人平台基本指标：尺寸 3.5 m × 2.47 m × 1.7 m，轴距 2.3 m，轮距 1.6 m，离地间隙 180 ～ 790 mm，自重 6000 kg，最大载荷 2000 kg，配备一台 268 hp 的直列 6 缸水冷柴油发动机，油箱容积 430 L，最大速度 45 km/h，纵坡 60°，侧坡 40°，越障 1.5 m，越壕 1.0 m，涉水 0.7 m。

根据上述数据可以看出，M–RCV 无人车虽然在图片上显得“娇小可爱”，但其 BLR–2 底盘比多数号称“大中型”的无人车都要高大威猛。另外，其宣传视频显示，该车还能通过尾舱内的机械臂释放和回收一型共轴双旋翼无人机用于前出执行 ISR 任务，足见其内部空间和载荷的潜力。

图 3-36　以色列 M-RCV 无人战车及配置

图 3-36　以色列 M-RCV 无人战车及配置（续）

不过，通过对军用机器人无人车行业发展的观察，我们一直对目前的大型无人车持有疑虑。可以说，M–RCV 无人车作为以色列三大军工企业主力产品的“强力全家桶”看似很风光，但它的前景仍然不容乐观，因为它的强大也构成了对其自身的困局。近期的一个标志性事件也凸显了这种隐忧。据《简氏防务周刊》消息称，“美国陆军将延后中型机器人战车的开发，并将注意力集中到轻型机器人战车的开发上”。简要介绍一下，美军的中型机器人战车基于自重超过 10 t 的“粗齿锯”M5 无人车，配备装有 30 mm 机炮的 RT40 遥控武器站；轻型机器人战车基于自重超过 6 t 的“远征模块化自主车辆”，也能配备装有 30 mm 机炮的简化版“参孙 –30”遥控武器站。美国陆军对中型机器人战车项目开发的推迟，一方面可能由于预算经费不足，另一方面更可能是出于对大型作战无人车能力瓶颈与费效比的担忧。

技术上，由于人工智能水平尚不足以支持高度自主越野行驶和远程精确打击功能，所以首要挑战是遥控无人车的通信距离和数据传输速率。对中小型无人车来说，由于上装能力和任务需求都有限，通信指控问题不是很突出。但到了大型作战无人车上，随着武器系统和态势感知系统能力的倍增，通信系统需要实时传输的数据量也在剧增，而大带宽无线通信在地面复杂地形和环境的影响下很难超过 1000 m（甚至经常缩短到 200 ～ 300 m），这意味着遥控操作员必须乘坐车辆跟在无人车后面。根据战争常识就能明白，无人车武备越强，敌方的还击也越猛烈，因此距离大型无人车几百米的指控车谈不上多安全，这与大中型无人机操作员几百上千千米的控制距离不是一个概念。成本方面，按照简化版“参孙 –30”武器站单价约 140 万美元计算，配备主动防御系统和长钉反坦克导弹的完整版“参孙 -30”成本可能接近 200 万美元，加上专门开发的 6×6 全地形高机动底盘和无人机等系统，以色列 M-RCV 无人车的成本也许能达到 500 万美元。尽管这与近期官宣的美军 MPF 轻型坦克 1200 万的单价还有差距，但考虑到无人车全系统还要包括伴随指控车辆的成本，那么如此配置的大型无人车很难比普通步兵战车更有吸引力。

图 3-37　各种无人战车性能对比分析

综上所述，笔者认为，在人工智能真正成熟之前，大型作战无人车的发展应该注意三个问题：

1）坦克装甲车的构型可能不适合无人车；

2）遥控武器站针对有人系统开发，集成度越高、越复杂的遥控武器站可能越不适合无人车使用；

3）充分发挥无人车技术和成本优势的方向可能是将无人车作为精确制导弹药的伴随机动发射平台，但不承担目标搜索和制导任务。

3.3.25　爱沙尼亚 THeMIS 无人车完成在马里的首次部署

据 2020 年 5 月 5 日消息称，爱沙尼亚 Milrem Robotics 公司的 THeMIS 无人车成功完成了在马里 Barkhane 行动中的首次部署。

THeMIS 无人车于 2019 年 4 月由法国领导的反恐行动期间随爱沙尼亚国防军（EDF—Estonian Defence Forces）部署到马里。截止到 2020 年 4 月，爱沙尼亚士兵定期在巡逻时使用该无人车，并用它进行了基地内的运输补给。总计有 3 个排在部署期间使用了该无人车。“远离城市地区会充满挑战，而士兵不能总是依靠装甲车支援。能够携带半吨弹药和饮水到达通行困难的地方，还能让装甲车增加巡逻和作战能力的价值很好。”爱沙尼亚国防军军官说。该军官认为，THeMIS 无人车让他们对其承受恶劣环境的能力很吃惊。部署期间，THeMIS 无人车在世界上最严酷的熔岩土壤地形上行进了 1200 km，工作时间超过 330 h，在阴影下的温度会攀升到 50 ℃。

图 3-38　THeMIS 无人车部署在马里

“部署期间，我们收集了大量有价值的数据和反馈，尽管国防军对 THeMIS 无人车的反应积极，但总有改进的空间。不过，经过马里之后，我们对 THeMIS 无人车支援极端高温气候条件的行动更有信心了。”Milrem Robotics 公司 CEO 说。

未来，爱沙尼亚国防军想要使用 THeMIS 无人车额外的 ISR、通信支持、干扰和遥控武器站的能力。国防军军官认为，能够探测和消灭敌人或从远处摧毁爆炸装置是重要的能力，毕竟用机器而不是人命去冒险更容易。如果能够降低作战中的生命风险，作战速度也可以加快。Milrem Robotics 公司将继续在未来的任务地区支持爱沙尼亚国防军。

3.3.26 爱沙尼亚推出 12 t 机器人车辆

爱沙尼亚的 Milrem Robotics 公司已经在开发机器人作战车辆（RCV–Robotic Combat Vehicle），称为 X– 型战车，准备将新的有人 – 无人能力引入现代作战。该公司 CEO 称，他们计划在 2020 年欧洲防务展（Eurosatory 2020）上推出 X– 型战车的实体模型，还计划在 2020 年第三季度末完成 X 型原型车，并进行机动性试验。该公司 CEO 还预期新型机器人作战车辆约是同等武装传统作战车辆重量的 25%、成本的 50% ～ 33%。此项开发计划由一个不知名客户资助。

X– 型战车是一个能够容纳各种构型的模块化底盘，第一种变型车将用于评估底盘的性能。此类炮塔的重量大约为 2 t，包括弹药和防护，因此留下额外的 1 t 重量用于更多的任务载荷。原型车将装载一个典型的炮塔，配备 30 mm 加农炮，也可以升级为 50 mm 炮。量产型将提供标准机电接口用于安装来自不同制造商的各种炮塔和任务载荷。采用混合（柴 – 电）动力系统，机器人作战车辆（RCV）要保持最大 600 km 自主任务里程，公路最大速度 80 km/h 或越野最大速度 50 km/h。最大里程表明要使用充满电的电池和满油箱的 JP8 燃油。该车采用橡胶履带，因此即使在恶劣路面上也能提供非常好的机动性。6 m 长度和 12 t 重量保证了 X– 型战车用 30 mm 或者 50 mm 自动加农炮精确射击的稳定性。其他的优势来自较小的尺寸，高度 2.2 m，车体投影低矮，而且有足够的间隙（2.9 m 宽）用于 C–130 飞机进行内部空运。

图 3-39　X- 型战车

任务机动性随着更多的机动性选项不断提高，包括飞机空运机动性、伞降空投低空开伞（LAPES—Low Altitude Parachute Extraction）和重型运输直升机（如 CH–47D/F 支奴干或 CH–53G/K 超级种马）吊运。对于此种能力，目前其他作战车辆尚不具备。另外，目前该车可涉水，但还不具备两栖能力。Milrem 公司考虑将来为其提供此类能力。

该车具有模块化设计和新作战概念的高机动特性，以便于实现快速部署。

模块化设计：动力系统采用混合电力系统，包括车辆前部的电池组和后部的柴油发电机。车辆持续以优化动力负荷进行运动，充电时柴油发电机产生较低热特征，使正面暴露概率降低到最小。储存的电能量用于静默行动，电池在柴油发电机工作时充电。车辆保持电能的大量储备，通过中央软件控制的电源总线来驱动动力电机和任务系统，该电源总线能够分配几百千瓦的高压直流电。

X– 型战车项目总工程师介绍，该底盘设计为一辆独立自主的车辆，配备计算机、动力、传感、导航、通信、发电和储能系统以支持全自主任务，电子系统的组成为能够在战场上快速维修的线路可替换单元（LRU—Line Replaceable Unit）。据这位总工程师解释，所有传感器与高性能计算机系统连接来使用强大的算法可得出地形地图和车辆运动决策。实际运动决策会考虑地形、态势地图以及指挥员和任务指令，以控制车辆的电传驱动系统。

新作战概念：据该公司 CEO 介绍，X– 型战车设计具备模块化和高机动特性来实现机器人作战车辆车族的未来构型，从而可执行支援有人 - 无人作战行动的不同任务。X– 型战车设计能够全自主行动、公路机动、编队或越野机动，执行监视守卫、ISR 任务和目标截获。在特定作战概念下，专用干扰措施会自动工作。不过，X– 型战车的武器并未设计为自主工作，而是要等待人类操作员指令才能对目标发起致命攻击。

将 X– 型战车加入战术编队会提高作战人员的反应时间并降低指挥官的工作负荷，有利于更有效的战场指挥。通过在目标探测和截获中使用人工智能和机器学习辅助机器人和操作员，有助于建立和更新战术态势并帮助指挥官做出决策。

快速部署的任务支援：由于其紧凑的尺寸和较小的重量，X– 型战车能够作为载荷平台、任务支援车辆、发电单元和武器运输平台部署用于基地保护和巡逻。执行此类后勤支援任务时，无炮塔的 X– 型战车底盘能够拖曳 5 ～ 6 t 载荷、2.5 ～ 3 t 车载载荷以及额外 3 t 的拖车载荷。此种能力对维和行动作用很大。

3.3.27 爱沙尼亚的 X 型机器人战车通过机动性试验

爱沙尼亚的 Milrem Robotics 公司宣布新的 X 型机器人战车通过了初始机动性试验，该试验在爱沙尼亚的试验场进行。

该公司称，计划会继续按照客户的概念系统验证要求进行性能验证试验。2020 年 5 月，中型 X 型机器人战车首次亮相，这是欧洲的第一型机器人战车。X 型机器人战车与传统步兵战车（IFV—Infantry Fighting Vehicle）可以在主武器上相提并论，但在重量上，X 型机器人战车要比传统步兵战车轻 3 ～ 4 倍。而且 X 型机器人战车将成为设计用于直接支援主战坦克（MBT—Main Battle Tanks）和步战车的智能僚车。机器人战车是一种己方军队以最小风险突破敌方防御阵地的手段，而更换损失的机器人战车只是一个后勤问题。下一步将要进行的试验还将包括基础的智能自主功能，如航路点导航、障碍物探测、编队跟随等。

X 型机器人战车可以配备 50 mm 的机炮，而如果配备 30 mm 机炮，X 型机器人战车还能够通过 C-130J 和 KC-390 运输机运载 1 辆实施空投，或者 A400M 运输机可空投 2 辆，C-17 运输机可空投 5 辆。该公司称其软件开发者采用了全新的创新方法，能够实施高速机动中的遥控操作。X 型机器人战车重 12 t，高 2.2 m，后置发动机能提供低可视度和热特征。X 型机器人战车采用了该公司旗舰产品 THeMIS 无人车的技术经验，该公司称目前已经有 10 个国家采购了 THeMIS 无人车，其中 7 个是北约国家。

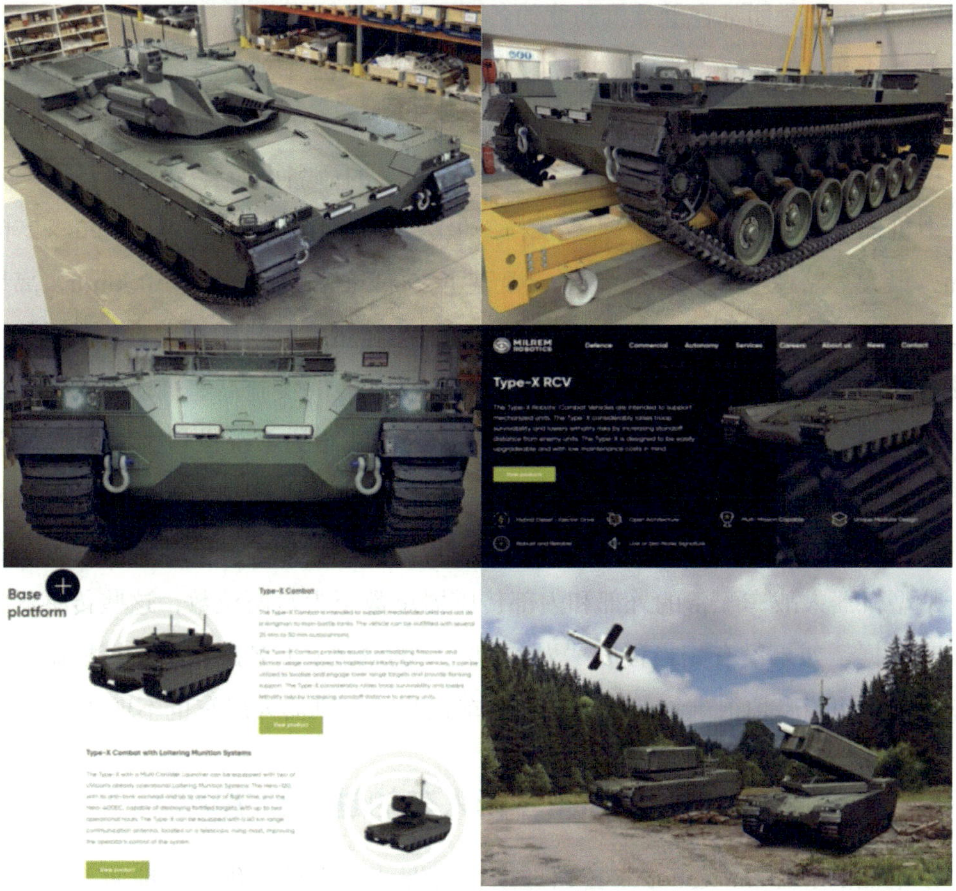

图 3-40　X 型机器人战车

Milrem Robotics 公司及其产品是我们一直关注的信息之一。Milrem Robotics 公司成立于 2013 年，Milrem 是该公司创始人兼 CEO 的名字，总部在爱沙尼亚首都塔林（Tallinn）。

THeMIS 无人车比较成功的原因可以推测为：

1）在保持尺寸较小设计的同时，通过混合动力系统和履带式运动系统保证了较大的载荷和较强的机动能力；

2）载荷空间设计极其友好，有利于开放性安装几乎任何步兵便携式和车载轻型武器系统及辅助系统；

3）爱沙尼亚亲西方的国际地缘政治地位为该公司集成北约国家制造的先进系统提供了极大便利，从而使该公司通过集成当地系统顺利进入当地军工市场；

4）虽然到目前为止，尚未有消息说哪个国家的军队大量装备了 THeMIS 无人车，但是小批量订购用于各种试验和探索的订单也至少销售了近百辆 THeMIS 无人车，而且欧洲和美国的军工集团都在继续推动北约各国在这方面的投入。

虽然 Milrem Robotics 公司从未透露其 X 型机器人战车项目背后客户的真正身份，但根据该系统的基本指标判断，X 型机器人战车至少要参与美国陆军的机器人战车项目竞标，这从该公司 X 型机器人战车（Type-X RCV）的命名也能看出来。

X 型机器人战车基本指标：重量 12 t，最大载荷 4100 kg，尺寸 600 cm × 290 cm × 220 cm，最大公路速度 80 km/h，最大越野速度 50 km/h，倒车速度 50 km/h，离地间隙 50 cm，纵坡 45°，涉水深度 1.5 m，防弹防爆 STANAG4569 四级，防雷 STANAG4569 一级。

该公司称其软件开发者采用了全新的创新方法，能够实施高速机动中的遥控操作，根据上述介绍，我们可以参考 Milrem Robotics 公司发布的系统设想图来理解 X 型机器人战车的设计和应用场景。从设计和场景判断，X 型机器人战车的指控车选项倾向于类似美国斯特瑞克（Stryker）或者德国拳师犬这样的 8 × 8 轮式装甲车。另一个潜在的问题是：X 型机器人战车配备的外部和内部传感器总数至少是两位数，这些传感器将产生大量实时数据，如果没有相当程度“人工智能”的辅助，1 名操作员指挥控制 1 辆机器人战车的所有功能恐怕很难，那么 1 辆指控车控制 4 辆机器人战车也不现实。

3.3.28 爱沙尼亚演示 THeMIS 无人车的越野自主能力

爱沙尼亚的 Milrem Robotics 公司近期在欧洲“集成模块化无人地面系统”项目的首次演示中展示了 THeMIS 无人车的智能越野能力。该项目的目标是多国共同开发一个模块化可升级的混动有人－无人协同系统架构，该系统要能够应对各种任务，并且能够比较容易地更新或改装包括空中和地面平台、指控通信设备、传感器、载荷和算法的功能与设备。无人车标准化要求由爱沙尼亚、比利时、芬兰、法国、德国、拉脱维亚和西班牙 7 个欧盟成员国制定。

此次自主演示由 2 辆 THeMIS 无人车执行。第一项演示是，1 名操作员沿布置了各种障碍的小路步行，1 辆 THeMIS 无人车跟随操作员运动。第二项演示是，操作员在通视条件下遥控 1 辆 THeMIS 无人车，另 1 辆 THeMIS 无人车设置为跟随被遥控的无人车，从 A 点运动到 B 点。演示结束后，第 2 辆 THeMIS 无人车通过“Milrem 智能集成套件”的任务规划器获得指令自主返回。在无人车自主返回的路上，操作员故意走到无人车路径的前方，来触发其障碍物探测和自动停车功能。操作员通过无人车路径后，无人车继续自主返回到出发位置。

CALL TITLE:	Multipurpose unmanned ground system
TOPIC TITLE:	N/A
DURATION OF THE PROJECT:	30 months
TYPE(S) OF ACTIVITIES:	Studies; Design; System prototyping; Testing
TOTAL COST:	€ 32,595,365.00
MAXIMUM EU CONTRIBUTION :	€ 30,600,000.00

MEMBERS OF THE CONSORTIUM AND COUNTRY OF ESTABLISHMENT:

NAME OF THE ENTITY	COUNTRY
MILREM AS (COORDINATOR)	Estonia
SAFRAN ELECTRONICS & DEFENSE SAS	France
GT CYBER TECHNOLOGIES OÜ	Estonia
BITTIUM WIRELESS OY	Finland
INSTA DEFSEC OY	Finland
GMV AEROSPACE AND DEFENCE SAU	Spain
KRAUSS-MAFFEI WEGMANN GMBH & CO KG	Germany
DIEHL DEFENCE GMBH & CO KG	Germany
NEXTER SYSTEMS SA	France
LATVIJAS MOBILAIS TELEFONS SIA	Latvia
(UN)MANNED NV	Belgium
ECOLE ROYALE MILITAIRE – KONINKLIJKE MILITAIRE SCHOOL	Belgium
DOTOCEAN NV	Belgium
KAITSEVÄE AKADEEMIA (ESTONIAN MILITARY ACADEMY)	Estonia

SHORT DESCRIPTION OF THE PROJECT:

The project will develop a modular and scalable architecture for hybrid manned-unmanned systems in order to address a large range of missions and to enable easy update or modification of assets and functionalities within the system: aerial and ground platforms, command, control and communication equipment, sensors, payloads and algorithms. For demonstrating the features of the project, the prototype will be based on an existing unmanned ground vehicle and a specific list of payloads.

Related PESCO project: Integrated Unmanned Ground System (UGS)

图 3-41　自主能力演示方案

无人系统智能化至关重要，因为士兵必须专注于他们的任务，而不是专注于操作系统。Milrem Robotics 公司称其“Milrem 智能集成套件”将交付给全球的若干个 THeMIS 无人车用户。这样从 2022 年开始，认证的自主和智能功能将成为 THeMIS 无人车基本配置的一部分。该公司称拥有 THeMIS 无人车和该套件的用户将每年收到新能力和增强功能的更新。“Milrem 智能集成套件”可用于任何平台，套件包括执行完全无人控制和安全保险功能的硬件和软件，套件通过改装可实现通视和非通视遥控、平台或载荷控制、智能环境探测，还可升级车队管理界面、开放式架构、全寿命支持和 AES256 加密。

除了此次自主越野演示，“集成模块化无人地面系统”项目的首次演示还包括展示 THeMIS 无人车如何使用通用装甲车部署到战场，以及与无人机系统协同操作。装甲车采用了德国 KMW 公司的拳师犬装甲车，无人机是荷兰 Acecore Technologies 公司的系留无人机和拉脱维亚 Atlas Dynamics 的多旋翼无人机。上述两个展示场景都与爱沙尼亚国防军合作。第 1 个场景是 THeMIS 无人车与 Acecore 公司的系留无人机协同，通过士兵的非通视遥控，执行对敌方阵地的探测和观瞄，确定目标后按照指令实施间接火力打击，攻击结束后使用无人机拍摄图像进行战效评估。第 2 个场景是从一辆损毁的车辆中搜救伤员，由拳师犬装甲车牵引 THeMIS 无人车进入任务区域，Atlas 公司的无人机提供空中监视和态势感知。

图 3-42　无人车如何使用通用装甲车部署与协同

3.3.29 韩国公布无人履带式扫雷系统

韩国地面行动司令部（GOC—Ground Operations Command）的特种支援旅采购了DOK ING 公司的 MV-4 扫雷无人车用于非军事区（DMZ—Demilitarised Zone）的行动，韩国军方在社交媒体上发布了该系统图片。

该无人车在 2019 年 12 月特种支援旅成立后举行的训练演示上首次亮相。韩国在 2018 年推行了一个到 2019 年引进两型无人履带式扫雷系统的计划，该项目预算拨款 410 万美元。当时考虑采购的设备是瑞士制造的 GCS-100MineWolf 系统（Minewolf 品牌现归 Pearson Engineering 公司所有）和克罗地亚 DOK ING 公司的 MV-4 无人车。第一台 MV-4 无人车已交付韩国地面行动司令部，另外 8 台 MV-4 无人车计划在 2020 年内交付并部署到扫雷作业区。

MV-4 无人车可使用配备的操作员控制器（OCU—Operator Control Unit）遥控操作，控制器可与无人车在 1 km 通视条件下通信，来确保地雷引爆时操作员不受伤害。系统配备的光电摄像头允许操作员实时观察车辆周围的地形地貌。连枷式扫雷装置之类的各种工具可安装在无人车前方来应对具体任务需要。

MV-4 无人车通过链条连接的扫雷连枷高速旋转来执行扫雷任务，该系统能够排除埋在地下 30 cm 深的地雷和路边炸弹（IED—Improvised Explosive Device）。该无人车由高强度钢制造，因此能够承受反步兵和反坦克地雷的爆炸冲击。

图 3-43　MV-4 扫雷无人车

MV-4 扫雷无人车是该公司的一个主要产品，其基本指标：无配件长 3.1 m（有扫雷配件长 5 m），无配件宽 1.53 m（有扫雷配件宽 2.01 m），高 1.51 m，无配件重 5025 kg（有扫雷配件重 6175 kg），扫雷宽度 1.7 ～ 1.8 m，扫雷深度 30 ～ 35 cm，扫雷性能 944 ～ 2184 m^2/h，行驶速度 0 ～ 5 km/h，扫雷速度 0.5 ～ 1.26/3 km/h，纵坡坡度 35°，侧坡坡度 30°。

全球扫雷解决方案公司（GCS—Global Clearance Solutions AG），是一家成立于 2015 年的瑞士公司，专门设计制造扫雷设备，产品主要是 GCS-100 和 GCS-200 两型扫雷无人车，GCS-100 号称是最小的，GCS-200 更大，无配件重 8260 kg（有扫雷配件重 10665 kg）。

图 3-44　GCS-100 扫雷无人车

GCS-100 的基本指标：无配件长 2.7 m（有扫雷配件长 3.7 m），无配件宽 1 m（有扫雷配件宽 1.7 m），高 1.4 m，无配件重 1770 kg（有扫雷配件重 2240 kg），扫雷宽度 1.2 m，扫雷深度 10 ～ 16 cm，扫雷性能 5000 m^2/ 天，行驶速度 0 ～ 6 km/h，扫雷速度 0.3 ～ 1 km/h，自主工作续航 4 ～ 9 h，纵坡坡度 30°，侧坡坡度 30°。

3.3.30　韩国展示 HR-Sherpa 无人车

韩国现代 Rotem 公司，是韩国现代汽车集团旗下的子公司，成立于 1999 年，总部在首尔，拥有 3800 名员工，主要业务是制造铁路机车车辆、防务产品和工程机械设备，其中防务产品主要是韩国陆军装备的 K1A1/K1A2 主战坦克、K808/K806 轮式装甲车和 HR-Sherpa 无人车等装备。

HR-Sherpa 是一型 6×6 多用途无人车，重量 1800 kg，包括 600 kg 的载荷，长 2.4 m，宽 1.5 m，高 0.9 m。该无人车为电力驱动，配备滑动转向系统，续航 6 h，巡航速度 5 km/h，最大公路速度 40 km/h，最大越野速度 10 km/h。HR-Sherpa 无人车生存能力通过无气轮胎技术得到加强，从而确保无人车即使轮胎损坏也能保持机动性。该无人车配备现代 Wia 公司的遥控武器站用于侦察任务，该车还可针对火力支援、后勤保障、医疗疏散和安保任务调整构型。该无人车也参加了 2020 年 2 月在阿布扎比举行的 UMEX2020 无人作战装备展。

图 3-45　HR-Sherpa 无人车

3.3.31　韩国 6 × 6 警戒无人车进入全面开发阶段

韩国国防采购项目管理局宣布已完成 6 × 6USV 警戒无人车的探索性研究，这标志着具备攻击能力的无人车平台全面进入开发阶段。该无人车从 2018 年 10 月开始研发，并计划用于机械化步兵师和装甲旅在“危险区域”（三八线非军事区）执行警戒监视、侦察和巡逻任务。这项探索性研究的主要关注点为：基于人工智能的警戒装备和自主驾驶等关键技术，以及作战能力的试验和评估。

韩华防务公司负责该无人车通信集成和警戒监视系统的开发。在 2020 年 12 月至 2021 年 2 月最近一次的现场试验中，该警戒无人车满足了军用部署的关键作战需求。目前该无人车的自主驾驶、障碍物探测 / 规避和警戒监视技术达到了“6 级技术就绪水平”。

图 3-46　USV 警戒无人车

USV 警戒无人车在 2017 年曾展出原型车，重量约为 5 ～ 6 t，使用柴电混动驱动，行驶里程 500 km，载荷是 12.7 mm 武器站。与原型车相比，USV 警戒无人车现在的外形和传感器布局都发生了较大变化。该警戒无人车可遥控或自主工作，具备跟随、路线控制、障碍物探测 / 规避和通信中断后路径规划能力，并配备韩华防务公司的遥控武器站，可执行侦察、目标导引和攻击任务。

3.3.32　韩国陆军开始测试 I-MPUGV 无人车

韩国韩华防务公司首次展示了新型六轮智能多功能无人车（I-MPUGV）的原型车。据称，该原型车已经交由驻扎在三八线附近涟川地区的韩国陆军第 5 步兵师进行试用。此前，I-MPUGV 无人车曾经由韩国陆军被称为“无人机勇士”的专业无人系统操作单位进行试验和演示。“无人机勇士”于 2019 年正式成立，是韩国陆军专门执行无人机和无人车新作战概念任务的单位。该部队人员的作战装具与普通步兵明显不同，配备了适合收纳控制终端和天线等装备的携行装具。该单位类似于无人作战装备的试验部队，其作用是探索试验无人作战装备与现役人员和有人装备之间的配合应用，制定相关使用和训练大纲，并与制造商沟通改进要求。

图 3-47　I-MPUGV 无人车

I-MPUGV 无人车设计用于为步兵提供支援，执行弹药给养运输、侦察搜索、伤员撤离和近距离作战任务。韩华防务公司称，该车具备遥控操作、航路点导航、障碍物规避、基于 GPS 的自主导航、无人机通信、枪械射击探测和武器射击（武器站光电传感器探测距离 4 km）等功能。I-MPUGV 无人车基本指标：自重 2 t，载荷 500 kg，纯电驱动，单次充电续航里程 100 km，最大公路速度 40 km/h，最大越野速度 20 km/h，纵坡坡度 60°。

韩华防务公司之前已经推出了两型无人车。比 I-MPUGV 无人车更大的是 6×6 USV 警戒无人车，重量约为 5 ～ 6 t，柴电混动驱动，续航里程 500 km，主要载荷是 130 kg 的配备了 12.7 mm 重机枪的遥控武器站。据称，警戒无人车可遥控或自主工作，具备跟随、障碍物规避、通信中断和路径规划能力，用于执行侦察、目标导引和攻击任务。比 I-MPUGV 无人车小的是 4×4 的多功能无人车（MPUGV），它有侦察和武装运输两种构型，基本指标：自重 1.5 t，载荷 200 kg，尺寸 2.8 m×1.5 m×1.7 m，电力驱动，最大速度 20 km/h，越障 0.35 m，越壕 0.3 m，续航时间 6 h，可延长至 16 h，配备 7.62 mm 机枪武器站，其声学定位系统可探测 3 km 距离内的轻武器射击（I-MPUGV 无人车的该系统和功能应该一样）。

根据性能、功能和设备配置判断，韩华防务公司的 USV 警戒无人车应该主要用于高风险区域（例如在三八线非军事区）的巡逻警戒任务，而 MPUGV 无人车则用于支援班排级步兵单位行动。不过 MPUGV 无人车应该属于试验或过渡性产品，韩华防务公司以此为基础进一步开发了 I-MPUGV 无人车。一方面，I-MPUGV 无人车更符合韩国国防采购项目管理局的指标要求，另一方面，I-MPUGV 无人车的技术成熟度和集成度也明显更高，应该是该公司未来的主力产品之一。

图 3-48　I-MPUGV 与 MPUGV 无人车“自动驾驶”配置

MPUGV 无人车的技术成熟度和集成度主要体现在：一是传感器布局和配置，这三型无人车均采用了相似车头多激光雷达布局，说明韩华防务公司的“自动驾驶”环境探测系统已经比较完善，可能使用了同一套数据处理算法。而 I-MPUGV 无人车作为最新型号，相比而言，传感器布局更为紧凑简洁。二是可能得益于更大的重量，I-MPUGV 无人车比 MPUGV 无人车配置的装甲防护更加完整全面，不仅在正面设置了装甲板，车体侧面也配置了相同厚度的装甲板，而且装甲的包裹根据具体形状布置得很严密，这在国际上现有的无人车产品中很少见。

3.3.33　法国展示半自主后勤无人车

法国防务制造商 Nexter 于 IDEX2021 上在该公司的 CAESAR 自行榴弹炮旁边展示了 Z-Trooper 机器人，CAESAR 自行榴弹炮由部署在阿联酋的法国第 5 骑兵团操作。

图 3-49　Z-Trooper 机器人

Z-Trooper 是一型半自主后勤机器人，设计用于作战中搬运后勤物资。在本届 IDEX2021 展会上，Z-Trooper 作为 155 mm 榴弹炮的炮弹运输车。该机器人自重 300 kg，最大载荷 300 kg。该型履带式机器人机动性很强，具备在开阔地和城市环境下优越的机动能力。

Z-Trooper 的两套电动动力传动系统性能强劲，另外该车还配备可供各种装置使用的 10 kW 车载电源。Z-Trooper 机器人可以遥控，也可以采用半自主模式远距离操作，即航路点导航（使用标准地图），路径记录和路径循环或人员跟随。车载高效障碍物探测设备可保证其安全的自主机动性。Z-Trooper 的前行或倒车速度最大可达 35 km/h，纵坡坡度 40°+，涉水深度 20 cm，工作温度 -20 ～ 55 ℃。

CAESAR 自行榴弹炮，是 Nexter Defense Systems 公司开发的“凯撒”155 mm 自行卡车（榴弹）炮系统，52 倍径身管，该系统按照底盘分为 8×8 和 6×6 两种型号，基本指标：8×8“凯撒”战斗全重 32 t，尺寸 12.3 m×2.8 m×3.1 m，公路最大速度 90 km/h，越野最大速度 50 km/h，里程 600 km，纵坡坡度 40°，侧坡坡度 30°，涉水 1.2 m，越壕 2 m，车载弹药最多 36 发，全自动 / 半自动装弹，射速 6 发 / 分钟，射程 40 ～ 50 km；6×6“凯撒”战斗全重 18 t，尺寸 10 m×2.55 m×3.7 m，公路最大速度 80 km/h，越野最大速度 50 km/h，里程 600 km，纵坡坡度 40°，侧坡坡度 30°，涉水 1.2 m，越壕 2 m，车载弹药最多 18 发，全自动 / 半自动装弹，射速 6 发 / 分，射程 40 ～ 50 km。

作为 155 mm 榴弹炮的炮弹运输车，网络信息显示 155 mm & 52 倍径榴弹炮的炮弹弹丸重量在 45 kg 左右，长度 600 ～ 900 mm；发射药筒重 17 kg，长 780 mm，全威力等效模块化药包重量应该接近这个重量。按此计算 Z-Trooper 机器人 300 kg 的载荷，大约可以运载 6 发炮弹，或者按照标题图片显示的 10 个发射药筒或等效模块化药包。根据弹药尺寸估计，Z-Trooper 机器人的宽大约 1 m，长 1.5 ～ 1.8 m，高 1 ～ 1.2 m。

图 3-50 CAESAR 自行榴弹炮

3.3.34 法国瞄准陆军市场整合无人车资源

提起法国的武器装备，绝对担得起“自成体系”这个评价，只是很多时候他们的圈子相对封闭，要想了解最新发展情况十分不易。正如前文所讲的法国新型 PHOBOS 无人车，它在 2022 年 6 月就亮相欧洲防务展，但除了几张图片，相关信息少得可怜。直到法国 Nexter 公司宣布与法国 Sogeclair 集团旗下 Sera Ingénierie 公司达成共同为法国陆军开发军用无人车的合作协议，才有了 PHOBOS 无人车的进一步消息。

Nexter 公司不仅是法国陆军大部分主战装备和弹药的供应商，还是法国陆军雄心勃勃的“蝎子”现代化计划的核心装备供应商，因此说 Nexter 公司的选择在相当程度上代表法国陆军的需求应该不算夸大其词。而法国 Sera 公司的专长是设计制造赛车、特种车辆和任务系统。

据称，双方此次合作的基础——PHOBOS 无人车，是 Sera 公司用 10 年打造出来的成果。但 PHOBOS 无人车公开的技术细节仍然很少，只知道自重小于 2000 kg，载荷 1000 kg。目前 PHOBOS 无人车的动力系统为柴油发动机，将来会开发混动或电动系统。据称，该无人车具备在任何地形上伴随履带式装甲车辆高速行进的能力。

图 3-51　法国的无人车资源

实际上，Nexter 公司并非第一次与 Sera 公司开展无人车合作。2014 年双方就展开合作，在当年的欧洲防务展上推出过一型名为 ROBBOX 的 4×4 无人车，Nexter 公司将其命名为“骡子”，计划用于战场运输和 ISR。ROBBOX 无人车技术指标：自重 500 kg，载荷 400 kg，柴油发动机最大速度 40 km/h，油动续航 300 km，电动最大速度 8 km/h，离地间隙 250 mm，垂直越障 250 mm。不过 ROBBOX 无人车可能尚不成熟，所以后续并未传出任何实际采购或者具体试验的信息。

Nerva LG 系列机器人是 Nexter Robotics 公司于 2012 年推出的系列小型 ISR 无人车。

根据上述法国主要无人车的简单介绍可以看出，这些平台多以运输和侦察任务为主，唯一具备一定作战能力的平台还不是法国的产品。另外，尽管 THeMIS 无人车早已成为欧盟的“集成模块化无人地面系统”平台，但 THeMIS 无人车的最大速度只有 20 km/h，显然只能用于支援步兵，却无法伴随有人装甲车辆突击。笔者认为，已经开始按照“蝎子计划”全面换装信息化高机动轮式平台的法国陆军，应该对一型能够提供伴随支援的无人车更感兴趣。从 PHOBOS 无人车的外观判断，它目前的构型明显是一个高机动全地形车底盘，至少在平台基础上能够符合高速伴随支援的要求。那么 PHOBOS 无人车能否满足法国陆军的作战需求呢？让我们拭目以待吧。

3.3.35 澳大利亚公布“战士”无人车的进展

位于澳大利亚布里斯班的科技公司 Cyborg Dynamics Engineering 和 BIA5 使用澳大利亚政府的资金自主开发了一型称为“战士”的多功能无人车。该公司在对集成本地防务供应商现有和最新开发系统进行了 12 个月详细设计和工程开发之后公布了一辆原型车。

图 3-52 “战士”原型车

“战士”原型车基于 BIA5 公司全地形机器人（ATR）底盘并配备 EOS Defence Systems 公司的轻型 R150 武器站。澳大利亚国防部公布，Cyborg Dynamics Engineering 公司和 BIA5 公司根据自主工业能力优先计划（SICP—Sovereign Industrial Capability

Priorities）相应获得了 426150 澳元，用于支持无人车的设计、材料设备费用和试验。两家公司都没有透露该全地形机器人（ATR）平台的指标，但是 Cyborg Dynamics Engineering 公司的 CEO 说，“战士”无人车的载荷达到 330 kg，而且已经设计用于携带各种任务系统和专用作战需求的载荷。

自主工业能力优先计划（SICP）由澳大利亚国防部资助，并由国防工业能力中心（CDIC—Centre for Defence Industry Capability）实施，目标是促进中小型企业（SME—Small–To Medium–size Enterprise）开发和支持重要的国防能力。

EOS Defence Systems 公司的轻型 R150 武器站基本指标：武器站最大重量 170 kg（12.7 mm 机枪），无人车配备的是 7.62 mm 机枪，因此无人车全重应该为 118 kg，控制端重量 21 kg，武器站俯仰角度 +60°/–30°，探测距离（光电 / 红外）12000 m/13700 m，判别距离 5600 m/5100 m，识别距离 4700 m/4000 m。

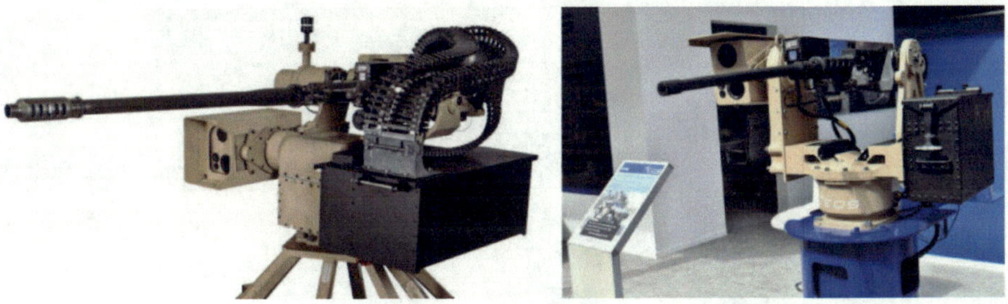

图 3-53　轻型 R150 武器站

3.3.36　澳大利亚推出配备反坦克导弹的“战士”无人车

澳大利亚的 Cyborg Dynamics 公司在布里斯班举行的“2021 澳大利亚陆军展”上推出了配备反坦克导弹的履带式“战士”无人车的新概念样机，目前暂用名称为“长钉 - 战士无人车”。

该无人车是设计用于携带多种任务系统和载荷来满足具体的作战需求。基本型无人车配备澳大利亚 EOS Defense Systems 公司的 R150 轻型遥控武器站，该武器站可采用 5.56 mm/7.62 mm 轻机枪或 12.7 mm 重机枪，包括弹药在内总重 170 kg。

“战士”无人车以澳大利亚 BIA5 公司的履带式 OzBot 全地形机器人底盘为基础。该平台的具体指标尚未披露，了解的少量信息包括：平台自重约 300 kg，载荷重量可达 330 kg，速度 10 km/h，配备了混合动力驱动系统，续航时间长达 72 h，续航时间还可以通过安装额外的油箱进一步得到延长。网络图片显示，除作战应用以外，该平台还曾经试验或者用于排爆、消防、侦察和运输等用途。

图 3-54　履带式“战士”无人车

新型反坦克导弹概念样车配备两个导弹发射器，携带拉菲尔先进防务系统公司的“长钉 LR2”反坦克导弹。该导弹的双光导引头由非制冷红外传感器和高清可见光传感器构成。“长钉 LR2”通过光纤双向数据链路与发射控制单元通信，射程可达 5.5 km。导弹重量 13 kg，配备串联破甲战斗部，便携式发射器重量 12 kg。图片显示概念样车在两侧导弹发射器之间安装了一套独立光电观瞄设备，外观与 EOS 公司的 R150 武器站光电单元非常相似，因此，该无人车可能设计通过该设备为导弹提供探测或制导数据。

3.3.37 波兰公司研发猎人无人车

波兰华沙的 Łukasiewicz-PIAP 公司推出了猎人无人车的原型车。

该型 3.5 t 的多功能无人车设计用于执行巡逻和侦察任务，以及在威胁地区为部队提供支援。猎人无人车的 4×4 底盘长 4.7 m，宽 2.2 m，配备 2 套转向车桥和 3 连接 Panhard 悬挂，每套车桥各集成 1 台电机。这样的布局使该车的最大公路速度可达 50 km/h，并且具备越野和越障能力。该车配备了 1 台 110 kW 发电机用于为车载电机供电，并为车载设备提供 600 V DC、400 V AC 或 24 V DC 供电。在该车的四周和机械臂上分布了 1 个 GPS 接收机、2 个激光雷达、4 个车身高清导航摄像机和 1 套 5 个额外的高清摄像机，其中包括 1 个遥控全方位转动及镜头变焦（PTZ—Pan，Tilt，Zoom）摄像机。

上述装置确保了猎人无人车可执行自主或半自主导航。该公司声称，猎人无人车能够使用用户预设 GPS 航路点计划和执行巡逻路线并判别和规避主要障碍物。该车还可以通过操作员使用方向盘和脚蹬控制台来遥控操纵，这种控制台设计用于直观控制。猎人无人车还配备了多种支持设备，包括液压机械臂和运货箱，它还可以安装探地雷达用于支援陆军工程兵部队。

图 3-55 猎人无人车

3.3.38 波兰演示无人车发射反坦克导弹

波兰军工制造商 ZMT Tarnów 公司公布，Perun（波兰语“雷神”）4×4 无人车首次成功完成了发射 Pirat 反坦克导弹的演示试验。据称，操作员从距离无人车 100 m 的位置遥控发射导弹，导弹飞行 4 s 后成功命中 1000 m 外的靶标。

Perun 无人车根据“配备武器模块用于侦察和作战任务的自主轮式车辆”项目，由波兰 ZMT Tarnów 公司、STEKOP 公司和波兰军事技术科学院在 2018—2021 年联合开发。该项目由 ZMT Tarnów 公司主导并提供了该公司的 ZSMU A3C 遥控武器站；STEKOP 公司主要负责底盘、地形探测、遥控和自主控制。此次演示发射的 Pirat 反坦克导弹由波兰 Mesko 公司和 CRW Telesystem–Mesko 公司联合提供。Mesko 公司除参与开发 Pirat 反坦克导弹外，还是以色列拉菲尔公司 Spike–LR 反坦克导弹的许可制造商。

图 3-56　Perun 无人车发射 Pirat 反坦克导弹

Pirat 反坦克导弹由波兰和乌克兰以乌克兰 RK-3 “Corsar” 便携式反坦克导弹为基础联合开发。Corsar 反坦克导弹由乌克兰 Luch 国家设计局研制，2017 年投入现役，基本指标：长 1160 mm，直径 107 mm，筒弹一体重量 15.3 kg，导弹 + 发控 24.5 kg，激光制导，射程 2500 m，串联破甲战斗部，穿深 550 mm（据称，单价 13 万美元）。Pirat 反坦克导弹有两个型号，Pirat-1 导弹与 Corsar 导弹基本相同，导弹重量减轻为 10.1 kg，战斗部重量 2.5 kg，并配备多种战斗部；Pirat-2 导弹的主要改进是提高了速度，2500 m 飞行时间从 Pirat-1 的超过 12 s 缩短到 5.5 s，配备高爆战斗部主要用于摧毁软目标，实际上成为一种多用途导弹。

图 3-57　Perun 无人车配置与阶段变化

图 3-57　Perun 无人车配置与阶段变化（续）

Perun 无人车在 2019 年的波兰国际国防工业展览会（MSPO2019）上首次亮相。该无人车的公开技术细节很少，目前仅知道总重 900 kg，长约 2 m，高约 1 m，电力驱动，续航 10 h，续航里程 50 km，设计用于城市和复杂地形作战。

根据图片显示，Perun 无人车经历了一系列有趣的发展阶段，大致可分为两个阶段。第一阶段的主要特征是顶部全平面，平台中央安装了武器站，四周的挂钩说明它设计有运输功能。后来武器站增加了导弹发射器，有趣的是，发射筒前端专门设计了一套开盖机构，怀疑原有发射筒在无人运动平台上可能存在问题。第二阶段，车身顶部抬高并缩小平台面积，估计运输功能基本放弃；接着在武器站后方增加了一个安装天线和光电传感器的架子；最后发现车身和架子上又增加了一些传感器。

Perun 无人车的种种变化颇有值得思考之处。

1）无人车发射导弹的系统复杂性。由于 Pirat 导弹不具备类似 FGM-148 标枪导弹“发射后不管”的能力，因此其发控系统更加复杂，并且必须与无人车控制终端进一步集成，另外，天线架限制了发射方向，这又增加了发射流程。

2）无人车集成导弹的必要性。据称，Pirat 导弹的激光照射器具备引导其他激光制导炮弹、迫弹和航弹的能力。也许由无人车提供目标侦察指示和照射，由其他平台发射弹药实施攻击的模式更好。这样不仅能发挥无人车灵活机动的特性，降低系统复杂度，还能更好地融入现有作战体系。

3）Perun 无人车最新的车头中心线激光雷达布局和选型，与韩国韩华防务公司的 I-MPUGV 无人车几乎一样，不知是巧合还是另有隐情。

4）图片显示，Perun 无人车在天线架上增加了一个气象传感器。此类传感器（根据型号）具备探测风向、风速、环境温度、湿度、气压和降水等功能。不清楚该传感器的具体功能和作用以及它是否与导弹发控有关。一般来说，只有枪炮远距离（1000 m 及以上）的精确射击才需要此类数据。

3.3.39 意大利陆军试验机器人自主系统

意大利陆军已启动了普罗米修斯项目，这是一个为期 3 年探索机器人自主系统（RAS—Robotics and Autonomous Systems）在陆军领域应用的项目。

该项目以相关行业和新成立的意大利陆军司令部总体计划部创新办公室联合开展的调研计划为基础。意大利陆军邀请了机器人自主系统领域、行业、学术界和军民用研究中心的所有主要成员，并与其中 18 家机构达成协议成为该项目的技术合作伙伴。

平台供应商包括爱沙尼亚的 Milrem Robotics 公司和 Threod Systems 公司，德国的莱茵金属防务公司，美国的 FLIR Systems 公司、Hippo Multipower 公司和 HDT 公司（通过其代理 PEZT Co 公司），意大利的 Leonardo 公司、Earth Automations 公司和 IDS 公司，

还有提供软件解决方案、模拟仿真和场景的其他公司。普罗米修斯项目启动不到 1 年，意大利陆军与合作伙伴在罗马附近 Cesano 镇的陆军学校举行陆军连队演示解决方案的“能力聚光灯”试验活动。活动期间，第一天开研讨会，第二天现场演示，第三天在班排级演习中使用了一些系统，以便获得人机界面问题的初始结果。

图 3-58 “能力聚光灯”试验

“能力聚光灯”只是试验过程的第一步。意大利陆军还将通过北约支持和采购局（NSPA—NATO Support and Procurement Agency）启动一项倡议，以便系统集成供应商成为安全事项以及试验流程取证的全权负责机构。关键重点是平台、导航传感器、自主软件、控制和任务执行软件以及最终人机界面的集成，这些方面的集成使操作员能够制定计划和分配任务。

这些试验包括一套现实和模拟元素的混合，限于复杂程度和预算规模保持在陆军排级，以便获得更丰富的细节。系统集成供应商将提供结果分析和评估支持。意大利陆军考虑了应用场景来验证机器人自主系统（RAS）的潜力，如拥挤的城市地区（参照 2019 年发布的《2035 年后意大利陆军未来作战环境》文件中所指的百万人口级大都市）。总共分析了 3 个任务，即“城市地区的运动”“城市地区的建筑物清理”和“补给”，其中“补给”包括往返运动、向前方为部队提供补给和向后方运输，即撤离伤员。

这些试验将必须回答 7 个问题：机器人自主系统技术如何帮助排级单位在复杂城市环境下高效执行“搜索和控制”、降低风险并提高应对复杂威胁的作战优势；机器人自主系统技术如何帮助支持目标探测和监视，高效支持对敌人集中的决定性效应（致命效应和非致命效应）；机器人自主系统技术如何支持分布式作战力量的概念（同等质量和致命性但数量更少的地面作战力量）；机器人自主系统技术如何降低己方无人机和蜂群系统的脆弱性；机器人自主系统技术如何通过机动性和反机动性来提供更多的决策时间；

机器人自主系统技术如何保证分布式作战力量在复杂环境下的敏捷指控；机器人自主系统技术如何支持有效和高效的综合后勤补给保障。

意大利陆军计划在 2022 年年初执行最终试验，必须提供的试验结果包括：机器人自主系统是否有用？如果有用，机器人自主系统能为陆军提供什么优势，以及机器人自主系统的使用方式。在此期间，陆军创新办公室不负责签订采购系统的合同，而是向意大利陆军司令部机构提供最终能够进一步执行任务的正确元素。

在此次“能力聚光灯”试验活动期间执行具体演练的内容包括：挑战各公司企业，在模拟 60 mm 迫击炮的炮火下，将其系统部署到步兵学校城市地形军事行动区域的班级演习中。意大利陆军先派出配备现有技术装备的步兵班，最终完成任务但承受了重大损耗，包括伤亡和补给，影响了整体的试验探索。随后意大利陆军先派出大量配备新兴技术资产的队伍重复演习，同样完成任务，不仅一致地降低了损耗，而且用时也更短，步兵班完全能够承担这样的任务。此次试验仅仅是普罗米修斯项目能够为意大利陆军提供机器人自主系统在城市作战行动中应用的一道“开胃菜”。

3.3.40　加拿大推出混动型任务大师 XT 无人车

多年来，莱茵金属加拿大公司凭借其任务大师 8 × 8 电动无人车在市场上一直非常活跃。该公司宣布推出任务大师家族的新型 4 × 4 混动高机动平台，其 8 × 8 无人车名为“任务大师 SP”，4 × 4 平台称为“任务大师 XT”。XT 与 SP 一样，也采用现有最佳平台改装成无人车。XT 无人车基于加拿大 ZEAL Motor 公司的“肥卡（Fat Truck）”工业越野车，而 SP 无人车基于加拿大 Argo 公司的 8 × 8 全地形车。相比 SP 的 600 kg 载荷，XT 的载荷能力达到了 1000 kg。而且混动平台既摆脱了电力驱动的限制，又能在最大载荷下保持越野能力和续航能力。

莱茵金属防务公司称客户想要的某些无人车侦察 / 武器模块，既要求载荷更大，还要无人车保持最大载荷下的两栖能力。这种需求在西欧和很多要渡河和跨越水域障碍的地区都是军队经常面临的现实。XT 无人车由一台卡特彼勒 C2.2 液冷涡轮柴油发动机提供 67 hp 动力，最大速度可达 40 km/h。该车配备 70 L 的油箱，可保证 750 km 行驶里程。刹车通过液力无极变速器减速实现，该变速器还可通过车轮反转实现原地转向。XT 无人车长 3.72 m，宽 2.55 m。不过柴油动力的 XT 不具备 SP 无人车电驱静默行驶的能力，而降低声学特征已经成为一项关键战术优势。

图 3-59 任务大师无人车

新平台越障能力强而且能够轻松应对从松软地形到森林的各种地面条件。XT 无人车能克服 35° 纵坡坡度和 22° 侧坡坡度。它配备了 1640 × 640 × 610 的低接地压力轮胎，其中央冲放气系统可将压力设置为 0.035 ～ 0.28 kg/m^2 之间，该系统的自动模式可根据道路情况自适应调整轮胎压力。XT 无人车在作战载荷下的轮胎接地压力仅略高于 0.10 kg/m^2。轮胎不仅保证各种地形上的高机动性以及漂浮能力，还能在一个或多个轮胎被小口径武器击中后继续执行任务，中央冲放气系统可应对直径最大 2.5 cm 的洞。XT 无人车重量 2217 kg，战斗全重 3217 kg，这将近是 SP 无人车 1700 kg 战斗全重的两倍。

XT 无人车的真正附加价值来源于确保自主驾驶和导航的 PATH 自主车辆工具套件。利用之前在 SP 无人车上完成的工作，该公司仅用 14 个月就使 XT 无人车达到了技术就绪水平 7 级。而且 PATH 套件获得了增强的人工智能附加功能，能够多模式工作，可实现包括图像识别 / 分类、传感器融合和数据关联、同步定位和测绘、障碍物探测和规避、目标分类和跟踪、环境测绘和地形分析、轨迹生成和路线执行、任务规划和任务分配，以及分级多操作员控制。

XT 无人车还是一个可选有人驾驶平台，因为它保留了所有驾驶控制设备，因此只要操作员坐进前部驾驶位置就能开车快速执行小范围机动。自主避障由 3D 激光雷达保证，该雷达还提供物体跟踪功能，主要用于跟随或护送模式。恶劣天气条件下，XT 无人车会用 2 台毫米波雷达补充性能严重降级的激光雷达。为了提高 XT 无人车的生存能力，莱茵金属防务公司还为关键部位附加了装甲来提供一定的防弹保护。

XT 无人车任务系统的设计和制造完全符合多项北约 STANAG 标准和美军标 MIL-STD-6017，这将降低集成任务模块的工作量，XT 无人车还兼容北约标准的作战管理系统。虽然 XT 无人车不能静默行驶，但它配备了一组锂电池，可在静默值守模式下续航 6 h。该车的首个任务模块是货运模块，该公司已经提出多型火力支援模块设计，包括双联 M134 六管 7.62 mm × 51 mm 加特林机枪武器站、长钉 NLOS 导弹发射器、Fieldranger 火箭武器站和巡飞弹模块以及配备 40 mm 榴弹发射器的 Fieldranger Multi 武器站。其他模块还包括监视模块和反无人机模块以及基于小型有源电扫相控阵雷达的战术对空警戒模块。

图 3-60　任务大师无人车的组合化应用

XT无人车的控制终端是一台平板电脑，操作员可以通过它监控平台和任务模块，单个终端能够同时操作多个平台。XT无人车还兼容包括单手控制器、智能手表和单兵系统，以及安装ATAK系统的军用控制器等其他控制系统。XT无人车既可通过CH-53和CH-47直升机吊运，也可通过C-130运输机空运，它还能通过伞降空投为空降兵提供后勤和作战支援，或者空投执行独立任务。莱茵金属防务公司正在将卫星通信系统集成到XT无人车上，来延长其控制距离。另外XT无人车还增加了电子战防护的基础能力。XT无人车目前正在加装最新特性并完成安全性试验，计划很快开始欧洲巡回演示。

3.3.41 土耳其4型无人车竞标土军方中型无人车项目

土耳其军方近期在南部港口城市Mersin开展"中型无人车项目"的竞标，共有4型无人车参与此次竞争，这标志着土耳其国产无人车进入项目的最后阶段。Aselsan公司的产品是Aslan无人车；Havelsan公司的产品是Barkan无人车；Best Group公司的产品是Fedai无人车；Elektroland Defense公司的产品是Hancer无人车。这4型无人车只是平台不同，上装都采用了Aselsan公司的SARP遥控武器站。项目计划通过决赛选手的射击测试来结束本次竞标。据称，土耳其军方从总体检查、机动性、自主性、射击和性能5个方面对无人车进行评估。据称，将有不止一家公司的无人车平台能够获得军方的采购合同，而且土耳其国防采购局将与每个获胜的公司都签署大批量采购订单。

Aselsan公司未公布Aslan无人车（Aslan意为"狮子"）的具体指标，该系统应该与其竞争对手很相似，据称，Aslan无人车可通过卫星通信遥控和传输数据。该公司之前还开发了Kaplan系列无人车（重量105 kg，载荷50 kg，7～11 km/h，控制距离500 m，续航4 h，2.4/5.8 GHz），土耳其军方采购该型无人车用于排爆，Kaplan无人车也可配备7.62 mm机枪的遥控武器站。另外，2020年6月有媒体消息称，Aselsan公司针对中东战场开发了一个大型无人车平台，通过图片对比可以看出中型Aslan无人车应该是这个大型平台的缩小版。

Havelsan公司首次推出Barkan无人车，来进一步扩展该公司的"数字部队"概念。Barkan无人车配备了遥控武器站、光电传感器和数据链路系统，重量约500 kg，据称，Barkan无人车可与无人机通信。

Best Group公司的Fedai无人车（Fedai意为"保镖"）在土耳其军方的监督下完成

设计，重量 400 kg，牵引能力 400 kg，履带宽度 500 mm，最大速度 10 km/h，通视控制距离 1000 m，非通视控制距离 300 m。

Elektroland Defense 公司的 Hancer 无人车（Hancer 意为“匕首”）开发周期仅 5 个月。Hancer 无人车载荷达到 500 kg，充电 3 h 可工作 6 h，控制距离 1500 m。该无人车底盘在复杂地形上具有机动性优势，越障能力达到纵坡坡度 60°，侧坡坡度 30°，越壕宽度 0.6 m。

图 3-61　土耳其 4 型无人车

3.3.42　土耳其 FNSS 公司推出新型影子骑士无人车

土耳其 FNSS 公司是土耳其 Nurol Group 公司和英国 BAE 系统公司的合资企业。FNSS 公司从 2018 年开始研发无人车，曾在 2019 土耳其国际防务展（IDEF2019）上展出其影子骑士遥控原型车。在 IDEF2021 展会上，该公司展出了新型影子骑士无人车。FNSS 公司选择老式低成本的 M113 装甲车作为无人车的平台，除了改装成无人车用于某些高风险任务以外，应该还考虑要扩展开发一系列可消耗的重型无人车。只是在这个全机械系统上建立自主控制和机械指令之间接口的工作非常复杂。M113 装甲车是美国陆军从 20 世纪 60 年代开始装备的履带式装甲运兵车，各种改型总计制造了超过 8 万辆。土耳其作为北约盟国引进并装备了超过 3000 辆。影子骑士无人车基本指标：重量 13.5 t，尺寸 5.5 m × 3 m × 2 m，载荷 4500 kg，最大公路速度 50 km/h，续航里程 450 km，纵坡坡度 60°，侧坡坡度 30°，越障 0.6 m，越壕 1.6 m。

图 3-62　新型影子骑士无人车

FNSS 公司在 IDEF2021 上称，新型影子骑士无人车具备自主返回、障碍物探测规避、航路点导航和巡逻，以及 GPS 失效区域跟随能力。为实现上述功能，FNSS 公司为平台配备了 5 个激光雷达：车体 4 角配备了 4 个 32 通道激光雷达，车身正前方中央配备了 1 个 64 通道激光雷达；车身正前方还配备了 2 套立体摄像头，据称，这是应急感知系统；由 3 个多传感器组件构成左右和后方的 360° 态势感知套件。

该无人车还配备了 1 个装有 25 mm × 137 mm 大毒蛇 M242 机炮的遥控武器站。虽然该武器站的外观有所改变，但应该是以 FNSS 公司 SABER-25RCT 遥控武器站为基础的改型，根据对比判断武器站宽度减小，应该是取消了原有的 7.62 mm 并列机枪。操作员与无人车通过两通道通信系统、战术无线电或商用 5G 系统保持连接。

影子骑士无人车配备了惯导和卫星导航系统，卫星导航系统采用了土耳其 Tualcom 公司基于“受控接收模式天线”技术的 GPS 天线来抗干扰，从而保证自主控制的航路点导航、巡逻和 GPS 失效区域的跟随能力。

FNSS 公司展示了影子骑士无人车执行环境识别任务的情况。无人车的传感器不仅用于导航，还用于通过测绘地图和识别潜在障碍物来提供动态避障能力，据称，目前该系统处于 4 级技术就绪水平，即实验室环境下验证阶段。展示现场有 2 个控制台，一个是操作员控制台用于遥控指令控制，另一个用于显示自主控制系统提供的数据。显示屏幕分为 5 个区域，左侧顶部的主窗口用于显示基于所有激光雷达获得信号的计算机生成俯视图，右侧窗口显示 64 通道正前激光雷达提供的视图，下方 3 个较小的窗口则从左到右显示立体摄像机的白天图像、所有激光雷达的广角图像和红外立体摄像机的图像。

FNSS 公司称他们正在推进系统的验证和认证工作，并将与土耳其国防工业局签订合同。据称，土耳其陆军的无人车分类为三级制，重型 10 t 以上，中型 2 ～ 10 t，轻型 2 t 以下，影子骑士无人车显然属于重型无人车。该公司计划为影子骑士无人车配备多种上装系统，包括配备 25 mm 机炮或 12.7 mm 机枪的遥控武器站、多旋翼无人机、多管发射器的巡飞弹系统、ISR 光电桅杆和破障扫雷套件。

3.3.43 乌克兰 4 × 4 无人车成功通过合格性试验

乌克兰负责武器和军用装备验证的国家科研机构于 2020 年 12 月 1 日公布，新型 4 × 4 无人车成功通过一系列合格性试验。

该无人车由一家名为 Roboneers 的乌克兰公司设计制造，可由一名操作员遥控操作，

图 3-63　新型 4×4 无人车

设计用于执行包括侦察、探测摧毁、运输以及护送等多种任务。该车还可用于撤离受伤的军事人员。该无人车装有一个配备苏制 DShK 12.7 mm 重机枪的遥控武器站，弹药箱备弹 400 发。武器站可覆盖 360° 范围，具备可见光和夜视观察能力，还配备热成像系统。操作员可通过保密无线电遥控，还配备一条备用光纤线缆。该车总重 1000 kg，载荷可达 600 kg。该车为电力驱动，可以 20 km/h 的最大速度行驶 130 km。正常载荷条件下，该车可一次工作 11 h。完全用电池操作时，该车可工作 2 h。其车载发电机可在偏远地区用于供电。该车长 2.8 m，宽 1.7 m，高 1.3 m，离地间隙 40 cm。其 4×4 独立车轮控制和柔性结构底盘保证了全地形条件下的机动能力。该车可装备各种传感器用于搜集和传输数据以及导航与跟踪。传感器还与 C4VISION 系统兼容，可以通过预定义航路点实现自主导航，并且能够在任务完成后自动返回。

新型 4×4 无人车，也称该无人车为“Camel（骆驼）4×4 无人车”，但该公司官网上的命名却明确按照任务类别分为武装侦察型的“Ironclad（铁甲）无人车”和后勤运输型的“Camel（骆驼）无人车”，为防止混淆，本书中均称其为新型无人车。

1）在 2019 年阿布扎比防务展上，Fahd（法赫德）无人车的设计特点是，底盘由中间柔性连接的前后两个模块构成，全电 4×4 独立驱动，前部模块内装有一台 15 kW 柴油发电机，后部模块内装有锂电池，前部模块上配备一个 7.62 mm 机枪的 Shabyla 遥控武器站（包括 1000 发弹药，总量 130 kg），后部模块上配备一个四旋翼无人机和起降平台，前后两个模块共配备 6 个高清 / 近红外摄像机，具有 360° 视野，通信模块波段 4.9 ～ 6.1 GHz，通信距离 20 km，数据传输速率 100 Mbit/s，图传延迟 0.2 秒，通信天线上方好像配备了全景摄像模块，车体正面和侧面覆盖附加装甲，据称可抵御 7.62 mm 步枪弹。

平台基本指标为：2564 mm × 1720 mm × 945 mm，包括武器站总重 1100 kg，另有 200 kg 载荷冗余，混动模式下续航 8～10 h，纯电模式续航 1～1.5 h，最大速度 20 km/h，纵坡坡度 30°，侧坡坡度 33°。

图 3-64　Fahd（法赫德）无人车

2）配备 12.7 mm 重机枪武器站的“铁甲”无人车是“法赫德”无人车的升级版。从尺寸 2.8 m × 1.7 m × 1.3 m 可以看出，“铁甲”无人车的长度和高度都增加了不少。另据《简氏防务周刊》2019 年 10 月消息称，“铁甲”无人车重量为 1500 kg，车辆配备了液冷系统以适应高温环境，这也可以从车辆侧面和后面更大面积的散热格栅看出来，而且纵坡和侧坡能力都达到 35°。

其他比较明显的变化还包括：通信系统的天线更大，而且改为双天线配置；车体前部模块配备 2 个向前的摄像头，后部模块仍然配备 3 个摄像头；车体正面装甲覆盖面积增大，但散热格栅位置的装甲取消；由于武器升级后射程增加，武器站的观瞄系统似乎也更先进了。

图 3-65 “铁甲”无人车

3.3.44 西班牙推出 Valkyrie6×6 两栖无人车

西班牙 SASCorp 公司在西班牙国际安防展（FEINDEF2021）上首次展示了军用 Valkyrie 两栖无人车原型车。SASCorp 公司的主要业务是计算机模拟试验军用地面平台遭遇的各种爆炸和动能攻击，并根据研究结果对平台进行优化。该项目从大约一年前开始，最初该无人车称为 Tellus，但现在 SASCorp 公司明显将该项目一分为二，Valkyrie 无人车为军用型，将配备装甲和多种遥控武器站；Tellus 无人车为民用型，主要用于执行森林灭火、抢险救灾和医疗运输。目前军用 Valkyrie 无人车完成了原型车制造，应该已经进入试验阶段。而民用 Tellus 无人车尚处于概念阶段，也许计划等 Valkyrie 无人车达到一定成熟度后直接转民用。

现在 Valkyrie 两栖无人车原型车的基本指标：陆地应用自重 7.5 t，载荷 4.3 t；两栖应用自重 5.5 t，载荷 1.8 t，尺寸 5 m×2.5 m×1.7 m，垂直越障 0.7 m，纵坡坡度 60°，侧坡坡度 30°，涉水深度 1.7 m，轮胎规格 13R20，混合动力系统，一台 350 hp 的涡轮增压柴油发动机用于为电池组充电，最大速度 40 km/h，续航 8 ～ 10 h，纯电驱动行驶里程 3 km，数据链控制距离 10 km（另外可选配卫星通信），水上航行时可选配 2 台意大利 Castoldi 公司的喷水推进器，最大浮渡速度 6 节（11.1 km/h）。

图 3-66　军用 Valkyrie 与民用 Tellus 无人车

Valkyrie 两栖无人车的平台构型使其越野性能非常出色，展出的原型车能够将中间车轮高高抬起，越障高度 0.7 m 应该是采用这个 6 × 6 高机动平台的原因。另外据称，该无人车可通过附加装甲使防护能力达到 STANAG4569 四级水平，按照防弹标准规定，等于能够抵挡 200 m 距离上 14.5 mm × 115 mm 重机枪穿甲弹的射击。上装方面，Valkyrie 无人车凭借较大的载荷，可以选择配备 7.62 mm 机枪至 30 mm 机炮的多种遥控武器站以及其他精确制导武器，还计划通过功能模块使其具备扫雷排爆、伤病员运输和侦察功能。目前，Valkyrie 无人车通过车载激光雷达、近红外和远红外传感器获得有限自主能力，未来计划实现航路点导航、跟随和标准自主驾驶模式。

图 3-67　军用 Valkyrie 无人车配置与应用

值得注意的是，Valkyrie 无人车（包括 Tellus 无人车）的两栖机动性和越野能力是目前多数无人车都不具备的，那么这样的需求从何而来？很明显，越野能力的需求应该来自该项目的目标客户——西班牙陆军。据称，此次展示的是内部原型车，预计一年半之后要交付最终形态原型车，将来作为西班牙陆军的重型无人车装备部队。西班牙地图显示，这个伊比利亚半岛国家的地形以高原和山地为主，所以基本上可以将西班牙陆军理解为机械化山地步兵。而两栖机动性则应该来自西班牙海军（包括海军陆战队）的潜在需求。西班牙作为曾经拥有庞大海外殖民地的帝国，现在对南美洲和非洲很多地区仍有不小的影响力。而拥有小型航空母舰和两栖攻击舰的西班牙海军当然需要考虑为海军陆战队两栖行动提供支援的问题。如果 Valkyrie 两栖无人车最终能够成功满足上述需求，那么其国际市场空间将不可小觑。

3.3.45 新加坡展示无人平台指挥控制装甲车

新加坡航展上，新加坡 ST Engineering 公司展示了集成无人机和无人车指控功能的 8×8 装甲车全尺寸实体模型，该模型基于 ST Engineering 公司的 Terrex3 装甲车。

Terrex 系列 8×8 装甲车是该公司为新加坡军队开发的重型高机动轮式战车平台，据称，装备数量超过 430 辆，是新加坡军队的主要作战车辆之一。Terrex 装甲车第一次出现在国内公众的视野是在 2016 年 11 月，当时我国国防部宣布“暂扣从台湾经由香港返回新加坡的 9 辆 Terrex 装甲车接受检查”。这些装甲车曾在台湾执行过“星光计划”（军事训练 / 演习），这是 1974 年由李光耀和蒋介石协定的新加坡军队海外训练，而此次扣押事件终止了持续四十多年的台新“地下军事合作”。

除集成无人机和无人车以外，该装甲车平台还展示了混合动力系统和轮毂电机驱动等新技术特性。该车的混合动力总成设计是内燃机发电为电池组充电，然后有两个驱动选项，一是电池组为轴传动电机供电驱动，二是电池组为轮毂电机供电驱动，据称，系统总功率超过 1000 hp。轮毂电机组件由英国 QinetiQ 公司适配 20 英寸轮缘的 55 kW 轮毂电机和法国 Texelis 公司的 Texelis T750 油气簧悬挂系统组成。参考 Terrex3 装甲车采用的 711 hp 卡特彼勒 C13 涡轮增压柴油发动机，该混动方案的能力提升很大。而且据消息称，与现有 Terrex 系列装甲车相比，混动系统能使其续航里程增加 20% 达到 600 km，最大速度增加 10% 达到 110 km/h。

图 3-68 Terrex 装甲车

Terrex 装甲车的特性还包括了驾驶员的 180° 视野的全数字“透视装甲”驾驶系统和车长 / 炮长的 360° 周视态势感知系统。而作为无人平台指控车，原来装载 11 名步兵后部载员舱将用于安装无人机和无人车的操作员控制台。此外，为了提高该车在软质复杂地形上的机动能力，ST Engineering 公司还为 Terrex 装甲车专门配备了“套轮履带”，可以通过在前面两组车轮上加装橡胶履带的方式，来增加牵引力并降低地面压力。

Terrex3 装甲车基本指标：尺寸 8.5 m × 3 m × 2.8 m，总重 35 t，载荷 12 t，车组 2 人 + 载员 11 人，最大速度 88 km/h，续航里程 520 km，接近角和离去角都是 40°，纵坡坡度 60°，侧坡坡度 30°，越障 0.7 m，越壕 2.1 m，涉水 1.8 m。

无人车方面，此次航展上展示了安装了该公司“蝰蛇”遥控武器站的 Jaeger-8 型 8 × 8 无人车（长 2.9 m，其他指标尚不明确），遥控武器站配备了 12.7 mm 机枪。Jaeger 系列无人车（Jaeger 是德语猎人 / 步兵的意思）是 ST Engineering 公司旗下 ST Kinetics 公司开发的产品。2018 年新加坡航展首次展示的是 Jaeger-6 6 × 6 无人车，Jaeger-6 无人车基本指标：尺寸 2.5 m × 1.5 m × 0.85 m，重量 750 kg，载荷 250 kg，续航 48 h，最大速度 16 km/h，控制距离 1000 m。

图 3-69　Jaeger 系列装甲车

根据概念设计，无人平台指控装甲车将成为控制无人平台的网络节点，来汇集和处理通过无人车和无人机获取的各种信息用于战场管理。这种强防护高机动指控平台无疑比目前普遍的操作员手持式控制终端具有更强大的指控和综合管理能力，也将是地面有人 – 无人协同的发展方向。

3.3.46 北约成员国特种部队装备 DOGO 机器人

通用机器人公司带着新型 DOGO Mk II 战术机器人参加了 2019 国际防务与安全装备展览。

该新型机器人经过优化，用于在建筑物内和地下环境中辅助 SWAT 特警进行室内近距离作战（CQB）。通过更快的“点 + 射”界面，DOGO 机器人可以精确移动，指示目标并通过在屏幕上简单地点击来使用致命或非致命武器。

DOGO MkII 重 12 kg，具备越障和爬楼梯能力，它内置 8 个摄像头来提供 360° 实时视频和瞄准线视角，还可以在解救人质时进行语音通话。DOGO 还可配备非致命的胡椒喷雾或致盲灯模块，作用距离 5 ～ 10 m。DOGO 机器人内置手枪组件可以用致命火力攻击目标，黑暗或地下环境下，它可以使用激光指示器和近红外照明进行操作。

据通用机器人公司 CEO 沙哈表示，目前机器人市场主要由设计用于排爆（EOD）的机器人主导，而技术的进步现在已经使机器人反应更加灵敏、精确且致命而不会影响安全。DOGO 机器人可在室内近距离作战中作为侦察监视手段并起到尖兵的作用，从而避免由敌方或友军火力造成的伤亡。据称，DOGO Mk II 已经交付北约成员国的特种部队，并接到了若干其他用户的预订。

图 3-70 DOGO 机器人

3.3.47 阿联酋与波兰联合发布可配备巡飞弹的自主无人车

阿布扎比国际防务展（IDEX 2021）上，Milanion Group 公司的新型 AGEMA 无人车安装 MSP 公司下一代巡飞弹系统首次亮相。阿联酋的 Milanion Group 公司与波兰的 MSP 公司成功达成合作协议，将为自主无人车配备巡飞弹。

图 3-71　配备巡飞弹的自主无人车

AGEMA 无人车具备两栖作战能力，设计用于提供多种任务支援，而且已经通过最严苛的极端条件试验。此次 AGEMA 无人车与 MSP 公司的“皮蝇”（Warble Fly）靶机攻击系统（Air Target Fire System）相结合，可为用户提供远距离精确探测、跟踪和打击能力。“皮蝇”巡飞弹在发射后，如果需要中断攻击还能够安全地改变航向在着陆区降落并回收。

Milanion Group 公司，全称 Milanion Group LLC，是一家总部在阿布扎比的阿联酋高科技防务公司，主要业务是设计开发制造无人自主平台，该公司的主要产品是 AGEMA 无人车和 Milanion 无人艇（USV）。根据《简氏防务周刊》消息，Milanion Group 公司在无人艇项目上与 Tawazun 经济委员会是合作关系，因为掌握无人艇技术的 Marakeb Technologies LLC 公司 30% 的股权在 2019 年被 Tawazun 收购。

新型 AGEMA 无人车，该车是 Milanion Group 公司的主要产品。基本指标：重量 602 kg，尺寸 3.021 m × 1.423 m × 2.095 m，载荷 622 kg（陆地）/330 kg（水上），速度 29 km/h（陆地）/3 km/h（水上），发动机是一台美国 Briggs & Stratton 公司的 Vanguard Marine 40 hp EFI 双缸发动机，该发动机一般用作小型摩托艇外挂机。该车现在有运输和作战两种变型，作战型一般配备 EOS 公司的武器站。

MSP 公司，全称 MSP InnTech Ltd.，是一家波兰私营无人机制造商，该公司成立于 2001 年，总部在华沙。该公司设计制造了多型从 0.5 ～ 150 kg 各种用途的无人机系统。目前似乎其“皮蝇”巡飞弹系统已经通过与阿联酋本地公司合作初步打入中东国际市场，只是与无人车的集成方式还非常简单。

图 3-72 Milanion Group 公司及 AGEMA 无人车

“皮蝇”靶机攻击系统（Air Target Fire System），基本指标：最大起飞重量 6 kg，长 1.05 m/1.35 m（筒长），翼展 1.65 m，直径 150 mm，巡航速度 80 ～ 95 km/h，最大速度 150 km/h，续航 25 min，航程 5 ～ 10 km，操作高度 50 ～ 250 m（离地高度），升限 500 m（离地高度），采用便携式发射筒发射。

图 3-73　MSP 公司的“皮蝇”巡飞弹

3.3.48　阿联酋无人车进军乌克兰市场

在乌克兰基辅举行的 2021 武器和安防展会上，Milanion 公司展示了 AGEMA 无人车，并在展会上吸引了人们的关注。该公司已经与乌克兰的 Ukrainian Armor 公司签署了一份 AGEMA 无人车代理权的谅解备忘录。AGEMA 无人车是一型模块化多用途两栖无人车，平台基本指标：重量 602 kg，尺寸 3 m × 1.4 m × 2.1 m，陆地载荷 622 kg，水上载荷 330 kg，配备 1 台美国 Briggs & Stratton 公司的 V–Twin 40 hp EFI 发动机（一般用作摩托艇外挂机），陆地速度 29 km/h，水上速度 5 km/h，通信系统可采用组网数据链或 4G LTE 和卫星通信。

图 3-74　AGEMA 无人车

Milanion 公司称，该无人车可通过安装各种上装模块，来执行包括后勤补给运输、火力支援、ISR、反坦克、无人机放飞和反无人机以及伤病员后撤、道路破障排爆等任务。目前通过网络搜索能够找到的 AGEMA 无人车任务模块类型包括：基本运输 / 侦察型；配备澳大利亚 EOS 公司 R400 遥控武器站（30 mm × 113 mm 口径 M230LF 机炮，重量 355 kg，备弹 150 发）的火力支援型；配备澳大利亚 EOS 公司 R150 遥控武器站（7.62 mm × 51 mm 通用机枪，重量 118 kg，备弹 400 发）的“反无人机”型；配备波兰 MSP 公司“皮蝇”巡飞弹的“无人机放飞”型。

Milanion 公司称乌克兰是该公司的一个重要市场，在与 Ukrainian Armor 公司合作后，将利用乌克兰公司的能力和资源进入军方市场。Ukrainian Armor 公司是一家乌克兰军工制造商，主要产品包括多型 4 × 4 装甲车，60 mm/81 mm/82 mm/120 mm 迫击炮系统和特种车辆。虽然通过本地代理商更容易获得军方的认可，但笔者认为乌克兰的战场环境并不适合 AGEMA 无人车的应用。毕竟乌克兰的对手是俄罗斯，与中东和北非的低烈度对抗相比，战场环境接近中高烈度对抗，AGEMA 无人车的无装甲发动机前置构型，除后勤运输外，应用场景的生存能力恐怕很低。

3.3.49　俄罗斯工程兵获得 Uran-6 和 Uran-14 机器人

俄罗斯工程兵继续接收扫雷和消防机器人。俄国防部新闻办公室称 Uran-6 扫雷机器人和 Uran-14 消防机器人的交付工作仍在继续，俄工程兵已经接收了 15 台 Uran-6MRTK-R 和 7 台 Uran-14MRTK-P 系统，并计划在 2021 年向俄工程兵交付 20 台 Uran-6 和 17 台 Uran-14 机器人。

图 3-75　Uran-6 和 Uran-14 机器人

Uran-6 扫雷机器人设计用于进入雷场并清除爆炸物，操作员可在 1 km 距离上遥控操作，因此该系统免除了战斗工兵与爆炸物的直接接触。这样就确保了更高效的扫雷行动，而工程兵的能力也因此得到极大加强。据之前的新闻消息称，俄军已经在莫斯科地区的国际扫雷中心开展针对升级型 Uran-6 扫雷机器人的操作员培训。而 Uran-14 是一型可以在危及生命的高温下工作的消防机器人。

Uran-6 扫雷机器人，是俄罗斯 JSC766UPTK 公司设计制造的军用扫雷机器人，有西方媒体称，Uran-6 扫雷机器人是克罗地亚 DOK-ING 公司 MV-4 扫雷无人车的“俄罗斯版本”，虽然二者在外形上很相似，但尚无法证实这种说法。

Uran-6 扫雷机器人基本指标：重量 6.8 t，尺寸 4.45 m × 2.01 m × 1.49 m，载荷能力 1000 kg，可配备多种扫雷工具，车顶部配备 4 个摄像头可提供 360° 视野，扫雷作业宽度 1.72 m，可扫除 1 ～ 4 kg TNT 爆炸物 / 地雷，1 名操作员控制距离 1 km，配备 1 台 240 hp 柴油发动机，扫雷速度 2 km/h，最大速度 5 km/h，比功率 32 hp/t，可连续工作 5 h，越障高度 1.2 m，越壕宽 1.5 m，可爬 20° 斜坡。

Uran-14 消防机器人，是俄罗斯 JSC766UPTK 公司设计制造的军用消防机器人，从图片判断该系统可以与 Uran-6 扫雷机器人配合使用执行扫雷过程中的灭火任务。基本指标：重量 14 t，尺寸 3.8 m × 2.1 m × 2.02 m，2 个水箱容量 2000 L 水和 600 L 泡沫，配备可搬运 2000 kg 障碍物的 1.8 m 宽推土铲和旋转夹钳，配备光电 / 红外传感器可提供 360° 视野，2 名操作员控制距离 2 km，配备 1 台 240 hp 增压柴油发动机，最大速度 12 km/h，消防系统工作压力 1000 kPa，喷水距离 50 m，越障高度 0.4 m，越壕宽 1.2 m，可爬 15° ～ 30° 斜坡，车体具备防爆、防水设计，可在高温环境下工作。

Uran-9 也是该公司的产品，曾经在叙利亚战场进行过试验，还在莫斯科红场阅兵上出现过。基本指标：重量 10 t，尺寸 5.12 m × 2.53 m × 2.5 m，公路最大速度 35 km/h，越野速度 10 ～ 25 km/h。Uran-9 的炮塔配备一门 30 mm 2A72 机炮、一挺 7.62 mm PKT/PKTM 同轴机枪，另外炮塔上可配备 4 枚射程 6 km 的 9M120-1 反坦克导弹、6 枚 93 mm 火箭助推燃烧弹，以及 4 枚便携式防空导弹。Uran-9 机器人由 1 辆战术卡车上的指控方舱控制，控制距离 3 km。据新闻消息称，Uran-9 虽然机动性能、载荷能力和火力都很强，但是通信系统似乎不是很可靠，不仅在叙利亚多次发生通信中断故障，在红场阅兵时也要通过卡车运输展示。另外在炮塔上大量堆砌多种武器系统，除了增加指控、观瞄和通信系统的负担以外，还很容易在遭到攻击时发生殉爆。还有一个明显的弱点是指控车辆无防护，在有限的控制距离上无法保证操作员的安全。总之虽然俄罗斯陆军于 2016 年采购了 22 辆 Uran-9，但是明显还处于试验阶段。

图 3-76　Uran-6 和 Uran-14 机器人应用

3.3.50　俄罗斯 Marker 无人车试验平台的最新发展情况

Marker 无人车试验平台是俄罗斯的先进研究项目基金会（FPI）与机器人技术科学生产协会（SPAAT）两家公司联合开发的履带式和轮式无人车试验平台。大家不要被“基金会”和“协会”的名称所迷惑，先进研究项目基金会是一家由普京总统于 2012 年发起建立的先进军事研究机构，主要接受俄罗斯国家领导机关对国防技术项目的研究任务，其作用类似于美国国防高级研究计划局（DARPA）。

机器人技术科学生产协会是一家成立于2009年专门研发机器人系统的公司，该公司的著名产品之一是FEDOR人形机器人，该机器人的设计应用领域包括航天员辅助、军用扫雷和伤员救助、高辐射环境下工作和应急救援。

图3-77 Marker无人车与FEDOR人形机器人

Marker无人车试验平台项目于2018年3月启动，2019年下半年首次亮相。Marker无人车最初展示了自动规划路线和在城市以及恶劣地形上的自主运动。先进研究项目基金会官网上显示，Marker无人车的研究方向包括：自主控制、定向导航、计算机视觉、群组互动、混合动力系统和载荷管理。在2019年年末发布的视频展示了它与操作员配合攻击及其与无人机配合行动的能力。操作员用一支配备多种光学传感器的步枪为Marker无人车的武器系统提供目标指示，还通过语音指令控制无人车的行动。这既是将操作员转换为目标指示侦察兵的尝试，也是一个收集目标选择数据的过程。Marker无人车在车身后方有一个空间很大的载荷舱，可以自动释放多架小型无人机（15架分3组），通过组网执行侦察任务；或者配备大型系留无人机和小型组网无人机，由系留无人机执行地图测绘和规划路线等任务，由组网无人机执行目标探测识别任务。据称，Marker 无人车还有计划装备“自杀无人机”（也就是巡弹）。

图 3-78　Marker 无人车配置

2020 年 12 月，有消息称，Marker 无人车已成功完成了 30 km 的自主远程机动试验。其间 Marker 无人车用 1.5 h，按照规划路线和航路点自主穿越一片被冰雪覆盖的西伯利亚荒原。但由于相关消息的模糊和相互矛盾，无法确定究竟是轮式还是履带式 Marker 无人车完成了此次试验。据称，履带式平台有较大改进，不仅从之前的 4 对负重轮改为 5 对负重轮，还将之前的大型导向轮改小，整体上更接近坦克行动机构的设计，应该提高了平台的运动稳定性和行动机构的强度。最近两辆轮式和一辆履带式 Marker 无人车又用时 5 h 41 min 自主（操作员仅选择开始点和结束点）行驶了 100 km，其中路面行驶 60 km，越野 40 km。据称，Marker 无人车设计具备在平整路面上行驶 48 h 并在恶劣地形上行驶 24 h 的能力，即最大续航 3 天，其最终目标是自主行驶 200 km，这与美国国防高级研究计划局的 210 km 自主行驶挑战目标相似。

图 3-79　Marker 无人车自主远程机动

有消息称，Marker 无人车已完成了在航天发射场执行保卫巡逻的试验。试验在位于俄罗斯远东阿穆尔州的沃斯托克尼（东方港）航天发射场持续了 10 天。Marker 无人车在安保人员的陪同下采用“敌我识别”模式执行巡逻任务，这要求将所有发射场人员的信息数据库“装订”到 Marker 无人车上，它就可以对闯入者进行“敌我识别”了。如果仅采用人脸识别技术未必能够满足所有场景的需要，但由于没有任何细节描述，尚不清楚采用的具体技术。不过据称，俄罗斯航天国家集团公司对 Marker 无人车的表现非常满意，并希望它将来可以用于更多发射场的安保工作，如位于哈萨克斯坦的拜科努尔发射场，这无疑对于地广人稀的俄罗斯来说意义重大。

先进研究项目基金会称他们已经开发并制造了 5 辆 Marker 原型车，其中 2 辆为轮式（3 轴 6 轮的 4 轮驱动设计），3 辆为履带式。根据图片比对可以发现，轮式和新型履带式 Marker 无人车上配备了更多传感器，这应该是其自主行驶能力提高的关键。另外据称，在三车联合行动试验中，Marker 无人车已经具备了群组独立侦察和识别有条件目标的能力。无人车之间进行数据交换和目标分配，并寻找优化射击位置和根据情况做出反应。该能力的最终目标是在操作员保持最大距离的情况下，无人车能够独立执行各种任务。如果能够实现的话，这将有助于 Marker 无人车摆脱类似俄罗斯天王星 -9 无人车的窘境，毕竟目前大部分无人车都采用遥控控制，通信距离一般只有 2 ～ 5 km，而复杂环境下的稳定大带宽数据传输有时只有 1 ～ 2 km。

图 3-80　Marker 无人车改进与配置

Marker 无人车试验平台的各种试验和技术进步的确为我们提供了很多有价值信息和技术开发方向的参考，不过遗憾的是，到目前为止，尚未获得 Marker 无人车的基本指标。我们仅能猜测其尺寸大约为 3.5 m × 2.1 m × 1.2 m，重量在 3000 kg 左右，载荷在 2000 kg 左右，油电混合驱动，据称，轮式速度可达 80 km/h，履带式速度可达 70 km/h。Marker 无人车常见的武器上装是 1 挺 7.62 mm 机枪和 2 具 /4 具 RPG–26 火箭筒。虽然它的载荷能力足以提供更强大的火力输出，但是作为一个试验平台，目前的上装应该已经能够满足需要，毕竟使用复杂庞大的武器系统不是 Marker 无人车的开发目标。

3.3.51　美国陆军用 20 台运输无人车进行评估

美国陆军选择了四家公司进入班组多用途装备运输车（SMET—Squad Multipurpose

Equipment Transport）项目的第二阶段，此项活动是为了开发一型帮助下车作战步兵运输装备的无人车。其中最典型的就是 HDT 全球公司（HDT Global，简称 HDT）提供的新型机器人平台“猎人狼”。

新型机器人平台“猎人狼”是 6 × 6 电驱全地形车，其峰值功率为 130 hp，最大速度 22.5 km/h，载荷 450 kg 时用内部燃油可行驶 100 英里（160.9 km），可无补给工作超过 72 h，爬坡能力达到纵坡 70°，采用滑动转向实现高机动。

为了满足美国陆军班组多用途装备运输车项目，从 2012 年开始研发，最近刚完成了第一阶段评估，猎人狼系统在历时 23 h 的 60 英里（96.6 km）续航测试中，其速度比所有竞争者都快。猎人狼的动力系统为 JP-8 燃油机加电驱的串联式混动系统，具备“静默驱动”和“静默观察”能力。20 kW 车载发电机不仅用于电池充电和支持步兵，还可以在停车无载荷时为外部系统提供 3 kW 电力。

图 3-81　机器人平台“猎人狼”

3.3.52　美国海军陆战队采购“半人马”无人车

《简氏防务周刊》2020 年 4 月 6 日消息称，美国海军陆战队与 FLIR 系统公司签订了一份 1860 万美元的合同，采购超过 140 台“半人马”无人车，预计 2020 年三季度开始交付。

图 3-82　“半人马”无人车

“半人马”无人车设计用于提供远程探测、识别和处理危险物质的能力，陆战队将使用该无人车帮助排除路边炸弹（IED）和未引爆弹药。“半人马”无人车为陆战队提供多功能中型无人车并能够补充 FLIR 系统公司其他小型无人车

FLIR PackBot 和机器人 FirstLook 的不足。该无人车重量 74 kg，可在 5 min 内完成部署，一次续航 8 h，最大速度 6.5 km/h，越障高度 26.7 cm。它使用 5 自由度机械臂，可伸出 1.9 m 长。

2020 年年初，美空军通过 2300 万美元的合同订购了大约 200 台“半人马”无人车。2017 年，美国陆军选择 Endeavor 机器人公司的中型机器人作为美国防部“人员可搬运机器人系统加强版 II”（MTRS Inc II—Man Transportable Robotic System Increment II）项目的一部分。2018 年，Endeavor 机器人公司由 FLIR 系统公司收购。

FLIR 系统公司是世界上最大的设计和生产热成像相机、部件和成像传感器的商业公司。该公司位于美国俄勒冈州威尔逊维尔，1978 年成立，在全球有超过 2700 名员工，该公司是标准普尔 500 指数的指标公司之一，2019 年营业额为 18.9 亿美元。

图 3-83　FLIR PackBot 小型无人车

图 3-84　FLIR FirstLook 机器人

3.3.53 美国陆军将 MCT-30 武器站与中型机器人战车相结合

美国陆军宣布 Kongsberg Defence & Aerospace 公司将为陆军的中型机器人战车原型车配备其 MCT-30 “保护者” 中口径遥控武器站（Medium Caliber Remote Weapon Station）。

美国陆军设想采用 3 个级别的机器人战车——轻型、中型和重型构成美国陆军有人平台与无人平台联合作战概念下的无人作战平台体系，其中轻型计划小于 10 t，中型 10 ～ 20 t，重型 20 ～ 30 t。目标是通过探索现有技术状态来验证有人 / 无人协同编组（MUM-T—Manned/Un Manned Teaming）以及提高编队效率。前期美国陆军继续使用 2 型较小级别的车辆，选择 QinetiQ North America 公司制造轻型机器人战车原型车和 Textron 公司制造中型机器人战车原型车。目前 M5 无人战车的水平应该属于中型级别，Milrem 公司 12 t 无人战车应该也是针对这个级别开发的。

图 3-85 MCT-30 武器站与中型机器人战车相结合

Kongsberg Defence & Aerospace 公司副总说，此项决定才正式做出，之前美国陆军选择该公司为其轻型机器人战车原型车配备通用遥控武器站加标枪反坦克导弹（CROWS-J—Common Remotely Operated Weapon Station-Javelin），现在有了 2 个合同，Kongsberg 公司计划创建一个通用架构。

MCT-30 “保护者” 中口径遥控武器站（Medium Caliber Remote Weapon Station）属于 Kongsberg Defence & Aerospace 公司 “保护者” 系列的武器站产品。该武器站设计用于轮式和履带式装甲战车，可配备 25 ～ 50 mm 链式机关炮，一般主武器为一门 XM81330 mm Mk44 大毒蛇链式机关炮和一挺 7.62 mm 同轴机器，还可根据需要再配备一个 “保护者” 机枪武器站，基本防护水平为 STANAG4569 一级，可在正面和侧面增加模块化装甲板。

图 3-86　MCT-30“保护者”中口径遥控武器站

图 3-87　通用遥控武器站加标枪反坦克导弹

远征模块化自主车辆（EMAV—Expeditionary Modular Autonomous Vehicle）是美国海军陆战队提出的项目，由 Pratt & Miller 公司开发。

图 3-88　远征模块化自主车辆

3.3.54　美国海军用装甲车发射反舰导弹

近日，美国大型国防合约商雷声公司与美国海军陆战队联合成功演示了 NMESIS 系统。该系统使用由现役装甲车 JLTV 改装的 ROGUE 无人车，通过发射现役的反舰导弹 NSM，提供了一种新型移动式沿海导弹防御系统。本次演示首次验证了地面无人车发射反舰导弹，且可直接击中海上目标的能力。

NMESIS 系统是海军 / 海军陆战队远征舰船遮断系统的缩写，由 JLTV 改装的无人车与 NSM 反舰导弹组成。系统用途是从海岸攻击敌方舰艇支援美国海军控制海面。NMESIS 系统的无人车是由现役 JLTV 装甲车改装的 ROGUE 无人车。JLTV 装甲车是美军的联合轻型战术车辆，该车自重 6.3 t，载荷 2.3 t，最大速度 113 km/h。

图 3-89　NMESIS 系统

NSM 导弹是一型低可见度高机动性中型反舰巡航导弹，有效射程 185 ～ 555 km，NSM 导弹在接近目标的末制导阶段采用红外成像制导。导弹设计上采用多种手段来避免被探测到，包括降低雷达反射截面、采用被动工作方式和利用目标区地形隐蔽。导弹在接近目标时会进行超低空掠海飞行，采用随机攻击程序，通过出其不意的三维迂回机动实现突防。该型导弹已经在挪威和波兰海军服役。

3.3.55 美国展示 10 t 级履带机器人

来自美国综合性防务公司通用动力的 TRX 机器人是一款多用途高载重履带无人平台，可搭载多种上装，来实现不同功能，既能集成巡飞武器系统又能作为运载平台执行战术补给任务。

图 3-90 TRX 机器人

2020 年，TRX 机器人集成了新型“弹簧刀”600 巡飞武器系统。该武器系统是美军现役“弹簧刀”300 巡飞弹的升级版，它的控制终端重 54.4 kg，具有 40 km 的射程，最大速度 185 km/h，续航超过 40 分钟。

执行战术补给任务时，TRX 机器人试验了 3 种操作模式：遥控、跟随模式和航路点导航模式。美军的战术补给任务采用国防部标准货箱，用于运输士兵补给或在随行部队时装运士兵的装备。通用动力公司根据此次试验对机器人进行了若干项改进，包括悬挂系统、车灯工作方式和货箱安装方式。

3.3.56 美国陆军进行中型机器人战车实弹射击试验

美国国防部于 2021 年 8 月 4 日宣布，美国陆军已在密歇根州的迪克斯堡靶场进行了中型机器人战车的实弹射击试验，参加试验的战车是由“下一代作战车辆跨功能团队”

主导的试验原型车。试验的重点是从遥控武器站操作 XM813 主炮和 M240 机枪进行实弹射击。验证试验要确保炮塔和车辆平台不仅满足设计要求，而且能够实际完成操作。

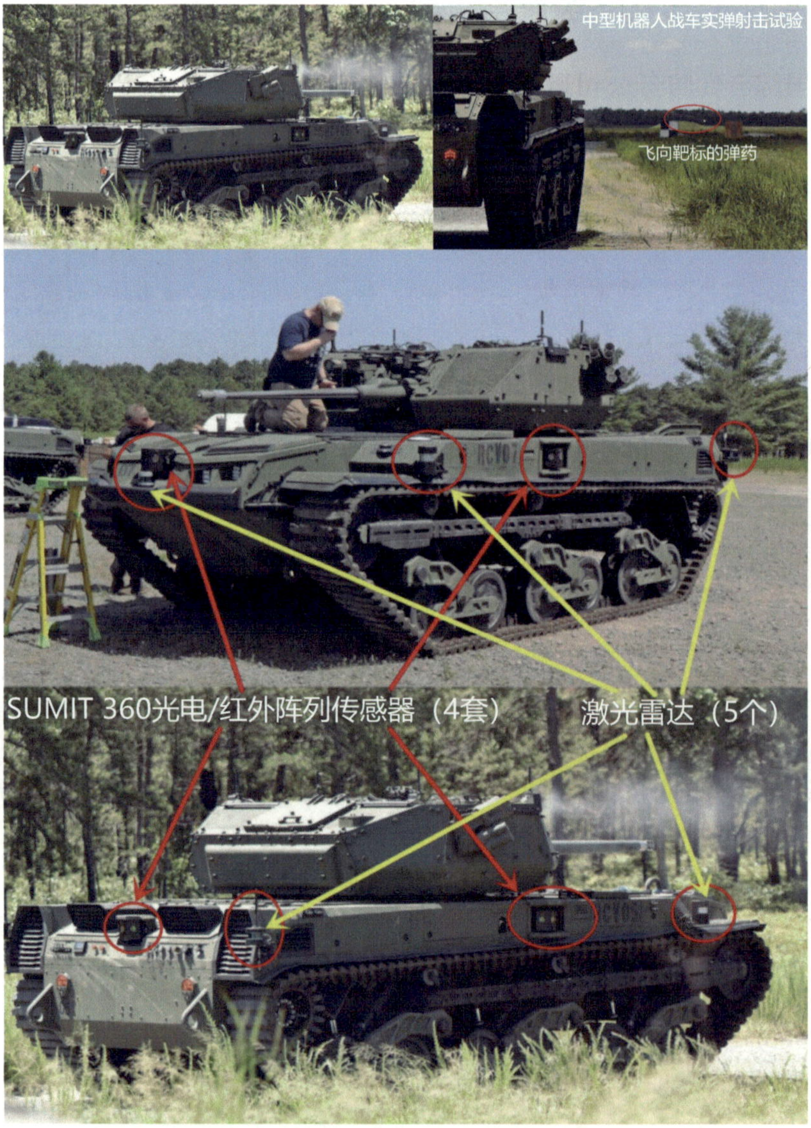

图 3-91　中型机器人战车

中型机器人战车的平台就是 Howe and Howe Technologies 公司开发的“粗齿锯”M5 无人车，该公司隶属于德事隆系统（Textron Systems）公司。中型机器人战车安装了美国 FLIR 公司的 SUMIT360 光电 / 红外阵列传感器和挪威 Kongsberg 公司的 RT40 遥控武器站。RT40 遥控武器站配备 30 mm × 173 mm 的 XM813 链式机炮和 7.62 mm × 51 mm 的 M240 同轴机枪。RT40 武器站重 2.45 t，可应对 3000 m 距离上配备中口径火炮、大口径无后坐力炮或者反坦克导弹的敌方车辆目标。机器人战车的控制站设在一辆任务启动技术验证车上，车组人员能从该验证车上通过显示屏和控制界面遥控中型机器人战车移动、射击和通信。

美国陆军宣布已经获得 8 辆交付的机器人战车原型车，包括 4 辆基于 QinetiQ North America 公司“远征模块化自主车辆”的轻型机器人战车和 4 辆基于“粗齿锯”M5 无人车的中型机器人战车。这些原型车将用于一系列士兵接触活动，来推动陆军的学习运动。轻型机器人战车和中型机器人战车将分别进行一系列运行试验，然后共同执行一些行动，最终将联合“地面车辆能力试验台”，即“任务启动技术验证车”，作为机器人战车的指控车进行试验。“任务启动技术验证车”是一个技术开发工具，可以帮助陆军评估战术环境中的新兴技术，并决定新技术是否值得集成到新型或者老式作战平台上。

图 3-92　中型机器人战车配置情况

THERMAL IMAGER	SUMIT360
Detector	Uncooled Vanadium Oxide (Vox) Microbolometer
Detector Pitch	12 μm
Spectral Band	7.5 μm - 13.5 μm
Spectral Response	LWIR
Resolution	640x512 Native
Stitched FOV	140° H X 30° V
EO CAMERA	
Detector	CMOS
Detector Pitch	3 μm
Resolution	1920x1080 Native
Spectral Band	400-700 nm
Stitched FOV	180° H X 40° V
VIDEO OUT	
Video format	HDMI /H.264 encoded
Video Framerate	30 Hz
Video latency	Glass to glass latency is less than 200 ms via GbE link
INTERFACING	
Supply Voltage	12-28 VDC
SIZE AND WEIGHT	
L	6.0"
W	8.5"
H	6.5"
Weight	< 7 lbs per module
ENVIRONMENTAL	
Operating Temperature Range	-32C to +63C
Storage Temperature Range	-33C to +71C
Shock Functional	20g
Vibration Operational	SAE J1455

图 3-92　中型机器人战车配置情况（续）

除轻型机器人战车和中型机器人战车原型车以外，美国陆军还利用 4 辆特殊改装的 M113 装甲车，作为机器人战车的替代车，通过模拟更大口径的武器系统，来塑造和指导未来机器人战车的努力方向。这些机器人战车的替代车，将与轻型机器人战车和中型机器人战车相结合，在“士兵作战试验”期间建立陆军第 1 个有人 – 无人协同连。此次试验期间，来自第一骑兵师的士兵将在攻防任务中部署该有人 – 无人协同连，来对抗同级别敌对部队并执行实弹射击演习作为试验的最终内容。

3.3.57 美国的 Hunter WOLF 无人车概况

美国 HDT 全球公司是一家成立于 1937 年的设计和制造各种适应恶劣环境产品的制造商，主要为美国政府和美军提供技术解决方案，其产品包括帐篷 / 方舱、发电机、加热器、空气过滤器、机器人和环控设备等。HDT 全球公司针对美国陆军发布的“班组多用途装备运输车项目”要求从 2012 年开始研发，在 2017 年 10 月的美国陆军协会年度会议上正式发布 Hunter WOLF 无人车。Hunter WOLF 是一个组合词名称，直译可以是“猎人狼 / 猎狼”，但实际全称是“猎人轮式越野后勤跟随无人车”。

Hunter WOLF 无人车基本指标：尺寸 2.30 m × 1.40 m × 1.17 m，自重 1600 kg，载荷 1000 kg。采用串联油电混动系统驱动，配备 20 kW 发电机，动力包最大输出功率 15 kW，上装可用 5 kW（28 V 直流）。采用 6 × 6 米其林免充气轮胎，速度 20 km/h，不加油续航里程 300 km 的续航时间 120 h，纯电静音续航里程 8 km。用标准军用牵引杆最大牵引速度 80 km/h，涉水深度 0.6 m，转弯直径 3 m，纵坡坡度 60°，侧坡坡度 40°。可选装甲组件提供防护 12.7 mm 机枪弹的能力。

Hunter WOLF 无人车参加了 2018 年美国陆军组织的“班组多用途装备运输车项目”竞标测试。2018 年的 4 项评估标准包括：士兵反馈、系统可靠性、系统交付时间和成本 / 价格。项目核心要求包括：载荷达到 1000 磅（453.6 kg），用于 9 人步兵班的装备，续航时间 72 h，续航里程 60 英里（96.6 km），运动中可提供额外的 1 kW · h 供电，停车时提供 3 kW · h 供电。虽然 2019 年通用动力公司的 MUTT 无人车赢得了美国陆军的合同，但是，2020 年有竞标公司投诉通用动力公司在测试后大幅改装车辆，最终导致竞标结果无效。

美国陆军在取消之前的合同后，于 2020 年年初以“小型多用途装备运输车项目”名义继续招标。HDT 全球公司的 Hunter WOLF 无人车继续参加竞标测试。但此次评估标准改为 2 项：系统设计和成本 / 价格。其中“系统设计”部分基于之前测试的士兵反馈，如发电机和动力包的噪声水平以及静音模式下的载荷和操作里程。据称，美国陆军希望能以 112000 美元的单价签订一份交付时间和数量未定的 5 年合同。

根据 HDT 全球公司的宣传资料和公开图片判断，虽然 Hunter WOLF 无人车配备了多种上装，并且参与了大量评估试验，但是其核心能力仍然是班组支援越野运输。主要有两个方面体现了 Hunter WOLF 无人车的这种倾向：一是 HDT Global 公司为该无人车专门开发了单手遥控手柄并将其发布在宣传资料上；二是无论配备什么上装，都未发现大量增加传感器的情况，甚至有图片显示，配备武器站的 Hunter WOLF 无人车必须通过武器站的观瞄系统看路才能前进。这都表明该公司至少不急于追求远程遥控或高级自主能力。

图 3-93　Hunter WOLF 无人车

另外 Hunter WOLF 无人车的“转轴 M2 机枪 + 装甲”设计似乎比较实用，也许指标中的 12.7 mm 机枪弹防护能力就与此项设计有关。此项设计不仅在正面和两侧加装了装甲，而且为转轴 M2 机枪配备了机枪盾，比 MUTT 无人车架机枪考虑得更周到，应该是设计用作“临时装甲车”提供火力支援。

图 3-94　Hunter WOLF 无人车的配置与应用

3.3.58　美军步兵班新“代步车”试配模块串联无人车

以色列 Plasan 北美公司宣布，该公司的串联全地形电力任务模块（ATeMM-T）无人车成功实现了与美国陆军步兵班组车辆（ISV）的集成。该公司团队称他们还成功演示了使用 ATeMM-T 无人车部署 ISR 无人机、车载 CROWS 武器站（即挪威 KONGSBERG 公司的 RS4 武器站）执行静止 / 运动中机枪射击和多次发射标枪反坦克导弹。

ATeMM 是以色列 Plasan 公司开发的拖车式电力任务模块，2 个或更多 ATeMM 模块串联可组成 4 × 4，6 × 6 甚至 8 × 8 的 ATeMM-T 无人车平台。除了每个模块约 1.2 t 的运输功能和发电储能功能，无人车平台还能使用多种上装提供独立的侦察、通信、监视和打击能力。

图 3-95 ATeMM-T 无人车各种配装

简单介绍一下步兵班组车辆（ISV）。该项目于 2017 年启动，目标是为美军旅级战斗队提供一型能运载 9 人步兵班及其装备的轻量化全地形机动车辆，即步兵班的新“代步车”。2020 年 6 月美国陆军宣布，通用汽车防务公司基于雪佛兰科罗拉多 ZR2 卡车的 ISV 中标，并授予 2.14 亿美元的初始合同采购 649 辆。据称，第 82 空降师和第 101 空中突击师已经接收超过 300 辆 ISV，美国陆军预计将采购超过 2500 辆 ISV。ISV 基本指标：自重 2268 kg，载荷 1451 kg，尺寸 4.92 m × 2.13 m × 1.93 m，离地间隙 0.3 m，配备一台 186 马力的 2.8 升 Duramax 柴油发动机，最大速度 112.6 km/h，续航里程 800 km。

结合 ISV 首先装备空降部队的事实和美国兰德公司 2013 年的报告——《运载 9 名步兵的地面作战车辆对美国陆军很重要的原因》，以及美国陆军对 ISV 的基本作战能力要求：运载 9 人步兵班及其装备；载荷 3200 磅（1451.5 kg）；UH–60“黑鹰”直升机吊挂运输；CH–47 支奴干直升机舱内运输 / 吊挂运输；C–130 或 C–17 运输机低速空投；全地形机动能力等。综合分析这些特征都说明，美军在进入信息化远程精确打击时代后，急于加强其分布式作战能力，希望进一步提升兵力的成编制机动能力。

对此的另一个佐证是，最近美国国会智库“国会研究服务局”的报告称，美国海军陆战队正在重新研究与陆军共同开发的“联合轻型战术车辆（JLTV）”。因为陆战队正在向轻量化、高机动、分布式能力转型，所以认为自重 6.3 t、满载 9.9 t 的 JLTV 太重。毕竟 JLTV 是美军平衡防护 – 机动 – 火力 – 成本 4 个要素的作战 / 支援型车辆，但无论是 2 座型还是 4 座型，都无法完成“全地形高机动运载 9 人步兵班”的任务。由此推测 ISV 应该有机会获得美国海军陆战队的部分订单。

那么问题来了，ISV 也许能够缓解美军的分布式作战焦虑，但 9 人步兵班仅靠一辆越野皮卡仍然难以获得战场优势。所以进一步的解决方案是，ISV 高机动平台 +ATeMM–T 无人车的组合试验。这样一来，ISV 解决步兵班组尤其是空降伞兵班的战场机动问题和 ATeMM–T 无人车解决班组的运输、供电、通信、ISR 和火力支援问题，都能完美解决！笔者认为，ISV 后期还有可能改装为“可选有人驾驶车辆（OMV）”，这样就能与 ATeMM–T 无人车实现“空投车辆自动集结”，从而进一步提高伞兵突击的效率。

Congressional Research Service
Informing the legislative debate since 1914

IN FOCUS

Updated March 13, 2023

Joint Light Tactical Vehicle (JLTV)

Background

The Joint Light Tactical Vehicle (JLTV) Family of Vehicles (FoV) is an Army-led, joint-service program designed to replace a portion of each service's light tactical wheeled vehicle fleets. The JLTV FoV consists of two variants: the four-seat Combat Tactical Vehicle (CTV) **(Figure 1)** and the two-seat Combat Support Vehicle (CSV) **(Figure 2)**. The CTV is to support the General Purpose, Heavy Gun Carrier and Close Combat Weapon Carrier missions. The CSV is to support the Utility/Shelter Carrier mission. The JLTV is transportable by a range of lift assets, including rotary-wing aircraft. Its maneuverability enables activities across the spectrum of terrain, including urban areas, while providing organic and supplemental armor against direct fire and improvised explosive device threats.

Program Status

The JLTV is currently being produced by Oshkosh Defense, headquartered in Oshkosh, WI. In August 2015, the Army awarded Oshkosh a $6.7 billion low-rate initial production (LRIP) contract to procure the initial 16,901 vehicles for the Army and Marines. In June 2019, the Assistant Secretary of the Army (Acquisitions, Logistics, and Technology) approved Army JLTV full-rate production (FRP). The Army planned for a follow-on full-rate production contract awarded to a single vendor in the fourth quarter of FY2022. It was reportedly to be a competitive five-year contract with five one-year options for about 30,000 JLTVs and 10,000 JLTV trailers. The Army began fielding LRIP JLTVs to units in April 2019, and Marine Corps units received their first LRIP JLTVs in February 2019.

Low-Rate Initial Production (LRIP) is a programmatic decision made when manufacturing development is completed and there is an ability to produce a small-quantity set of articles. It also establishes an initial production base and sets the stage for a gradual increase in production rate to allow for Full-Rate Production (FRP) upon completion of Operational Test and Evaluation (OT&E).

Full-Rate Production (FRP) is a decision made that allows for government contracting for economic production quantities following stabilization of the system design and validation of the production process.

JLTV Combat Tactical Vehicle (CTV)

Figure 1. JLTV Combat Tactical Vehicle Variant (CTV)

Source: https://asc.army.mil/web/portfolio-item/cs-css-joint-light-tactical-vehicle/, accessed December 30, 2020.

JLTV Combat Support Vehicle (CSV)

Figure 2. JLTV Combat Support Vehicle Variant (CSV)

Source: https://asc.army.mil/web/portfolio-item/cs-css-joint-light-tactical-vehicle/, accessed December 30, 2020.

FY2024 Budgetary Information

Table 1. FY2024 DOD JLTV Budget Request

Funding Category	Total Request ($M)	Total Request (Qty.)
RDT&E USA	$27.2	—
RDT&E USMC	$2.6	—
Procurement USA	$839.4	2,598
Procurement USAF	$57.8	114
Procurement USN	$24.2	—
Procurement USMC	$232.5	396

Source: Office of the Under Secretary of Defense (Comptroller)/Chief Financial Officer, Program Acquisition Cost by Weapon System: United States Department of Defense Fiscal Year 2024 Budget Request, March 2023, p. 3-2.

Notes: RDT&E = Research, Development, Test & Evaluation; **$M** = U.S. dollars in millions; **Qty.** = FY2024 procurement quantities.

Foreign Military Sales

According to Oshkosh, as of January 3, 2023, the company had JLTV orders from Romania, Lithuania, North Macedonia, Brazil, and Montenegro. Other reports note that the United Kingdom, Slovenia, and Belgium have also placed orders for the JLTV.

JLTV Follow-On Contract

The Army originally planned to award a follow-on full-rate JLTV production contract to a single vendor in the fourth quarter of FY2022. Reportedly, the Army pushed back the due date for companies to bid on the JLTV follow-on contract based on requests from industry. The Army had planned to award the single vendor contract in December 2022. Because the Army owns the technical data for the JLTV, it was able to conduct a competition to determine if other vendors could build the vehicle at a lower price than Oshkosh.

JLTV Follow-On Contract Awarded to AM General

Reportedly, on February 9, 2023, the Army awarded the JLTV follow-on production contract, valued at more than $8 billion, to AM General instead of Oshkosh. The contract reportedly included five base ordering years and five one-year optional ordering periods for both U.S. and foreign military sales. According to the provisions of the contract, AM General is to produce up to 20,682 JLTVs and up to 9,883 trailers. AM General-produced JLTVs reportedly are to have additional capabilities "such as an automated guided vehicle system, radio frequency identification, and Global Positioning System (GPS) traceability." In addition, the vehicles are also to feature "an updated architecture, as well as enhanced corrosion protection and improved fuel efficiency." The new JLTVs are reportedly to be produced at AM General's Mishawaka, IN, manufacturing facility, with deliveries expected to begin in about 17 months.

Oshkosh Protests JLTV Follow-On Contract Award

Reportedly, on March 5, 2023, Oshkosh submitted a protest of the award of the JLTV follow-on contract to the Government Accountability Office (GAO). Oshkosh reportedly noted, "the government's evaluation did not properly review the financial, technical and manufacturing capabilities offered to select the best value and lowest risk solution to deliver the JLTV."

Potential Issue for Congress

Future of JLTV Procurement

The Army's current modernization strategy focuses on six modernization priorities, and the JLTV is not included in those priorities. The Army announced in January 2022 that under the 2030 Force Design Initiative, it would either redesignate existing divisions or create new divisions into five new types of divisions. The Army announced in May 2022 that it would create a new Alaska-based division, the 11th Airborne Division, by activating new units and reconfiguring two Alaska-based Infantry Brigade Combat Teams (IBCTs). With the creation of new units such as Security Forces Assistance Brigades (SFABs) and Multi-Domain Task Forces (MDTFs), development of new division types, and a new division in Alaska, it is possible the Army's requirement for JLTVs could change appreciably.

With the Marine Corps downsizing in accordance with its Force Design 2030 initiative and the adoption of an enhanced expeditionary posture (possibly requiring fewer JLTVs), original JLTV procurement plans for both the Army and Marine Corps might no longer be accurate. Despite the Army's intent to lower costs by awarding the follow-on production contract to AM General, slowing production rates and extended procurement timelines could act to increase costs if current JLTV requirements are no longer valid. In addition, different versions of the JLTV produced by AM General might result in additional operations and maintenance considerations and costs that can result from a mixed fleet of vehicles. Taken collectively, these issues might merit DOD and policymakers examining the future of JLTV procurement.

Marine Corps Reexamining JLTV's Role

According to a February 24, 2023, *Inside Defense* article, "the Marine Corps is evaluating its fleet of ground vehicles and considering an addition to the JLTV family as it seeks a land platform lighter than the JLTV but more robust than the Ultra-Light Tactical Vehicle." The article further states, "right now, as we look at our ground mobility systems, we have JLTV which is a relatively small vehicle. But for the Marine Corps, we are looking to get lighter and lighter and it [JLTV] is a fairly heavy vehicle." The Marines are also using JLTVs in other roles, such as the Marine Air Defense Integrated Systems Increment One system, as well as the Navy/Marine Corps Expeditionary Ship Interdiction System (NMESIS), which features a modified JLTV combined with a medium-range cruise missile. In concert with force structure changes associated with the Marines' Force Design 2030 initiative, the Marines' reexamination of the JLTV's role could potentially change the overall JLTV requirement. Given potential programmatic changes if the Marines change their JLTV requirement, policymakers might decide to review the Marines' intentions regarding the JLTV.

Andrew Feickert, Specialist in Military Ground Forces

图 3-96　步兵班组车辆（ISV）理想方案分析

3.3.59 针对美军轻型机器人战车项目的观察

长期以来，美国陆军的机器人战车项目一直是我们关注的重点。尽管其 20 t 以上的重型机器人战车始终难产，但 10 t 以上的中型机器人战车和 10 t 以下的轻型机器人战车早已在 2021 年上半年就获得了选定制造商交付的试验用原型车。虽然此后的发展并非一帆风顺，但美国陆军也并未放弃。

最近美国德事隆（Textron）公司正式向美国陆军轻型机器人战车“中层采购快速原型项目（MTA-RP）”提交了粗齿锯 M3 型无人车。“中层采购（MTA）”是美国国防部实施的一套加速采购的临时性方法，旨在通过快速原型和快速部署两个途径，将传统采购项目的 10 年以上周期缩短到 5 年以内交付。根据美国陆军此前的计划，轻型机器人战车项目将在 2023 财年开始竞标，而“中层采购”要保证轻型机器人战车到 2030 年具备初始能力。

粗齿锯 M3 无人车的首次亮相是在 2022 年 10 月的美国陆军协会年度会议和展览（AUSA2022）。从编号上看，M3 无人车比交付中型机器人战车项目试验的粗齿锯 M5 无人车配置低一些。根据有限信息总结，粗齿锯 M3 无人车的基本指标：总重约 8.2 t，载荷 2.3 t，宽 2.0 m，车顶面积 5.85（另一来源 7.89）m^2，长约 2.9 m（或 3.9 m），离地间隙约 356 mm，油电混合驱动，据称，可静默待机 7 天，配备了喷水推进系统，且防水保护能保证全车长时间水下浸没。德事隆公司称，美国陆军要求轻型机器人战车能伴随 M2 步战车行动，并机动到步战车前方进行侦察，据此判断粗齿锯 M3 的速度在 40 ～ 60 km/h。此外，离地间隙和水上操作能力似乎是根据粗齿锯 M5 试验的经验进行改进。

几乎与此同时，爱沙尼亚 Milrem Robotics 公司联合美国 Loc Performance 公司也向轻型机器人战车项目提交了申请，其产品以 X 型机器人战车平台为基础。X 型机器人战车是 Milrem 公司 2020 年开始试验的无人车平台。到 2022 年 12 月，X 型机器人战车已经进入欧盟“集成模块化无人地面系统第二阶段（iMUGS II）”项目试验，该项目计划使用履带式拳师犬装甲车作为 X 型机器人战车的指控车，执行一站三车的遥控操作。

X 型机器人战车基本指标：尺寸 6 m × 2.9 m × 2.2 m，重量 12 t，最大载荷 4.1 t，最大公路速度 80 km/h，最大越野速度 50 km/h，倒车速度 50 km/h，离地间隙 0.5 m，最大爬坡 45°，涉水深度 1.5 m，北约 STANAG4569 标准 4 级防弹和 1 级防雷。目前最新的 X 型战车安装了挪威 Kongsberg 公司 RT40 遥控武器站，配备射程超过 3000 m 的 XM813 链式机炮（30 mm × 173 mm）。

图 3-97　美国的 RCV 与粗齿锯无人车

抛开上述各型无人车的具体性能不谈，我们最困惑的问题是，美军的轻型机器人战车到底应该有多重？已知的三型无人车：交付试验的 EMAV/RCV–L 原型车重 6.3 t，粗齿锯 M3 重 8.2 t，X 型机器人战车重 12 t。而前面提到的中型机器人战车原型车——粗齿锯 M5 仅重 10.5 t。另外预测美国通用动力公司的 10 t 级 TRX 无人车也有参与竞标的实力。可如果 X 型机器人战车最终胜出，那让比它还轻的中型机器人战车情何以堪？

困惑归困惑，我们理解，对于无人车这个新生事物来说，重量分级并非锱铢必较的绝对标准，最终结果还要取决于系统综合性能是否满足客户的作战需求。目前看来，EMAV/RCV-L 原型车似乎遇到了一些原始设计带来的技术问题，改进的余地有限，成本也可能较高；粗齿锯 M3 无人车凭借中型机器人战车的经验稍占先机，只是不清楚低配的系统能否满足高级自主操作的要求；倒是 X 型机器人战车从设计之初就考虑得比较全面，可它的规模过大，硬挤进轻量级队伍存在成本超标的风险。

3.3.60 浅析欧洲防务局作战无人车系统项目

欧洲防务局（EDA）对外宣布了迄今为止规模最大的研发项目——“作战无人车系统（CUGS）”。据称，该项目整合了来自 9 个欧盟成员国的 28 家军工合作伙伴项目预算 3550 万欧元。CUGS 项目的任务是定义、设计和开发一系列用于现有平台的功能模块，这些功能模块要确保平台实现自主导航、指控、通信、协作和武器使用。最终平台通过集成这些功能模块，要能够高度自主运动、导航、通信、探测、识别和锁定目标，选择武器系统、射击并保证安全。项目备选平台包括：爱沙尼亚 Milrem Robotics 公司的 Themis 和 X 型战车平台、德国莱茵金属防务公司的鼬鼠 2 轻型空降装甲车、意大利依维柯公司的 Lince2VTLM 轻型装甲车和芬兰 Patria AMV 装甲车。

1）爱沙尼亚 Milrem Robotics 公司的 Themis 无人车是我们的“老熟人”了。在 CUGS 项目之前，2019 年以 Themis 无人车为基础的“集成模块化无人地面系统”项目是欧洲防务工业开发计划（EDIDP）支持的最大陆地防务机器人项目。到目前，“集成模块化无人地面系统”已经推进到总共 7 个演示项目的第 6 个，7 个演示项目包括：系统集成、自主能力、网络安全、通信能力、蜂群能力、指控和互操作性、有人 – 无人协同。随着“集成模块化无人地面系统”项目的推进和 Themis 无人车的成熟，据称，原计划“集成模块化无人地面系统”将进入第二阶段，准备开发作战无人车。现在看来，此项任务由欧洲防务局接管并整合成现在的 CUGS 项目。

X 型战车平台是爱沙尼亚 Milrem Robotics 公司的大型作战无人车平台。X 型战车基本指标：尺寸 6 m × 2.9 m × 2.2 m，重量 12 t，最大公路速度 80 km/h，最大越野速度 50 km/h，离地间隙 0.5 m，可爬最大 45° 纵坡，涉水深度 1.5 m，可原地转向，防护水平北约 STANAG4569 标准 4 级防弹，1 级防雷，主武器可采用最大 50 mm 自动机炮。

图 3-98　欧盟成员国无人车

X 型战车从 2020 年推出原型车，后曾采用比利时 John Cockerill 公司的 CPWS2 无人炮塔。但最新图片显示，武器上装已经改为与美国中型机器人战车同款的挪威 Kongsberg 公司 RT40 遥控武器站。

2）鼬鼠 2 轻型装甲车是德国的上一代空降战车。2021 年年末，德国莱茵金属防务公司主导以鼬鼠 2 装甲车为基础，联合多国团队开发“自主作战勇士”可选有人驾驶平台。鼬鼠 2 装甲车基本指标：战斗全重 4.1 t，载荷 1000 kg，尺寸 4.20 m × 1.85 m × 2.11 m，乘员 2 ～ 3 人，乘员 + 载员最多 6 人，配备 1 台 109hp 柴油发动机，最大速度 70 km/h，纵坡坡度 60°，侧坡坡度 30°，涉水 0.5 m，越壕 1.5 m，装甲可防护 7.62 mm 枪弹和弹片。

3）Lince2VTLM 装甲车是意大利依维柯公司开发的 4 × 4 轻型多功能装甲车，基本指标：战斗全重 7 t，载荷 1.5 t，尺寸 5.5 m × 2.05 m × 1.95 m，乘员 1 人 + 载员 4 人，配备 1 台 220 hp 柴油发动机，最大速度 130 km/h，纵坡坡度 60°，侧坡坡度 40°，涉水 0.85 m，越壕 1.5 m。

4）Patria AMV 装甲车是芬兰 Patria 开发的 8 × 8 轮式步战车，基本指标：战斗全重 16 ～ 30 t，最大载荷 13 t，尺寸 7.7 m × 2.8 m × 2.3 m，乘员 3 人 + 载员 8 人，配备 1 台 536 hp 柴油发动机，最大速度 100 km/h，纵坡坡度 60°，侧坡坡度 30°，涉水 1.5 m，越壕 2 m，正面最高防弹 30 mm 机炮穿甲弹，轮下和底盘防雷 10 kg TNT。

5）近期的两则新闻也能从侧面说明两型有人装甲车入选的潜在原因。依维柯公司与英国 HORIBA MIRA 公司宣布，依维柯公司成为 HORIBA MIRA 公司的大股东，且双方确认将联合开发无人车市场。依维柯公司是全球著名的军民用汽车制造商，而 HORIBA MIRA 公司除了汽车工程技术以外，近年来一直致力于开发 VIKING 多功能无人车平台（自重 2 t，尺寸 2.92 m × 1.8 m × 1.06 m，载荷 750 kg，载荷空间 1.6 m × 1.8 m，最大速度 50 km/h，混动里程 200 km）。依维柯公司抢在 CUGS 项目公布之前完成布局，也许 VTLM 装甲车只是初选产品，随着项目的进展还可能会有变化。

6）日本防卫省宣布陆上自卫队选择 Patria AMV 轮式步战车作为其轮式装甲运兵车，这是日本多年来首次选择外国厂商的产品作为主力作战装备。应该说，Patria AMV 装甲车入选 CUGS 项目，很可能既是未来国际市场的长远谋划，也可能是欧盟内部对德国军工在装甲车辆上优势的某种平衡。

综上所述，要想开发出适合这些差异巨大平台的“功能模块”，并通过功能模块的集成实现所有平台的高度自主作战，似乎是一项难度非常高的挑战。欧洲防务局显然是在通过高价值开发项目引导欧洲军工提高业内集成度，最终促进欧洲防务一体化。

笔者认为，虽然“作战无人车系统（CUGS）”项目声称将同步改装备选平台和开发功能模块，但合理的开发路径可能还是以 Milrem Robotics 公司的两个相对更成熟的无人车平台为主，另外三个平台作为可选有人驾驶战车，来应用开发成熟的功能模块。

3.3.61 浅析无人车的战场救护应用

英国陆军在朴次茅斯海军基地开展了本年度的陆军战斗试验。在城市战主题下的“维持和保护”项目演示期间，德国莱茵金属防务公司展示了一辆首次亮相的任务大师 XT 无人车。该无人车的不同之处在于它的上装是一个专门设计的救护模块。据称，无人车内部配备了担架、氧气面罩等基本医疗设备，不过除了外观图片，目前公开的细节信息非常少。

无论该系统的实际能力如何，专用救护模块的出现至少显示，终于有国际大厂对无人车的战场救护应用开始认真对待了。之所以这么说，是因为我们注意到，到目前为止，只要是体量足够的机器人 / 无人车平台，100% 都会做担架上车的“真人 / 假人秀”救护试验。例如，近期有新闻称 Milrem Robotics 公司要向乌克兰提供 14 辆 THeMIS 无人车，其中 7 辆专门用于伤员运输。

图 3-99 各种用于救护的无人车

此类试验本身没有任何问题，毕竟机器人 / 无人车是一种全新的军用平台，对它的功能需求和使用方式都需要探索。不过试验长期停留在把担架固定在无人车上的阶段说明，这种应用只是把无人车当成一个临时性交通工具，这种水平和二战期间美军用吉普车把伤员当货运不相上下。只不过 80 年前这是很先进的战场救援能力，而现在换成无人车还这么做，简直完全没有进步。

当然，为了充分利用无人车的运输功能，通过简易改装就能担架运送伤病员，还算基本符合现实需求。其实人们对使用机器人在危险环境下救死扶伤有过更天马行空的想法，如美军从 2005 年就开发的战场撤离辅助机器人（BEAR）和俄罗斯的 FEDOR 人形机器人。

图 3-100　不同时期的战场救护工具

美军要求能遥控 BEAR 机器人到危险环境里，去寻找失去行动能力或意识的人员，并用铲刀式机械臂伸到人体下方，把伤员抱起运送到能开展救治的地方。而 FEDOR 机器人最初设计用于救援工作，而后开发了搬运、遥控驾驶、焊接等功能，2014 年还进入国际空间站试验执行一些模仿人类的简单任务。然而这两个项目后续都没了消息，我们推测，BEAR 机器人属于高成本执行单一任务的典型，简而言之费效比太低；FEDOR 机器人则在人形框架限制下追求多功能，使系统过于复杂，以致能耗高、实用性差。

那么真正的专业战场救护究竟需要提供什么呢？这里先区分两个概念，伤员后送（CASEVAC）和医疗后送（MEDEVAC）。简单地说，伤员后送是指在没有专业医疗人员伴随的情况下，使用非专用平台向后方转移伤病员，CASEVAC 期间只有急救包或“临时卫生员”的简单帮助；医疗后送是指在有专业医疗人员伴随情况下，使用专用救护平台向后方转移伤病员。而按照美军标准，战场救护运输分 4 级，其中第 1 级可为伤员后送，后 3 级都属于医疗后送。

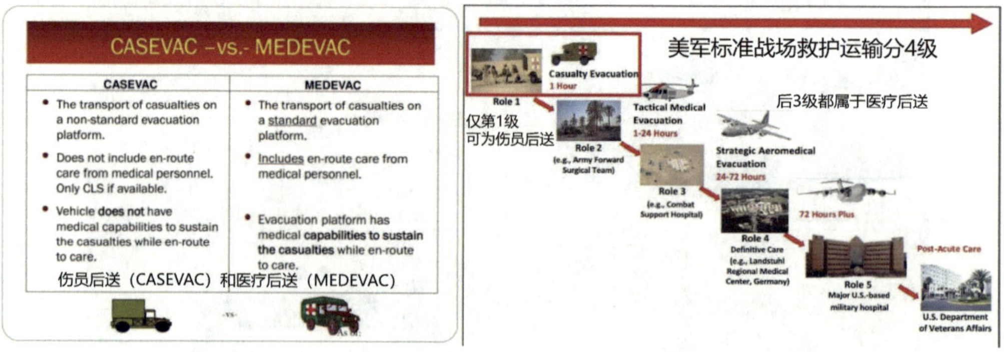

图 3-101　现代战场救护概念

因此仅根据上述定义判断，目前绝大部分无人车能够提供的，都是敞开式担架的最低水平伤员后送。而任务大师 XT 无人车的进步是，总算把敞开式担架改为封闭式救护运输模块，至少从外观上看还可能配备了空调或空气过滤装置。不过，任务大师 XT 的救护运输仍然属于伤员后送，而不是医疗后送，因为无人车很难满足医疗人员伴随的要求。另外，现有救护设备体系 100% 都是设计给医疗人员使用的，无人平台能够直接应用的自动化系统实在少得可怜，短时间内恐怕无法实现“机器人卫生员”的设想。

尽管现实如此简单粗暴，但机器人 / 无人车在战场救护领域仍然存在巨大的市场空间。因为战场救护始终是困扰地球上所有军队的一大难题。此项工作专业性强、技术要求高、工作风险大，还关系军心士气，而无人车救护平台正好能够大幅降低风险

和人员 / 装备的消耗。因此笔者认为以下概念可能是该领域未来发展的方向。

首先，应该将“尺寸和载荷能力满足担架伤病员上车”的纯粹应急运输视为无人车平台的一种临时性应用，而不是设计的功能。

其次，应该先针对战场救护的要求，来设计和优化机器人 / 无人车的指标和性能，然后再以此为基础考虑机器人 / 无人车的多功能应用，而不是先考虑运输或作战，顺便担架运人。

最后，综合考虑现有技术水平和战场救护的需求，具备有人 – 无人协同能力的可选有人驾驶医疗后送车辆，应该是最有可能较快进入实用阶段的无人车平台。

第4章

对海领域无人作战平台

对海就是面向海洋，临海国家拥有一定的海洋面积，这里就涉及“领海”的概念。所谓领海，是指沿海国家主权管辖下与其海岸或内水相邻的一定宽度的海域，是从领海基线量起最大宽度不超过 12 海里的一带水域，领海是国家领土的组成部分。由于海洋的连通性，国际公认的领海宽度较小，海洋冲突和海上侵犯等事件时有发生，使得临海国家都十分关注对海类无人作战平台的发展，并积极投入大量资源进行相应的技术研发。

随着人工智能技术、导航控制技术、水声通信技术等一大批新型技术的不断突破，海上无人作战平台将逐渐被运用于海上作战，并对海上作战及其力量的发展产生深刻影响。相对于其他作战域，海洋具有连通性，相比于传统的有人作战装备，海上无人作战装备具有类型多样、分布多域、功能多元和使用环境特殊等特点。正是基于这些特点，对海无人作战装备必须具备进行远程和水下通信能力，并得到远程操作系统的配合与支持，所以其研发的产品相较于对空和对陆领域装备更具有平台的属性，因此，本章就以对海无人作战平台为例来介绍。

随着海上无人作战平台的大量使用，未来海战方式将更加多样，实现非对称制衡将有更多选择。

4.1 对海无人作战平台技术内涵

海上无人作战平台是无人作战系统发展的重要方向。根据美国国防部 2013 年最新版《无人系统（一体化）路线图》中的定义，海上无人系统（UMS）包括无人海上航行器（UMV）、所必要的支援保障设备，以及完成任务所需的完全集成的传感器和有效载荷，其中包括无人水面艇（USV）和无人水下航行器（UUV），这些包括的各组成部分都是不同功能与用途的具体平台。

海上无人作战系统：简单地说，是指由水中无人作战平台、作战任务载荷及通信指挥网络组成的作战系统。水中无人作战平台可以分为水上、水下和水陆两栖三种。以水中无人作战平台为核心的海上无人作战系统，具备高强度可重复执行高风险作战任务的能力，正在快速成为一支强大的海上作战力量，备受各国海军的关注。

水下无人作战平台：一般是指配备了各种传感器和武器载荷，可以远程操控或按照预设程序自动遂行侦察、监视、打击等作战任务的水下作战平台，可以认为是一种“高端”的 UUV，具有较高的智能化水平和作战打击能力，是无人作战系统的重要组成部分。典型的水下无人作战平台包括无人水下潜航器和水下无人预置系统，其中水下预置系统又包括水下预置武器和水下预置基础设施。

水上无人作战平台：与水下无人作战平台相对应，是在水面上航行的无人作战平台，主要以水面无人船艇为主。水面无人船艇是一种水面机器人装备系统，主要通过智能控制实现自主航行，是一个复杂的系统。通过搭载不同的载荷可以执行危险、艰苦、不适合有人船只工作的任务，也可以执行对航行精度要求较高的测量测绘任务，多无人船艇集群协同工作，可以更加快捷、机动、高效和协同地完成任务。无人船艇的任务和角色，重点集中在反水雷战、反潜战、海上安全、反舰战、支持特种作战部队、电子战、支持海上封锁等。水上无人作战平台需要重点解决自主、避障与避碰、自动目标识别、载荷自动部署与回收、通用控制、武器投送、无人艇从母艇投放与回收等技术和工程问题，为应用打好基础。

水陆两栖无人作战平台：由一些既可以在陆地上行驶穿梭，又可以像船一样在水面泛水浮渡的跨海装备与陆地通信指挥系统组成。水陆两栖无人作战平台作为海上无人平台家族的重要组成部分，有望在现代战争中充当侦察者和先锋军的角色，其搭载的传感器和武器装备模块，可以代替人员执行海上侦察、监视、目标搜索和登岛作战等危险任务，在提高作战效能的同时也降低了作战人员的伤亡率，特别适合信息化战争“非接触”“非线性”“非对称”和“非正规”等方面的要求。水陆两栖无人作战平台按照推进模式可以分为轮式 / 履带式、复合式和仿生式三种，关键技术包含水陆模式的切换技术、通信与导航技术以及能源利用技术等。

目前，对于水上无人作战平台已经出现了船、舰、艇三种不同形态和称呼的航行器，在此我们有必要对这三种航行器进行区分，以便于更好地理解和认识水上无人作战平台。

一般来说，船是一种载人或载物的水上交通工具的总称，而舰是装载了用于军事目的装备的船，艇是载重吨位较小的舰，具备机动灵活的特点。因此，我们可以看出，它们之间的区别在于：

称谓不同：船是一个集合概念。一般排水量在 500 t 以下的也称为船，有民用与军用之分。

排水量不同：一般排水量大于 500 t 的军用船称为舰，舰为大型的船只，艇为小型的船，如航空母舰、导弹驱逐舰和鱼雷艇、扫雷艇等。

用途不同：舰的种类很多，根据排水量大小依次分为航空母舰、战列舰、巡洋舰、驱逐舰和护卫舰，一般用于军事领域，而民用领域均称为船。

分类不同：舰艇分为战斗舰艇和勤务舰艇两大类，艇通常分为导弹艇、鱼雷艇、猎潜艇、扫雷艇和护卫艇等。

无人船艇的分类方法多样，可根据不同的需要进行选择：

按照自主能力可以分为 0 ～ 6 级，分别是遥控、初级半自主、半自主、简单场景自主、复杂场景自主、高度自主和完全自主共 7 类。

按排水量分：微型无人船艇（排水量小于 0.5 t）、小型无人船艇、中型无人船艇、大型无人船艇和超大型无人船艇共 5 类。

按航速分：小于 15 节为低速无人船艇，15 ～ 30 节为中速无人船艇，30 ～ 50 节为高速无人船艇，大于 50 节为超高速无人船艇共 4 类。

4.2 对海无人作战平台的技术特点与发展趋势

由于使用地域特点的特殊性，海上无人作战系统是未来海、陆、空、天全维打击网中的一个重要节点，其发展具有以下特点：

顺应了现代战争中交战空间立体化、多维化、参战力量无人化的整体发展趋势；可以拓展潜艇的反潜任务海域，增强潜艇的预警能力，提高潜艇的通信能力和防御能力；可以在水下长期隐蔽、远程实时操控、突出作战战术的灵活性，通过组成防御网等增强实战威力；水下导航、控制、电池、材料及通信等技术的发展，为新型水下无人作战平台技术奠定了良好基础。

无人船艇具有自主、半自主和遥控控制等多种形态，多船艇的协同工作和人工智能控制是无人船艇未来的发展趋势，其技术主要涉及船舶的设计、通信传输、环境感知、数据融合、运动控制、人机交互、人工智能等多个专业领域，需要研究导航与定位、控制与决策、感知与融合、能源与动力、船体与载荷、通信与数据等诸多技术，以实现无人船艇的自主航行、智能避障、目标识别和多模通信等功能。

未来，为使无人船艇具备长期、自主、可靠的作业能力，其控制系统的性能、对恶劣海洋环境的自适应能力以及多航态无人船艇的智能化水平将成为重点研究发展方向，包括：

1）水下无人作战平台隐身化；

2）作战装备高度智能化；

3）信息系统网络一体化；

4）作战方式多样化、集群化。

相较于国外发展现状，我国的无人水面艇发展依然缺乏符合我国国情与军事应用需求的总体规划，军事应用潜能还有待挖掘，探测、通信、导航、对抗等事关无人水面艇整体作战性能的关键子系统的战术性能与联合作战能力仍有待开发提升。为此，我国需要在国家层面统筹规划未来海上无人作战系统各方面的发展路线及无人作战平台的技术框架与标准体系。面对对海无人作战平台急迫的发展需求，应该着力加快推进以下领域的技术研究步伐：

1）大力推进平台与载荷的模块化、标准化设计；

2）充分借鉴并利用已有的民用领域成熟技术与产品；

3）不断拓展任务领域，提高多任务作战能力；

4）持续加快新技术、新材料的研发与应用。

4.3 国际对海有人 - 无人协同作战平台的技术与产品现状分析

4.3.1 以色列无人艇通过“天空之眼”扩展监视能力

2020 年 7 月 9 日，以色列埃尔比特系统公司为海鸥无人艇（USV—Unmanned Surface Vessel）增添了无人机功能，从而扩展了该无人艇的监视和情报搜集能力，近期开展了将该公司的云雀 –C 小型无人机集成到海鸥无人艇（USV）上的试验。

云雀 –C 无人机设计用于执行从起飞到回收的全自动操作。该无人机通过弹射器从无人艇上自动弹射起飞，然后通过降落伞由支援船进行定点水域回收（PWR—Point Water Recovery）。该无人机起飞重量为 15 kg，其续航能力可执行任务 5 h，升限 15000 英尺（4572 m），从船上起飞后航程可达 40 km。回收时，无人机通过“不断电换电池”（‘Hot-Swap’ Battery）来准备和继续执行任务。小型无人机获得的视频可以通过海鸥无人艇的通信频道传输到其他舰船或陆基指控单位的作战管理系统（CMS—Combat Management System）上。

云雀 -C 小型无人机是由以色列埃尔比特系统公司开发的小型无人机系统，2016 年 8 月发布。该无人机配备在海鸥无人艇上，通过弹射器弹射起飞，全自动伞降回收，无人机会飞回到指定水域降落并漂浮，然后由船艇使用回收网完成回收。

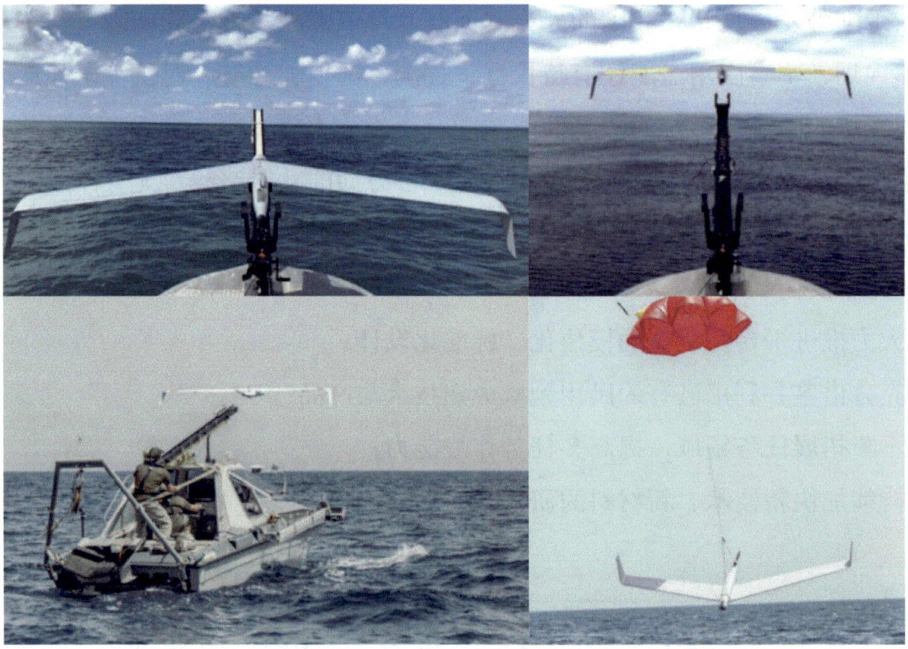

图 4-1　云雀 -C 型无人机从海鸥无人艇上弹射起飞与水面回收

海鸥无人艇是设计用于水下作战的自主多任务无人艇，如反潜（ASW—Anti-Submarine Warfare）和反水雷（MCM—Mines Countermeasure）任务。该无人艇的可更换载荷包括电子战（Electronic Warfare）和光电 / 红（Electro-Optic/Infra-Red）载荷，用于提供态势感知和辅助情报搜集。将战术无人机集成到无人艇上会进一步扩展其情报搜集能力，从而可以利用无人艇来增强所有海上力量和海岸探查的态势感知能力。

海鸥无人艇将使海军在提高能力的同时降低人员损失的风险，还能极大地降低采购和操作成本。埃尔比特系统公司增加了与以色列海军合作的 HELRAS 声呐技术验证，完成了一系列拖曳式可收放主被动声呐系统 - 无人艇（TRAPS—USV-Towed Reelable Active Passive Sonar ZTZK System）的试验，极大地增强了其反潜能力。

海鸥无人艇是一型自主多任务无人艇，具备可更换模块化任务载荷，可用一艘装备相同任务控制系统和数据链的舰艇来执行反潜、反水雷、电子战、海上安全和水文地理学等任务。在过去几年里，海鸥无人艇已经与北约多国海军执行过数次演习，包括与英国皇家海军的海洋号两栖攻击舰（HMS Ocean）联合举行的反水雷演习，以及与西班牙海军的维多利亚（Victoria）号护卫舰和英国皇家海军的邓肯号护卫舰（HMS Duncan Frigate）联合执行的反潜演习。

海鸥无人艇于 2016 年 2 月在新加坡航展上首次亮相，目前制造出了编号为 301 和 302 的两艘艇，用于试验展示各种功能模块。从艇体周围厚厚的黑色橡胶缓冲保护壳来看，无人水上平台的控制确实不容易，无法精确做到不剐蹭艇体的水平。

图 4-2　海鸥无人艇

4.3.2　新加坡海试岸防无人艇

新加坡已经开始海试验收岸防无人水面艇（USV—Unmanned Surface Vessel），该艇将在沿新加坡海峡进行海上巡逻。

该无人艇由 Singapore Technologies（ST）Electronics 公司建造，目前在新加坡西部水域试验其自主能力和具体功能，最终目标是承担新加坡海军目前由无畏级巡逻艇和独立级濒海任务舰（LMV—Littoral Mission Vessel）执行的一些特定任务。

图 4-3　新加坡岸防无人艇

新加坡国防部曾在 2018 年 3 月的声明中表示，采用无人艇巡逻将允许新加坡海军把濒海任务舰之类的有人军舰部署到距离新加坡更远的地方，并执行更复杂的任务，这也是新加坡军方首次提及岸防无人艇。

该无人艇的图片显示，其物理性能与扫雷艇非常接近，此类扫雷艇一直由新加坡海军（RSN—Republic of Singapore Navy）、新加坡国防科技局（DSTA—Defence Science and Technology Agency）和国防科学组织国家实验室（DSO—National Laboratories）联合开发。该岸防无人艇全长约 16 m，宽约 5 m，排水量约 30 t，最大速度超过 25 节（46.3 km/h），续航超过 36 h，具体武备信息尚不清楚。

新加坡国防科技局是新加坡国防部下属的法定委员会，成立于 2000 年，该机构的任务是为新加坡武装力量提供采购管理、系统管理和系统开发的科技支持。

国防科学组织国家实验室是新加坡国防部于 1972 年成立的机构，主要任务是执行对未来战争的研究，最初命名为电子试验中心，1977 年改名为国防科学组织（DSO—Defense Science Organization），1997 年改制为非营利性公司，名称改为现在的 DSO National Laboratories。

Singapore Technologies（ST）Electronics 公司，是 Singapore Technologies（ST）工程集团公司的分支，主要产品包括无畏级巡逻艇、独立级濒海任务舰和扫雷艇。

无畏级巡逻艇是 Singapore Technologies（ST）集团舰船部在 20 世纪 90 年代设计建造的巡逻艇，2016—2020 年计划再新建 8 艘。基本指标：排水量 500 t，长 55 m，宽 8.6 m，吃水深度 2.7 m，最大速度超过 20 节（37 km/h），航程 1000 海里（1852 km），配备一门 76 mm 奥托速射炮，4 艇 12.7 重机枪，防空导弹和鱼雷，IAI/ELTA EL/M-2228（X）（E/F 波段）搜索雷达，Kelvin Hughes 1007（I 波段）导航雷达，泰利斯 TSM 2362 船壳中频主动声呐以及箔条发射器等设备。

图 4-4　无畏级巡逻艇

独立级濒海任务舰（LMV—Littoral Mission Vessel）：是 Singapore Technologies（ST）集团舰船部设计建造的轻型巡逻舰，用于替代部分老旧的早期无畏级巡逻艇。基本指标：排水量 1250 t，长 80 m，宽 12 m，吃水深度 3 m，最大速度超过 27 节（50 km/h），航程 3500 海里（6842 km），标准舰员数量 23 人，配备 MBDA 的米卡垂直发射防空导弹，奥托 76 mm 主炮，拉菲尔公司的 25 mm 武器站，奥托 12.7 mm 武器站，泰利斯 NS100 三坐标警戒雷达，Kelvin Hughes 导航雷达以及光电传感器等设备。

图 4-5　独立级濒海任务舰

扫雷艇：新加坡现役扫雷艇（左）和无人扫雷艇（右）。新加坡海军正在试验多型 VENUS 系列无人扫雷艇，包括 5.5 t 载荷 2.5 t 的 VENUS 9、11 t 载荷 4.5 t 的 VENUS 11 和 26 t 载荷 10 t 的 VENUS 16。

图 4-6　新加坡扫雷艇

4.3.3 意大利推出新型海军用遥控武器站

意大利 Leonardo 公司推出了“狮子鱼”系列海军用小口径遥控武器站。该武器站系列完全由 Leonardo 公司设计和开发，4 个型号包括 12.7 mm 超轻型、内装弹型、顶置型和 20 mm 的 Model 20。

该武器站系列具备以下特性：

1）超轻型：提供最小重量、最小的甲板接口及性能与价格之间最佳的平衡；

2）内装弹型：保证操作员可以在甲板以下的安全环境里装弹；

3）TOP 型：设计用于满足非对称战争要求，配备大容量弹夹，能够应对舰船遭遇劫持被威胁包围的情况。

Model 20 型具备射程远、射速高的特点，可以为小型水面船艇提供消灭非对称水面威胁、直升机和无人机的功能，还可以由大型舰船用作次级武器系统。20 mm Model 20 武器站，配备北约 20 mm × 128 mm 机炮，射程超过 2000 m。

图 4-7　Model 20 遥控武器站

狮子鱼武器站系列具备通用架构、结构紧凑、重量轻、可靠性高和维护时间短的特性。不同的型号可为各种舰船用作主武器或副武器系统的设备选项。新型先进的人机接口系统已经设计得尽可能简单，以便于将人员训练时间缩减到最短。

该遥控武器站通过本地操纵台控制，Leonardo 公司最新的光电传感器套件也为该武器站提供昼夜条件下的高精度目标识别。狮子鱼武器站系列是边境管控、海上交通拦阻、舰队保护和反无人机应用的理想系统。

4.3.4 韩国启动自主研发扫雷潜航器

韩国国防采购计划局于 2019 年 12 月 9 日宣布，韩国将启动针对水雷探测优化的自主潜航器（AUV—Autonomous Underwater Vehicle）的自主研发。该局称已经与本国主要军工企业 LIG Nex1 公司签订 1100 万美元的合同，用于开发可执行精确导航和防撞的高度自主水下机器人，以提高韩国海军的反水雷（MCM—Mine Counter Measure）能力。

图 4-8 新型扫雷潜航器

韩国海军现有 Swallow 级和 Yang Yang 级扫雷艇用于探测和反水雷。韩国国防采购计划局称新型扫雷潜航器将在 2023 年前研发出来，并希望韩国海军能够实现人员无风险地执行扫雷行动。该局还希望这种潜航器能够监视水下渗透行动、支援海上事故的救援行动和搜集海床地形信息。

据悉，该潜航器的初始研发由韩华系统（Hanwha Systems）公司开展，后续工作由 LIG Nex1 公司接手。韩国海军称该潜航器将由 2024 年开始建造的未来扫雷舰部署。

除 LIG Nex1 公司以外，韩华系统公司也在开发新型无人潜航器（UUV—Unmanned Underwater Vehicle），并计划用于反潜战（ASW—Anti-Submarine Warfare）。

该无人平台称为反潜无人潜航器（ASWUUV），自 2017 年开始由韩国国防采购计划局开发，曾在 2019 年釜山举行的海上防务展（MADEX 2019）会上展出，计划 2022

年能够完成研发工作。

针对水雷探测优化的自主潜航器（AUV—Autonomous Underwater Vehicle），官网和新闻里除了提到满电续航时间超过 20 h 以外，什么具体信息都没有，只有图片为证。

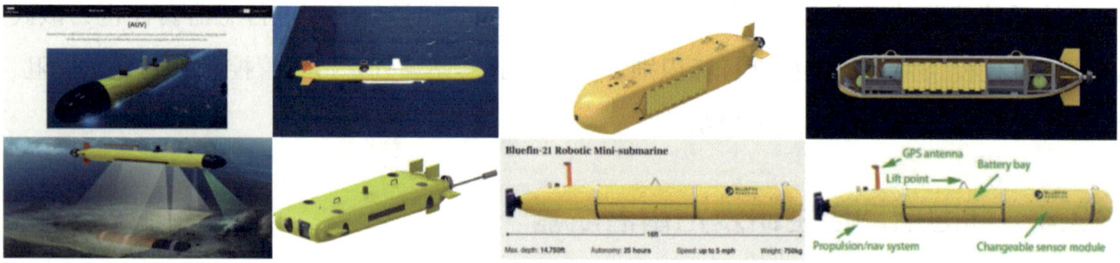

图 4-9　LIG Nex1 公司的潜航器和通用动力公司的蓝鳍无人潜航器

4.3.5　德国海军扩编无人潜航器用于反水雷任务

亨廷顿英格尔斯工业公司（HII—Huntington Ingalls Industries，Inc.）向德国海军交付了新型 REMUS 100 无人潜航器（UUV）。该型无人潜航器将用于扩编德国海军现有的 REMUS 100 无人潜航器部队进行反水雷行动。

REMUS 100 具备先进的核心电子设备和长达 12 h 的续航能力。该潜航器以 REMUS 技术平台为基础，具备开放式架构和更高的模块化能力，已通过国防技术和采购联邦办公室的大量试验。

德国海军之前采购过老式 REMUS 100 无人潜航器，在过去 7 年时间里，德国海军在水深达到 100 m 的地方成功使用该型潜航器执行了区域搜索、残骸区测绘和海底地形测绘等任务。该潜航器配备了侧扫声呐（Side Scan Sonar），用于通过声音探测建立海底图像和提高低能见度区域的搜索效率。德国是包括美国在内的 12 个使用 REMUS 100 无人潜航器的北约成员国之一。

REMUS 100 无人潜航器，是美国 Hydroid Inc. 公司开发的水下机器人产品，该公司于 2020 年 3 月被亨廷顿英格尔斯工业公司收购。Hydroid Inc. 公司成立于 2001 年，总部在马萨诸塞州的 Pocasset。该公司的主要产品包括 REMUS 100、REMUS 600 和 REMUS 6000。REMUS 100（数字代表单位为米的操作深度）基本指标：长 1.7 m，直径 190 mm，干重 36 kg，最大操作深度 100 m，锂电池容量 1.5 kW · h，20 ℃充电时间 6 h，3 节（5.6 km/h）航速满续航 12 h，最大航程 72 km。

图 4-10 REMUS 100 无人潜航器

侧扫声呐，是利用回声测深原理探测海底地貌和水下物体的设备。其换能器阵列装在船壳内或拖曳体中，航行时向侧下方发射扇形波束的声脉冲。工作时发射出的声波投射在海底的区域呈长条形，换能器阵接收来的自照射区各点的反向散射信号，经放大、处理和记录，在记录纸上显示出海底的图像。回波信号较强的目标图像较黑，声波照射不到的影区图像色调很淡，根据影区的长度估算目标的高度。侧扫声呐的工作频率通常为数十千赫到数百千赫，声脉冲持续时间小于 1 ms，仪器的作用距离一般为 300 ～ 600 m，拖曳体的工作航速为 3 ～ 6 节（5.6 ～ 11.1 km/h），最高可达 16 节（29.6 km/h）。

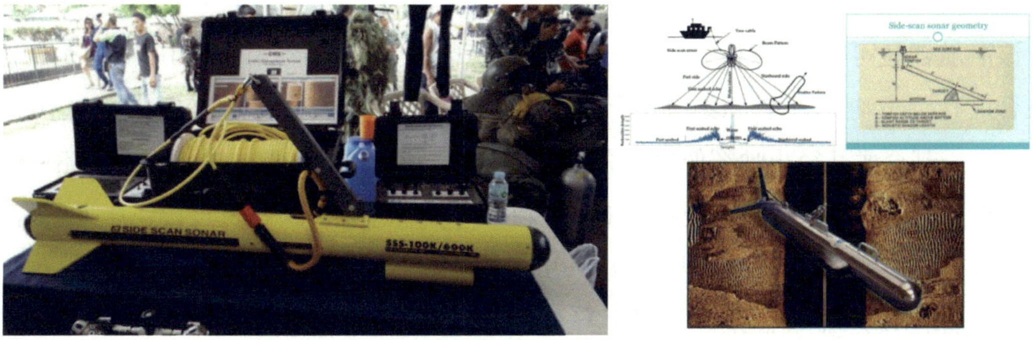

图 4-11 侧扫声呐

4.3.6 挪威发布 HUGIN Endurance 潜航器

挪威的 Kongsberg Maritime 公司对外发布了专门设计用于深海环境嘈杂的 HUGIN Endurance 自主潜航器，从而进一步扩展了该公司的 HUGIN 系列模块化自主潜航器产品序列。

该公司声称，HUGIN Endurance 自主潜航器续航达到 15 天，航程可达 2200 km，可在无须保障母舰的条件下执行岸到岸商用和军用勘测任务。如有必要，HUGIN Endurance 自主潜航器还可以由临时支援舰船（VOO—Vessel Of Opportunity）布放和回收。

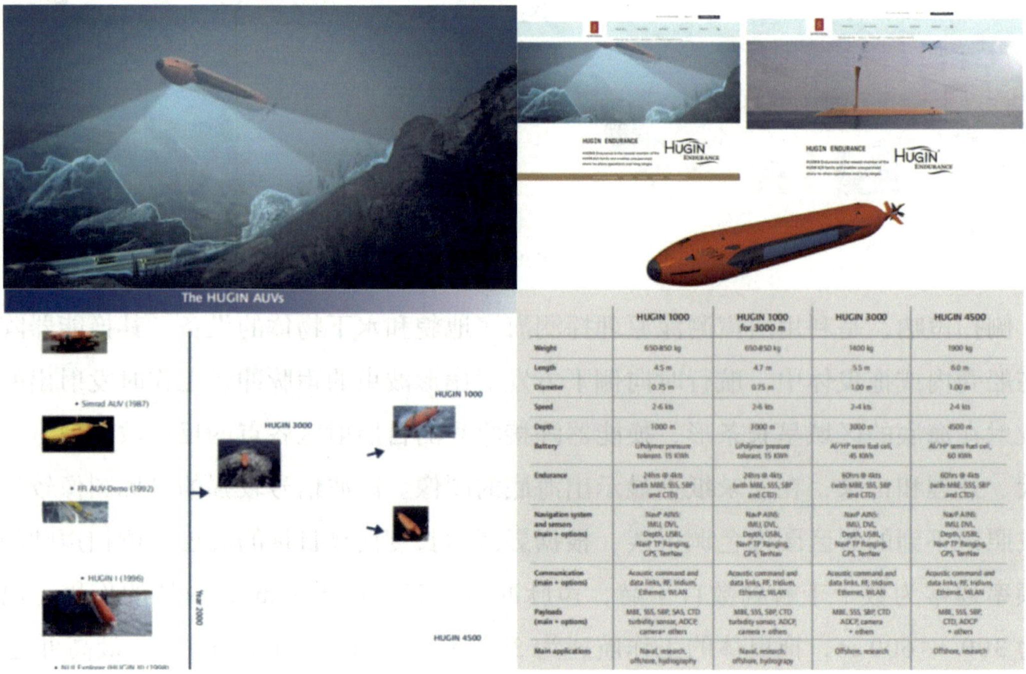

	HUGIN 1000	HUGIN 1000 for 3000 m	HUGIN 3000	HUGIN 4500
Weight	650-850 kg	650-850 kg	1400 kg	1900 kg
Length	4.5 m	4.7 m	5.5 m	6.0 m
Diameter	0.75 m	0.75 m	1.00 m	1.00 m
Speed	2-6 kts	2-6 kts	2-4 kts	2-4 kts
Depth	1000 m	3000 m	3000 m	4500 m
Battery	LiPolymer pressure tolerant, 15 KWh	LiPolymer pressure tolerant, 15 KWh	Al/HP semi fuel cell, 45 KWh	Al/HP semi fuel cell, 60 KWh
Endurance	24hrs @ 4kts (with MBE, SSS, SBP and CTD)	24hrs @ 4kts (with MBE, SSS, SBP and CTD)	60hrs @ 4kts (with MBE, SSS, SBP and CTD)	60hrs @ 4kts (with MBE, SSS, SBP and CTD)
Navigation system and sensors (main + options)	NavP AINS: IMU, DVL, Depth, USBL, NavP TP Ranging, GPS, TerrNav	NavP AINS: IMU, DVL, Depth, USBL, NavP TP Ranging, GPS, TerrNav	NavP AINS: IMU, DVL, Depth, USBL, NavP TP Ranging, GPS, TerrNav	NavP AINS: IMU, DVL, Depth, USBL, NavP TP Ranging, GPS, TerrNav
Communication (main + options)	Acoustic command and data links, RF, Iridium, Ethernet, WLAN	Acoustic command and data links, RF, Iridium, Ethernet, WLAN	Acoustic command and data links, RF, Iridium, Ethernet, WLAN	Acoustic command and data links, RF, Iridium, Ethernet, WLAN
Payloads (main + options)	MBE, SSS, SBP, SAS, CTD turbidity sensor, ADCP, camera+ others	MBE, SSS, SBP, CTD turbidity sensor, ADCP, camera + others	MBE, SSS, SBP, CTD ADCP, camera + others	MBE, SSS, SBP, CTD, ADCP + others
Main applications	Naval, research, offshore, hydrography	Naval, research, offshore, hydrograpy	Offshore, research	Offshore, research

图 4-12 HUGIN Endurance 自主潜航器

该潜航器还可配置多种传感器用于不同任务能力和态势感知，如 HISAS 1032 双接收机合成孔径声呐，据称，该声呐系统能够以 2.5 节（4.6 km/h）速度生成一条 1000 m 的扫描带，其合成孔径声呐图像典型分辨率为 5 cm × 5 cm。HUGIN Endurance 还可配备 EM 系列多波束回声探测器，最新的 EM2040 Mk Ⅱ型通过单接收机可提供 170° 覆盖扇区的扫描带，还能通过软件处理算法进一步提高数据质量。

这些深海传感器结合在一起后，当潜航器在高度 40 m 以 3.5 节（6.5 km/h）速度航行时，系统可以生成 20 cm 分辨率的 750 m 宽扫描带，单次任务期间覆盖的地图面积可达 1100 km^2。其他载荷还可包括常规的侧扫声呐、浅地层剖面仪（Sub-Bottom Profiler）、科研多波束声呐以及各种主被动传感器来满足具体任务需求。

Kongsberg Maritime 公司是一家隶属于挪威 Kongsberg Gruppen 集团的海上系统子公司，20 世纪 50 年代开始研制企鹅反舰导弹和后来的 HUGIN 潜航器以及 NSM 反舰导弹。自主潜航器、双接收机合成孔径声呐、EM 系列多波束回声探测器和浅地层剖面仪是 Kongsberg 公司的主打产品。

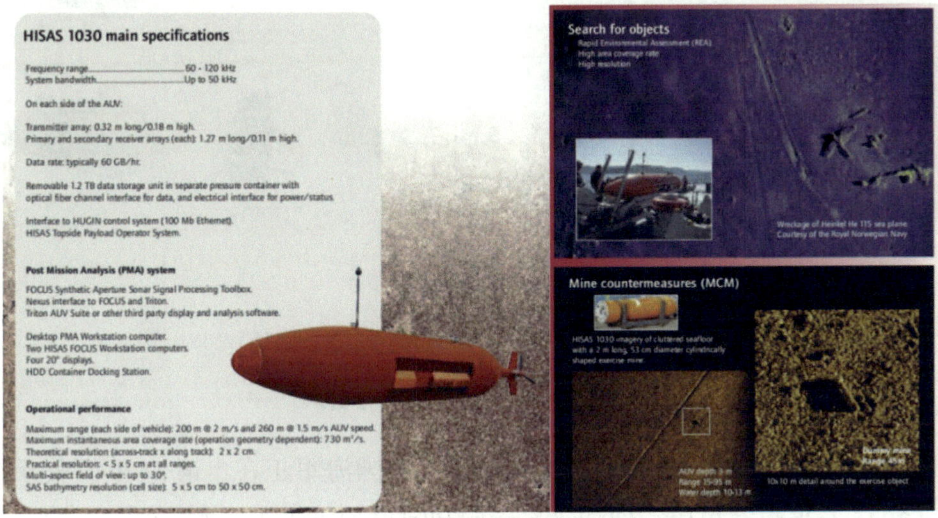

图 4-13 HISAS 1032 双接收机合成孔径声呐

EM 系列多波束回声探测器中最新的 EM2040 Mk Ⅱ型，是 Kongsberg 公司的宽带高分辨率浅水多波束回声探测器，主要用于高分辨率测绘和勘察。

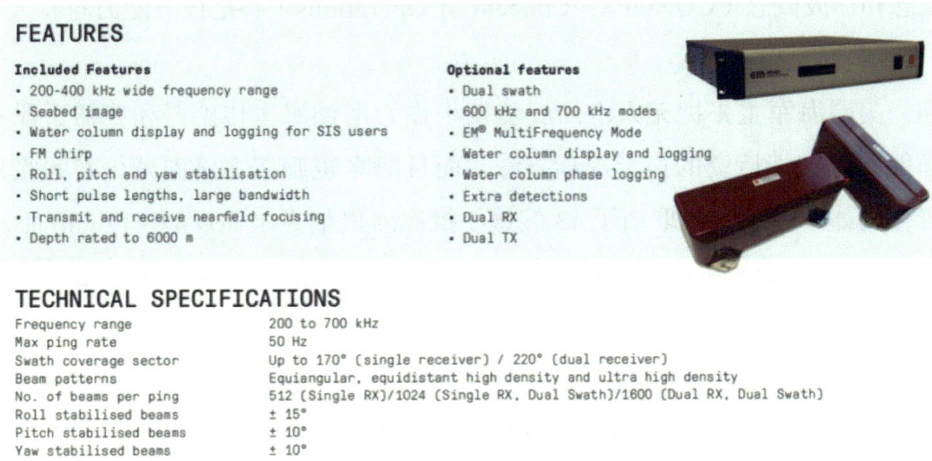

图 4-14 EM 系列多波束回声探测器

浅地层剖面仪（Sub–Bottom Profiler）是利用声波探测浅底地层剖面结构的仪器，它又称浅地层地震剖面仪，从超宽频海底剖面仪改进而来，能够通过声波探测浅地层剖面结构和构造的仪器设备，具有很高的分辨率，能够经济高效地探测海底浅地层剖面形态和构造。

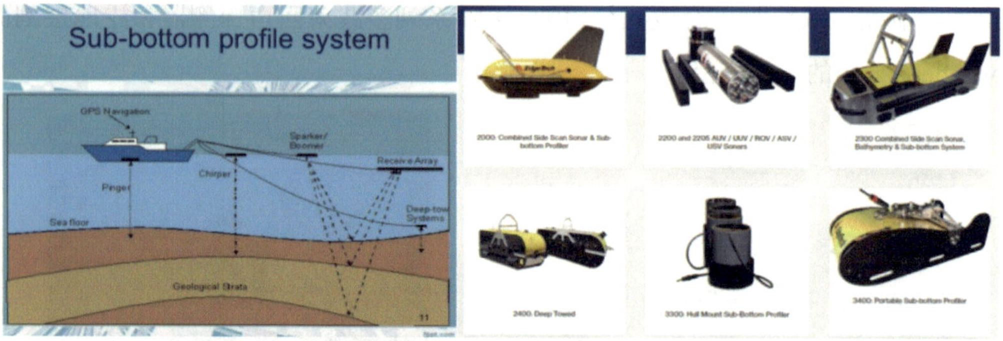

图 4-15　浅地层剖面仪

4.3.7　美国海军斥巨资布局 2045 年无人舰队

据 2020 年 2 月 10 日公布的预算文件显示，美国海军正在申请 2150 万美元经费用于研究到 2045 年当海军提康德罗加级巡洋舰和阿里伯克级驱逐舰不能再控制海洋时的情况。研究将主要集中在未来水面舰艇研发的分析基础，通过此项研究开发的舰艇将用于弥补到 2045 年 CG 47、DDG 51 和 LCS 1/2 各级舰艇退役后的舰队关键缺口，而该研究似乎以集成尽可能多的无人技术到未来舰队作为目标。预算文件指出，研发的无人水面舰艇概念和作战概念（CONOPS—Concept of Operations）将把任务能力与有人军事力量分开。

近期，美国海军主张把无人水面舰艇技术作为增加海军传感器和武器手段且不在大型水面舰艇上花费巨资的声音逐渐高涨。而且海军也确实在试图减少对大型水面舰艇的投资，例如，在预算中取消了 13 艘第 3 批次阿里伯克级驱逐舰（Flight Ⅲ Arleigh Burke–Class Destroyer）中的 5 艘。海军预算文件显示，此项研究的方向包括概念开发工程、任务效率分析、战力架构分析、未来水面舰艇战力结构分析以及平台开发、载荷、完成目标所需的人员和流程等。该项目为先进舰艇概念研究、舰艇和舰艇系统技术评估、舰艇概念设计和工程工具方法以及标准的开发与升级提供了资助。

2020 年的工作包括完成无人水面舰艇的初始需求和开发技术的投资策略。此项工作任重而道远，因为海军在向下一代舰艇转换的过程中非常失败，下一代驱逐舰被裁减到 3 艘，下一代巡洋舰被取消，濒海战斗舰（LCS—Littoral Combat Ship）被裁撤，前 4 艘服役才 6 年的濒海战斗舰已经准备退役。此项研究将是找到未来海军高效且负担得起的平台需求的第一步。近期舰队司令已经命令水面舰艇部队去研究和开发出无人水面舰艇的初始作战概念，这些概念将在新成立的水面舰艇开发中对 SURFDEVRON（Surface Development Squadron）进一步推敲和试验，该中队将是类似“海上猎人”无人艇和 DDG-1000 级驱逐舰等新技术的来源。

美国海军“海上猎人”无人艇是海军向未来无人系统设想迈出的第一步。

图 4-16　美国海军“海上猎人”无人艇

“海上猎人”无人艇于 2016 年下水，是 DARPA 反潜战持续跟踪无人艇项目的一部分，2016 年 4 月 7 日在俄勒冈州波特兰命名，由威戈工业（Vigor Industrial）公司建造。该舰命名继续试验舰艇“海（SEA）”字命名的序列，如海影（Sea Shadow）、海斗士（Sea Fighter）、海刀（Sea Slice）。“海上猎人”无人艇被列为Ⅲ级无人艇，属于中等排水量无人水面舰艇，排水量 140 t，长 132 英尺（40.2m），航速可达 27 节（50 km/h）。

DDG-1000 朱姆沃尔特（USS Zumwalt）级隐身导弹驱逐舰基本指标：排水量 14800 t，长 600 英尺（182.9 m），宽 80 英尺 8 英寸（24.6 m），但雷达反射面积仅为渔船大小，由巴斯钢铁公司建造。首舰于 2016 年 10 月服役。

图 4-17　DDG-1000 朱姆沃尔特级隐身导弹驱逐舰

4.3.8 美国采用 3D 打印技术制造自主潜航器

美国研发潜水机器人的 Dive Technologies 公司现在采用 3D 打印技术制造新型 AUV 潜航器。

该公司的 DIVE-LD 潜航器的外壳采用分段打印，打印材料包括高性能热塑性塑料、工业级热塑性塑料、商用级热塑性塑料和添加剂。打印机具备动态流量控制、精确熔融温度控制和专利的焊条填充技术等特性。DIVE-LD 潜航器单块外壳尺寸最大为长宽 1.22 m。单块外壳打印时间小于 36 h，整个外壳分 9 个部分，另有 85 个艇内部件也采用 3D 打印制造。

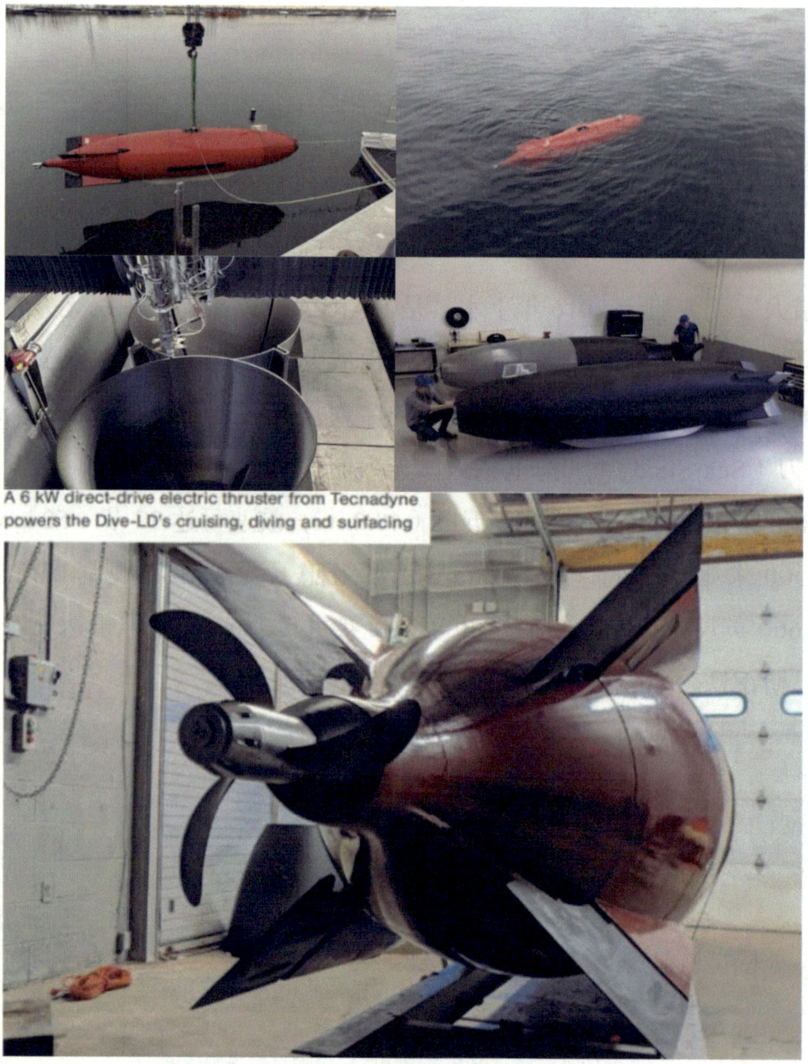

图 4-18　DIVE-LD 潜航器

相比较而言，新型有人潜艇每艘造价高达数十亿美元，且需要训练数百名潜艇兵。而如果采用 3D 打印技术，无人潜航器的制造成本可以非常低。另外，传统潜艇建造要从制造保护人员和设备的耐压壳体开始，无人潜航器却没有人员必需的空间和空气要求，因此可以自由浸没，即由水进入潜航器内部来平衡压力，而不是保持在气密壳体之外。因此 DIVE-LD 潜航器不是围绕坚硬外壳而是内部架构制造。它仅需将其控制系统和电机保护在小型耐压壳体中即可。

Dive Technologies 公司从 2019 年开始详细设计，2020 年 8 月完成电子设备制造，2020 年 10 月用了 3 天时间完成总装，并在总装 4 天后首次海试。为此，Dive Technologies 公司开发了一套“自主潜航器工具包”，确保来自供应商的部件能够快速组装成成品。而 3D 打印的外壳喷漆后安装到结构部件上仅需要不到 20 min，之后潜航器就可以下水了。

DIVE-LD 潜航器现在采用一台 6kW 电动直驱推进器，通过磁性联轴器与螺旋桨连接，最大速度 6 节（11.1 km/h）。初始 DIVE-LD 潜航器直径 1.22 m，长 5.79 m。但该公司称直径可以改为 2.13 m，长度则可随意调整。等物流体系完成升级后还能制造更大直径的潜航器。反之，缩小直径到 0.5 m 也一样，从初始设计到首次下潜试验仅需几周时间。

传统有人柴电潜艇下潜深度在 300 m 左右，核潜艇下潜深度能达到 600 m，而 DIVE-LD 潜航器的内部耐压壳体可以承受 6000 m 潜深。另外，DIVE-LD 潜航器满电可续航 10 天，航程超过 600 海里（1111.2 km），因此它不仅能够在必要时上浮通信，还需要能够对意外做出反应，并在遇到障碍时重新规划航路。为此，Dive Technologies 公司采用了可规避其他舰船、探测水下障碍物和规划航路绕开障碍物的自主软件。

4.3.9 从新装备看美国海军陆战队转型

美国海军陆战队最新的远程无人艇（LRUSV）公开亮相，在其狭小的甲板上配备了一套 Hero-120 巡飞弹的八联发射器。2021 年，陆战队才选定美国 Metal Shark 公司的 29 英尺级（8.8 m）“无畏”快艇作为远程无人艇（LRUSV）的基础平台，此前网络上只有 Metal Shark 公司的计算机渲染图，这可能也是 LRUSV 首次与公众见面。

图 4-19　最新的远程无人艇（LRUSV）

图 4-20　无畏快艇作基础平台

据称，2018—2019 年期间的一系列兵棋推演结果促使美国海军陆战队下决心转型。转型的计划是在 2030 年前成为一支能够在对手远程精确打击火力范围内行动，并夺取决定性优势的力量。为此，陆战队从 2020 年开始逐步淘汰包括坦克和榴弹炮在内的传统重型陆战装备，并大力研发部署轻量高机动装备和无人平台。而这一系列新装备的开发都围绕着美国海军陆战队的新两栖作战策略——“远征前进基地行动（EABO）”展开。

“远征前进基地行动”策略，即派出小规模特遣队，使用反舰 / 远程精确打击无人系统，在对手的反介入 / 区域拒止范围内（如第一岛链的无人岛礁）建立自己的拒止反击区。然后，要么用 EABO 基地偷袭、骚扰、诱使对手离开自己的优势拒止区域，以便利用美军远离拒止区域的海空优势打击对手；要么用 EABO 基地掩护后续常规两栖力量实施纵深突击。简单地说，EABO 策略就是为陆战队争夺台海、南海和西太平洋控制权量身定制的一套“近身格斗术”。为了服务于 EABO 策略，美军近年来开发试验了一系列无人两栖作战平台。

1）2019 年 5 月推出由 JLTV 装甲车改装的 NSM 反舰导弹无人发射车，名为“海军 / 海军陆战队远征舰船遮断系统（NMESIS）”。NSM 导弹射程超过 550 km，JLTV 无人发射车可携带 2 枚导弹。美军已经试验使用 C–130 和 LCAC 气垫登陆艇，运输 NMESIS 系统在海岛上操作和发射。NMESIS 系统是 EABO 策略的反舰打击手段。

图 4-21　远征舰船遮断系统（NMESIS）

2）2021 年 6 月 16 日，美国陆军开展了“自主多域发射车（AML）”的火力演示。AML 无人车是基于 M142 海马斯火箭炮改装的无人发射车。在洛 · 马公司提供了配备红外和雷达复合导引头、射程超过 500 km、CEP 1–5m 可打击固定或移动目标的“精确打击导弹（PrSM）”后，AML 将成为 EABO 策略对陆 / 对海双重远程精确打击的手段。而 PrSM 作为战术弹道导弹，其对海打击威力比配备 100 kg 级战斗部的亚音速 NSM 导弹大得多。

图 4-22　自主多域发射车（AML）

3）陆战队于 2022 年 6 月还进行了由 UH-1Y 直升机对飞行中的 Hero-400 巡飞弹实施空中指控的试验。重 40 kg、战斗部 10 kg 的 Hero-400 巡飞弹的威力显然比 Hero-120 巡飞弹高很多，该空中指控试验大约可以理解为陆战队参照美国陆军“空中发射效应（ALE）”无人机 / 巡飞弹的“简化版”。而陆战队的野心和需求都没有美国陆军的那么高，只需保证 EABO 基地能生存下去即可。

图 4-23　空中发射效应（ALE）

4）据笔者推测，LRUSV+Hero-120 应该是 EABO 策略的重要补充。毕竟 Hero-120 巡飞弹设计用于反装甲，4.5 kg 的战斗部对于多数海上目标来说威力稍小。但无人艇自身特征低、目标小，巡飞弹更是灵活隐蔽，可为登上无人岛建立基地的 NMESIS 和 AML 提供 EABO 外围海上巡逻保护或前出执行海上侦察 / 骚扰任务。

根据 LRUSV 的基本指标同土耳其无人艇的类比推测，LRUSV 的航程为 300 ～ 400 km，最大速度 40 节（约 74.1 km/h）左右，再配备射程 60 km 的 Hero-120 巡飞弹。巡逻防卫时，LRUSV+Hero-120 可在 EABO 基地 200 km 范围内 24 h 全天候拦截打击前来执行侦察、渗透破坏任务的特种部队小型舟艇；海上侦察 / 骚扰时，LRUSV+Hero-120 可在 EABO 基地 200 ～ 400 km 距离上对途经或准备登陆的舰船实施侦察或骚扰攻击，来掩护和配合 NMESIS 和 AML 发动的远程精确打击。

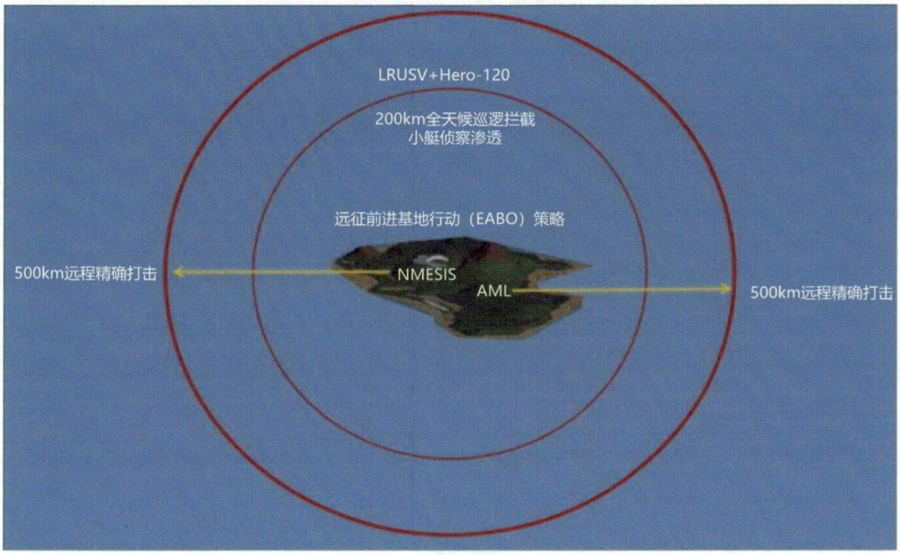

图 4-24　EABO 策略

第5章

有人-无人协同作战系统与技术

无人协同作战是以协同控制技术为基础的，所谓协同控制是指多个智能装备之间进行通信、交互与合作，配合完成一个共同的任务。近年来，随着智能控制技术的快速发展，协同控制已经成为智能控制领域内备受瞩目的研究方向。

在军事应用领域，协同控制技术主要应用于无人协同作战系统。无人协同作战系统的应用模式一般有两种，即有人 - 无人协同，也叫异构协同，就是两种不同属性系统之间的协同；另一种就是无人 - 无人协同，也叫同构协同，即两个或多个同类属性系统之间的协同。

在实际应用过程中，无人作战体系的指挥控制系统主要用于辅助各层级指挥人员对同构、异构无人作战平台进行集成、协调与控制，以完成侦察、监视、打击等战术任务。

5.1 有人 - 无人系统协同

（1）有人 – 无人系统协同作战模式

有人 – 无人协同作战是指在信息化、网络化和体系对抗环境条件下，有人操作武器平台和无人作战平台联合编组，实施协同攻击的作战模式。有人 – 无人协同作战模式一般有三种：态势感知、协同攻击和协同防御。

态势感知：多种资源（传感器）跟踪同一目标，有效提高跟踪质量，增强作战编队的环境状态感知能力。

协同攻击：多种攻击方式对准同一目标，以增强攻击效果，提高攻击的快速性。

协同防御：有效提醒配合各方的战场环境实况，增强预警与快速处置险情的能力。

随着有人 – 无人系统所带载荷种类不同与功能的增减，在一次任务中可能会同时具备两种或三种作战模式。例如，2021 年，美国海军举行“无人集成作战问题”–21 演习，出动了水面舰艇、潜艇、无人机、无人潜航器等装备，对有人 – 无人协同海战的模式和效果进行评估，实现了潜艇、无人潜航器和无人机的跨域协同海战任务。这是一种典型的多属性异构协同。

（2）有人 – 无人系统协同作战机理与特点

要运用好有人 – 无人协同作战模式，就必须首先开展有人 – 无人协同作战概念的研究和试验验证，进行有人 – 无人协同作战关键技术攻关以及作战指挥控制系统的技术开发。

有人 – 无人协同作战，可由地面 / 海面指挥中心或预警机通过联合战术信息分发系统实现对有人 – 无人编队的指挥控制与引导，由有人机完成信息的综合处理、联合编队的战术决策、任务管理以及对无人系统的指挥控制，由无人系统完成自主控制、战场态势感知以及对目标的最终打击。其特点是有人 – 无人协同编队整体作为对抗系统的一个节点，受预警机或地面 / 海面指挥中心的统一指挥控制，使有人 – 无人系统间在信息、资源、攻击计划等方面实现数据共享与协调，无人系统通过自身携带的传感器观察战场环境，在一定程度上自主执行特定行动，并在有人系统的指挥控制下实现对目标的打击。

（3）有人 – 无人系统协同作战的优势

有人 – 无人系统协同作战是一种分布式作战体系，能有效缩短作战体系的响应时间，提高系统的决策速度，增强作战体系的抗毁伤能力，最大限度发挥无人系统的作战效能，实现作战体系的鲁棒性提升，在协同作战中使有人系统和无人系统的优点进一步得到互补。

有人 – 无人系统的协同可以有效增强作战的效能，提升战场风险承受能力、生存能力以及作战体系的弹性，在突破关键技术的同时需加强发展信任度的探索，注重相关战术发展研究，不断促进实战化应用水平的提高。

5.2 无人 - 无人系统协同

无人 – 无人系统协同的系统构成、工作原理以及作战优势基本与有人 – 无人系统协同一致，只是把有人 – 无人系统中有人部分更换为无人系统，这些无人系统包括了无人机、无人艇、无人潜航器和无人战车等，重新组成一个同构或异构系统。这种无人 – 无人作战系统的效能完全取决于各个无人作战装备的作战能力。

1）无人机（UAV）及其集群作战能力：可以根据携带的不同载荷，具有侦察、干扰、引导、攻击和通信中继能力，可以前出对关键区域及航线进行长时间监控，并与有人机进行战术协同以便开展协同作战。

2）无人艇（USV）及其集群作战能力：依据所携带的载荷可以遂行侦察探测、警戒巡逻、反水雷、反潜、火力打击、目标指示、通信中继等任务。

3）无人潜航器（UUV）及其集群作战能力：可以单机独立或集群组网方式进行协同作战，根据载荷不同，可在小范围海域内执行情报侦察，水下环境信息获取，执行水文地理信息感知、探测、跟踪、扫雷、灭雷等任务。

4）无人战车（UCV）作战能力：可以用于陆地作战和海上战场的两栖作战，遂行侦察监视、警戒巡逻、电磁对抗、通信中继、定位引导、高危作业和物资运输等任务。

5）无人协同作战的未来发展方向是：追求智能化、自主化，提高协同作战效率；实现多机系统，可以灵活组合成不同形式的作战系统单元；建立高速通信链路与数据共享机制，使系统更快、更稳定、更安全和更有效。

5.3 无人协同作战系统的关键技术

对于有人 - 无人系统协同和无人 - 无人系统协同来说，其共有的关键技术包括：

1）交互控制技术：系统之间职责有分工，通过二者相互之间的数据、信息交互来实现任务的协同。

2）协同态势感知：是对时间和空间维度与纵深内各元素的感知领悟，以及对它们的企图、变化和即将发展的状态趋势的理解。

3）协同目标分配方法：是为了能够协调一致完成任务，在考虑各种约束条件下，对各元素分配攻击目标、确定采用的武器和对武器进行配置和编队、分配目标的打击点和方向以及武器的投放区域等。

4）协同航路规划技术：是在目标分配方案的基础上规划出各自有效和可行的协同航路。

5）毁伤效能评估技术：是对目标实施攻击后的毁伤效果进行综合评估，为后续决策提供支持。

6）智能决策：利用人工智能技术提高决策的快速性和准确性。

7）高带宽、高可靠的数据链技术：提高大量实时信息的传输速度和分发效率。

由于目前无人系统的智能化水平有限，还不能完全代替人的思维与判断，因此，发展协同编队技术提高作战效能和控制权交接的协同控制能力是现阶段的主要方向。

5.4 外军无人协同作战系统技术与产品的观察分析

未来的无人系统协同作战是一种联合、立体、分布和全方位的军事行动，是综合利用各型同构、异构无人作战平台，形成“互联共享、分布自主、智能协同”的全域作战体系，从而提升整体作战效能。无人作战平台作为一种颠覆性的新型作战力量，引发了战争形态与作战方式的变革，已经逐步成为各个国家军方与防务公司积极研发的重要领域。

5.4.1 美国陆军推动空中发射效应概念发展

据军方官员透露，美国陆军未来垂直升力（FVL—Future Vertical Lift）跨功能团队（CFT—Cross-Functional Team）将继续进行飞行试验，作为进入空中发射效应（Air Launched Effects，ALE）项目的下一阶段，此项决定在亚利桑那州 Yuma 试验场进行的首次试飞期间做出，试验期间，Area-I Altius-600 无人机系统首次实现从低空悬停的 UH-60“黑鹰”直升机上向前发射。

阿拉巴马州红石兵工厂未来垂直升力跨功能团队总部的军官确认，即将开始的试飞代号为“会聚项目”。空中发射效应项目设计用于通过使用自主飞行器来提高陆军执行多域作战的能力，自主飞行器作为更广泛的未来武装侦察机（FARA—Future Armed Reconnaissance Aircraft）“生态系统”的一部分。为了突破敌方防空系统，飞行器必须能够在敌方决策空间内制造混乱，以便友军自由地穿越战场空

图 5-1　低空悬停的 UH-60“黑鹰”直升机发射无人机

间。飞行器任务组已经由跨功能团队拆分为探测、识别、定位和报告及袭扰、诱饵和致命攻击等类别。任务组将通过一系列能够模拟和扰乱敌方防空系统的主动和被动载荷来实现。

未来垂直升力为美国陆军开发军用直升机家族的计划。

跨功能团队是一个人员来自不同背景专业和功能的技术团队，美国陆军的未来垂直升力跨功能团队负责选择两家公司的设计，最终替代 UH-60“黑鹰”和 OH-58D 两型直升机来建立未来远程攻击飞机（FLRAA—Future Long-Range Assault Aircraft）和未来武装侦察机（FARA—Future Armed Reconnaissance Aircraft）。

空中发射效应项目是美国陆军开发的可在战术高度上从直升机发射的无人机系统。从直升机上发射无人机被认为是技术难度最大的试验项目之一。直升机发射无人机的最大问题在于主旋翼产生的向下涡流会对无人机造成干扰。无人机被推离发射管后主翼尚未打开，此时抗风能力较差，很难抵抗主旋翼产生的强劲气流。此前的多款无人机在直升机平台发射试验中均遭遇了这一技术瓶颈，此次从“黑鹰”直升机上成功发射是一次进展。未来连接有人机与无人机之间的数据链有助于将各种固定翼飞机和直升机改装为无人机发射平台，发射无人机执行危险性较高的作战任务。

5.4.2 美国空军认为可消耗“忠诚僚机”无人机更适合非致命任务

可消耗“忠诚僚机”无人机可能是美国空军有人机的最好的非致命“力量倍增器”，因为此类低成本无人机无法替代作战飞机的能力，而无人机最大的作战价值可以通过与有人系统结合来实现。可消耗无人机设计成本低廉，以便保证即使作战时损失很多也不会造成无法承担的后果。美国空军将可消耗无人机的价格定为每架 200 ～ 2000 万美元。美国空军研究实验室的低成本可消耗飞机技术飞行验证机——Kratos Defense 公司的 XQ-58A“女武神”，根据订单数量，成本在 200 ～ 300 万美元左右。美国空军坚持要求可消耗无人机设计尺寸要小，主要原因是尺寸越大成本就会更高。

图 5-2　低成本可消耗的 XQ-58A “女武神”无人机

如果采用最低成本的载荷，此类无人机可能在非动能类任务中发挥最大的作战价值，例如电子战、长时间指控、情报监视侦察等能够真正发挥力量倍增器优势。该无人机还可以用作诱饵或通信节点，即不仅平台本身作为多光谱诱饵，还可以投送可消耗诱饵。这样可消耗无人机就可以在有人机前面进入激烈争夺空域，既能搜索敌方战斗机又起到诱饵的作用，同时与飞在后方的有人机联网使其能够从更远的距离上发现并攻击对手。

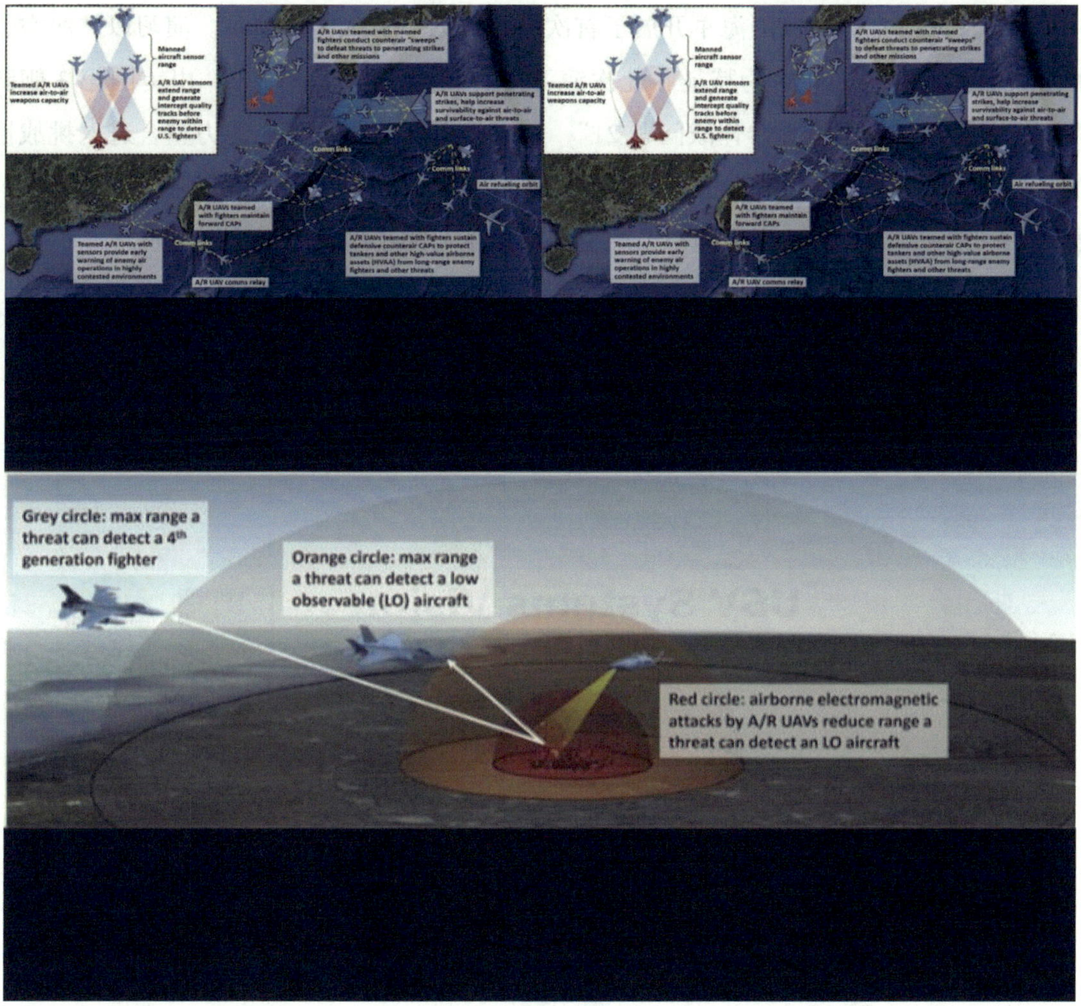

图 5-3　可消耗“忠诚僚机”无人机理念

当然，此类无人机也可以用于某些致命任务，例如可消耗无人机可以接近危险目标并释放精确制导弹药，否则此类任务可能存在损失一名飞行员的风险。另外，“忠诚僚机”还可以携带空对空导弹作为有人战斗机的卫兵，而有人战斗机则可以腾出隐身战机的弹舱空间装载精确制导弹药。到目前为止，美国空军研究实验室已经从技术上实现了一名飞行员可一次指控 7 架“忠诚僚机”无人机。另外，尽管航空制造商发布了很多广为流传的预测和描述，但美国空军认为，“忠诚僚机”无人机与有人飞机之间不可能近距离飞行，他们认为二者之间应该不会进入视距范围内。

5.4.3 美国海军开展首次多域无人 - 有人能力演习

太平洋舰队宣布，美国海军开展了首次多域无人 - 有人能力演习。演习以“海空、水面和水下”的无人能力为特征。此次演习由美国太平洋舰队领导，由美国第 3 舰队执行，演习代号“无人综合作战问题 21”，通过将多域有人 - 无人能力整合进入挑战性作战场景以获得作战优势。演习的作战无人系统包括 MQ-9 海上卫士无人机、“海上猎人”号和“海鹰”号 MDUSV 无人艇以及配备模块化载荷的小型和中型无人潜航器。

图 5-4 多域无人 - 有人能力演习

无人系统与传统有人平台将共同为美国海军提供作战支持，可取得获胜和威慑潜在敌人所需的优势。演习为海军作战人员，作战中心和系统开发者直接提供信息，进一步将无人能力集成进入日常舰队操作和作战计划。此次演习通过第 3 舰队在加州圣迭戈的联合作战中心控制，总计有 29 型无人系统参加了此次演习，其中大约有一半是无人艇，30% 是无人潜航器，其余为无人机平台。美国海军没有公开所有参演平台的具体型号和数量。

5.4.4 美国陆军演示拦截集群无人机

近期，雷声导弹与防务公司使用“非动能”郊狼 Block3 可重复使用无人机，成功演示了战胜集群攻击无人机的能力。在亚利桑那州尤马试验场进行的演示中，“非动能”郊狼 Block3 无人机与 10 架无人机交战并击败了它们。这 10 架来袭无人机的尺寸、复杂性、机动性以及发动攻击的距离都不同。试验期间，“非动能”郊狼 Block3 无人机从美国陆军配备的郊狼 Block2 无人机发射系统的固定式综合反低小慢无人机系统中发射。

图 5-5 参加演习装备

雷声公司 Ku 波段射频系统的雷达提供了探测拦截的支持。Ku 波段射频系统雷达最初开发用于反火箭弹、炮弹和迫弹。该系统采用氮化镓技术，将有源电扫相控阵雷达尺

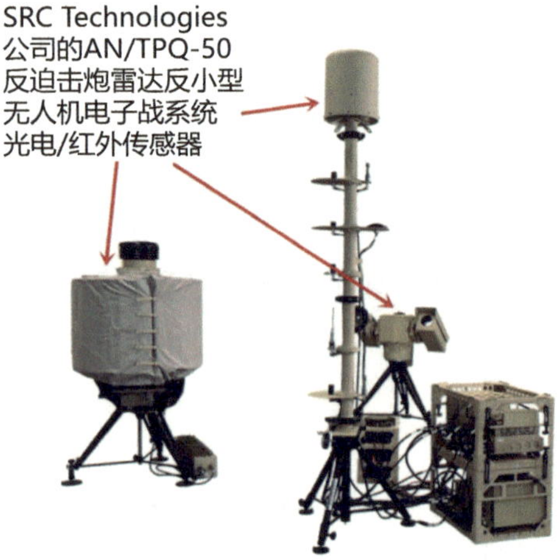

图 5-6　Ku 波段射频系统

寸缩小，并且做到探测距离远和灵敏度高。据称，Ku 波段射频系统雷达能够在 16 km 距离上，全向探测识别和跟踪 I 类无人机。I 类无人机是用于近距离 ISR 的单兵便携式小型无人机，典型代表为美军的 RQ-11 大乌鸦手抛无人机。

此次演示试验首次实现了以下成果：成功的空对空非动能攻击；一次试验期间完成回收、修复和重复使用；用郊狼 Block2 无人机发射系统成功发射；更远距离的攻击、通信和 Ku 波段射频系统跟踪。

2020 年 12 月，固定式综合反低小慢无人机系统，由联合反小型无人机系统办公室批准，作为美国陆军临时反小型无人机系统解决方案。该系统的核心架构包括：SRC Technologies 公司提供的 AN/TPQ-50 反迫击炮雷达、反小型无人机电子战系统和光电 / 红外传感器、使用美国陆军的前沿空域防空指控网络以及 Ku 波段射频系统雷达和郊狼 Block2 动能攻击无人机。雷声公司拒绝提供郊狼 Block3 无人机的非动能攻击细节。该公司称，郊狼 Block3 无人机采用非动能战斗部是为了降低潜在附带伤害，而且与“可消耗”的郊狼 Block2 动能攻击无人机相比，非动能攻击可以不离开战场就完成回收、修复和重复使用。

图 5-7　固定式综合反低小慢无人机系统

郊狼 Block1 无人机最初设计为巡飞弹，后期才改为反无人机用途，基本指标：长 0.6 m，翼展 1.473 m，重量 5.9 kg，最大速度 130 km/h，配备近炸引信。而郊狼 Block2 无人机是一个完全不同的系统，它由涡喷发动机推动，最大速度可达 555 km/h，在机动性和射程上更接近导弹。根据上述特性，郊狼 Block3 无人机的非动能战斗部，很可能与洛·马公司的“机动式射频集成无人机抑制器”一样采用了机载大功率微波载荷。另外，既然试验采用郊狼 Block2 无人机发射系统，因此合理的推论是郊狼 Block3 无人机的基本构型与 Block2 相似，主要区别是从动能攻击战斗部改为非动能攻击战斗部。

5.4.5 美军加快新轻型坦克的开发与无人车应用

美国陆军简称 MPF 的新轻型坦克开发项目进入选定试制样车阶段，并计划通过规模试验后在 2022 财年第三季度做出批产决定。美军的新轻坦项目开始于 2014 年的国会研究报告，后来几经波折终于在 2018 年获得了欧洲 BAE 系统公司和美国通用动力陆地系统公司的竞标原型车。美军在 2015 年提出的 MPF 轻坦基本要求包括：最大重量不超过 32 t，配备 105 mm 或 120 mm 主炮，能够防御轻武器射击和炮弹破片，能够安装附加装甲模块，还要能防御地雷和路边炸弹。

图 5-8　MPF 新轻型坦克开发项目

经过第 82 空降师的士兵试验评估，美国陆军近期选择了通用动力陆地系统公司的方案开始下一阶段工作，预计将试制 26 辆样车，并且可能再增加 28 辆。BAE 系统公司被淘汰的方案是基于 20 世纪 90 年代“装甲火炮系统”项目的成果——未列装的 M8 轻型坦克。据媒体推测，M8 出局的原因可能是 BAE 系统公司点错了科技目录树，一路在减重和空投运输的方向上狂奔，结果彻底被本来就对运输要求不高的美军嫌弃。而通用动力陆地系统公司的方案基于该公司为奥地利和西班牙陆军开发的 ASCOD 步兵战车底盘，该平台还被用于 Griffin Ⅲ步战车和英军的阿贾克斯步战车。通用动力陆地系统公司方案胜出的一个原因可能是该平台采用了与 M1 坦克相同的操纵系统，士兵无须额外培训即可直接操作。

图 5-9　与方案有关的装备

美国陆军近年来对新型装甲平台的需求明显增加，甚至可以说在某种程度上存在强烈的焦虑。一方面，陆军原有地面作战体系中的力量核心 M1 系列坦克过于庞大笨重，尽管经过多次信息化升级改造，但 70 t 的体量仍然显得越来越无法适应信息化作战的需求。为此，美国海军陆战队已经在 2020 年开始淘汰所有 M1 坦克。另一方面，美军 21 世纪轻型旅级战斗队的主力装备之一 M1128 斯特瑞克机动火炮系统也陷入“鸡肋”的窘境，其 105 mm 主炮威力太小，根本无法有效应对多数装甲目标，而 8 × 8 斯特瑞克轮式底盘的防护能力更是差强人意，因此美国陆军宣布放弃所有该系统。这样一来，轻型旅级战斗队的火力愈加孱弱，所以急需一种机动防护火力均衡的新平台，来满足美军与“同等级对手”作战的需求。

值得注意的是，随着美军新轻坦项目的推进，其机器人战车（RCV）项目也在持续发展，尤其是中型机器人战车的设计，将来很可能会构成轻坦 – 中型机器人战车的有人 – 无人协同组合。因为尽管轻型坦克能够在机动防护火力三方面都超越轮式突击炮，然而其防护水平还是很有限，即使可以通过机动性来弥补，但总体来说仍然比较脆弱。而如果为轻坦配备一定数量的无人车来提供额外的 ISR 和火力侦察能力，就能够极大提高轻坦的生存率。假设每个 4 车轻坦排配备 1 辆中型无人车，那么 1 个轻坦连将拥有 3 ～ 4 辆无人车。这些无人车既可以集中起来组成一个无人车突击排，用于执行声东击西的佯攻任务，也可以分散给各轻坦排，作为其尖兵车实施前出侦察。如果无人车再辅以无人机作为空中 ISR 平台，则将为轻坦建立一道空地一体高机动的信息屏障，避免类似于俄乌冲突中单独装甲部队屡遭偷袭、损失惨重的情况发生。

图 5-10　轻坦 - 中型机器人战车与有人 - 无人协同组合

5.4.6　美国陆航未来有人 – 无人协同“双剑”的最新发展

美国无人机 / 巡飞弹制造商 AeroVironment 公司获得了美国陆军的又一个合同，用于采购“未来战术无人机系统（FTUAS）项目第 1 阶段”所需的一套 Jump–20 垂直起降无人机以及相关服务。据称，这套总价约 800 万美元的系统包括 1 个地面站和 6 架 Jump–20 无人机，并将交付给一个选定的旅级战斗队进行训练和试验。

图 5-11　未来战术无人机系统项目第 1 阶段装备

Jump–20 垂直起降无人机的前身是美国 Arcturus UAV 公司的 T–20 垂直起降无人机，而 T–20 是基于该公司 T–20 固定翼战术无人机的改型。T–20 无人机于 2009 年首飞，最初用户是美国海军。Arcturus UAV 公司于 2014 年开发了四旋翼垂直起降的系统，才有了 T–20 垂直起降无人机。

墨西哥海军从 2014 年开始就是 T–20 系列无人机的重要客户。2021 年，AeroVironment 公司以 4.05 亿美元收购了 Arcturus UAV 公司，这样 AeroVironment 的产品目录里就增加了 T–20 和 Jump–20 无人机。

美国特种作战司令部 2020 年选定 T–20 JUMP 无人机进入价值 9.75 亿美元的“中等续航时间无人机系统（MEUAS）”项目，并于 2021 年 2 月采购了 700 万美元的 Jump–20 无人机。另外，AeroVironment 公司于 2021 年 8 月进行了在 Jump-20 无人机旋翼梁下挂载“弹簧刀”-300 巡飞弹空中发射的试验，巡飞弹精确命中靶标。现在这个组合已经进入该公司 2022 产品目录，成为巡飞弹产品的一部分。

Jump-20 无人机基本指标：翼展 5.7 m，长 2.9 m，最大起飞重量 97.5 kg，任务载荷 13.6 kg，据称，配备一台输出功率 7.5 kW 的本田 190cc 风冷四冲程直喷发动机，操作高度 5200 m，速度 92.6 km/h，续航 14 h，控制距离 185 km。

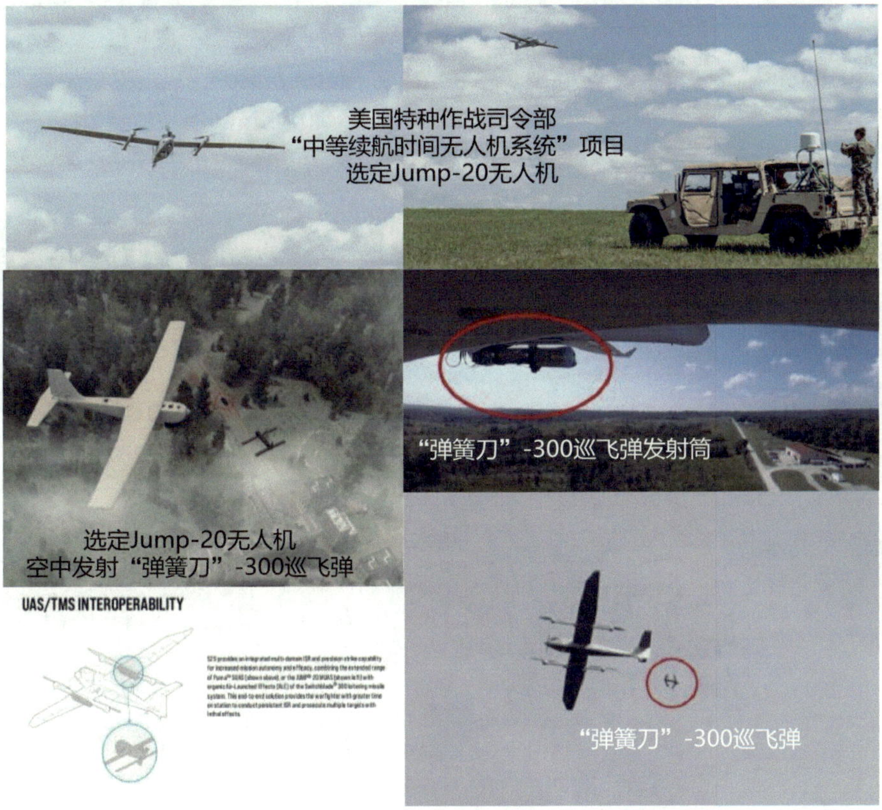

图 5-12　Jump-20 无人机挂载“弹簧刀”-300 巡飞弹的空中发射试验

美国陆军未来战术无人机系统项目的目标是为旅级战斗队提供替换现役 RQ-7B“影子”无人机的产品。项目对新型无人机的要求包括：不依赖跑道，简便的系统使用，快速部署能力，低可探测的侦察监视能力，能够低空到中等高度飞行，自主能力，模块化开放系统能力和有人 - 无人协同能力。

要想进一步了解美国陆军对 Jump-20 无人机的能力需求，就绕不开 RQ-7 无人机以及相关背景。

RQ-7 无人机由美国 AAI 公司［该公司于 2007 年被美国德士隆（Textron）公司收购］

在 RQ-2“先锋”无人机基础上开发，于 1991 年首飞，2002 年交付美国陆军旅级单位服役，曾参加伊拉克和阿富汗战争。RQ-7 无人机系统被设计采用悍马车族进行运输和弹射起飞，配合战术自动着陆系统引导，使用固定尾钩拦阻着陆，每套系统一站四机属于排级编制（约 22 人）。根据美军调研，RQ-7 系统的操作工作负荷在起飞和降落阶段最高，且早期型号易受云雨等恶劣天气影响。

图 5-13　RQ-7 无人机

美国国防部于 2015 年宣布，陆军确认所有贝尔 OH-58D“基奥瓦勇士”武装侦察直升机退役，并计划在 2015—2019 年通过有人 - 无人协同系统来弥补能力空缺。计划安排陆航旅组成包括：1 个有 24 架 AH–64“阿帕奇”的突击营和 1 个有 24 架 AH–64、3 个排 12 架 RQ–7 无人机及 1 个连 12 架 MQ–1C“灰鹰”无人机的武装侦察营。计划指出，武装侦察营当时的有人 – 无人协同系统能够满足陆军 80% 的空中侦察需求。

在具体执行中，武装侦察营由 AH–64 和 RQ–7 构成，突击营由 AH–64 和 MQ–1C 构成，只是 RQ–7 归属到营级，MQ–1C 归属到师级。而现在美国陆军的订单说明，Jump–20 无人机在 2019 年至今的四家竞争中更符合 FTUAS 的项目要求。未来 Jump–20 无人机将逐步替代 RQ–7 无人机，与 AH–64 和 MQ–1C 一起构成下一代美军陆航的有人 – 无人协同系统。

既然 Jump–20 无人机是未来“双剑”之一，那么“另一把剑”就是设计由直升机发射的“空中发射效应（ALE）”无人机。

ALE 项目是开发一个以直升机为主要发射平台（使用 MQ–1C 作为发射平台也是计划的一部分），且具备多平台发射能力的多功能无人机 / 巡飞弹。ALE 无人机 / 巡飞弹要在直升机前方执行探测、识别、定位、报告、袭扰、诱饵和攻击任务。目前 ALE 无人机 / 巡飞弹采用的是 Area–I 公司的 Altius–600 无人机，已公开了单操作员控制 4 机蜂群编队的情况，编队要求以 10 ～ 15 s 每架的间隔发射。4 机蜂群设计用于对目标按顺序执行侦察监视、压制、打击和战效评估的任务。

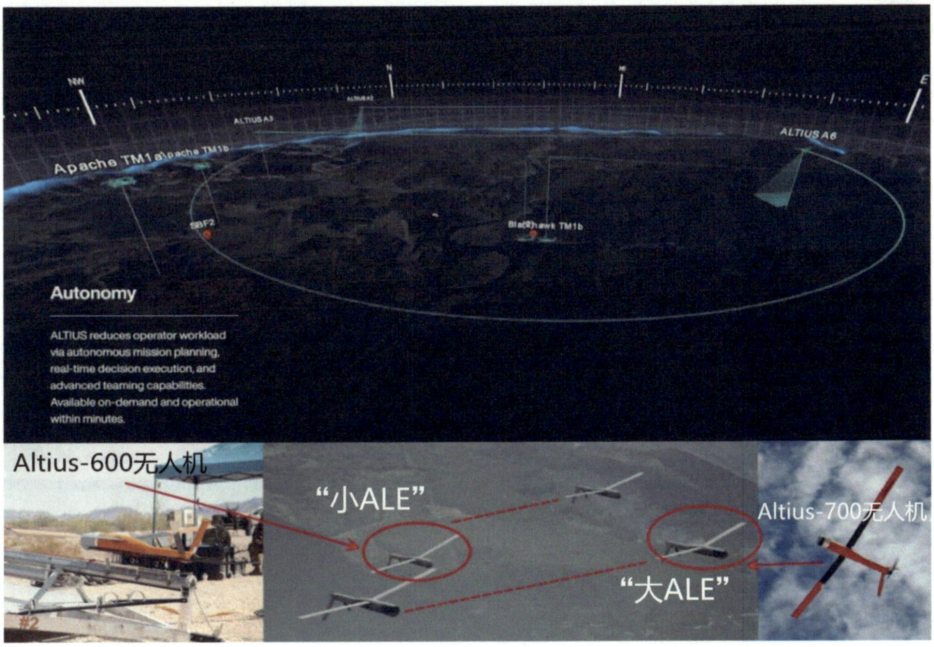

图 5-14　4 机蜂群顺序执行侦察监视、压制、打击和战效评估任务

Area–I 公司表示，通过试验发现 ALE 无人机 / 巡飞弹需要更大的载荷来满足军方需求。因此 ALE 项目已经开始升级，之前的平台被定义为“小 ALE（ALE–S/ALE–Small）”，指标为重量小于 45.4 kg，速度 55.6 km/h，航程 100 km。在“小 ALE”继续推进的同时，“大 ALE（ALE–Large）”也在开发之中，计划指标为重量超过 45.4 kg，续航 5 h，速度和航程达到 130 km/h 和 300 km。参考 Altius–600 无人机翼展为 2.74 m，开发中的 Altius–700 无人机翼展达到 3.66 m，预计美国陆军未来应用的“小 ALE”将对应 Altius–700 水平的无人机。

5.4.7　澳大利亚采购 251 套遥控武器站

澳大利亚政府宣布将采购 251 套遥控武器站（RWS—Remote Weapon Station）用于配备澳大利亚陆军的 4 × 4 Bushmaster（大毒蛇）和 Hawkei（响尾蛇）装甲高机动车辆。澳大利亚首相在一份声明中说，遥控武器站（RWS）可以让射手在有防护的位置操作武器系统，而且将从澳大利亚公司采购光电系统（EOS—Electro Optic System），但声明没有透露会采购具体什么型号或编号的遥控武器站。澳大利亚总理说计划的采购按照已宣布的 2020 新军力结构计划进行，是澳大利亚国防军（ADF—Australian Defence Force）2700 亿澳元（1868 亿美元）能力升级的一部分。

阿富汗的荷兰皇家陆军的大毒蛇装甲车安装了配备澳大利亚公司光电系统的 R400 遥控武器站。

（1）4 × 4 大毒蛇装甲车

大毒蛇装甲车是澳大利亚制造的 4 × 4 装甲车，该车开始由政府的军工公司设计，后来交由赛利斯澳大利亚（Thales Australia）公司生产。基本指标：重量 12.4 ～ 15 t，尺寸 7180 mm × 2480 mm × 2650 mm，驾驶员 1 人，载员 9 人，防弹等级 STANAG 4569 一级，V 型车体，离地间隙 1340 mm，速度 100 km/h，里程 800 km。

图 5-15　大毒蛇装甲车安装了 R400 遥控武器站

（2）响尾蛇装甲车

响尾蛇装甲车是澳大利亚制造的 4 × 4 轻型装甲车，由赛利斯澳大利亚公司生产。基本指标：重量 10.4 t（车重 7 t，载荷 3 t），尺寸 5780 mm × 2400 mm × 2300 mm，V

型车体，乘员 2 人，载员 3 人，速度 115 km/h，里程 600 km。

图 5-16 响尾蛇装 4×4 轻型装甲车

5.4.8 韩国军方的巡飞弹有人 – 无人协同系统

韩国宇航工业公司（KAI—Korea Aerospace Industries）和以色列埃尔比特系统公司宣布双方签订谅解备忘录（MoU—Memorandum of Understanding），准备向韩国陆军联合提供巡飞弹系统。该联合协议还包括有人 – 无人协同（MUM–T—Manned–Unmanned Teaming）系统，主要为了满足韩国陆军的需求，但具体型号和飞行平台具体信息尚未公布。

图 5-17 巡飞弹有人 - 无人协同系统

仅在韩国国防采购项目管理局（DAPA—Defense Acquisition Program Administration）宣布签订谅解备忘录消息几天之后，此项合作协议就对外公布。正在开发的轻型武装直升机（LAH）用于替换现役的 AH–1F 和 500MD/Tow Defender 直升机，新型 LAH 设计基于空客直升机公司的 H155 直升机，于 2018 年 12 月首次亮相，并于 2019 年 7 月首飞。据 2020 年 11 月韩国航空工业公司的视频显示，轻型武装直升机发射的巡飞弹与以色列埃尔比特系统公司的迷你哈比（Mini Harpy）外形相似。视频显示，轻型武装直升机使用短翼挂载 4 架发射筒空射无人机，这些无人机分别执行侦察、中继数据回传直升机操作员的任务，而且这些数据还通过网络传输到其他装备，如固定翼飞机和炮兵部队。有人 – 无人协同系统将使飞行员不必冒风险就能通过无人机攻击敌方目标。

有人 – 无人协同系统将与轻型武装直升机连接，开发工作拟于 2022 年年末前完成。有人 – 无人协同系统与轻型武装直升机的联合试验计划将在之后 2 年内完成第一阶段，第二阶段可能要在 5 年内完成，韩国航空工业公司最终将为直升机装配发射筒以发射无人机。

5.4.9 俄罗斯开发 Udar 作战机器人

Udar 作战机器人由俄罗斯的全俄信号科研所股份公司（VNII Signal）主导开发，原型车正在进行各种环境和上装的测试。虽然有俄罗斯专家将该无人车与俄罗斯的 Nerekhta、Soratnik 和 Uran 作战机器人视为同一级别，但 Udar 作战机器人在体积和重量上明显比前三者要超出很多，尽管它尚在开发过程中，但至少其作战潜力不在一个量级上。

图 5-18　Nerekhta、Soratnik 和 Uran 作战机器人

Udar 作战机器人以 BMP-3 步兵战车的底盘为基础。BMP-3 车重 18.7 t，乘员 3 人，载员 7 人，长 7.1m，宽 3.2 m，高 2.45 m，越壕 2.5 m，越障 0.8 m。该底盘配备一台功率 500 hp 的 10 缸 UTD-29 柴油发动机，可使 BMP-3 达到公路速度 70 km/h、越野速度 45 km/h，满油状态可行驶 600 km。因此 Udar 作战机器人在战斗全重更小的条件下，机动性应该更好，并且具备伴随主战坦克协同作战的能力。

Udar 作战机器人配备一套覆盖 360° 的视频传感器系统，可通过通信系统由操作员遥控或者自动控制。自动控制时，系统通过传感器获得的数据创建一个 3D 地形图，并根据地形起伏和作战任务参数计算出优化路线。该系统要实现的最终目标是在各种地形上全自主运动。尽管自动控制能够通过保持无线电静默来增强机器人的隐蔽性，但在必要时操作员也可恢复遥控指挥。控制站安装在一辆 Ural-4320 6 × 6 卡车上。

Udar 作战机器人的上装是"回旋镖 -BM"遥控武器站。该武器站已经应用于近年来的俄罗斯新一代轮式和履带式步兵战车，包括 T-15 阿玛塔重型步战车、库尔干人 -25 步兵战车和 K-17 回旋镖 8 × 8 步兵战车。回旋镖 -BM 武器站配备 1 门射程 4000 m 的 30 mm 2A42 机炮（备弹 500 发）、1 挺 7.62 mm PKTM 同轴机枪（备弹 2000 发）以及 4 枚射程 8 ～ 10 km 的"短号 -EM"反坦克导弹。除了武器以外，该武器站还配备了 2 套独立的目标搜索和导弹光电制导系统，还有能应对火箭筒攻击、保护机器人正侧面的主动防御系统。

据称，Udar 作战机器人已经完成了系留无人机试验，用于提高机器人的侦察和态势感知能力及提供通信中继功能。另外，Udar 作战机器人还能携带小型多用途机器人，用于执行侦察、扫雷和撤离伤员等任务，机器人之间的互动试验已经完成。

图 5-19　Udar 作战机器人

Udar 作战机器人原型车于 2015 年在俄罗斯国防部的创新日首次亮相。虽然其底盘的特性已经为人熟知，但该系统的自动和自主操作方法和技术方案的难度很高。为此，该系统首先通过一些升级和必要试验吸引俄罗斯军方的兴趣，然后用现有系统演示技术解决方案和未来产品的应用。机器人通过模块化架构设计集成额外的侦察、作战和工程系统，用于执行更多样化的任务。现在 Udar 项目已经制造了新的多用途平台，用于提供战场工程和运输功能，如清理道路、扫雷排爆、运输伤员和弹药补给。

5.4.10 法国 A400M 运输机完成首次空中释放无人机

最近，法国空客防务公司（以下简称“空客”公司）宣布成功完成了 A400M 运输机的首次无人机空中释放。此次试验是空客防务公司德法联合开发“未来空战系统（FCAS）”项目的一部分。未来空战系统是欧盟核心国家联合开发的第六代战斗机系统，它的核心能力之一是六代机与无人机组网实现的有人 – 无人协同作战能力。空客公司将 FCAS 项目中的无人机称为 RC（Remote Carrier），该无人机将通过携带各种载荷为第六代战斗机提供 ISTAR、空战和电子战等多种掩护和支援，从而最大程度地降低有人驾驶战斗机的作战风险。

图 5-20 A400M 运输机空中释放无人机

实际上，空客公司近年来已经在有人 – 无人协同方面取得了很大进展。据消息称，空客集团旗下 EADS 公司开发的“敏捷梭鱼”无人机于 2006 年 4 月完成首飞，并针对高速无人机的自主操作进行了深入研究和验证。之后，空客公司使用该公司的 Do–DT25 靶机模拟未来的无人机（RC）开展验证试验。

空客公司于 2018 年在德国成功进行了 5 架 Do–DT25 靶机与 1 架 LearJet 商务机的有人 – 无人协同飞行，验证了有人机对无人机的指控通信和控制界面等项目。2021 年 6 月，2 架 Do–DT25 靶机与 1 架德国空军的台风战斗机进行了有人 – 无人协同验证飞行，战斗机通过空战云网络实时指控无人机并与之分享数据，将 FCAS 项目推进到了战斗机与无人机的协同组网飞行阶段。必须指出的是，上述试验均由地面弹射起飞的 Do–DT25 靶机配合有人机进行。Do–DT25 靶机基本指标：长 3m，翼展 2.6 m，空重约 60 kg，载荷约 26 kg，最大起飞重量 144 kg，配备 3 台涡喷发动机（推力 220 N），最大速度 540 km/h，续航 100 ～ 115 min，升限 7600 m，航程 100 km。

图 5-21　商务机 / 战斗机的有人 - 无人协同飞行

2021 年 6 月的空中释放试验在德国北部的试验靶场进行，采用一套机载气动弹射装置将一架空客 Do–DT25 靶机从 A400M 运输机尾部货舱门弹射出去。靶机安全弹射出舱，然后很快展开降落伞安全着陆。整个试验期间，靶机都通过空客公司开发的模块化机载作战云服务（MACCS）网络与 A400M “母机” 保持连接，并传输了试验数据。这个模块化机载作战云服务网络不仅将用于 FCAS 项目的有人 – 无人协同，空客公司还将进一步验证将 A400M 运输机作为大量无人机的空中发射平台，A400M 运输机的货舱预计可容纳超过 40 架无人机。A400M 运输机就能把大量无人机空运到战场附近，来保护和协助 FCAS 六代机突破防御严密的目标。

图 5-22　空中释放与发射效应设想

由此可见，A400M 运输机空中释放无人机的目标与美国空军开发的“速龙”运输机货运托盘弹药项目有异曲同工之妙，区别是 FCAS 项目的野心更大，技术难度也更高。另外结合当前俄乌冲突实战情况，笔者认为，有人 - 无人协同更优先的方向可能是直升机 - 无人机的协同。例如俄军卡 -52 重型武装直升机在掩护空降兵突袭基辅附近安东诺夫机场时遭受的损失，如果武装直升机能够配备一定数量的伴随侦察 / 打击无人机实施有人 - 无人协同突击，相信结果将完全不同。这也是美国陆军“空中发射效应（ALE）项目”的开发方向，尽管该项目 Altius-600 无人机的试验平台范围仍在不断扩大，但其首要目标是提高陆军航空兵的生存和突防能力。当然，如果能够通过其他空中平台，如中小型运输机，在敌方防区外释放更多“直升机僚机”无人机为陆航突击机群（武装直升机和运输直升机）提供察打一体的保护，应该是一个比加装舱门机枪更加安全高效的战术选择。

5.4.11 德国的陆地与水下平台集成无人机 / 巡飞弹最新进展

在欧洲防务展（Eurosatory 2022）上，德国莱茵金属防务公司按照“美国陆军协会年度会展（AUSA 2021）”期间与以色列 UVision 公司签订的巡飞弹战略合作协议，推出了两个集成英雄巡飞弹的陆地平台。一是搭载 6 管 Hero-120 巡飞弹发射器的任务大师 XT 无人车，另一个是搭载 4 管 Hero-120 巡飞弹发射器的 KF51 主战坦克。

选择任务大师 XT 无人车应该是因为它满足了 UVision 公司 6 管发射器的尺寸和重量要求。XT 无人车长 3.72 m，宽 2.55 m，载荷 1000 kg，而 2019 年发布的 6 管发射器重量为 650 kg，长约 2.4 m，宽约 2.0 m（重量超出了任务大师 SP 无人车 600 kg 的载荷能力）。而 KF51 主战坦克是莱茵金属防务公司在豹 2A4 坦克底盘上集成了大量新技术和新产品的“豪华全家桶”。

图 5-23　集成英雄巡飞弹的陆地平台

在此，主要关注 KF51 巨大炮塔上集成的 4 管巡飞弹发射器。据称，这是一个可选组件，因为如果安装了 Hero-120 巡飞弹发射器，就会占用 130 mm 主炮的弹药舱空间，使 KF51 的车内备弹数量下降到只有 10 发。尽管如此，未来装甲作战单位即使不能每辆车都标配巡飞弹，但至少要在排级机械化单位装备少量中型巡飞弹。仍在进行的俄乌冲突已经多次证明，仅配备直瞄火炮的装甲车辆，在遭遇敌方车辆利用有死角的坚固掩体或有利地形负隅顽抗或偷袭时，基本没有高效的反击手段。此时呼叫炮兵或者空中支援的效率很低，往往敌方单车就能起到类似狙击手的集群压制效果。而随车携带少量中型巡飞弹就能快速解决这种问题，同时极大提高作战单位的整体超视距态势感知能力。

在水下平台方面，以色列 SpearUAV 公司已公布了 Ninox 103 折叠式四旋翼胶囊水下发射“巡飞无人机”。SpearUAV 公司称，该无人机不仅具备蜂群技术，而且能够通过开放式系统架构集成第三方数据链，来为潜艇、无人潜航器和其他水下平台提供实时远程侦察能力。Ninox 103 无人机已知指标：折叠状态直径 103 mm，载荷 1 kg，续航 1 h，抗风 20 节（37 km/h）。

值得注意的是，在欧洲防务展期间，巡飞弹大厂以色列 UVision 公司宣布与 SpearUAV 公司达成共享技术和经验的战略伙伴合作协议，UVision 还将对 SpearUAV 进行战略投资。这不禁令人联想到另一家巡飞弹大厂美国 AeroVironment 公司及其“弹簧刀”系列巡飞弹。除了“弹簧刀”300 和 600 巡飞弹，AeroVironment 公司旗下还有多型无人机和“非常低调”的黑翼（Blackwing）水下发射巡飞侦察系统。黑翼巡飞侦察系统配备光电 / 红外传感器，基本指标：重量 4 磅（1.8 kg），直径 7.62 cm（黑翼通过潜艇的鱼雷诱饵发射管发射），长 49.5 cm，翼展 68.6 cm，续航约 1 h。AeroVironment 公司从 2006 年开始以“弹簧刀”–300 巡飞弹为基础研发黑翼系统，并于 2013 年加入美国海军和特种作战司令部的“联合能力技术演示”（JCTD）项目。2016 年，有消息称美国海军潜艇已经装备了 150 个黑翼系统。由此可见，UVision 与 SpearUAV 的联合应该不仅为了共享巡飞弹技术和基于 AI 的无人机侦察技术，更是要整合水下平台集成能力，以便竞争水下平台集成无人机 / 巡飞弹的新市场。

虽然黑翼与 Ninox 103 构型区别很大，在续航相近的情况下，二者的速度和航程存在较大差距（“弹簧刀”–300 巡航速度 117 km/h，而四旋翼无人机速度范围在 40 ～ 80 km/h），但是无人机 / 巡飞弹的快速 ISR 能力是水下平台自身无法实现的增量，因此会备受欢迎。黑翼的速度和机动能力，明显更适合美国海军的攻击型核潜艇及其携带的近岸渗透迷你潜艇。如果黑翼无人机与潜艇集成度较高的话，潜艇甚至有可能将无人机用于水面目标的探测和指示，不使用潜望镜和声呐就可以实施更加隐蔽的高精度鱼雷攻击。相比较而言，Ninox 103 无人机可能对常规动力潜艇和各种无人潜航器更友好，这些水下平台的航速更低，能够在离岸更近的浅水海域活动，因此对无人机 / 巡飞弹的需求更加迫切。

图 5-24　各种水下平台设计

目前，黑翼与 Ninox 103 的尺寸重量和载荷能力都较小，还只能执行近距离 ISR 任务。而如果能为水下平台提供更大的水下释放无人机 / 巡飞弹，除了执行 ISR 和精确打击任务，还能为较大范围内的无人潜航器 / 水面无人艇以及有人舰艇提供高效灵活的通信中继服务，从而实现水面 - 水下 - 空中的有人 - 无人平台组网协同。

总之，水下平台集成无人机 / 巡飞弹应该是未来无人系统发展的又一个重要方向。

5.4.12 以色列推出新型多任务巡飞武器

巡飞弹（LM—Loitering Munition）已经问世十几年，随着近年来此类武器在高加索和中东战场的应用，它逐渐获得认可并成熟起来。尽管有几家制造商可提供多种“自杀无人机”，但只有少数公司能像以色列 UVision Air Ltd. 公司一样专注于此类产品，该公司开发和生产了英雄（Hero）系列巡飞导弹，在巴黎航展上推出了该家族的最新产品，其产品已经销售给以色列国防军和北约一些国家。

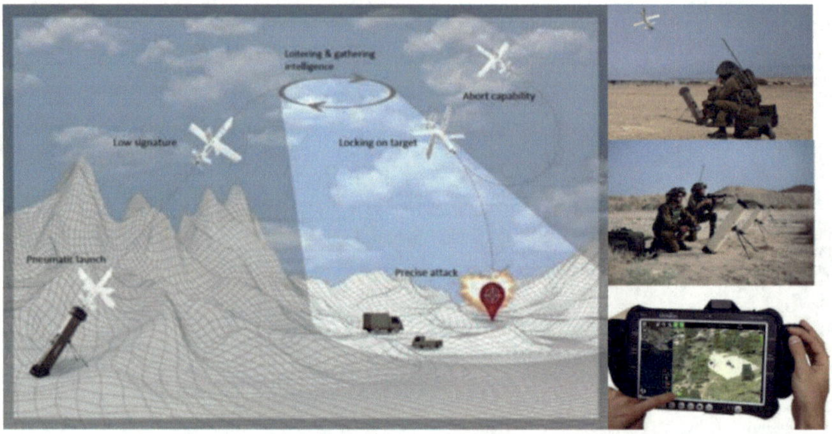

图 5-25　巡飞弹工作流程示意图

UVision Air Ltd. 公司是一家以巡飞弹为主要产品的以色列私营无人机公司，总部在以色列 ZUR YIGAL 的 Sapir 工业园。2019 年，为了获得美军认可，该公司还在美国开了分公司，公司的第一款产品是单兵轻量的 Hero-30 巡飞弹，为步兵下车作战提供了精确超视距监视和攻击能力。Hero-30 可在数分钟内部署，自主续航 30 min，航程达到 40 km。

在巴黎航展上，该公司推出了英雄家族的最小成员——Hero 20，重量仅 1.8 kg，包括全稳定的可旋转 EO/IR 引导头和 200 g 的杀伤战斗部，航程 10 km，续航 20 min，可单人操作单枚或多枚发射。

Hero 30 巡飞弹

Hero 20 巡飞弹

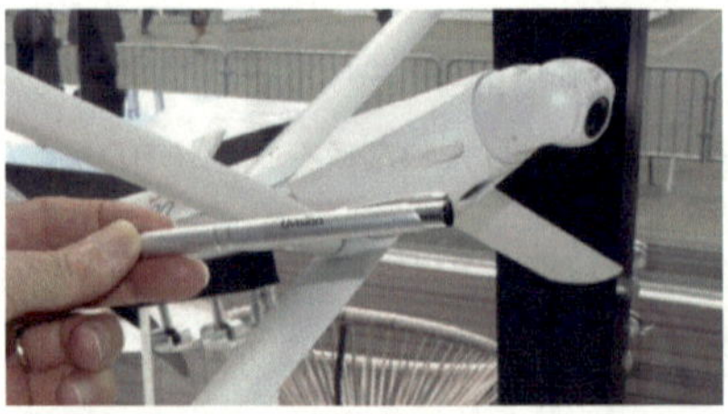

Hero 120 巡飞弹

图 5-26　英雄家族系列

Hero 120 可供营级和旅级车载发射，长 1.34 m，称为中等尺寸巡飞弹（MSLM—Mid-Sized Loitering Munition），可配备模块化战斗部和可调电池组，重量 1.5~4.5 kg 的多种战斗部可由多模引信起爆，例如反人员的空爆杀伤战斗部，反建筑的点起爆战斗部，攻顶和近炸模式的破甲战斗部。典型操作高度 1500 英尺（457.2 m，离地高度），续航 60 min，数据链控制距离 40 km，目标俯冲速度 100 节（185.2 km/h），总重 12 kg。

Hero 400EC 为师级多管发射器操作，长 2.1 m，重 40 kg，十字翼构型，翼展 2.4 m。升限 18000 英尺（5486.4 m，海平面高度），速度 50 ～ 100 节（92.6 ～ 185.2 km/h），数据链控制距离 40 km，定向天线控制距离 150 km，战斗部包括串联破甲（tandem HEAT）和攻坚（PBF—Penetration Blast Fragmentation）战斗部。Hero-400EC 使用多管发射器系统，六管发射器重 650 kg，用户还可以根据车辆载荷和空间指标配置 4、6 或者 12 枚巡飞弹发射器构型。其中四管发射器可以使用联合轻型战术车辆（JLTV）操作，其他多管构型可以由美军的多管火箭炮系统（MLRS—Multiple Launch Rocket Systems）和高机动火箭炮系统（HiMARS—High Mobility Rocket Systems）操作。

5.4.13 英国成功实现直升机与“半自主无人机”的协同飞行

英国 Qinetiq 公司完成了首次有人 - 无人协同飞行演示，使用的是空客直升机公司标准的 H125 轻型单发直升机与一架“半自主无人机”协同。

图 5-28 直升机与“半自主无人机”协同

直升机与“半自主无人机”的协同飞行试验在英格兰西南的英国陆军 Salisbury 平原训练区上执行。试验期间，两架飞机协同合作在指定区域识别可能的目标。无人机操作员在直升机上能够监视从四旋翼无人机传回的图像，并允许无人机独立操作。操作员仅在需要决策时才会进行干预。

该项目由英国陆军司令部提供经费，将由英国国防科技实验室作为更广泛作战试验的一部分“交付”陆军。Qinetiq 公司 CEO 介绍说，能够在仅对有人机进行较小改装的情况下执行评估。无人机通过直升机上的平板电脑控制，平板电脑可根据需要，从一个操作员交给另一个操作员。这不仅确保了无人机总是能够由做出决策的最佳人选控制，还为防务资产的更密切协同使用铺平了道路。

第6章

军用反无人作战系统装备技术与产品

由于无人作战系统在现代战争中是集“侦、打、扰、评”等功能为一体的高端武器系统，具有价格低廉、打击准确度高、战法编组灵活、伤亡效率低等优势，已经被广泛应用于实战。无人作战装备与无人作战平台在对空、对陆和对海领域都得到了大量应用，这些应用也促进了无人作战装备的智能、通信、传感等技术的迭代发展，使得无人系统的环境感知、自主决策、任务理解、智能协同等能力和水平得到了不断提升，同样也带动了无人系统反制技术的发展。无人作战系统与反无人作战系统之间是“矛和盾”的关系，无人作战系统反制应用涵盖了反击无人机、反击无人车以及反击无人潜航器与无人艇等领域。

6.1 基本含义

反无人系统是指利用技术手段实施的对无人作战系统的监测、干扰、诱骗、控制和摧毁等手段的单独或组合使用。

世界军事强国都非常重视反无人系统的技术发展，采取了从战略上高度重视、讲求先进性与实用性并重、大力开展实战检验与研发并行、从开放竞争中择优培育等措施。目前，各国都在反无人机领域加大力度进行规划和开发应用。例如，美国陆军已经将无人机列为五大威胁平台（固定翼飞机、无人机、弹道导弹、巡航导弹和直升机）中最具破坏力的空中威胁，并于 2016 年 10 月发布了首个《美陆军反无人机战略》，2017 年 4 月发布了《反无人机系统技术手册》，2018 年 1 月发布了《网络化电子作战构想 2025—2040》手册，进一步强化了用电子战反无人机，2021 年 1 月，美国国防部出台了《反小型无人机系统战略》。2020 年，俄罗斯卡巴斯基实验室开发了一种利用人工神经网络的反无人机系统 – 卡巴斯基反无人机系统。

各国政策的大力支持和技术研发经费的不断投入，有力地推动了反无人系统技术不断向着基于多传感器融合的复杂环境感知与导航、自主控制与协同控制结合、智能化任务理解与决策、多任务载荷集成、人机交互以及复杂战场环境的可靠性通信等方向快速发展和装备的实战化应用。

6.1.1 反无人作战系统技术体系构建

根据无人作战系统的基本构成原理、使用目的和工作模式等，基本已经可以形成反无人作战系统技术体系，其基本框架包含五部分。

1）反制总体技术：包括了总体方案、反制策略、反制效果评估、反制技术仿真和反制试验验证技术等。

2）遥测遥控链路反制：包括了侦测、识别、定位和干扰等。

3）导航定位系统反制：包括压制干扰、欺骗干扰（含自主产生干扰和转发干扰）。

4）环境感知系统反制：针对各类传感器的优缺点进行有针对性的措施。

5）自主决策与控制平台反制：进行激光、微波等毁伤干扰和软件算法干扰等软硬结合措施。

6.1.2 无人作战系统的反制方式

无人作战系统的反制方式一般可划分为三类：

一是伪装欺骗：使用光电、热红外、声学和电子等伪装技术，对自身目标进行伪装，使对方无人系统接收到虚假目标信息，降低被敌方无人系统发现和摧毁的概率。

二是硬打击摧毁：通过运用高能激光武器、高能微波武器、反无人导弹、格斗型无人机以及常规的地面火力网等手段，对敌方无人作战系统进行直接打击摧毁，使其丧失战斗力。

三是软杀伤干扰类：使用控制信息干扰技术、数据链干扰技术、卫星导航干扰技术和声波干扰技术等来破坏敌方无人作战系统的控制、通信和导航等信息传递链路以及硬件组件，使其失去控制和丧失工作能力，达到削弱无人作战系统工作能力的目的。

在实际应用过程中，可以灵活运用这三种方式的有效组合。

6.1.3 无人作战系统的反制策略

无人作战系统的反制策略可以从无人作战系统的基本功能、系统构成和技术体系特点出发进行制定，一般涵盖了反无人作战系统技术体系构建的所有要素，主要包括以下四个方面：

1）针对无人系统的遥测遥控链路进行反制，目的是使其无法及时准确接收获取控制指令以及回传侦察信息，自动丧失战斗力。

2）针对无人系统的导航定位系统进行反制，以便降低其组合导航精度，增大位置精度的累计误差，使其迷航，挫败无人系统的攻击目的。

3）针对无人系统的环境感知传感器进行反制，对不同功能的传感器采取针对性的反制措施，用来减弱其对环境的感知能力和对目标的探测与识别能力。

4）针对自主决策与控制平台进行反制，采取措施进行直接或间接损伤或摧毁，以便影响其自主决策过程，干扰其任务规划和扰乱其控制平台正常工作。

6.2 未来反无人作战系统技术的发展趋势及存在的问题

虽然无人作战系统在军事领域得到了大力发展和应用，但是无人作战系统与反无人作战系统永远是“矛”和“盾”的关系，未来反无人作战系统技术的发展将随着不同应用领域无人作战系统的发展而发展，也将随着应用环境和作战用途的不同而不同。但反无人作战系统技术发展总的趋势是紧密围绕反无人作战技术体系进行优化，在每一种反制策略和反制方式上不断追求高精尖，在系统功能上不断综合集成和体系融合，实现小型化和低成本，在作战能力上追求灵活隐蔽，实现决策智能化，满足全域、多维与降维打击以及使用操作方便的需求。

目前，反无人作战系统技术的发展处于起步阶段，也存在着一些制约和需要不断探索的问题。在宏观全局方面，反无人作战系统技术理论与体系缺乏，整体规划不健全，发展无序；在技术方面，由于无人作战系统不论是空中、地面还是海上都具有低成本、小型化、速度慢的特征，它们都处于传统防空系统的雷达死角，受地形以及物体遮挡使得雷达探测难以发现，造成了反无人作战系统发现目标困难；各种反无人作战系统技术水平差异大，质量参差不齐，在标准上缺乏统一，造成信息互通难、资源不能共享、部件不能互换等，这些问题也造成了反无人作战系统成本高、使用不方便、维护和保障困难，也就面临着打不起、代价高昂的难题。另外，随着人工智能技术的不断进步，无人作战装备的智能化水平也在不断提升，从而为反无人作战技术带来新的挑战。

因此，在未来的反无人作战系统技术发展过程中，应加强顶层规划和技术理论体系的建设，制定统一的政策和标准，充分利用成熟技术进行已有产品的改造和继承，不断加强可靠安全信息技术、无人系统探测技术与人工智能技术的研发与应用。

6.3 国际反无人作战系统技术与产品观察分析

6.3.1 美国空军试验用大功率微波系统反击蜂群无人机

美国空军作为大功率微波反无人机技术评估的一部分在海外试验了雷声公司的“相位炮”。美国空军研究实验室投资 1600 万美元在美国以外评估雷声公司的“相位炮”——大功率微波系统。试验计划进行攻击模拟和真实无人机威胁，用时 12 个月。

图 6-1　雷声公司的“相位炮”

用该系统应对反无人机的有效性已经在 2018 年的美国陆军机动与火力联合实验演习（MFIX—Maneuver and Fires Integrated Experiment）中进行了演示，当时该系统以每次 2 ～ 3 架的速率摧毁了 33 架无人机。目前，该系统安装在运输集装箱上，雷声公司计划在未来的版本中大幅度缩小其尺寸。

美国空军研究实验室已经评估了另外两套大功率微波（HPM—High Power Microwave）系统：用于基地防无人机的战术大功率作战响应器（THOR—Tactical High-Power Operational Responder），以及设计用于在更大范围内攻击多个目标的电子对抗大功率微波增程空军基地防空（CHIMERA—Counter-Electronic High-Power Microwave Extended-Range Air Base Air Defense）系统。

继大功率微波系统的合同之后，美国空军还会与雷声公司签订另一个单独的合同来制造两台高能激光（HEL—High-Energy Laser）系统的原型机，也将用于在海外部署。微波和激光系统可单独使用，也可配合使用以应对无人机威胁。

美国空军研究实验室正在加速此项由国防部长办公室资助的项目，并于 2019 年上半年进行了原型设备试验。试验在白沙导弹靶场和科特兰空军基地进行，合作设备供应商包括雷声、BAE 系统、Leidos 和 Verus Research 公司。空军研究实验室曾希望在 2020 年通过 1500 万美元的项目将初始开发系统投入使用。

战术大功率作战响应器（THOR—Tactical High-Power Operational Responder）设计用于近距离攻击多个目标。美国空军研究实验室的战术大功率作战响应器开发用于空军基地防御。

6.3.2 美国空军谋划如何应对无人机对战略导弹基地的威胁

早在 2016 年，美国国防部长就指出商用小型无人机对北达科他州米诺特空军基地的美军核武库造成了威胁，现在问题仍然存在，但该基地的安全主管相信他们已经有了应对无人机入侵的计划。无人系统对军 / 民用核设施的威胁一直很明显，这种无人机是很好的小型间谍设备，还能武器化而且采购价格低廉，驻扎在叙利亚和伊拉克的美军都遭遇过上述境况。

北达科他州米诺特空军基地的第 91 警卫部队指挥官要负责大约 8500 平方英里的区域，他认为某些无人机的挑战可以转化为助力："我们可以用无人机进行警戒线检查，用无人机进行定位，还可以用它对地形复杂地区巡逻侦察，而不是派直升机过去，因为直升机可能会被击落。"

目前，该基地有 8 架贝尔 UH-1 休伊直升机（越战老机），但它们都驻扎在基地中心位置，警卫快反小队需要 30 分钟才能到达最远的导弹发射场。如果第 91 警卫部队将无人系统分散部署到各处，那么仅需几分钟就可能获得潜在威胁位置的图像。为此，该基地很快将接收第一批地面无人系统用来扩大其安保能力。

虽然目前米诺特基地的控制范围尚未遭到无人系统侵入，但警卫指挥官担心当地油田和风力发电场日益增加的无人机应用会带来潜在风险。"根据美国联邦航空管理局（FAA—Federal Aviation Administration）规定，只要飞行高度低于 400 英尺（121.9 m），就不需要申报飞行计划，因此也就无法提前知道飞行中是否会遭遇无人机。而如果我们派直升机升空，就绝对不希望直升机附近有无人机，所以，只要我们有任务就必须通知这些地方单位，要么他们改变飞行方向，要么我们更改飞行任务。”这个问题将在未来十年变得更加凸显，因为那时将要更换民兵 -3 洲际弹道导弹（ICBM—Minuteman Ⅲ Intercontinental Ballistic Missile），这种陆基战略威慑（Ground Based Strategic Deterrent）力量需要将旧导弹运走并给导弹井装填新导弹。

过去，米诺特基地使用中国制造的大疆无人机进行巡逻，然而五角大楼已经对大疆的产品提出多次告诫，导致大疆无人机被停用，第 91 警卫部队不得不另寻出路。但这并不意味着大疆无人机完全没有用处了，警卫部队已经开始使用它们进行反无人机训练。

北达科他州米诺特空军基地驻扎着美国空军全球打击司令部下辖的第 5 轰炸机联队和第 91 导弹联队，第 5 轰炸机联队装备的是 B-52H 战略轰炸机，第 91 导弹联队负责控制和维护陆基固定民兵 -3 洲际弹道导弹。

6.3.3 美国开发增强型反小型无人机系统

此前，北美 ELTA 公司正在与美国反恐技术支持办公室合作，计划在 2020 年向美国军方交付 2 辆机动反小型无人机系统（C-sUAS）。

图 6-2 反小型无人机系统

其原型机将安装在特种部队的 4×4 高机动多功能轮式车辆（HMMWV）和福特 F350SUV 上，并于 2020 年三季度交付美国国土安全部边境巡逻部门进行培训和试验。载荷将包括 1 个空 - 地双向 X 波段 360° 凝视雷达、配备 D-Fend Solutions 公司部件的远程 EO/IR 光学设备、定向饱和干扰机和“智能射手”动能反无人机系统。最新的原型机可探测到旋翼和固定翼威胁。ELTA 公司的最新设计型号总重仅“几十千克”，可以集成到战术地面车辆上。该公司还专门设计了新型 ELM–2135 数字式 X 波段有源电子扫描相控阵（AESA）雷达。

图 6-3　ELTA 公司的产品

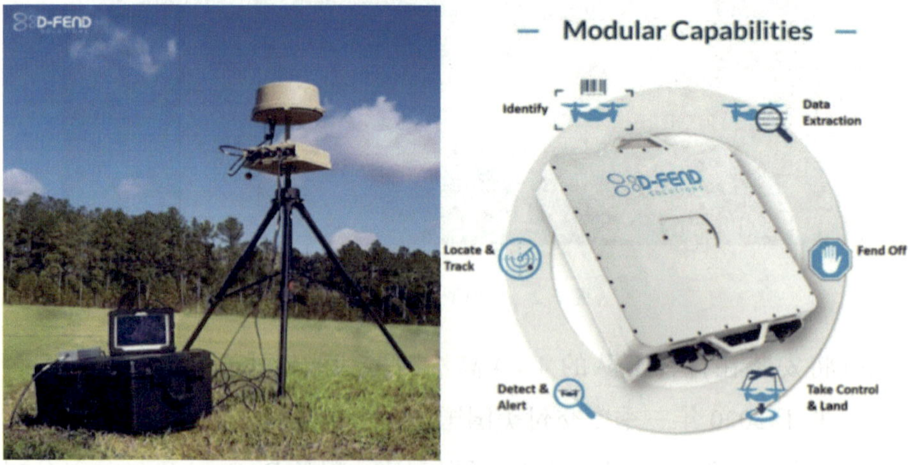

图 6-4　D-Fend Solutions 公司产品

6.3.4 美国陆军的远征集成反低小慢无人机系统

位于纽约州 North Syracuse 的 SRC 公司获得了价值 4.26 亿美元的合同，用于开发、生产、部署和支持远征集成反低小慢无人机系统。预计订单完成的日期是 2025 年 7 月 26 日。

图 6-5 远征集成反低小慢无人机系统

合同签订活动在阿拉巴马州 Redstone Arsenal（红石兵工厂）的美国陆军缔约司令部进行。SRC 公司在反无人机系统方面术业有专攻，并提供“沉默弓手（Silent Archer）”反无人机系统，该系统可探测、跟踪、分类、识别和干扰低小慢无人机威胁。SRC 公司的“沉默弓手”系统结合了雷达和电子战系统、摄像头和三维用户显示，来反制敌方一两架或蜂群无人机。

“沉默弓手”系统首先提供空间、频率和光学的监视能力来探测、跟踪、分类和识别空中威胁，然后采用低成本电子手段干扰无人机，如干扰操作员和无人机之间的通信。SRC 公司的反无人机系统设计用于对抗环境下的军事力量防护、重要基础设施保护、要员和高规格活动安保与城市环境监视。

SRC 公司的专家已经在美国政府资助的反无人机试验活动中演示了“沉默弓手”系统，这些活动包括佛罗里达州 Eglin 空军基地的联合一体化防空反导组织（JIAMDO—Joint Integrated Air and Missile Defense Organization）“黑色飞镖”反无人机演习；美国陆军战斗评估（AWA—Army Warfighting Assessment）技术评估；网络一体化评估（NIE—Network Integration Evaluation）；在乔治亚州本宁堡的机动和火力一体化演习（MFIE—Maneuvers and Fires Integrated Exercise）试验。

“沉默弓手”系统具有 3 种不同构型：远征型在战术作战车辆上使用，固定位置型用于永久设施，空运套件用于海外军事行动的快速部署。该系统的开放式架构和传感器无关，具备提供位置方位信息能力、各系统和指控中心间的无线网络通信能力。

1）联合一体化防空反导组织（JIAMDO）是美国国防部下属的国家组织，负责计划、协调、监督联合空中和导弹防御需求以及联合作战理念和作战体系。

2）美国陆军战斗评估（AWA—Army Warfighting Assessment）技术是一系列士兵主导的评估，用于最大化集体训练资源和未来军力开发。

3）网络一体化评估（NIE—Network Integration Evaluation）是一套设计、集成和完善美国陆军战术网络的自适应演进方法。

4）机动和火力一体化演习（MFIX—Maneuvers and Fires Integrated Exercise）实验是为了开发、评估和扩展一体化概念和保障物资，以便在旅及以下级增强战术行动的火力支援能力。

6.3.5 美国的“通信静默”无人机

“天罩”（SkyDome）系统，是美国 Fortem Technologies 公司开发的一套基于软件技术的空域探测管理平台，该公司是一家成立于 2016 年的美国公司，总部在犹他州 Pleasant Grove，主营业务是制造航空产品，其中超视距雷达系统比较独特。

基于人工智能的软件“天罩管理器”，是“天罩”系统的空域管理软件，用于管理和指挥“真实视野”（True View）雷达探测到的危险无人机和指控“无人机猎人”（DroneHunter）去攻击危险无人机。

图 6-6 “天罩”系统概念

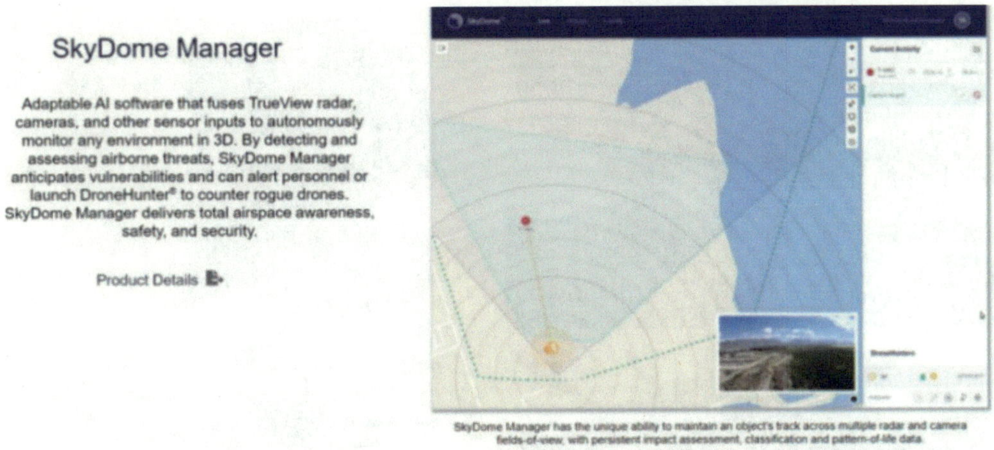

图 6-6　“天罩”系统概念（续）

“真实视野”雷达，是 Fortem Technologies 公司开发的超视距雷达系统，该雷达分为机载型 R20 和地面型 R30，R20 型仅重 0.68 kg，雷达探测体制为尺寸、重量、功率和成本都很小的电扫相控阵雷达。

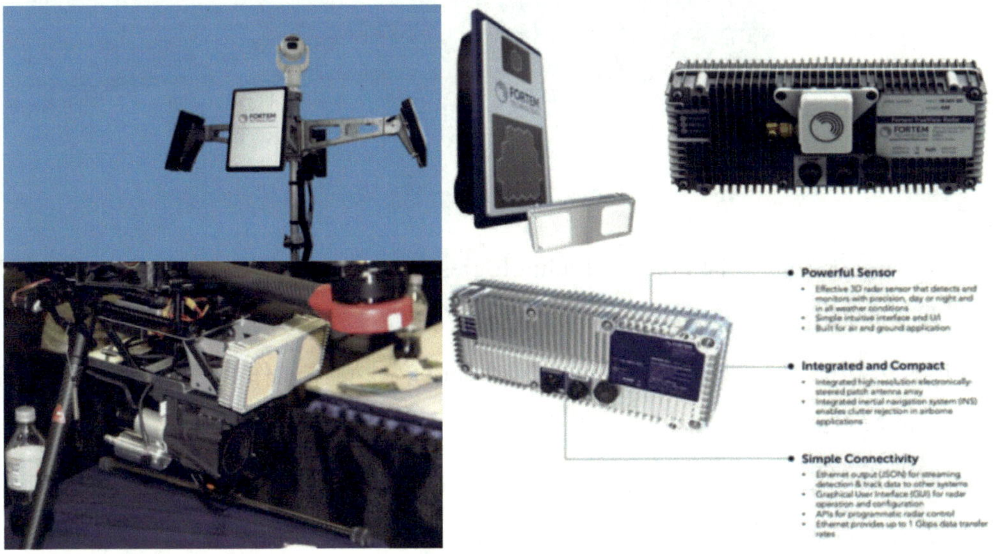

图 6-7　“真实视野”雷达

“无人机猎人”，是 Fortem Technologies 公司开发的配备“真实视野”R20 雷达和捕捉网发射模块的大型多旋翼无人机。从外观上看，这个猎人无人机很有可能是深度改装的大疆经纬 600（DJI Matrice 600）无人机。下图右上为捕捉网发射模块，右中为大疆经纬 600 无人机。

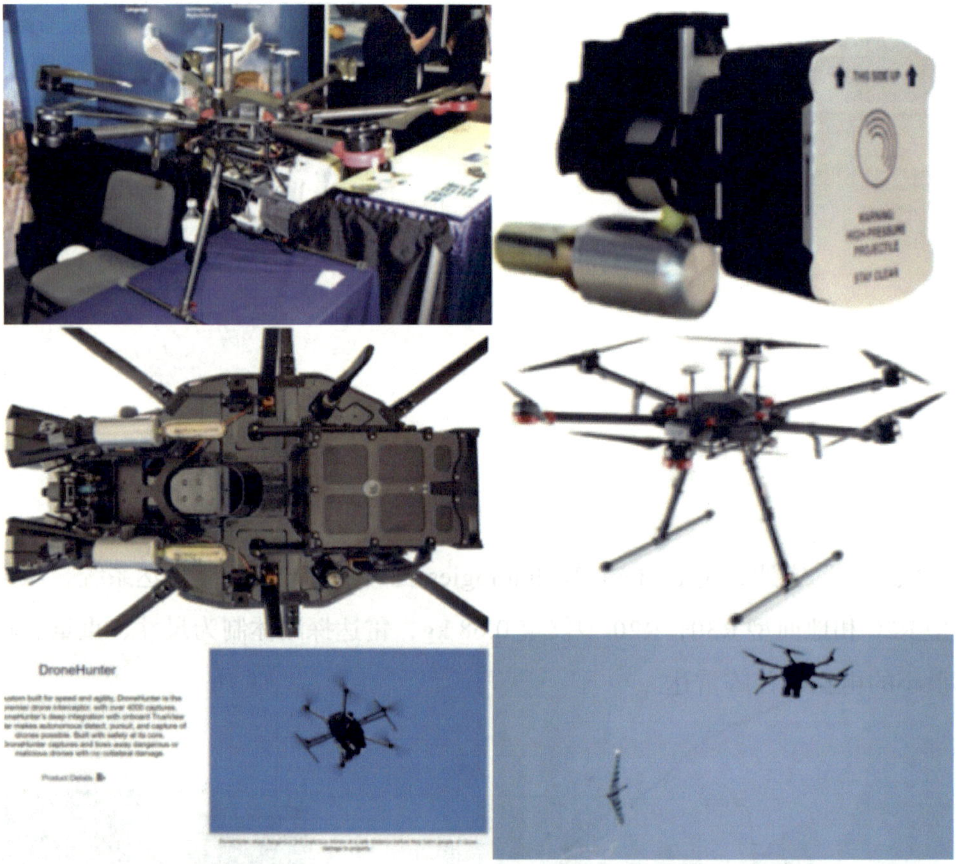

图 6-8　无人机猎人

反无人机系统专业机构 Fortem Technologies 公司称，他们早就注意到了，随着这家美国公司重点研究潜在无人机威胁的拦截方法，军方对其系统越来越感兴趣。Fortem Technologies 公司的“天罩”系统是一个包括可以单独操作或作为一个综合方法一部分的若干元素的端对端系统。

“天罩”系统包括一型可以使用捕捉网拦截流氓无人机的“无人机猎人”多旋翼无人机和基于人工智能的软件“天罩管理器”构成，该软件包括被称为“威胁感知”（Threat Aware）的能够分析来自若干威胁源和传感器输入的能力。这些源包括该公司的“真实视野”雷达，这种雷达能够帮助探测“通信静默”（dark）无人机——不发射射频（RF—Radio Frequency）或其他信号的无人机。

该公司的联合创始人兼首席技术官（CTO—Chief Technology Officer）解释了选择“无人机猎人”的几个原因，第一是这有助于避免附带伤害，其次是意味着目标无人机可以被捕捉回来进行分析。这位 CTO 还介绍说，对目标无人机的分析将有助于找到威胁的来源，毕竟阻止威胁来源比威胁本身更重要。该公司认为，天罩系统具备用于固定设施和机动平台以及临时场站的潜力，另外他们还一直在努力提高系统的自主性，尽管系统还需要人类监视，但天罩能够根据交战规则以多种等级独立工作。

6.3.6 美国海军进行声呐浮标布放和数据处理的无人机反潜演示

2020 年 11 月 24 日，通用原子航空系统公司在美国海军太平洋试验场成功演示了该公司 MQ-9 Block5 无人机挂载、投放、处理数据和指控 A 型声呐浮标。

图 6-9　MQ-9 Block5 无人机

通用原子公司通过卫星通信连接，远程处理来自布放的 A 型定向频率分析和记录系统（DIFAR-AN/SSQ-53G 声呐浮标）、定向指令启动声呐浮标系统（DICASS-AN/SSQ-62F 声呐浮标）和深度温度自动记录仪（BT-AN/SSQ-36B 声呐浮标）的深度温度和水声数据，并且通过尤马试验场的 Laguna 飞行操作设施实时精确地得出了目标轨迹。在长达 3 个多小时的试验中，MQ-9 Block5 无人机成功布放了 1 个 SSQ-36B 深度温度声呐浮标、7 个 SSQ-53G 声呐浮标和 2 个 SSQ-62F 声呐浮标，来初始探测并连续跟踪 1 个 MK-39 可消耗机动式反潜训练靶标（EMATT—Expendable Mobile ASW Training Target）。目标跟踪通过加拿大通用动力任务系统公司的 UYS-505 声呐浮标处理系统实现。通用原子公司按照与美国海军航空系统司令部的合作研发协议，首次在其新型 MQ-9B 海上卫士无人机系统上开发了这种能力。

通用原子公司在 2017 年第一次通过 1 架 MQ-9 演示了声呐浮标远程处理能力。在此之后，通用原子公司增加了声呐浮标管理和控制系统（SMCS—Sonobuoy Management & Control System）来监视和控制布放的声呐浮标，并开发了 1 套气动声呐浮标布放系统（SDS—Sonobuoy Dispenser System），该系统的每个吊舱都能够安全地运载并布放美国海军兼容的 10 个 A 型或 20 个 G 型声呐浮标。

MQ-9B 海上卫士无人机具备 4 个机翼挂点，可以挂载最多 4 个声呐浮标布放系统吊舱，总计可携带和布放最多 40 个 A 型或 80 个 G 型声呐浮标，并在世界任何地方远程控制执行反潜任务。标准构型的海上卫士无人机可满电续航超过 18 h，任务半径达到 1200 海里（2222.4 km），其中用于反潜探测（Submarine Prosecution）的作战时间（On-Station Time）有 8 h，这就为有人 - 无人协同行动的有人机提供了一个低成本的补充。

通用原子公司已经从两个外国客户那里获得了 MQ-9B 海上卫士无人机反潜能力的订单，其中包括近期获批的阿联酋采购 18 架 MQ-9B 的订单。该公司预测 MQ-9B 海上卫士无人机系统具有高端海上能力，相对于传统有人海上平台，其成本低，将有极强的市场需求。

MQ-9 Block5 无人机的基本指标：翼展 20 m，长 11 m，最大起飞重量 4763 kg，油量 1769 kg，内部载荷 386 kg，外部载荷 1361 kg，最大空速 240 节（444.5 km/h），最大高度 15240 m，续航 27 h。

MQ-9B 海上卫士无人机系统是以 MQ-9 捕食者为基础的海上改进型。基本指标：翼展 24 m，长 11.7 m，最大起飞重量 5670 kg，内部载荷 363 kg，外部载荷 2155 kg，最大速度 210 节（388.9 km/h），续航 30 h，升限 12192 m。

图 6-10　MQ-9 和 MQ-9B

A 型声呐浮标，是一种相对小型的声呐浮标，A 型主要按照尺寸分类，典型尺寸为直径 13 cm，长 91 cm。这种声呐浮标是可消耗系统，一般由飞机或者军舰投放用于进行反潜或者水下声学研究。

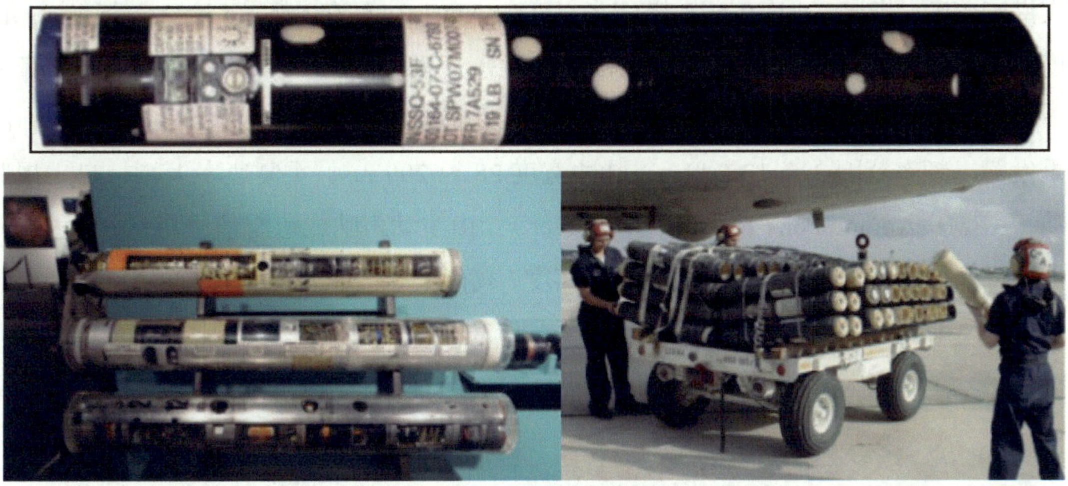

图 6-11　A 型声呐浮标

DIFAR-AN/SSQ-53G 声呐浮标，其中 DIFAR 是定向频率分析和记录系统（Directional Frequency Analysis and Recording）的缩写，代表 AN/SSQ-53G 声呐浮标的主要功能。该声呐浮标是 A 型，重 9.5 kg。

DICASS-AN/SSQ-62F 声呐浮标，其中 DICASS 是定向指令启动声呐浮标系统（Directional Command Activated Sonobuoy System）的缩写，代表 AN/SSQ-62F 声呐浮标的主要功能。该声呐浮标是 A 型，重 15.9 kg。

BT-AN/SSQ-36B 声呐浮标，其中 BT 是深度温度自动记录仪（Bathythermograph）的缩写，代表 AN/SSQ-62F 声呐浮标的主要功能。该声呐浮标是 A 型，重 7.7 kg。

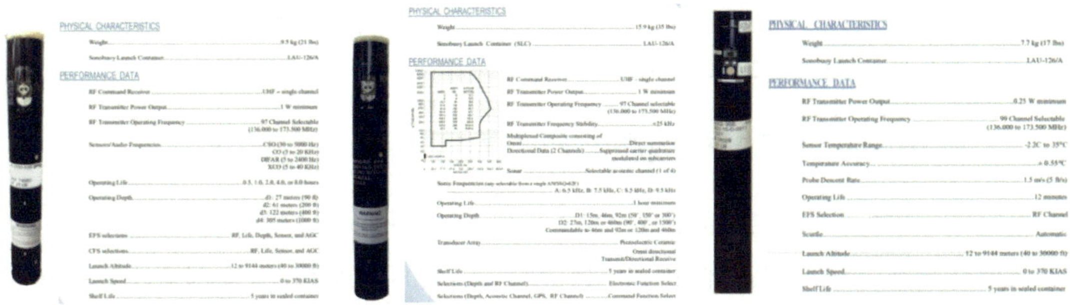

图 6-12　三型声呐浮标性能指标

MK–39 可消耗机动式反潜训练靶标（EMATT），是美国 Lockheed Martin Sippican，Inc. 公司的产品。MK39 EMATT 设计成声呐浮标尺寸的鱼雷来欺骗或模拟全尺寸潜艇，用于反潜舰船或反潜机训练、主被动声学和磁异探测反潜任务或用作假目标欺骗和远离真实潜艇。基本指标：速度 3 ～ 8 节（5.6 ～ 14.8 km/h）；8 节续航 3.5 h，3 节续航 10 h；深度 0 ～ 600 英尺（0 ～ 182.9 m）；被动宽频带：频率范围 100 Hz ～ 13.5 kHz/ 带宽 10 ～ 1500 Hz；被动窄频带：频率范围 100 Hz ～ 3 kHz/ 最大 12 个声调；主动声呐：回声重发器，频率范围 3 ～ 13.5 kHz，脉冲宽度 28 ～ 200 ms，重复速率 1 s^{-1}；自主规避机动（AEM—Autonomous Evasion Maneuver）：由主动声呐或鱼雷信号指示，4 种默认和 3 种可编程自主规避机动；布放空速 / 高度 / 载荷限制：最大 205 节（703.8 km/h）标定空速，离地高度 500 ～ 10000 英尺（152.4 ～ 3048 m）。

图 6-13　MK-39 可消耗机动式反潜训练靶标

6.3.7　美国国防部开发机载微波反无人机

早前，美国国防部已经发布了反小型无人机策略文件。该文件的三项主要措施包括：军队要做好准备，为军队提供防护和组建团队。前面的措施是以开发创新性解决方案为目标，采用基于风险的方法来指导反无人机策略的投资。根据这份 38 页的文件，此项努力将指引快速开发解决新出现的需求的整套解决方案。反无人机策略还强调要提供具备作战准备的部队，来应对和打败小型无人机威胁。其方式是研发作战策略和条例，建立联合训练标准和细化现有训练内容。

该文件指出，美军需要增加采用新型能力的分层防护，同时还要达到互操作性最大化。其中的层级之一是洛・马公司建议的机动式射频集成无人机抑制器（MoRFIUS—Mobile Radio Frequency-Integrated UAS Suppressor）。该系统由洛・马导弹和火控部门开发，准备集成到 Area-I Altius-600 无人机系统。Altius-600 无人机系统是可以从发射筒发射的固定翼无人机系统，设计用于支持多域作战行动。

图 6-14　Altius-600 无人机

Altius-600 无人机长 1.02m，翼展 2.54m，发射前机翼折叠在后部机身上方，发射后向前展开，尾翼则向前折叠在机身后部，发射后尾翼向下弹出构成倒 V 形尾翼。载荷舱直径 152mm（6 英寸），长 178mm（7 英寸），最小载荷重量 3.18 kg（7 磅）。按照 Altius-600 无人机原始数据，其续航超过 4 h，航程达到 440 km，电机驱动一个两叶桨的推进式螺旋桨，最大速度 90 节（166.7 km/h），巡航速度 60 节（111.1km/h）。

Altius-600 无人机的发射筒采用气动一体化弹射系统，已经成功地从多种空中平台上，如 C-130A、AC-130J、UH-60 和 P-3 飞机集成并发射。Altius-600 无人机的定义就是空中发射效应（ALE，Air Launched Effects）并携带多种载荷。

洛・马的 MoRFIUS 解决方案是采用 Altius-600 无人机配备小型化大功率微波（HPM—High Power Microwave）载荷。随着来自空中的小型无人机威胁与日俱增，这些小型无人机要么能够搜集情报和目标数据，要么其自身就是专门设计的或“简易”的巡飞弹，而且先进的技术使其能够同时大量部署从而达到近似蜂群概念的效果。

为此，洛・马公司认为，开发反小型无人机系统要能够应对当前以及可预见未来的威胁。洛・马公司开发了紧凑型机载大功率微波系统。大功率微波技术能够通过感应电压产生大电流摧毁电子系统，这个感应电压比电子系统电路板上的电压高若干数量级，这样就能够摧毁甚至熔化电路从而实现硬杀伤。大功率微波技术的价值是可以用于攻击各级无人机系统以便对抗同等级对手和非传统对手。

MoRFIUS 解决方案是配备一个导引头，以便系统根据客户选择能够在半自主或自主模式下工作。洛·马公司并未明确将采用的导引头类型、作战人工智能以及机器学习搜索和分类目标的能力指标，只有所有功能都机载可用才能确保自主操作。洛·马公司已经在大功率微波技术方面进行多年研发，并且开发了一系列陆基反无人机大功率微波系统。现在的问题是功率与射程之间的需求矛盾，因为要想获得理想的效果，就要向目标上集中非常可观的能量，而将此类系统安装到空中平台上才能接近威胁，并在威胁进入其作战距离之前发起攻击。作战指挥官需要具备在空中威胁展开攻击之前，将其消灭的能力，即在威胁投射其动能或电子攻击或者开始部署其 ISR 能力之前消除威胁。这正是洛·马公司研发这种机载型缩小版大功率微波系统的原因之一。

洛·马公司反小型无人机机载解决方案的目标是，飞到蜂群威胁的攻击末段前方，为己方无人机提供对蜂群威胁实施多次攻击的机会，以便在蜂群威胁到达己方防线前尽量消耗其力量，然后由其他防御系统接过防守工作。该无人机载荷舱内的洛·马效应器包括导引头和大功率微波系统，该系统可能是一个在优化距离上用于向目标聚焦微波的定向天线，它的作用是要将摧毁目标的功率和时间最小化，以便确保可实施最多次数的攻击。目前尚未公布可能攻击次数的具体信息，这要取决于目标的类型和激发大功率微波系统的距离。

洛·马公司称其机载大功率微波系统能够产生超过微波炉 100 万倍的功率，而微波炉的平均功率为 1 kW 左右，这样的峰值功率才能在最短时间内将足够的能量发射到目标上。MoRFIUS 系统是一个可重复使用的系统，因此它可以返回基地重新修整后再执行下一次任务。虽然现在尚未公布任何细节，但可以确定的是，再次使用系统前要更换电池组及可能的易损部件，例如螺旋桨可能也需要更换。

洛·马公司确认目前的 MoRFIUS 技术已经在实验室和试飞中成功演示了单次和多次击落记录，据称，其从 2018 年开始已经进行了超过 15 次试验。

网络搜索信息未能查到洛·马公司大功率微波相关产品的信息。仅知道美军目前有三大定向能反无人机项目，分别是雷声公司的“相位炮”大功率微波系统（下图第一排）、高能激光武器［High Energy Laser（HELWS）］（下图第二排）以及美国空军研究试验室的战术大功率作战响应器（Tactical High-Power Operational Responder，THOR）（下图第三排）。

图 6-15　三大定向能反无人机项目的大功率微波系统

6.3.8　美国海军接收首个长刀鱼反水雷潜航器

通用动力任务系统公司宣布已经向美国海军交付了首台长刀鱼水面舰艇反水雷（SMCM—Surface Mine Counter Measure）无人潜航器系统。

此次交付按照 2019 年 8 月与无人 / 小型作战系统项目执行官签订的 4460 万美元合同，在实现水面舰艇反水雷无人潜航器系统的低速初始生产（LRIP—Low-Rate Initial Production）的 C 里程碑获得批准后执行。合同总计要求交付 5 套长刀鱼系统，每套系统由两个无人潜航器、电池组、释放和搬运系统以及支持设备组成。

通用动力任务系统公司在 2020 年获得了 1350 万美元合同用于继续对长刀鱼系统进行工程支持、开发试验和生产。这是一项对原始合同的修订，并使 C 里程碑之后的合同价格达到 6210 万美元。长刀鱼系统是一个中型无人潜航器，设计用于探测噪声、沉底和自掩埋水雷，并作为濒海战斗舰（LCS—Littoral Combat Ship）反水雷任务（MCM—Mine Countermeasures Mission）包的重要组成部分。

长刀鱼无人潜航器的特点是开放架构系统，改装后可以容纳多种载荷来满足任务需要。该系统的子系统能够快速在任务间隔期间更换，以便与舰艇系统和任务模块实现“即插即用”地集成。该潜航器的基础是通用动力任务系统公司模块化的 Bluefin-21 自主潜航器（AUV—Autonomous Underwater Vehicle）。

图 6-16　长刀鱼无人潜航器

Bluefin-21 自主潜航器，是通用动力任务系统公司开发的系列模块化自主潜航器，Bluefin-21 是系列中最大的产品，该系统可携带多种传感器和载荷，包括测深侧扫声呐、高清摄像头、声速 / 温度 / 压力传感器、浊度传感器、荧光探测仪和 GPS 天线。该系统可用于反水雷、水下排爆和水下环境探测 / 侦察。基本指标：直径 53 cm（21 英寸 – 对应编号 21），长 4.93 m，重量 750 kg，潜深 4500 m，电源为 9 个 1.5 kW · h 锂离子电池组的总能力 13.5 kW · h，3 节续航 25 h，最大速度 4.5 节（8.3 km/h）。

图 6-17　Bluefin-21 自主潜航器

6.3.9　美国“钉锤”系统的反无人机能力

美国诺斯罗普 – 格鲁曼公司最近公布了“钉锤”反无人机系统（机动式 – 搜索指示和效应器），该系统设计用于应对小型战术无人机带来的威胁。目前，对小型无人机目标进行快速探测、识别、跟踪和攻击的能力已成为战场上的当务之急。

图 6-18　“钉锤”反无人机系统

“钉锤”系统将 Gryphon 雷达、可见光和红外传感器、射频探测器和测距仪集成在一套自动稳定的升降杆系统上。Gryphon 雷达是美国 SRC Inc. 公司的 R1400 系列有源电扫相控阵三坐标雷达，重量小于 40 kg，X 波段，对小型无人机探测距离 8 km。

该系统为一体化设计，可安装在轻型卡车和多种平台上。“钉锤”系统能将传感器之间获得的地理定位和探测指示用于威胁确认和识别，并将目标自动移交给效应器（武器系统）。

2020 年 10 月的现场试验已经证明，“钉锤”系统能够探测并有效地提供小型无人机的目标数据，具备同时应对多个目标的能力，然后将目标数据传输给配备诺·格公司 30 mm 链式机炮的卡车，从而对目标发起攻击。根据图像对比确认，安装在卡车上的机炮系统是挪威 Kongsberg 集团的 RS6 遥控武器站，配备诺·格公司的 XM914 30 mm × 113 mm 链式机炮。该系统多次成功地采用诺·格公司的近炸引信空爆弹药，单发射击将目标击落。从探测发现目标到武器击落目标的全过程仅用时几秒钟。

图 6-19 “钉锤”系统配装与试验

“钉锤”系统还演示了探测、跟踪和识别一系列地面目标的能力，并提供了目标的地理坐标，这些数据可以传递给情报部门或目标指示单位。“钉锤”系统不仅可以为车载机炮系统提供目标指示，它还能作为各种其他武器系统的机动式侦察和情报搜集系统使用。

据诺·格公司称，该系统已经向美国和其他国家的军方代表做过演示，目前，该公司正在努力进一步缩短系统反应时间，并集成运动中的作战能力，还要细化“钉锤”系统在其他机动平台上的应用。此外，诺·格公司还在设计系统的集装箱化构型，以便用于基地防护。如果该系统能够实现上述目标，则将获得在更多机动平台和固定平台上安装的机会。

6.3.10 法国推出单兵反无人机系统

法国 CERBAIR 公司正在为其新型 Chimera 单兵便携式反无人机系统寻找海外客户。Chimera 反无人机系统设计用于应对小型无人机系统的威胁。Chimera 单兵便携式反无人机系统的特点是探测设备为背包式，可以探测到无人机遥控器开机，既可以全向自动探测无人机（背包天线），也可以手动定向探测无人机（手持天线）。该系统于 2018—2020 年开发，期间获得了 MBDA 公司的技术协助，系统组装由 MBDA 公司另一家子公司承担。

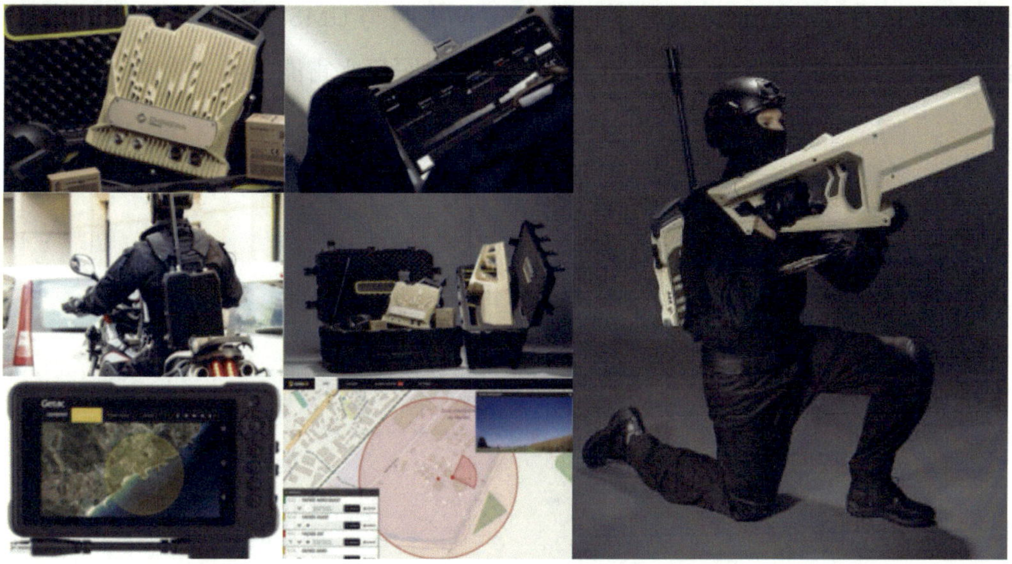

图 6-20　新型 Chimera 单兵便携式反无人机系统

据该公司介绍，Chimera 系统是一套结合小型无人机探测、定位和压制特性的高度机动的全天候反无人机系统。该系统可为地面部队提供针对所有类型依靠专用射频通信协议和 Wi-Fi 控制小型无人机的保护。

该系统包括配备甚高频全向天线的 8 kg 天线盒、电子设备和 Bren-Tronics 公司的锂离子充电电池，该电池可为配备定向天线的 60 cm 长、5 kg 重的效应器供电。天线盒用于通过全向分析周围射频频谱来探测小型无人机威胁。这个方法使操作员能可视化现场威胁及其操作者之间的无线通信信息特征。指控界面用于对目标进行分类和识别。

当小型无人机被确认为威胁后，由手持式效应器向目标发射视距外电磁干扰信号将目标消灭。Chimera 系统使用基于谷歌安卓操作系统的专用指控软件界面管理系统。该平台的无关软件可以在商用标准产品平板电脑上操作，并与操作员的战术背心连接。天线盒可使用专用背包运输，并通过模块化轻量载荷携带设备系统连接到战术背心上。

6.3.11 法国为比利时 - 荷兰反水雷项目增加无人直升机

法国 ECA 集团于 2020 年 7 月宣布，已经选择 SKELDAR V-200 垂直起降（VTOL—Vertical Take-Off and Landing）无人机用于集成到比利时和荷兰联合海军反水雷（MCM—Mine Countermeasure）项目中。ECA 集团与 UMS SKELDAR 公司签订了采购合同，以便提供 SKELDAR V-200 无人机作为海军反水雷能力替代物的一部分。

图 6-21 SKELDAR V-200 垂直起降无人机

合同显示，SKELDAR V-200 无人机的交付要在 2023 年开始。该无人机也被德国和加拿大海军选中，它能为各国海军提供“空中观察能力”和嵌入式增强的 ISR 能力。

反水雷（MCM）工具箱代表 ECA 集团对比利时 - 荷兰海军的整合能力，包括整合操作遥控自主的空中、水面和水下系统。旋翼无人机是“工具箱系统”集成的一部分，“工具箱系统”还将包括 INSPECTOR125 无人艇（USV—Unmanned Surface Vessels）、A18-M 自主潜航器（AUV—Autonomous Underwater Vehicles）、T-18 拖曳式探雷神纳（Towed Sonars for Mine Detection）、水雷识别和处理系统（MIDS—Mine Identification and Disposal System）以及用于水雷识别和摧毁的 SEASCAN 和 K-STER 的系统。

6.3.12 英国推出未来反装甲概念

近期，洛·马公司提出了未来反装甲概念，模块化装甲垂直发射系统是该概念的核心。该系统将用于支援车辆近距离作战行动。该系统计划配备在英国陆军最新采购的拳师犬 8×8 装甲车上，与战场管理指挥控制通信计算机和情报系统结合在一起。这意味着可以将攻击目标从前沿侦察车辆、直升机或战斗机移交给该反装甲车辆。

图 6-22　英国未来反装甲概念

这个系统用于通视条件和超视距作战，因此要能从安全距离上攻击敌方装甲车辆。要想在不被发现的条件下发射武器并将敌方信息传送给发射车，就需要更多车辆加入战场。遇到的挑战是当第三方攻击或超视距攻击时，发射系统不可能总是那辆发现识别和指示目标的车辆，因此网络化就非常重要。车载弹药量也必须够大，因为可能要在极短时间内齐射所有弹药，将火力集中在特定区域或散布到整个战场。

海军作战系统对这个概念影响很大，因为现代舰艇都用垂直发射系统携带大量导弹，这样比横向发射导弹集中更多火力，而且战舰能够从第三方系统获取目标信息。此类构型还将撤销为车顶发射器装弹的人员，这样可以保持随时发射状态，既节省时间又为人员提供了装甲保护。

目前的未来概念垂发系统以拳师犬 8×8 装甲车为基础，因此模块化也是重点，即发射系统要能够安装在轻型车辆或未来的无人车上。为此，洛·马公司认为概念发射车要与北约通用车辆架构完全一致。2019 年 11 月，英国陆军宣布采购 528 辆拳师犬装甲车。发射车计划配备升降杆式传感器载荷，以便系统能从隐蔽位置准确识别 5 km 以外的潜在目标，传感器套件还计划探测包括 20 km 以上运动目标的雷达系统。另外，垂直发射系统要能够在复杂地形里对目标发动 360° 攻击。洛·马公司认为可能的武器系统是携带 16 枚 50 kg 级导弹，其中地狱火导弹和硫磺石导弹都符合这个要求。

英国国防科技实验室已公布了英国陆军“战斗群有机反装甲”计划，预计到 2030 年投入现役并替代现有的老式反坦克。此类老式反坦克弹药都不具备运动中操作能力，而且应对的装甲威胁有限。通用动力陆地系统公司和 MBDA 公司联合提出“守护者”概念，将多管硫磺石导弹发射器集成在阿贾克斯或者拳师犬装甲车上。从概念图可以看出，通用动力的概念采用横向发射，而不是英国洛·马公司概念的垂直发射。据称，该系统面临的挑战是车辆主动防御系统和多光谱成像传感器的扩散。

图 6-23　拳师犬横向发射系统

6.3.13 德国推出新型第三代反无人机雷达

Hensoldt 传感器公司，是一家总部在德国的跨国防务监视用传感器（雷达和光电设备）制造商，Hensoldt 品牌历史悠久。2006 年推出的 3 个型号 Spexer 系列雷达一直是该公司产品系列的一部分，包括 Spexer 360、Spexer 500 和 Spexer 2000，其参考编号除以 100 就是其以千米为单位对步行人体的大致探测距离。

图 6-24 Spexer 系列产品

作为地面探测雷达的高端产品，Spexer 2000 是更完善的雷达，它从第二代开始增加了探测陆地、海面目标和空中目标，如直升机和飞机的能力。每次能力的增加并不影响之前的能力，该雷达还从两坐标升级为三坐标，Hensoldt Spexer 家族的最新产品是 Spexer 2000 3D Mk Ⅲ，最新指标显示其属于此类雷达的第三代产品。

新型雷达与其前期产品差别很大，虽然从构型上讲，都使用了固定面板的有源电扫相控阵天线（AESA—Active Electronically Scanned Antenna），提供了 120°（±60°）

方位角的扇形电子扫描，但是新型雷达增加了重要功能-反无人机能力，这使该传感器成为德国联邦国防军（German Bundeswehr）“符合资质的防空系统”项目的选择，此项目是为德国武装力量提供反无人机保护。该传感器与配备 H&K 40 mm 自动榴弹发射器（AGL—Automatic Grenade Launcher）和空爆弹药（Airburst Ammunition）的 Kongsberg's Defence & Aerospace AS 公司的“保护者”遥控武器站（RCWS—Remotely Controlled Weapon Station）相结合安装在拳狮 8×8 装甲车上。德国部队大概采购 10 辆此类车辆用于 2023 年组建北约高战备联合部队（VJTF—Very High Readiness Joint Task Force）的基础单位。

X 波段有源电扫相控阵（AESA）天线的性能相同，尺寸 600 mm×500 mm×200 mm（对比之前型号的 1000 mm×700 mm×200 mm），天线重量为 35 kg（对比之前型号的 73 kg）。与所有 Spexer 系列雷达一样，新型雷达工作在 X 波段，在 9.2 ～ 10 GHz 频率范围内工作，工作频率的带宽为 15 MHz，有超过 100 个通道。振荡和处理器（GPU—Generation and Processing Unit）即产生雷达频率单元和雷达处理器重量为 40 kg，尺寸为 600 mm×400 mm×300 mm。这还不是天线上的唯一重大改进，它能够探测非常大俯仰角的目标，如果所选的模式有要求，只要 3 个天线覆盖 360° 即可确保半球覆盖（Hemispheric Coverage），这是第二代系统所不具备的能力。另外，最新型号还能确保运动中的扫描能力（Scan-on-the-Move Capability），这绝对是要用于反无人机任务的能力。

目前，该型多波束雷达可以用每个天线操作 1 ～ 16 个锐方向性射束（Pencil Beam），并且在同时操作 16 个波束时，它可以到达极高的更新速率，因此可以探测小型高速运动目标，包括无人机。最快更新速率大约为 0.3 s，而低速更新速率大约为 7.5 s；当波束数量使更新速率提高时也会降低距离，因此最大测量距离 40 km 要通过单波束选项获得，而同时 16 波束的距离为 2.5 km。

Hensoldt 公司的雷达专家介绍说，他们的工作方向是研究更高速的运动目标，他们的五年计划是研究探测以 1500 m/s 飞行的目标，这意味着其雷达将可能成为应对尾翼稳定脱壳穿甲弹（APFSDS—Armor Piercing Fin Stabilized Discarding Sabot）的传感器，这将打开一个全新的市场，即主动防御系统（APS—Active Protection Systems）。实际上，物理基础已经具备，而架构也为应对此类目标提供了可能性，Mk Ⅱ型雷达已经采取了一些措施，不过将逐步成熟软件的算法定型是 Mk Ⅲ型雷达开发路径的一部分，这将需要更强大的处理能力。

与所有 Spexer 系列雷达一样，新型雷达产品也具备类似智能手机的直观人机界面，操作员在界面上可以看到被雷达探测到和分类的各种目标，可同时跟踪超过 300 个目标，还有一千兆以太网链接到指控系统可用。

回到德国的“符合资质的防空系统”项目，所有部件都成功通过关键设计审查（CDR—Critical Design Review），系统实弹射击也已经在准备之中。初始作战能力（IOC—Initial Operational Capability）构型为单天线，120° 覆盖范围，不过只要有需求，系统可以轻松升级为 360° 全覆盖。据说首批 10 套系统计划为德国高战备联合部队（VJTF）分队提供反无人机覆盖能力；德国联邦国防军在战场上绝对需要更广泛分布的能力，因此这将为未来带来更多订单。

Spexer 2000 3D Mk Ⅲ型雷达已经在国际市场上吸引了很多的关注，不过该公司不只面向反无人机市场，毕竟该雷达的能力要宽泛得多，所以战场监视和陆基防空也是该公司积极推销其最新产品的另外两个市场板块。Hensoldt 已经成功开展了对动能弹（Kinetic Energy Projectile）的成功探测，正准备在不久的将来开始与主动防御系统制造商公司展开合作。

6.3.14 澳大利亚发布用于探测、识别和跟踪无人机的摄像机软件

澳大利亚 DroneShield（无人机盾）公司发布了一个新型便携式 RfPatrol（射频巡逻）无人机探测设备，与上一代产品相比，最新的系统尺寸更小、重量更轻，也更先进。该公司成立于 2014 年，主要研发探测无人机和反无人机系统。

RfPatrol MK Ⅱ型被动接收机设计用于探测无人机与其操作员之间的通信，包括指令信号、遥测信号、位置数据和无人机回传的视频，该新系统比上一代产品小 40%、轻 20%。在尺寸和重量减小的同时，其外壳也从过去的合成塑料改为全金属设计以提高鲁棒性。

据称，RfPatrol MK Ⅱ型设计通过远程更新威胁数据库来兼容前线威胁，而且能够独立建立对环境的感知。可以将其放置在某个地方的表面来被动收集无人机数据，该系统可告诉使用者 24 h 内有多少次无人机飞过这里，它要实现的目标是帮助建立可能的威胁感知并提供实时告警。与上一代一样，RfPatrol MK Ⅱ型有“可见”和“隐蔽”两个模式。隐蔽模式对于特种部队尤其有用，如果他们想要隐蔽自己的位置的话，该设备可确保屏幕不亮或在发现威胁时发出警告音提示，另外还可以使用耳机收听或选择设备轻微振动来提示。

DroneOptID TM 软件（无人机 – 光学 – 识别）的核心是具备人工智能 / 机器学习（AI/ML—Artificial Intelligence/Machine Learning）引擎，可提供探测、验证和实时跟踪无人机的最新计算机视觉技术。该人工智能 / 机器学习模型是专门开发用于无人机探测并与 DroneShield 公司的各种无人机探测和反制装置无缝衔接工作。

该软件具备与摄像头无关的特性，因此可与多种型号的摄像头一起工作。初始集成包括博世（Bosch）的 MIC 7000 和 9000 摄像头，该型号摄像头的所有用户现在都可以使用 DroneOptID TM 软件。此外，通过与 DroneShield 公司 DroneShieldComplete TM 原生图形用户界面（GUI—Graphical User Interface）相兼容，DroneOptID TM 软件可用于第三方指挥和控制系统。

据 DroneShield 公司 CEO 称，多层系统是该公司高效探测和消除无人机影响的核心方法，DroneOptID TM 软件为探测和消除无人机影响的下一步工作提供了获取无人机视频数据的先进方法，这些数据可用于从法庭证据到引导动能武器朝向无人机的多种用途，并且可以为系统用户提供额外信息，如检查无人机的载荷，此类信息通常无法从其他传感器中获取。

RfPatrol MK Ⅱ型旋钮下方标志从左至右应该代表无人机、电源开关、隐蔽（振动）模式和可见模式。屏幕显示内容包括：第一行显示发现 6 个无人机、0 个控制终端、信号强度和设备电量；下方依次列出探测到的无人机信息（如制造商—大疆、型号—OS、通信频率—2.4 GHz 和信号强度）；最下面一行显示的是探测到的通信频率有 2.4 GHz 和 5.8 GHz。

图 6-25　RfPatrol MK Ⅱ型

6.3.15 澳大利亚配备定向能武器系统的反无人机系统

EOS Defence Systems 公司，是澳大利亚最大的防务出口公司 Electro Optic Systems Pty Ltd（EOS）公司的分公司，该公司正在准备 Mopoke 战术反无人机系统套件的全面实地演示和生产。

Mopoke 系统基于 EOS 公司的 R 系列遥控武器站（RWS—Remote Weapon Systems），是一套结合专用探测、指控（C2—Command and Control）和多层次软硬杀伤能力的综合集成式可升级的反无人机系统套件，该系统具备应对蜂群无人机威胁所需的探测、跟踪和攻击能力。

下右图为 Mopoke 反无人机系统高能激光部件（HEL—High Energy Laser）的能量束指向器转塔。激光在转塔下方发出，通过指向器朝向目标。图片左侧为光学跟踪装置。转塔上的传感器装置和驱动系统与 EOS 公司的 R 系列遥控武器站通用。

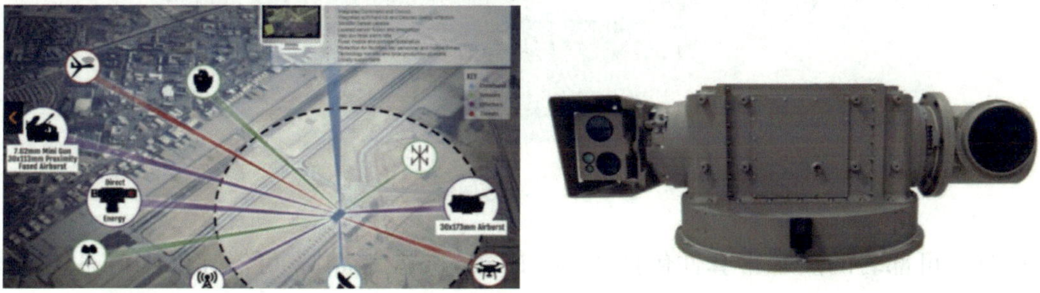

图 6-26　Mopoke 反无人机系统部件

Mopoke 系统允许操作员将杀伤手段与大量变换组合的大小无人机相匹配，来确保无论威胁来自什么方向、数量多少和具备什么能力都可以被消灭，并同时管理环境、地理、空域和人员安全等事项。该系统还可进行优化以便攻击和消灭无人车威胁。

典型的完整 Mopoke 反无人机系统包括直接火力攻击系统、主被动软杀伤电子战（EW—Electronic Warfare）系统、包含脉冲多普勒软件定义雷达（SDR—Software Defined Radar）的可见光 / 热成像摄像头、激光测距仪以及射频探测系统的集成式传感器组和可选的定向能效应器。这些系统通过 EOS 公司开发的专利指控和火控系统集成在一起。基于 R400 遥控武器站的 Mopoke 能量束指向器转塔重量约为 450 kg。

6.3.16 澳大利亚海军加速研发无人反水雷系统

澳大利亚国防部称，澳大利亚赛利斯公司作为主要系统集成者正在执行首批系统验收试验的初期工作。皇家澳大利亚海军正在按照 Project SEA 1778 项目加速验收试验关键系统，来努力将机器人自主系统的快速部署反水雷能力实战化。

图 6-27　扫雷支援艇

目前，可部署的反水雷套件包括 Atlas Elektronik Seafox 可消耗反水雷系统，通用动力系统公司的 Bluefin 9 和 12 自主潜航器以及 MAS Zengrange 公司的遥控起爆系统。

澳大利亚玻璃纤维艇制造商 Steber International 公司此前曾宣布，该公司赢得了价值 463 万美元的制造 12 m 扫雷支援艇的合同。该艇将具备 25 节（46.3 km/h）的最大航速，载荷能力超过 3000 kg，并且采用海军新式涂装（Paint Scheme）。此项合同的最终目标是制造 3 艘扫雷支援艇和 2 艘无人艇（USV—Unmanned Surface Vehicle）。主要系统集成者正在试验 Steber 公司的扫雷支援艇如何部署、操作和回收潜航器系统与 Steber 无人艇，这些子系统将通过 ECA 集团公司的指控通信系统和扫雷轨迹监视器遥控来拖曳海军现有的感应扫雷系统（IMSS—Influence Mine Sweep System）。

Project SEA 1778 项目是澳大利亚国防部制定的国防白皮书中列出的扫雷任务内容，该项目第一阶段目标是澳大利亚海军扫雷部队操作无人艇、无人潜航器、扫雷支援艇和扫雷系统执行扫雷任务。

Atlas Elektronik Seafox 可消耗反水雷系统是一型光纤导引控制的半自主反水雷水下排爆机器人系统。该系统有两种平台，一种是可消耗作战平台，一种是可重复使用的探测 / 训练平台。基本指标：长 1.3 m，直径 200 ～ 390 mm（机体 / 舵面），重 40 kg，4 个水平螺旋桨和 1 个垂直推进器，最大速度超过 5 节（9.3 km/h），具备全自动悬停能力，控制距离超过 1200 m，工作深度 0 ～ 300 m，最高抗 5 级海况，配备 1.5 kg 聚能战斗部。

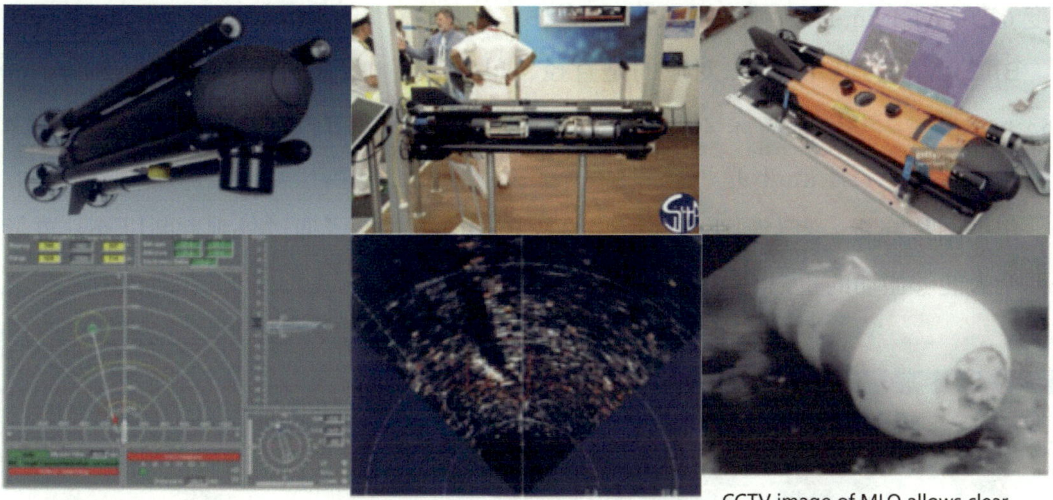

Tactical Display

Ground mine detected by SeaFox sonar

CCTV image of MLO allows clear identification

图 6-28　可消耗反水雷系统

其中，通用动力系统公司的 Bluefin 9 和 12 自主潜航器，是通用动力系统公司开发的系列模块化自主潜航器。该系统可携带多种传感器和载荷，包括测深侧扫声呐、高清摄像头、声速 / 温度 / 压力传感器、浊度传感器、荧光探测仪和 GPS 天线，可用于反水雷、水下排爆和水下环境探测 / 侦察。

Bluefin 9（其中的 9 对应的是直径，单位为英寸）基本指标：直径 23.8 cm，长 241.8 cm，重量 70 kg，潜深 200 m，电源 1.9 kW · h 锂离子电池，3 节续航 8 h，最大速度 6 节（11.1 km/h）。

Bluefin 12（其中的 12 对应的是直径，单位为英寸）基本指标：直径 32 cm，长 4.83 m，重量 250 kg，潜深 200 m，电源 1.9 kW · h 锂离子电池 ×4，3 节续航 24 h，最大速度 6 节（11.1 km/h）。

根据图片判断，澳大利亚正在试验的是 Bluefin 9，除了通过外观判断以外，重量上一两个人能够搬动的也只有 Bluefin 9。

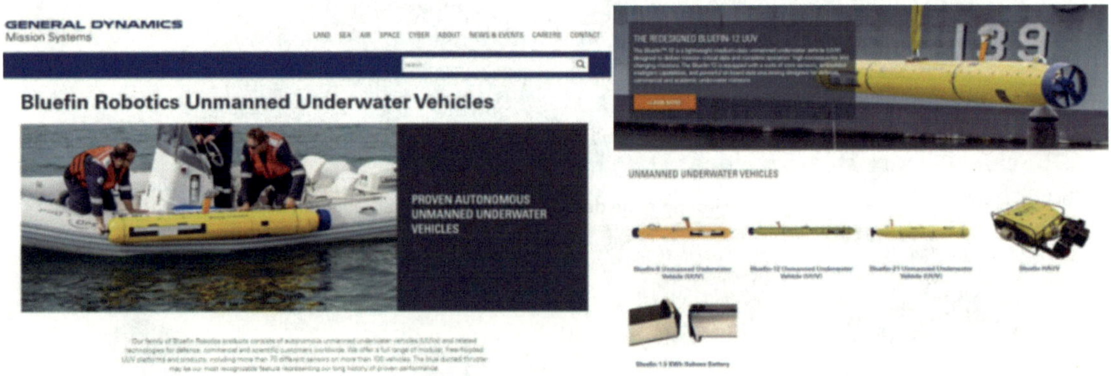

图 6-29　Bluefin 9 和 12 自主潜航器

6.3.17　以色列采用激光拦截多个无人机

以色列拉菲尔先进防务系统（Rafael Advanced Defense Systems）公司最近在耶路撒冷试验了“无人机防护罩”反无人机系统，试验中该系统识别并用大功率激光束拦截了运动目标。无人机防护罩系统由电子干扰机和传感器组成，用于探测、识别和使小型迷你无人机失效。以色列拉菲尔先进防务系统公司在沙漠中演示了系统对包括商用四旋翼无人机在内的多种无人机的应对。一台安装在吉普车上的大功率激光发射器与系统传感器配合探测威胁和监视无人机活动，共使用激光拦截了三批无人机群。

拉菲尔公司已展示了 7 架被激光摧毁的无人机。目前已经证明小型无人机群对军事力量是个挑战。2018 年 12 月，无人机曾迫使英国 Gatwick 机场关闭超过 30 h，仅 2019 年 9 月就发生了超过 12 次无人机损坏沙特油田设施的事件。

“无人机防护罩”是拉菲尔公司的一种多层次防空系统，该公司还制造了陆基铁穹和海基铁穹系统、C-Dome 系统及 SPYDER 地空导弹系统。激光是以色列寻求本土反无人机的重点方向。

图 6-30　无人机防护罩系统和试验被激光束击落的无人机

6.3.18 波兰在防空系统中投入使用敌我识别系统

敌我识别系统（IFF—Identification Friend or Foe）可以安全识别我方和敌方资产并促进友军的合作。敌我识别 mode5 系统（IFF mode 5 systems）提供了在五代模式下协同工作构建武装力量装备的关键组件，北约内部的敌我识别 mode5 系统的推广应用计划在 2020 年 7 月 1 日完成，而在这一天，美国也将中止分发四代密钥。

自从多数与空中威胁对抗的空战发生在超视距（BVR—Beyond Visual Range）领域后，包括雷达在内，可使机组人员区分敌我或民航资产的敌我识别系统就变得不可或缺。敌我识别系统采用的是“询问 – 应答”原理。询问机安装在雷达或导弹发射装置上，构成敌我识别的主要部件，询问机会发送一个编码信号，该信号由飞机的机载敌我识别应答机接收，并确认这架飞行平台是否属于友军。为了使敌军无法欺骗防空系统，敌我识别信号会在所有友军资产范围内统一加密。

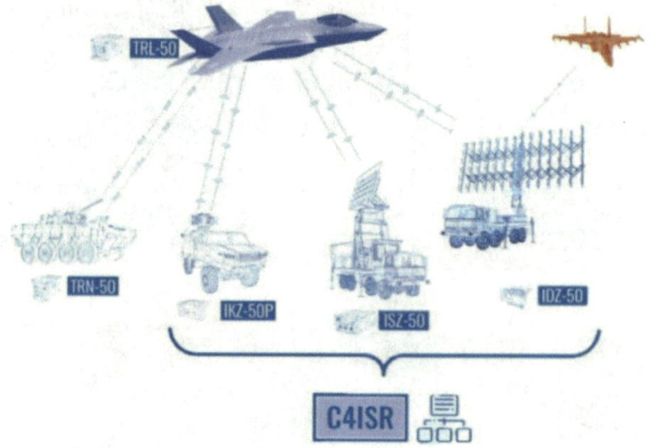

图 6-31 PIT-RADWAR 公司开发的敌我识别 mode5 系统产品家族

图 6-32 改装了敌我识别 mode5 系统的波兰“猎鹰”雷达

被称为 mode4 的敌我识别系统一直是北约内部主要和通用的标准（IFF Mark Ⅻ）。目前，这个标准正在替换为敌我识别 mode5 系统（IFF Mark ⅫA）。此项变更早在几年前就已经开始，2020 年 7 月 1 日是此项转换的截止日期。目前仅有作为波兰空军资产的 F-16C/D 和一部分 MiG-29 飞机装备了符合敌我识别 mode5 标准的应答机。但波兰的直升机就不容乐观了，因为多数波兰旋翼机都没有装备相关符合敌我识别 mode5 标准的应答机，敌我识别 mode5 应答信号可以发送或由少量防空系统接收，这种情况使得航空资产和防空资产无法在通用领域同时使用标准流程。

这是一个令人意外的情况。因为 PGZ 集团的 PIT-RADWAR 公司在交付和集成合适询问机方面实力很强，波兰军队也已经为最新的和一部分升级的雷达采购了询问机，还为新型 Poprad 和 Pilica VSHORAD 系统订购了此类硬件。然而，现有的 KUB、OSA 或 NEWA 防空系统预期还将服役很长时间，尽管行业能够通过改装这些系统使其符合标准，但针对敌我识别 mode5 标准的动作却没有跟上。

6.3.19 北约演习 REP（MUS）19 反无人系统驱离无人系统攻击

2019 年 9 月，在葡萄牙里斯本，来自北约多国的水下、水面和空中无人作战装备进行了为期两周的 REP（MUS）19 演习，REP（Recognized Environmental Picture Atlantic）是“大西洋环境背景识别”的缩写，MUS（Maritime Unmanned Systems）是“海上无人系统”的缩写。演习提供了北约国家海上无人系统的航空互操作性、技术和流程以及战术的试验机会。

该演习始于 2010 年，主要进行北约盟国内部创新联网平台系统的大规模试验。无人系统已经成为各国海军、军事力量和政府的一项重大风险，因此应该深入了解并有效应对。对于操作无人系统的一方，处于降级位置的导航计时和通信（PNT-C—Position Navigation Timing and Communications）条件是一项挑战性环境中的强制条件。

在此次演习中，以色列航空工业 Elta 系统公司的最新型 Drone-Guard 多层次反无人机系统提供了一部分技术。第一层包括可探测低小慢和旋翼无人机并自动识别目标的 ELM-2026B X 波段雷达；第二层为可探测无人系统如 Wi-Fi 热点之类电子辐射特征的无源通信电子情报（Comint-Elint）传感器，该传感器甚至可以在无人机起飞前探测到目标并给出预警，能够通过检测宽频波谱探测到“静默”自主不靠通信或 GPS 工作的无人机；第三层探测为光电红外传感器的目视识别。该系统还集成了可在较远距离上攻击多个目标的有源干扰机。Drone-Guard 能够在远距离上探测到无人机并自动分类识别目标和发出预警。

对此类能力的需求在沙特石油设施遭到袭击后已经非常明确，因为对空警戒雷达应对飞机效率较高，但经常忽略低小慢目标，或者将其标示为地面杂波或者视作鸟类过滤掉。演习期间，Drone-Guard 成功拦截和消除了多批次从陆地和海上发起的单个无人机和蜂群无人机攻击，葡萄牙海军对演习的结果表示满意和感谢。

图 6-33　参加演习的装备

6.3.20　反无人机新方法对现代战争的效应分析

无人机正式成为防空部队无尽烦恼的标志，是 1982 年以色列与叙利亚的贝卡谷地之战。

图 6-34　贝卡谷地之战首次出现无人机参战

而在最近 20 年的战争和局部冲突中，无人机的能力快速提高，作用也越来越大，不仅成为信息化战争的重要手段，更显示出了压制传统防空系统的趋势。因为多数传统防空体系针对二代或三代机设计，以高炮和地导系统为主，打击大型无人机尚可，应付中型无人机勉强，面对少量低小慢无人机已经压力很大，对小型无人机 / 巡飞弹蜂群就基本束手无策了。过去所谓“防空防空，十防九空”的描述，现在可能必须加上“不反无人机，一切皆空”，才能体现出目前防空力量的窘境。为此，世界主要军事强国纷纷各显神通推出“补丁”系统。近期，有三种基于不同武器的反无人机系统可以让我们管中窥豹，看看这些新“处方”能否有效缓解无人机带来的防空压力。

第一，土耳其陆军宣布，已开始接收该国 Aselsan 公司开发的 Sahin 移动式反无人机系统。Sahin 系统实际上是一个集成在拖车上的遥控武器站。遥控武器站采用 Aselsan 公司 SARP 武器站的基础设计，配备了一个 40 mm 自动榴弹发射器 MK19 Mod3。

MK19 Mod3 型榴弹发射器经过改装，可发射 Aselsan 公司开发的 ATOM 可编程高速空爆榴弹。这样该系统就形成了类似德国莱茵金属防务公司 35 mm“先进命中效能和摧毁”（AHEAD）技术的高炮精确射击效果。

图 6-35　“先进命中效能和摧毁”效果

据称，ATOM 榴弹毁伤半径为 5 ～ 15 m，对地面目标射程 1500 m，对小型无人机射程 500 m，包括拖车的系统全重 2500 kg。从 Sahin 系统的原理和性能可以看出，它应该能够阻止少量类似俄乌战场上广泛应用的多旋翼无人机执行抵近侦察和骚扰攻击，但是仅此而已，因为榴弹发射器的主要问题是射程留给系统的反应时间太短，绝对无法有效拦截无人机蜂群的攻击。尽管如此，如果雷达成本可控，Sahin 系统作为野战临时营地的低成本对空对地两用防御系统还算合格。

第二，美国宣布为了提高乌克兰的反无人机作战能力，将在军援中提供 L3Harris 公司开发的“车辆无关托盘模块化 ISR 火箭弹上装”（“车辆无关”意为装在什么车上都能用）。VAMPIRE 系统以 BAE 系统公司的 APKWS Ⅱ 激光制导火箭弹为核心。

APKWS 火箭弹基于美国通用动力公司的 Hydra（九头蛇 / 许德拉）70 mm 航空火箭弹，BAE 系统公司开发了激光制导组件，2020 年 6 月地面试验射程为 1500 ～ 5000 m，80% 的 CEP 为 2 m。

而 VAMPIRE 系统由 L3Harris 公司主导的原因应该是，系统不仅集成了该公司的 WESCAM MX-10 光电转塔（对空探测距离 400 ～ 1600 m），L3Harris 公司还在 2021 年开发了针对无人机的新型近炸引信。在最新的试验中，VAMPIRE 系统成功击落了一架小型固定翼无人靶机，只是该靶机更接近俄军的炮兵侦察无人机，而不是应用最广泛的小型多旋翼无人机。

相比之下，VAMPIRE 系统更像是美国为乌克兰定制的“低配版游击战海马斯火箭炮”，既有相当的精度，威力又十分有限，还适配各种车辆，非常适合偷偷摸摸打一枪换一个地方，所以反无人机有可能变成一项次要任务。另外，据称，每枚 APKWS 火箭弹单价至少 2.75 万美元，倒是很符合“吸血鬼”的定位。

图 6-36　VAMPIRE 系统配置与试验

图 6-36 VAMPIRE 系统配置与试验（续）

第三，在俄罗斯国际军事技术论坛“军队 2022”（ARMY-2022）上，新型“铠甲 -SM”弹炮合一防空系统以更接近完成体的形式亮相。近年来，俄罗斯的“铠甲 -S1”防空系统在叙利亚、利比亚纳卡冲突和俄乌战场上都表现欠佳，因此俄罗斯升级该系统的意愿非常强烈。新型铠甲 -SM 系统不仅升级了机动底盘、雷达火控系统和近程防空导弹，还专门开发了针对无人机的小型防空导弹。

第四，该小型防空导弹称为“钉子”，编号 57E6-E。一个铠甲系统 57E6 导弹发射筒内，能容纳 4 枚“钉子”导弹，理论上原有的 12 枚 57E6 导弹可以更换为 48 枚“钉子”导弹。57E6 导弹发射筒直径约 180 mm，“钉子”导弹直径小于 80 mm，长约 2 m，整体更接近俄式 80 mm 航空火箭弹（感觉“钉子”导弹的能力可能与 APKWS 火箭弹不相上下）。不过，无论是新型 57E6M 近程防空导弹，还是“钉子”导弹，铠甲 -SM 系统都采用无线电指令制导。因此，虽然铠甲 -SM 系统的反无人能力有所提高，作战成本也因“钉子”导弹而降低，但在指令通道有限的情况下对抗无人机蜂群的能力依然不足。

图 6-37 “钉子”小型防空导弹

下面以图片形式展示现有的 6 种技术路线的反无人机系统：

图 6-38 国际上现有的 6 种反无人机系统技术路线

图 6-38　国际上现有的 6 种反无人机系统技术路线（续）

另外，有消息称，美国空军和海军正在继续推进一个 10 年前开始的联合开发项目。该项目最初命名为“反电子设备大功率微波先进导弹项目”（CHAMP），后来因其发射载具 AGM-86 ALCM 巡航导弹（战斗部直径 630 mm，重量 450 kg，巡航飞行高度 100 m）的退役而终止。

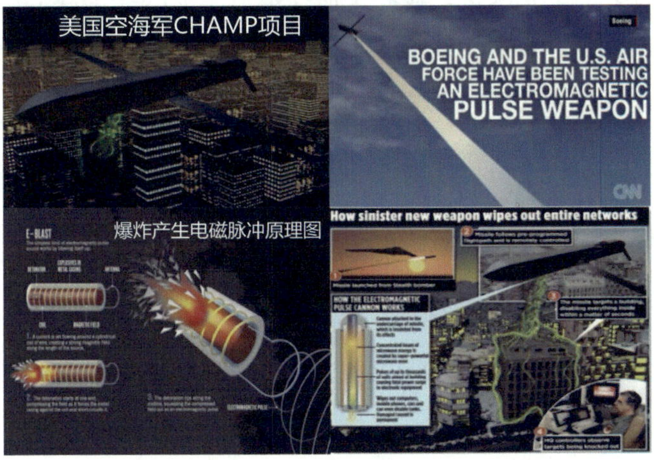

图 6-39　反电子设备大功率微波先进导弹项目

2017 年，美国空军和海军决定启动“大功率联合电磁非动能攻击”（HIJENKS）项目来继续 CHAMP 的研究，HIJENKS 可能选择 AGM-158 巡航导弹（弹体横截面尺寸 450 mm × 550 mm，战斗部小于 450 kg）作为载具。CHAMP 项目和 HIJENKS 项目的目标都是使用空射远程巡航导弹携带爆炸产生电磁脉冲的战斗部对目标实施电磁脉冲攻击。2010 年，波音公司在 CHAMP 项目试验期间，曾经成功用电磁脉冲使目标建筑内的电子设备停止工作。

图 6-40　CHAMP 项目和 HIJENKS 项目

根据上述信息，笔者认为，电磁脉冲攻击是一个很有前景的低成本反无人机技术路径。对付空中飞行的中小型无人机，显然不需要数百千克战斗部爆炸所产生的电磁脉冲。因此，如果复活某型老炮，向蜂群无人机覆盖发射 30 kg 的电磁脉冲炮弹，其 20 km 的射程足以抵御相当数量的无人机自杀式攻击。

第7章

无人作战系统的智能控制与人机协同技术

无人系统的智能化是无人作战装备和无人作战系统的最典型特征，无人作战系统的智能控制水平取决于人工智能技术的发展以及人工智能技术与无人作战装备的融合深度。随着智能系统与复杂体系、感知与判断、分布式协同、人工智能和算法等理论与技术的不断发展与突破，智能装备已经具备无人化、自主化和集群化等特征。

其中，无人系统集群化作为未来智能作战的主要形式，能够实现单平台行为决策和多平台任务协同，具有集群涌现特征，表现出了巨大的应用前景，将使传统战争理念不断更新突破，无人系统武器化、隐身化、智能化、协同集群化程度不断提高，现代战争日益出现零伤亡、非接触、小型化等特点，作战目的转向节点摧毁、结构破坏和体系瘫痪。

7.1 技术内涵

要讨论无人作战系统的智能控制技术，就必须先理清人工智能、智能控制技术与无人系统智能控制技术三者的含义以及相互之间的关系。

人工智能：英文缩写为 AI，是指由人类制造出来的机器所展现出来的智能，试图通过计算机来模拟人的思维过程与行为。人工智能是一门综合了计算机科学、生理学和哲学的交叉学科，它是研究开发用于模拟、延伸和扩展人的智能的理念、方法、技术及应用系统的一门新的专业学科，也是计算机学科的一个分支。人工智能不是人的智能，但能够像人那样思考，也可能超过人的智能。其关键技术包括了计算机视觉、自然语言处理、跨媒体分析推理、自适应学习、群体智能、自主无人系统、智能芯片和脑机接口等。

智能控制技术：指利用先进的机器学习、人工智能、模糊逻辑等技术，对系统进行感知、识别、决策和控制，使系统能够自主地适应不同的环境和任务，并实现人机协同。智能控制技术的基础是先进的高性能计算机技术和智能算法软件设计技术。

无人系统智能控制技术：指通过人工智能算法、传感器技术、自主导航技术等手段，实现无人作战装备系统自主进行控制、决策和动作执行的一种技术。利用先进的信息技术和人工智能技术，将各种军事装备和武器系统以及战斗部署等实现智能化管理和控制，以达到提高战斗效能和军事优势的目的。

人工智能技术构成的产业链分为基础层、技术层和应用层。

其中，基础层包括芯片、大数据、算法系统、网络等多项基础设施，为人工智能产业奠定网络、算法、硬件铺设、数据获取等基础；技术层包括计算机视觉、语言语义识别、机器学习、知识图谱等技术；应用层覆盖金融、安防、智能家居、机器人、智能驾驶、新零售以及军事应用等领域。

在军事领域，随着大数据的积聚、理论算法的革新、计算能力的提升以及网络设施的改进完善，人工智能的研究与应用已经进入了一个全新的发展阶段，其用途也得到了不断拓展，包括代替重复性劳动、情报分析、态势感知与实时决策、非理想环境作业、无人系统作战和智能防御等领域。例如，洛・马公司、哈里斯公司和 Alphabet 公司正在为美国空军开发一种基于人机混合智能的战略指挥与作战控制系统。2020 年 1 月，美军刺杀伊朗“圣城旅”最高指挥官苏莱曼尼的空袭行动，使用的就是一款具有智能化的 MQ-9“死神”察打一体无人机。

7.2 无人智能作战的优势、发展趋势以及挑战

人工智能技术的发展，对推动军事装备智能化、促进情报作战发展、提升信息化作战能力、推动军事科技创新、加强安全保障能力、加速军队现代化建设等都具有十分重大的现实意义，使无人智能作战的优势更加突出。

1）无人智能作战可以增强作战方式的灵活性，能够更有效达成突袭效果，发现目标即可快速精准突击，有效把握战机。

2）无人智能作战可以增强战场不同装备要素的协同性，能够更加有效实施编组作战，更好地解决战场上“及时性、准确性和战情快速变化”等战情的适应性问题。

3）无人智能作战还可以增强战场的可控性，更加有效地提高战场指挥效能，辅助指挥人员快速、高效完成任务规划和作战控制。

未来智能化作战模式发展趋势是使作战空间向全域、多维融合的方向拓展，促进作战力量向人机混合编组模式转变，作战指挥实现自主智能化，作战装备的智能化程度不断加深，使人工智能技术渗透到战争的全过程和全要素。虽然智能化无人作战具有很多优势，但是随着人工智能技术的不断发展，也会给智能化无人作战带来新的挑战。

无人智能化作战需要高度的信息化作为支撑，作战信息的保护和安全成为不可避免的首要问题；军事智能化技术应用可能带来一定的伦理和法律问题，需要相关的规范、标准和政策制度进行约束；战争形态的变化，需要加强应对非对称性战争因素的能力提升；要进行体系化的武器装备人工智能改造和实战化应用，从技术上应该必须首先解决这些智能化装备的敌我识别问题。

从人工智能技术本身的技术理论来说，虽然人工智能具有非常大的优势，但人工智能实现的过程中存在潜在的风险必须引起我们足够重视。人工智能的风险主要包括：

1）缺乏透明度：掩盖了技术决策过程和潜在逻辑，会导致信任度降低和抵制采用问题；

2）偏见和歧视：人工编制的算法和训练数据如果有偏见，人工智能可能会放大偏见；

3）信息安全风险：会造成数据泄露和隐私被侵犯；

4）科技伦理风险：算法歧视会造成道德困境出现；

5）经济社会风险：技术的不成熟会造成经济损失，也可能引起社会失业；

6）控制权风险：人们可能会失去对人工智能系统的控制权，导致产生不可预知的影响。

人工智能技术在军事装备领域的应用也具有非常明显的风险，必须引起足够重视。首先，人工智能技术是建立在大量数据的训练和自学习基础上，因此，这些数据的准确性和完整性就决定了训练结果的准确性和模型结果的正确性；同时数据的来源必须保证安全，不被恶意篡改，否则就会给敌方提供从根本上改变武器装备智能化结果的机会，造成系统性的失败；再者智能算法难免会出现漏洞，这种智能决策算法的缺陷会导致武器装备的安全性问题，最大的问题是攻击自己或状态失控、超越权力而造成意外损失；此外，客观上各大军事强国都在大力开展武器装备的人工智能技术改造，必然会导致世界范围内的军备竞赛。正因为如此，基辛格博士在 2023 年自己百岁之年来中国时就谈到了人工智能问题，他认为人工智能技术的发展具有颠覆性的潜力，可以改变我们的生活方式、经济和军事战略，如果不谨慎使用该技术，可能会带来毁灭性后果。这也提醒我们，国际社会需要建立规则和合作机制，不断建立和完善相应的规章制度，加强各个层级的伦理审查，建立行业自律约束机制，以确保人工智能的道德和法律使用。在这样的共识下，在 2023 年 11 月的旧金山中美元首会晤上，两国元首同意加强中美各领域对话合作，其中就包括了建立人工智能政府间对话。

7.3 国际无人作战系统智能控制技术应用分析

7.3.1 美国空军通过敏捷秃鹫超级计算吊舱掌握人工智能

通用原子航空系统公司（GA-ASI—General Atomics Aeronautical Systems，Inc.）已经获得美国空军的合同，使用该公司的 MQ-9 遥控飞机（RPA—Remotely Piloted Aircraft）演示空军研究实验室的“敏捷秃鹫”吊舱能力。敏捷秃鹫吊舱是将用于展示人工智能和机器学习技术的高性能数据处理架构。敏捷秃鹫吊舱由赛拉库兹研究公司（Syracuse Research Corporation-SRC Inc.）按照空军研究实验室的合同开发。

图 7-1 “敏捷秃鹫”吊舱

飞行演示阶段将用于试验敏捷秃鹫吊舱来确定发现、识别和跟踪选择目标最佳的人工智能和机器学习方法。自主融合和截获传感器数据来确定重点目标的能力是无人系统技术的前沿方向，敏捷秃鹫吊舱项目将通过让飞机监视大范围作战区域，自主识别预定义重点目标并传输目标位置来进一步提高 MQ-9 遥控飞机的效率。由于具备自动识别、分类和标定重要目标的能力，敏捷秃鹫吊舱还能够极大降低对卫通带宽的需求。在全自动模式下，该系统可能仅需要卫星通信连接或其他数据链通道来传播目标的图像和位置。

SRC 公司之前的公司名是赛拉库兹研究公司（Syracuse Research Corporation），是一家开发防务、环境和情报行业解决方案的独立非营利性研发公司，该公司成立于 1957 年，现有员工约 1600 人，总部在纽约州北赛拉库兹。

7.3.2 以色列国防军投入使用 AI 支持的网络化火力指挥系统

以色列国防部（IMOD）与拉菲尔先进防务系统（Rafael Advanced Defense Systems）公司签订将要部署“火力编织者”（Fire Weaver）的合同，该系统是一套针对以国防军作战旅的多域网络化传感器到火力单元（Shooter）指挥系统。火力编织者系统还被称为“智能扳机”，于 2018 年在营级演习中进行过演示，计划在今后两年里将进行系统的全面升级开发，并于 2022 年在首个作战旅投入使用。未来该系统将实现国防军操作的所有传感器和火力单元的标准连接，这样就能使所有新老系统都连接起来受火力编织者指挥。

火力编织者系统设计在多点交火、高强度作战和城市环境非对称战条件下发挥作用，以使作战单位能够以更快的秒钟而不是分钟为单位同敌方目标交火。该能力将使小规模部队可以向“快速消失的目标”投送火力，这种目标是当今非对称战场的典型特征。

火力编织者系统由以陆军司令部、国防部国防研发局（DDR&D—Directorate of Defense Research and Development）和拉菲尔公司开发，属于以色列国防军战场数字化进程的一部分。系统连接作战机动单位和地面战斗中的执行单元，通过创建一个“交火”事件，由与敌军接触的单位“发布一个招标”，即给出具体目标位置的火力召唤。“招标”会根据各执行单元的“投标”结果（是否位于射程内，射击准备是否就绪，是否在安全限制范围内，是否为最短时间和最低成本）被立刻分发到火力单位。

火力编织者系统通过实现快速、精确、高效且安全的传感器到火力单元的闭环，起到对火力召唤最高效响应交换连接的作用。系统还处理所有与不同规则和限制相冲突的选项，包括安全限制、禁入区域、交战规则或者法律规定。该系统可以同时处理多个请求和多个火力投送。

火力编织者的一项主要能力是拉菲尔公司开发的不依靠 GPS 的、基于地理像素（Geo-Pixel）的战术通用语言。地理像素会在三维模型上标记一个位置，然后使用计算机视觉技术加以呈现。随着三维地理像素标记的目标在所有参与系统中的传感器和火力单元中共享，语言确保空间信息的安全保密交换，从而使用户能够从不同通视瞄准线共享目标信息和通用态势图像。

火力编织者使参与者能够共享目标、蓝军动态、敏感位置和其他重点位置。这些信息的位置和状态会显示在瞄准具或战场管理系统的增强显示器上。由于系统仅传输目标地理像素和元数据，所以其带宽需求低于依赖图像、视频和语音的系统。

该系统采用先进人工智能算法实时处理战斗数据、分析数据并根据可用性、优先级和需求对火力分配排序优先级。系统会根据位置、通视瞄准线、射击效果、当前弹药状态等参数持续计算针对各目标的最优火力单元，同时还将附带伤害和误伤友军的风险降到最低，并实时将交战规则考虑在内。

这个创新性系统实际上建立了一个“作战互联网”，将民用互联网、智能家庭和城市的创新带入战场。该系统实现了联合部队之间的作战连接，并且简化了海陆空三军之间的融合过程。它包括一个火力管理终端应用程序，这个程序为指挥官提供整个过程的完整控制，包括并行的多个传感器到火力单元闭环情况。随着火力编织者系统成为任何 C4I 系统的补充部分，以色列国防军会将它与埃尔比特系统公司的“数字陆军项目”（DAP）一起部署。对比设计用于在司令部和指挥层级指挥作战行动的 C4I 系统，新的火力编织者系统在营级及以下等级使用，通过为作战单位提供更高效的火力支援来增强作战层级的能力。该系统的电子数据收集设备（EDGE—Electronic Data Gathering Equipment）单元与各执行单元和作战单位连接，并嵌入望远镜、目标搜索截获设备和武器瞄具中。目标和火力召唤都直接显示在火力支援单位的战场管理和火控设备上，来降低误伤友军风险并防止附带伤害。火力编织者系统的设计完全符合美国军用标准 MIL-STD 882 的安全要求。除了以色列国防军，该系统还被德国选定用于提供“支援动态作战行动的玻璃战场”的先进试验部分。

火力编织者系统的武器视图提供有目标、友军和附近无关单位的目标视图，并展示瞄准具上的增强显示。

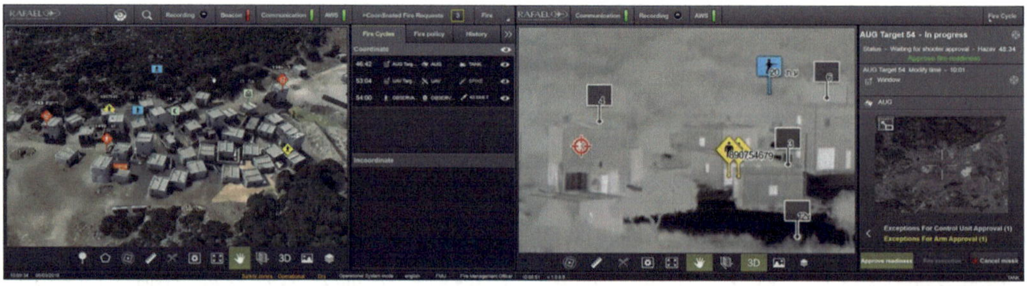

图 7-2　火力编织者系统管理（Fire Weaver manager）界面

火力编织者系统的传感器视图会指示附有火力请求细节的精确目标位置。带有元数据的目标位置将采用地理像素空间语言（Geo-Pixel Spatial Language）传输到火力单元，以使各火力单元从其各自的瞄准线上看到相同的目标。拉菲尔公司已经将火力编织者系统集成到其为以色列国防部卡梅尔（Carmel）项目开发的先进双人车组概念演示设备中作为核心能力提供系统。

图 7-3　火力编织者系统的传感器视图与应用

7.3.3　以色列首次展示新型持续监视系统

在增强广域持续监视（WAPS—Wide-Area Persistent Surveillance）能力的趋势中，以色列防务企业展出了针对小型战术无人机（STUAS—Small Tactical Unmanned Aerial System）设计的突破性轻量级广域持续监视系统。

图 7-4　Orbiter 4 无人机配置 MicroLite 小型多传感器载荷

拉菲尔先进防务系统公司在新加坡航展上将其 MicroLite 小型多传感器载荷公诸于世，并计划该系统配备在

Aeronautics 公司的 Orbiter 4 无人机上进行飞行评估，即利用 Orbiter 4 无人机 24 h 的任务续航能力，MicroLite 系统通过万向转板设计获得要监视目标区域的视野。这个 11 kg 的载荷由高清电视彩色摄像机和高分辨率中波红外构成来实现昼夜操作能力。此外，发现可疑目标后，载荷还可以用激光指示目标。该系统使用内置数据处理和存储提供实时高效的图像处理。通过持续监视大片区域，MicroLite 系统会建立一个广域扫描记录（Wide Footprint），这样整个区域都会被持续地以很高的速率再次访问，从而实现同时高分辨率的跟踪和多目标侦察，包括小目标。

以色列航空工业（IAI）也展示了 Wasp 系统，重量是 MicroLite 系统的一半多一点，用于实施昼夜探测运动目标的广域运动图像（WAMI—Wide Area Motion Imagery）监视。Wasp 系统设计用于在以色列航空工业的小型战术无人机 BirdEye 650D 上操作。

Controp 精确技术公司（Controp Precision Technologies）则提供了最小最轻的广域传感器 STAMP-VMD，重量仅为 1.3 kg，设计用于在电动的 Group-1 无人机（最小型）上操作。该无人机可在云底高 1500 英尺（457.2 m）以下飞行，并用持续视频运动探测覆盖 1 km^2 的面积。该传感器使用先进的数百万像素白光摄像机实现自动运动探测和跟踪，使其能够同时监视多个目标。STAMP-VMD 使用集成的传感器数据处理器运行探测算法来降低数据链带宽消耗。

MicroLite 拍摄的部分图像，通过“关注区域窗口”来显示系统支持的 10 个窗口之一。

STAMP-VMD 覆盖广阔区域提供运动探测和指引，小视野载荷实施侦察和目标指示。

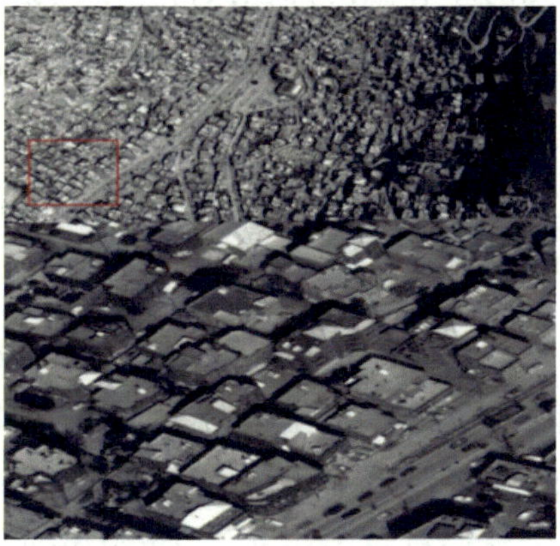

图 7-5　MicroLite 拍摄的部分图像

图 7-6　STAMP-VMD 覆盖广阔区域提供运动探测和指引

拉菲尔先进防务系统公司的 MicroLite 紧凑轻量型光电系统。

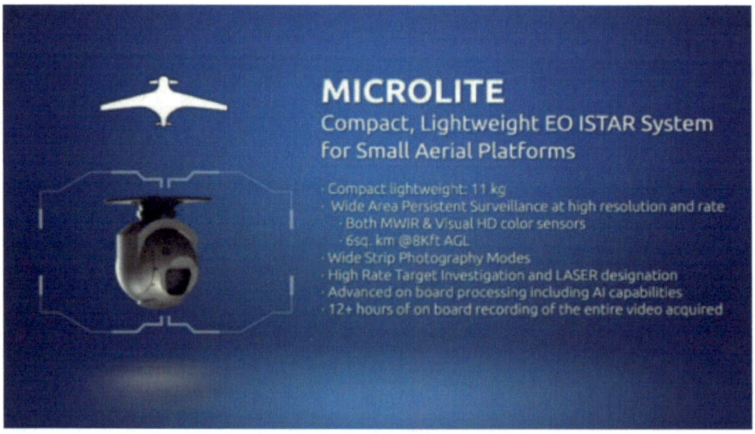

图 7-7 MicroLite 紧凑轻量型光电系统

7.4 巡飞弹等与人机协同无人作战装备技术

7.4.1 以色列采购萤火虫巡飞弹用于近距离作战

以色列国防军采购了拉菲尔先进防务系统公司的长钉 – 萤火虫小型战术巡飞武器系统，但未透露具体数量。

此项合同是在 2019 年年末至 2020 年年初以色列国防军和国防部在执行一系列验证长钉 – 萤火虫武器系统战备状态的概念验证试验之后才签署的。此项合同的数额和交付时间尚未公布。在以色列国防军内部该系统的代号为“Maoz”。

长钉 – 萤火虫设计作为单人操作，是便携式昼夜态势感知的致命巡飞系统，是专门用于为轻装机动部队和特种部队在城市战术环境下作战时提供有组织的火力支援。

拉菲尔公司与以色列国防部合作开发萤火虫系统，该系统借用了长钉精确制导战术导弹家族的技术。这些技术包括双模导引头（非冷却红外 /CMOS 视频传感器和接近传感器），具备人在回路超越控制的光电制导、目标跟踪器、寻的算法、计算机视觉、保险和解保机构与人机界面。所有这些技术都广泛应用在长钉导弹家族上，并作为将萤火虫武器系统开发和定制为独特城市作战任务特性的基础。该系统重量约为 3 kg，配备一个轻量（450 g）全向（360°）高致命率爆炸杀伤战斗部，外壳是 80 cm × 80 cm × 400 cm 的加固复合材料机体，萤火虫巡飞弹配备多旋翼的弹筒部署设计使其可以悬停在建筑物周围，并攻击可能超越瞄准线或躲在城市环境下的隐蔽敌人。萤火虫巡飞弹设计用于满足排级以及更小单位在现代战场上对无人系统可靠和小型化的要求。步兵对迷你无人机的需求不断增长，能够结合无人机和巡飞弹执行监视和攻击能力，成为地面部队的下一步要求。

萤火虫巡飞弹的设计基于 1967 年的六日战争中得来的设想，当年“弹药山”战斗期间，以色列士兵不得不在耶路撒冷的战壕里战斗。在设计阶段，该系统还考虑了以色列在加沙地带这样的城市地区与敌人的近距离作战经验，还有在伊拉克摩苏尔打击伊斯兰国时军队面临艰难战斗的情况。

萤火虫巡飞弹的主要不同在于双旋翼设计，这样它就可以悬停和在大风环境下保持稳定。拉菲尔公司市场经理认为，这是一种不同于导弹的制导方式，将导弹折叠放进一个小弹筒里面，具有创新性。萤火虫巡飞弹于 2018 年首次亮相，那时候该系统就被视为“步兵老铁”，使部队既能侦察又可以攻击。

该系统与载荷 20 kg 且必须用弹射器发射的无人机相比，目标通常只是叛乱分子、机枪手或者狙击手。操作员只要点击一下按钮，巡飞弹就会返回，该系统的技术可以提供态势感知来避免与障碍物相撞。萤火虫巡飞弹可昼夜间以低声学特征操作，其战斗部和电池都可以更换，战斗部可更换为另一块电池，以便使 15 min 的监视任务飞行时间翻倍。系统还设计了安全措施，如中断能力。

拉菲尔公司还预见到，萤火虫巡飞弹可从车辆上使用一个在车内操作的发射器或“蜂巢”进行多单元发射。这符合日益增加的装甲车使用小型战术无人机的情况，也符合车辆与步兵单位同步操作大量无人机的未来战场概念。

以色列采购萤火虫巡飞弹并将其部署到步兵单位，是该国对其武装力量重构的多年计划，该计划称为“动量”。该计划呼吁提高地面部队数字化水平，并为部队配备更多无人机和技术。这意味着尽量向营级和连级单位提供情报资产以便在网络上共享无人机收集的情报，增加部署这样的巡飞弹将随着他们决定如何让士兵成为专门的无人机操作员而改变步兵单位。

轻量的萤火虫巡飞弹为操作员提供了 1.5 km 通视使用条件和 500 m 非通视使用条件，萤火虫系统操作员只要在平板电脑上按下一个按钮，它就会以 70 km/h 速度向敌人发射战斗部。

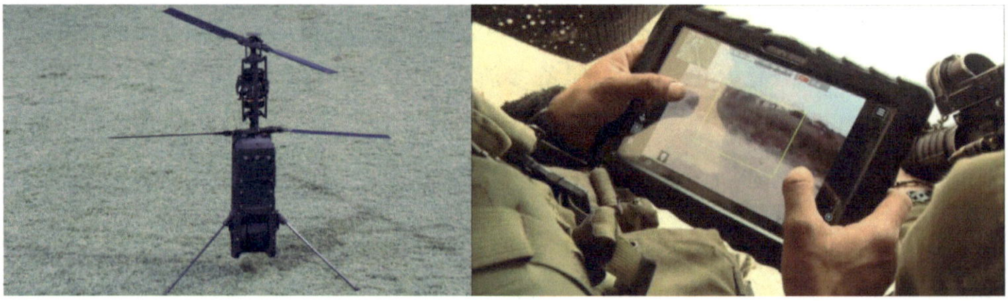

图 7-8　萤火虫巡飞弹

长钉精确制导战术导弹家族是拉菲尔公司开发的便携式发射后可以自主飞行的反坦克导弹，配备四代串联破甲战斗部，该导弹也可车载和机载发射，其家族包括 1981 年开始生产的 Spike NLOS、1997 年开始生产的 Spike-MR/LR/ER 和 2012 年开始生产的 Spike-SR 以及多种改型。长钉导弹已经销售给世界多国军队并经过战场验证，是非常高效的武器系统。

图 7-9　长钉精确制导战术导弹

7.4.2　德国联邦国防军采购排爆装备

莱茵金属防务公司获得了德国联邦国防军（Bundeswehr）的补充采购订单来提高 4 套道路清障系统。订单的数额范围大约为千万欧元级别。此项合同于 2019 年 12 月签署，将执行大约 4 年。

根据合同，莱茵金属防务公司将改装 5 辆狐式 1A8 轮式装甲运输车为操作员控制组车辆，并将 4 辆“黄鼠狼”1 空降武器运输车改装为履带式探测器平台。交付的范围还包括 7 套带有运输和存储架的备用双传感器以及后勤支持。双传感器是道路清障系统的关键部件之一，是淘汰了过时部件的新型号。

图 7-10　狐式 1A8 轮式装甲运输车

2011 年，莱茵金属防务公司第一次为德国联邦国防军提供了 7 套道路清障系统，作为重型排爆排的一部分。完整的系统包括 5 辆按照如下任务配置构型的车辆：探测、清除地雷和路边炸弹（IED）以及指挥和运输。

遥控的“黄鼠狼”装甲车集成了新开发的具备探地雷达（Ground–Penetrating Radar）和金属探测器（Metal Detector）的双探测器（Dual Sensor）。“黄鼠狼”装甲车在称为 DEU 道路清障系统中的任务是探测道路和野外地形的地雷和路边炸弹。配备控制装甲车的操作员控制台和评估双传感器信号的系统，狐式 1A8 轮式装甲运输车的作用是成为一个防护良好的机动指挥所。

通过分别指令弹药检查车辆遥控检查可疑物体。集成的视频系统会让狐式指挥车上的操作员始终监视地面的情况。DEU 道路清障系统由莱茵金属 MAN 军用车辆公司（RMMV—Rheinmetall MAN Military Vehicles）制造的多功能 Multi FSA 卡车运输。

“黄鼠狼”1 空降武器运输车是莱茵金属防务公司生产的一种超轻型履带式装甲车，设计用于空运和空投快速部署。乘员 2 ～ 3 人，重量 2.75 ～ 4.78 t，最大速度 70 km/h，可配备多种支援武器。

图 7-11　DEU 道路清障系统与“黄鼠狼”1 空降武器运输车

7.4.3　美国试飞射程更远的大号“弹簧刀”巡飞弹

AeroVironment，Inc. 公司是一家美国私营防务承包商，主要业务是无人机和巡飞弹。该公司成立于 1971 年，总部在加州 Simi Valley 市，AeroVironment 是五角大楼的小型无人机最高级供应商，乌鸦（Raven）、黄蜂（Wasp）和美洲狮（Puma）无人机都是该公司的产品。该公司与洛·马签订了战略合作伙伴协议共同开发“全球观察者（Global Observer）”无人机。

“弹簧刀”巡飞弹是 AeroVironment，Inc. 公司的主营产品之一。控制距离 10 km，续航 10 min，速度 55 ～ 85 节（101.9 ～ 157.4 km/h），操作高度低于 500 英尺（152.4 m）离地高度，升限 15000 英尺（4572 m），重量包括背包发射筒和弹共约 2.5 kg。

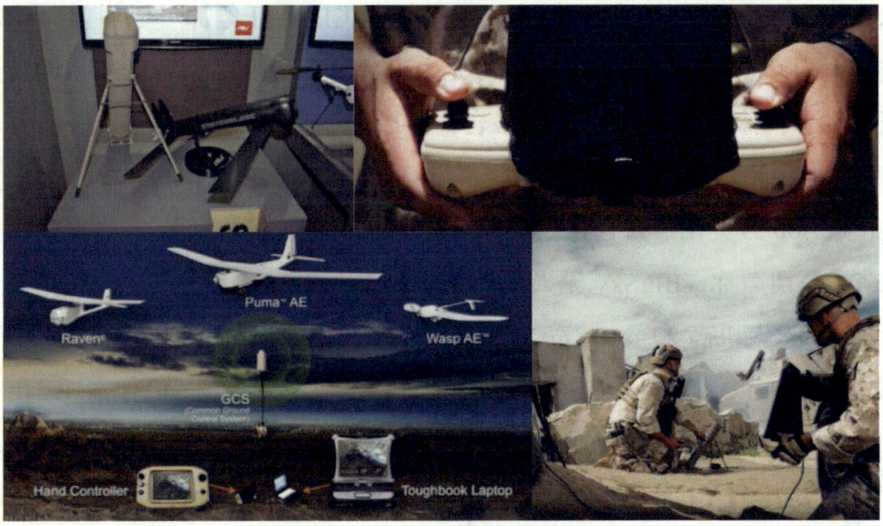

图 7-12 “弹簧刀”巡飞弹

AeroVironment 公司已经试飞了更大尺寸的“弹簧刀”巡飞弹，以便能够携带更大的战斗部且航程更远。据该公司称，有未公开的客户资助开发更大的巡飞弹。该公司于 2019 年公开讨论开发新型“弹簧刀”巡飞弹，试验于 AeroVironment 公司 2020 财年开始，即 2019 年 5 月 1 日起，虽然声称试验成功但并未公开试飞细节。

“弹簧刀”巡飞弹于 2011 年进入市场，是最早被军方采购并用于作战的巡飞弹之一，美国陆军和海军陆战队都是该产品的客户。“弹簧刀”巡飞弹的原始长度约 0.6 m，射程约 10 km，重量为 2.5 kg，包括机头部分手榴弹大小的战斗部。该产品的尺寸小到可以装进帆布背包，宣传声称“弹簧刀”巡飞弹能够精确消灭敌方士兵或轻型车辆。“弹簧刀”巡飞弹通过遥控飞向目标，在正面和侧面装有光电摄像头，机头有红外摄像头。

“弹簧刀”巡飞弹成为 AeroVironment 公司销售额的重要组成部分，2019 财年该公司营业额为 3.14 亿美元，其中 21% 来自巡飞弹。但由于相对宽松的武器出口规则，国际竞争者已经在国际市场超过了 AeroVironment 公司。AeroVironment 公司希望在 2020 年从获得美国政府新许可后，用“弹簧刀”巡飞弹的首个出口订单来向北约军队的一个下级机构销售武器。

7.4.4 美国防务承包商瞄准气球飞艇市场

美国 Hoverfly 公司决定将系留无人机系统的生产工作交给 Leonardo DRS Land Systems 公司，并借此打入气球飞艇市场。2020 年美国陆军协会年度展会显示，每年全球的气球飞艇市场大约为 10 亿美元，而很多气球飞艇的任务都可以用 Hoverfly 公司的系留无人机系列产品执行，因为该公司的无人机都具备便携性和更低成本的特点，更适用于远征活动。两家公司宣布达成战略合作，Leonardo DRS Land Systems 公司将成为 Hoverfly 公司的代工厂。Hoverfly 公司的首批订单是要生产大约 50 架 LiveSky Ⅰ类无人机，价值超过 400 万美元，并且计划再签一个 100 架无人机的订单。

Hoverfly 公司声称，BigSky 无人机原型机比 LiveSky 无人机飞行高度更高，载荷也更大。LiveSky 无人机高 27 cm，宽 77 cm，配备一个光电 / 红外载荷，该载荷具备 120 倍光学 / 数字变焦能力，可见光分辨率 1080 像素，热成像分辨率 640 像素 ×512 像素，平台全稳定。LiveSky 无人机可连续飞行，维护间隔为 1500 h，操作高度 200 英尺（61 m）。

LiveSky Ⅰ类无人机是 Hoverfly 公司开发便携式系留航空摄影系统的解决方案用机，飞行高度 20 英尺（6.1 m），可提供 10 倍光学放大功能。BigSky 无人机是 Hoverfly 公司开发的可选系留供电 / 自由飞行无人机，据称，载荷 8 磅（3.6 kg）时无系留续航 25 min，载荷 2 磅（907.1 g）时无系留续航 1 h。

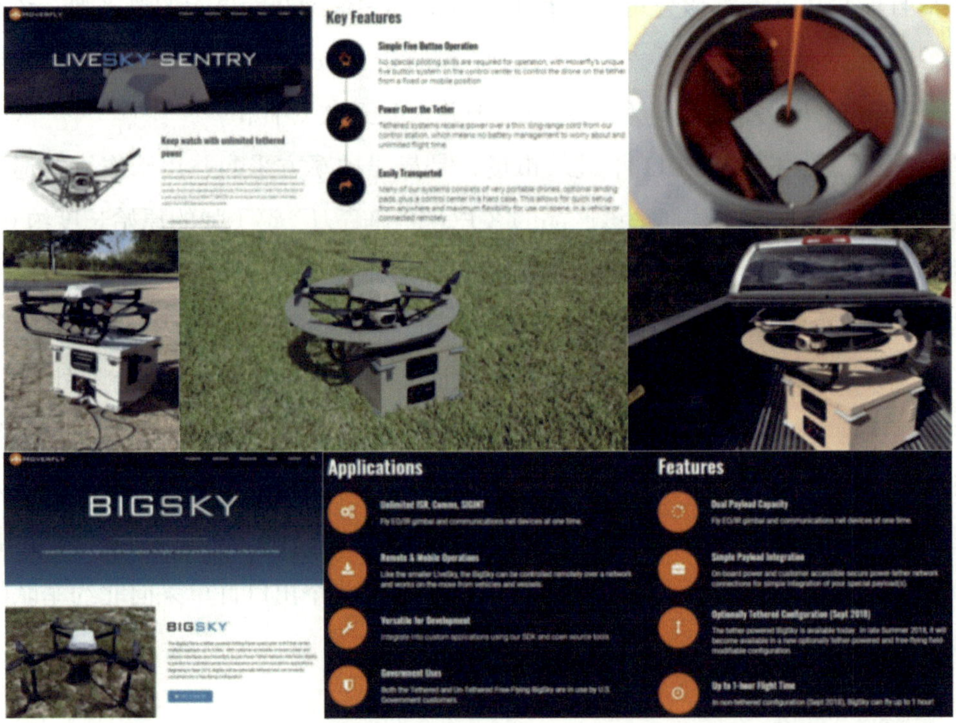

图 7-13　LiveSky 与 BigSky 无人机

第8章

有人-无人协同作战装备在俄乌冲突中的应用战例启示

俄乌冲突于 2022 年 2 月 24 日爆发，至今已超过两年半时间，已经严重影响了当前的国际形势，使全球能源市场遭受冲击，全球粮食供给面临危机，全球产业链和供应链不确定性增加，国际金融秩序发生了深刻调整，拖累了疫情后依旧负重前行的世界经济。

为什么会爆发俄乌冲突？不同专家从不同角度给出了不同解释，其中包括克里米亚争议、政治差异、地缘政治和战略利益、民族主义和国家认同、民主政治制度、历史与文化背景、乌克兰革命、乌克兰东部争议以及能源问题等。但笔者认为，俄乌冲突的根本原因是由北约东扩问题造成的，也是乌克兰准备加入北约引起的，因为一旦乌克兰成功加入，北约就会直接在俄罗斯家门口驻军和部署各类进攻与防御武器，使俄罗斯的国家安全面临威胁。

我们从俄罗斯总统普京曾经的表态来看，俄罗斯攻打乌克兰的目的不是要占领乌克兰，而是要消除乌克兰对俄罗斯的安全威胁。俄罗斯的原则是：不占领乌克兰领土，只对卢甘斯克、顿涅茨克和哈尔科夫这三个位于乌克兰东部地区出动的地面部队，并对乌克兰境内的机场和导弹基地等军事设施进行打击。普京希望以此军事压力打消乌克兰加入北约的念头，捆绑俄乌两国的整体规划与发展方向，断开乌克兰与美国及北约之间的安全联系，取缔乌克兰境内的纳粹势力，永久杜绝乌克兰倒向美西方的可能性。

从战争的发展形势来看，俄乌冲突就是以美国为首的北约国家出钱、出武器，乌克兰出人、出土地来进行的代理人战争，这种现代代理人战争形态，是以高科技、信息化和网络化为特征的战争，具有多样化和非对称性的特点，同时战争表现出长期化和复杂性。

笔者认为，美国坚持支持俄乌冲突，其目的就是要压制和削弱俄罗斯的实力，捆绑和牵制欧盟，阻止欧洲与俄罗斯发展更加紧密的合作关系，以便保证自身在欧洲以及世界的霸权领导地位。美国参议员米特·罗姆尼曾表示，对乌克兰的援助是美国历史上最好的国防投资。他认为美国在这场战争中没有遭受任何损失，只花费了美国不到 5% 的年度国防预算来帮助乌克兰削弱俄罗斯，对五角大楼来说，这个“投资回报率”太高了。这足以说明美国大量援助乌克兰的真实目的。

俄乌冲突的持续，为我们提供了持续关注战场中各类先进武器装备的使用及效能情况，尤其是我们非常关注也是国际上各个国家都在大力发展无人作战装备的使用情况。通过观察分析，我们确实在无人作战装备的功能、性能、使用效果以及制约装备发展的核心技术方面都有了很多新的认识和启发，下面就我们的认识和启发与大家共享。

8.1 近程防空系统的无人化应用

近年来，随着察打一体无人机和低小慢无人机的威胁越来越大，世界各军事强国再次重视近程防空系统，纷纷加强研制和部署包括定向能武器在内的各种近程防空系统。当然其中的主流仍然是围绕现有近程防空导弹开发的系统。另外，有国际厂商也采用无人车平台搭载“反无人机系统”进行了一些尝试。只是此类试验性组合主要集中在遥控武器站与无人车的结合上，并未体现出真正防空系统的特性，其真实能力和效率存疑。笔者认为，这其实更多地显示出，是现有无人车平台的规模限制了更复杂防空武器的集成。

不过，近期俄罗斯 Marker 无人车的最新试验倒是体现了近程防空系统的无人化趋势。据称，一辆集成雷达和武器站的轮式 Marker 无人车进行了飞盘射击试验。试验的结果是，用直径 100 mm 的飞盘模拟飞行速度 90 km/h 的小型无人机，Marker 无人车的射击命中率达到大约 80%。这至少证明俄罗斯人已经在严肃地考虑用无人车防空系统来对抗未来真正的蜂群攻击。

图 8-1 美国与爱沙尼亚的近程防空无人装备

图 8-2 俄罗斯 Marker 无人车

而俄空降兵装备 Ptitselov 近程防空导弹系统的新闻则令人联想到 2022 年 2 月 24 日至今的俄罗斯对乌克兰特别军事行动。俄军现役的弹炮合一近程防空系统在此次冲突中暴露出很多问题。对于俄罗斯军改后的“营级战斗群”来说，存在以下两个问题。

1）较早的“通古斯卡”履带式弹炮合一防空系统设计用于伴随装甲集群提供防空掩护，因此需要更大的作战单位为其提供后勤保障，否则这些昂贵的系统很容易因各种问题而无法发挥作用；

2）较新的“铠甲 -S”防空系统以轮式卡车为平台，由于系统十分复杂庞大，其机动能力和通过性都一般，固定阵地防空尚可，越野伴随防空能力就差了。

由此可见，俄军对新型近程防空导弹系统的需求应该很迫切。因为新系统能安装在 BMP-3 履带式步战车、BTR-82A 8×8 装甲运兵车和 BMD-4M 空降战车的底盘上，至少机动能力有保障，而且回归单一防空导弹的系统也使整体复杂程度、重量和体积大幅降低，从而能够减小后勤压力。

图 8-3　俄军的新型近程防空导弹系统

综上所述，笔者认为现代化野战近程防空系统采用无人车平台是一个极具潜力的发展方向。相比有人机动防空系统，采用无人车平台的防空系统除了能够降低人员损失风险以外，还具备以下优势：

1）更有利于防空武器系统的分布式设计和部署，通过分散多套导弹 / 高炮发射平台，能够在简化系统、降低成本的同时，提高机动能力并根据需要调整火力密度；

2）无人系统可大幅缩小平台规模（如通古斯卡系统需要 4 人车组，铠甲 –S 系统需要 3 人车组），极大降低后勤保障压力；

3）无人车平台的混合动力系统更有利于长时间静默值守，这对防空任务来说尤其重要；

4）随着未来蜂群系统的成熟，时间窗口内来袭弹药的数量和速度必将超出人体反应的极限，因此未来只能依靠全自动防空系统，而无人车平台显然是更好的选择。

8.2 无人作战装备的“信息屏障”和反伏击实战应用

随着俄罗斯对乌克兰“特别军事行动”的持续，看着新闻媒体不断更新的战况和专家解读，网络空间持续的各种认知作战和意识形态斗争，以及欧美继续“折腾自己”，不得不再次感叹 21 世纪 20 年代这场“百年未有之大变局”仍在徐徐展开，不断打破“有生之年”的纪录。对于俄乌冲突，我们可以充分利用这个机会，认真观察 30 年来第一场真正意义上的高水平大规模军事对抗。相比之下，此前欧美主导的多场局部战争，虽然尽显体系化、信息化的碾压性优势，但终归都属于“实验室条件战争”，其“打地鼠式”战术效果经常令人感到完美却缺乏参考价值。而俄乌冲突则完全不同，无论是俄军的作战体系和战术安排，还是行动中武器装备的表现和产生的各种问题，以及乌军的抵抗行动和技术兵器的灵活使用，都为我们提供了丰富的实战示例。这种有来有往的较量是俄乌双方在用鲜血和生命还有巨大的国民经济生活为代价，为我们提供的战术和装备上的第一手经验教训。本节我们主要分析无人作战装备的“信息屏障”和反伏击实战应用。

由于乌克兰空军与海军在此次冲突伊始即被俄军远程精确打击武器瘫痪，基本丧失了制空权和制海权，所以在后续作战中，乌军被迫采取化整为零的方式对俄军实施了大量偷袭和伏击。甚至可以说，从冲突开始到现在，偷袭和伏击是乌军除城市战以外的主要作战形式。这为俄军在多个方向的突击行动制造了很多麻烦，也成功地歼灭和摧毁了部分俄军分队及其装备，从而迟滞了俄军的攻击势头。而欧美各国纷纷大幅增加对乌克兰的军事援助，为乌军输送了大量单兵便携式反坦克导弹、防空导弹和火箭筒，这些武器装备被乌军广泛用于偷袭和伏击行动。加之俄军作战体系暴露出的一些缺陷，这迫使俄军不得不调整策略，在多个方向从初期的高歌猛进转为停止硬攻和围而不打。

笔者认为，出现这种情况主要有两方面原因：

一是俄军整体信息化水平较低。军人的传统作战素质虽然不错，但是信息化作战意识不强，加上出于人道主义考虑，并未大规模破坏和攻击民用基础设施，因此根本不存在断网和通信屏蔽。这些因素综合的结果就是，本来应该具有突然性的隐蔽行动成了网络直播素材，被乌军及其背后的北约情报网用于指挥偷袭和伏击，例如行动初期俄军无视城市监控摄像头的情报价值，直到付出攻击受挫的代价才后知后觉。抛开通信屏蔽不谈，信息化作战行动必须建立信息屏障，这是反伏击成功的先决条件，否则简直就是开着坦克去送命。

图 8-4　突然性的隐蔽行动被网络直播

二是俄军过于或者只能依靠被动式防护，使其付出了巨大的人员和装备代价。俄军现役主力的 T–72 系列和 T–80 系列坦克、BMP 系列履带式步战车和 BTR 系列轮式装甲车，以及更轻薄的 BMD 系列伞兵战车均源自苏联遗产，信息化作战水平较低，只能使用战前加装各种临时性防护措施来应对乌军手中自产和欧美援助的先进反装甲武器。这类似于美军从 2007 年提出并实施的防雷反伏击（MRAP）装甲车计划，这里的反伏击实际上是“防伏击”，主要是通过增强车辆全向防弹防爆炸冲击能力，来降低中东“恐怖分子”或者反抗军对美军的威胁，是完全被动的防护措施。

对于应付没有什么重武器和先进反装甲武器的敌人来说，美军装备大量反伏击装甲车的策略很成功，且整体成本相对较低。但对俄军来说，完全被动的防护手段根本无法保护人员和装备，加之俄军一向作风彪悍猛打猛冲，因此开战至今屡遭偷袭且伏击损失很大。

图 8-5　俄军装备损毁状况

图 8-6　俄军装备的简易防护措施

结合上述事实可以看出，要想有效应对先进反装甲武器的偷袭和伏击，首先要在突击部队的主要行动方向上通过侦察和探测建立起“信息屏障”（屏障主要针对敌方偷袭伏击的人员和装备），在敌人展开侦察和进入伏击阵地前发现他们。然后俄军可根据战场态势决定，要么避开伏击圈，要么实施先发制人打击来清理或者驱逐敌人。因此“信息屏障”和反伏击应该是一套主动式系统而不仅仅是进行被动防护。历史上，这属于传统侦察兵的战场遮断任务，进入机械化战争时代后，此项任务就必须由携带机步班的步战车来完成了。若按照苏联红军装甲集群突击的战略，面对俄式大炮兵主义的火力覆盖加钢铁洪流冲击，似乎任何伏击都是“蚍蜉撼树”。然而今时不同往日，无论是俄军还是任何其他军队都无法实践当年的“钢铁一波流”。现代的有限规模装甲突击普遍面临反装甲小组伏击的严重威胁，而下车步兵完成战场遮断任务的效率，又往往跟不上主战坦克的速度，结果突击分队只能降低前进速度，反而更容易遭到敌方远程火力突袭的反击。

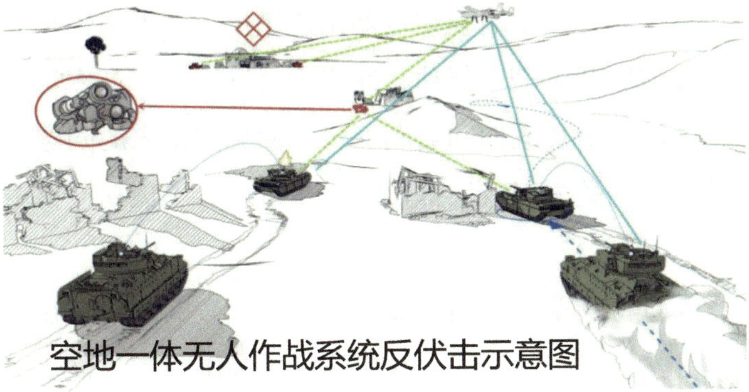

图 8-7　空地一体无人作战系统

而如果将建立“信息屏障”和反伏击任务交给无人作战装备，尤其是空地一体无人作战系统，上述情况将得到极大改观。

首先，中小型垂直起落无人机可为突击分队提供持续高效的空中警戒和侦察能力，在遇到地形地物遮蔽时，可以使用中小型无人车为无人机补盲同时实施精确测距和定位。

其次，空地一体无人作战系统不仅能够提供实时战场情报和敌方位置坐标，以便后方随时呼叫远程精确火力打击，该系统还可以配备轻型火力直接清理敌方设伏位置，即使无法完全消灭敌人，但只要将其驱赶超出便携式武器的射程和对俄军行动的观察范围，敌军的存在就没有意义了。

最后，空地一体无人作战系统所需人员和装备数量较少，又没有人员伤亡的后顾之忧，可在极大提高战术分队战场态势感知能力的同时，最大程度地解放尖兵和侧卫，从而能让突击分队将所有力量集中在主攻方向上，以更好地完成任务。

综上所述，根据俄罗斯特别军事行动的经验教训，空地一体无人作战系统是信息化作战条件下，能够以较小投入大幅提高陆军装甲连排级单位战场生存率和作战能力的主动式综合解决方案。

8.3 无人作战装备的后勤保障实战应用

俄罗斯对乌克兰的特别军事行动仍在持续，军事冲突在北约的援助和乌克兰各地武装的激烈抵抗下，已经从初期的四路装甲突击，转变为一场持久战、消耗战。从最近乌克兰总统的战场穿梭情况看，俄军的确在近期快速撤出了围困基辅和切尔尼戈夫州的部队。无论俄军后续将如何展开下一步行动，冲突仍将继续。本节内容主要关注俄军初期狂飙突进式战术穿插和转入消耗战期间后勤保障方面暴露出来的问题，并联系实战场景简要讨论无人作战装备在相关方面能够提供的实用价值——俄乌冲突中无人作战装备的后勤保障实战应用。

从 2022 年 2 月 24 日特别军事行动开始，至 3 月初，四路俄军在基辅、哈尔科夫、顿巴斯和克里米亚部分达成战役目标或者攻击受挫转为围困和拉锯战，俄军在快速战术穿插过程中，除了遭遇了大量偷袭和伏击造成装备和人员损失以外，也因后勤保障不力导致大量不必要的装备损失。其中两种情况尤为可惜，一是穿插过程中发生故障 / 事故或遭到攻击造成轻度损坏的车辆和装备被直接抛弃，二是部分燃油耗尽的装备被抛弃。尽管这种情况在大规模机械化部队快速推进过程中属于正常现象，但是俄军后勤保障力量没能快速跟进，并及时抢救抢修这些故障、损坏和油尽的装备，而是任由其停在那里，甚至被乌克兰武装人员拖走和破坏，这就太不应该了。另外，随着俄军进展越来越缓慢，并逐步转为围困消耗战，漫长的俄军补给线和后勤部队屡遭偷袭伏击的情况使俄军后勤整体上遇到了很大问题。可能是后勤车辆损失过大的原因，新闻中出现了大量涂有 Z 字标志的俄罗斯民用卡车加入运输车队的照片，其中很多车辆（包括军用车辆）都进行了不同程度的改装来加强防护能力，有些甚至在车辆四周捆绑木板，一时间画风十分怪异。

而实际上俄军并不缺乏军用运输车辆，2016 年俄罗斯国防部还在对外抛售苏联时期过剩军用物资，其中就包括大量军用嘎斯（GAZ）和乌拉尔（Ural）运输卡车。因此我们猜测，俄军急需的应该是有经验的驾驶员而不是车辆，所以才会发生民用车辆加入军用运输车队的情况。

图 8-8　俄军的后勤运输保障情况

所谓“兵马未动，粮草先行”，这是大家都懂的浅显道理，更何况如此规模的机械化军事行动，每天都需要巨量的各种物资和保养维修工作，如果这都无法保证，也难怪俄军会打得拖拖拉拉，损失严重。

总之，无论是由于俄罗斯军改后营级战术群的编制问题导致后勤保障能力下降，还是由于军费短缺资源匮乏无力替换大量老旧装备和建立更多后勤保障部队，以及特别军事行动这种三心二意的“战争”为敌人留下大量偷袭伏击的机会，俄军以及很多所谓“军事强国”貌似都面临后勤保障方面的巨大挑战。而无人作战装备恰好可以提供多种后勤保障支持，并且能够有效降低所需人员数量和人员承担的风险。

图 8-9　无人作战装备可以提供多种后勤保障支持

目前各国际军工大厂的无人车 / 无人机开发项目主要集中于四个应用方向：后勤补给运输、伤病员撤离、侦察和火力支援。

其中无人车 / 无人机侦察是应用最广泛和发展最快的方向；火力支援的实战应用仍以无人机为主，无人车的实际应用十分有限，有待进一步开发；后勤补给运输和伤病员撤离其实可以合二为一都理解成“运输任务”，主要难点在于无人车 / 无人机的越野自主导航。

笔者认为，后勤运输装备的无人化还应考虑可选有人驾驶车辆（OMV）。OMV 概念设计用于既能在相对简单路况（重复性劳动）和高风险任务时解放车组成员，又可以在复杂任务环境中短时间人工驾驶，来提高效率的有人 – 无人兼顾的无人化车辆。我们可以设想，在后勤保障车辆体系中，OMV 更适合规模化大型运输车辆和抢救抢修车辆，用于补给物资的主干物流通道运输，而中小型运输无人车 / 无人机则更适合从后勤补给中心向下，为一线小型作战单位提供“最后 N 千米”的支线和末端补给运输。而且此类后勤运输无人车还可以配备相应的自卸装置和工程工具，以便直接为作战单位提供快速装卸物资和简易土木工程作业辅助，甚至还可以在必要时加装装甲，用作突击单位的“移动掩体和攻城槌”。这将极大降低后勤保障中所需的人员数量和工作强度。假如俄军能够配备一定数量的后勤保障 OMV 或者无人车 / 无人机，就能极大降低俄军在战术穿插中的损失，从而避免不得不征集民用车辆的尴尬和困难。

总之，无论是运输基本饮食或者伤病员，还是运输高风险的油料和弹药，以及提供战场抢救抢修、工程建设和通信以及电源支持，无人作战装备都能够为作战部队提供快速高效的保障和支援。这是我们能够从俄乌冲突中确认的无人作战装备重要实战应用方向之一。

8.4 无人作战装备的城市战实战应用

随着俄罗斯对乌克兰的特别军事行动进入到第 50 天，近一个月来基辅、哈尔科夫和敖德萨三个方向相对平静，焦点地区是扎波罗热州港口城市马里乌波尔。随着俄军从基辅附近撤出，全球目光都在关注马里乌波尔进入尾声的城市战。因为俄军在马里乌波尔包围了乌东部兵团的重要部分——乌克兰新纳粹主义代表，臭名昭著的亚速营一部。只要俄军将该部彻底消灭，就不仅在去纳粹化目标上取得了重大进展，更将解放该方向部队，使之成为可能打破僵局的力量。不过，亚速营虽然称为营，但该组织早就利用互联网从全球招募新纳粹主义分子，这使其规模庞大，据称，总人数近万人，还接受了西方的大量武器援助和训练，战斗力比普通乌军高很多。另外，亚速营在战前就分为两个加强营，分别据守马里乌波尔和哈尔科夫，已经将这两座城市堡垒化，这也是俄军在两地多次受挫进展缓慢的原因之一。马里乌波尔既是港口也是滨海工业重镇，苏联投资建设了大量坚固的工业设施，尤其是亚速营退守的核心地区——亚速钢铁厂，加固的重工业设施使俄军的攻坚部队付出了很大代价。

图 8-10　马里乌波尔亚速钢铁厂

城市战或者历史上也称为巷战，随着人类社会城市化程度越来越高，人口密度和城市规模越来越大，城市战已经成为现代战争中公认的最复杂艰难的作战环境之一。与马里乌波尔战役相比，具有一定参考价值的两场现代城市战分别是车臣战争（1994—1996 年；1999—2000 年）期间的格罗兹尼战役和伊拉克战争（2003—2011 年）期间的费卢杰战役。实际上这两个城市的战役都前后打了两次。俄军和美军都在第一次战役中遭受挫折，并且都在第二次战役中吸取教训，采取了相应的措施，最终都取得了胜利。但是无论胜败，城市战的结果都将导致城市的巨大破坏、平民的巨大伤亡和作战双方人员以及装备的巨大损失。不过无论是伊拉克反抗军与车臣武装，还是俄军与美军，在人员素质、装备和战备水平上都相去甚远，因此胜利的代价也差距明显。例如，第一次格罗兹尼战役期间，俄军遭遇重大损失，一个缺编的摩托化步兵旅（约 1500 人）攻入市区后几乎被全歼，阵亡近千人，损失坦克装甲车一百多辆；俄军在第二次战役中虽然吸取教训改变战法最终获胜，但仍然付出了阵亡一千多人的代价。而美军凭借技术优势，在第一次费卢杰战役期间（2004 年 4 月）攻占 25% 城区后撤退，27 人阵亡，90 人负伤；第二次战役（2004 年 11—12 月）期间，美英联军加伊拉克政府军 1.5 万人打了一个半月才彻底占领费卢杰，美军 54 人阵亡，425 人受伤。

图 8-11　两次费卢杰战役

根据美国兰德公司有关城市战的报告和美军城市战手册的介绍，城市战的核心挑战是“城市密度”带来的一系列问题。城市密度指单位空间内各种人员的数量和单位时间内活动的数量。城市环境下，空间密度的增加意味着时间密度的上升，即有限空间内建筑物、人员和活动越多，态势变化越快，等于时间和空间的压缩，使城市战成为一场高密度三维空间内的高频对抗。由此产生的结果包括但不限于：军事行动的节奏被迫加快，潜在威胁的数量和方向成倍增加，人员的精神压力急剧增加，在噪声的环境放大效应下，人员会更快地身心俱疲；城市密度会进一步分散单位空间内的力量；障碍物密度增加使传统战术行动无法有效实施；食物、饮水和弹药消耗的速度远超其他环境；敌军、友军和平民之间距离缩小，降低误伤和附带伤害的难度增加；行动随时可能成为“资源黑洞”，有时零伤亡占领一栋大楼就可能拖住一个营；对非战斗人员、民用基础设施和文化古迹等有限制的交战规则使行动更加困难；非战斗人员和敌人在城市环境内的快速转移会使情报失效，迟疑和漫长的请示可能导致灾难性后果；传统技术优势会降级，通信指挥探测和武器的射程以及威力都可能大打折扣；装甲车辆武器的俯仰角限制使城市环境下的射击盲区增加，无法应付来自头顶和地下的攻击。

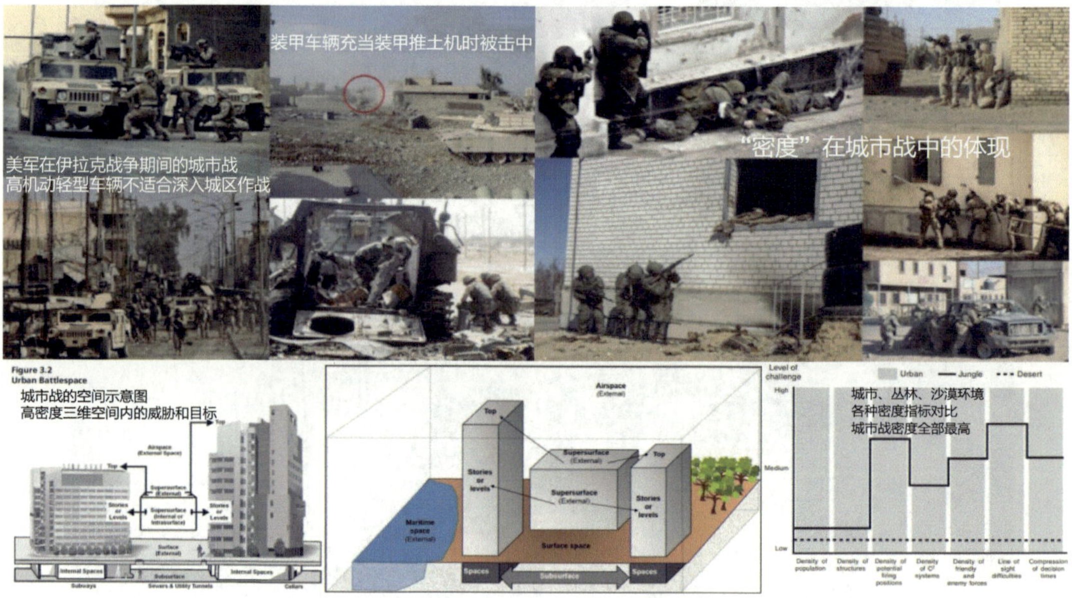

图 8-12　城市战的核心挑战

兰德公司提出的对策包括：

1）用密度应对密度：增加兵力和资源投入；

2）高效地降低密度：用绕路或部署诡雷等手段来降低敌方密度；

3）保持选择性密度：围困并孤立敌人使之无法获得增援和补给，第一次格罗兹尼战役就是典型的反面教材；

4）非对称应对密度：占据高地上的中继阵地是保持技术优势的关键；

5）利用城市密度：采用更灵活的战术和协调多路同步攻击来打乱敌人的部署。

重要的城市战经验包括：

1）重装甲机动火力无可替代，轻装甲车辆（无论美军斯特瑞克步战车还是俄军BMP 步战车）在城市战中都面临高风险，但坦克等重装甲车辆态势感知能力差，需要全方位保护；

2）情报的高效搜集、分析和分发至关重要；

3）重磅精确制导弹药（至少 250 千克级）是突破坚固工事的重要手段；

4）应该整合工程、医疗、防空、炮兵、电子战、特种部队等专业人员进入从班到营的各级任务单位。

图 8-13　交战距离边缘概念

结合上述城市战特点和策略不难看出，无人作战装备在城市战行动中具有巨大的实战应用价值。空地一体化的无人作战装备在以下方面都具备无可比拟的优势：

1）数量优势，采用组网通信技术的中小型无人车和无人机可以在短时间内迅速提高攻 / 守方的“密度”，来提供 ISR、后勤保障和火力支援，这是以人为主的传统军队不具备的增援能力；

2）通过性优势，中小型无人车和无人机体积小、重量轻、速度快，在狭窄复杂的城市战环境中，其行动能力和支援到达能力远超沉重庞大的有人驾驶车辆；

3）信息化优势，中小型无人作战装备的高效持续侦察监视能力，无论是战前侦察和行动中目标监视，还是人员 / 车辆的反伏击保护，都是人类无法完成的任务；

4）任务灵活性，无人作战装备能通过模块化上装设计，来提供更丰富的上装选择，从而实现超越有人装备的任务灵活性。

另外根据现有无人作战装备的技术水平，在充分利用其技术优势的前提下，我们对无人作战装备的城市战应用有两点观察：

一是进入交战距离和远离交战距离的无人作战装备价值更高，处于交战距离边缘的价值较低。交战距离为作战中轻武器相互威胁的距离。因为如果仅用无人作战装备实现替换士兵位置的作用，等于浪费了自身的技术优势和成本投入。

二是在 ISR、后勤保障和火力支援三项任务中，无人作战装备的前两项任务优势和价值更高，火力支援暂时由于技术要求和危险性较高而导致价值偏低。但如果无人作战装备能够使用烟雾弹和催泪瓦斯弹等非致命手段实施精确“打击”，其实战应用价值也不容小觑。

8.5 俄乌冲突成为信息化代理人战争和分布式杀伤链的试验场

当俄罗斯对乌克兰的特别军事行动进入第 65 天，很遗憾的是俄军行动的前期整体表现差强人意，换帅后情况才有所改善。虽然俄军从一开始就基本掌握了战场主导权，但在具体行动中没能充分发挥出优势，而是显得反应迟缓、漏洞频出，装备和人员的损失已经远超人们的最初预判。好在俄罗斯及时发现了问题，并大概从 2022 年 3 月 23 日开始调整行动目标和策略。笔者认为，俄军第一阶段行动不成功的主要原因在于，俄罗斯领导层对乌克兰形势做出了战略误判，没有意识到这是美国策动的一场信息化代理人战争。与冷战时期的传统代理人战争相比，信息化代理人战争不需要本地强权代理人，而且可以将政治和军事代理人完全分开并去中心化，因此军事威慑甚至斩首行动都无效。政治代理人可以是任何“猫猫狗狗”，主要通过“反复横跳”的煽动性表演，来执行混淆视听的认知作战；军事代理人则可以是任何具有战斗意志的大小军阀、极端分子甚至是恐怖分子，只需要接收军援和任务指令并组织规模不等的无差别攻击或据守抵抗。俄罗斯虽然能用有限信息化的机械化兵团正面碾压乌克兰军队，但却无法通过分割包围、恐吓式斩首乌克兰政治 / 军事代理人来实现“不战而屈人之兵”的目标。因此俄军在开战一个月后撤出基辅地区，转向对顿巴斯地区和乌东部要地的争夺。

图 8-14　“分布式杀伤链”与俄军缴获的美军用电台

实际上，俄罗斯特别军事行动面对的主要挑战是，以美国为首的北约通过八年训练整合完成了乌克兰军队的去中心化，并使用北约的远程侦察情报指挥体系实现了部分“分布式杀伤链”作战模式。从冲突的结果看，这种去中心化的部分“分布式杀伤链”模式给大规模装甲突击的俄军造成了很大损失，并使俄军第一阶段行动的目标落空。可以说，这场分布式杀伤链“试验”效果不错，证明它可以有效地应对或者瓦解传统机械化军队发动的攻击。例如，在俄军第一阶段行动期间，伴随俄军突击集群部署的电子战部队就未能发挥出曾经的压制效果，甚至可以说存在感很低。究其原因可以发现，乌军要么龟缩固守，要么分散伏击和偷袭，基本没有和俄军发生大规模正面交战，所以俄军针对大单位作战设计建设的电子战部队有劲无处使。另外近期网络媒体盛传，北约使用星链卫星遥控乌军小分队执行“网络下单 – 接活儿的网络打车式”偷袭和伏击（其实俄军并未大规模破坏包括通信网络在内的民用基础设施，使用民用网络比星链卫星更方便）。虽然这未必就是 100% 的战场真实情况，但从近期俄军晒出缴获的美军现役通信系统来看，不能排除此类“分布式杀伤链”存在的可能性。而且乌军确实在俄军第一阶段行动期间，对其后勤补给线和小型作战单位构成较大威胁和损失。至于此次俄乌冲突中更加广泛地利用，甚至依靠军 / 民用无人机进行侦察监视和目标指示的行动，也应该被视为一种“分布式杀伤链”的初级形式。

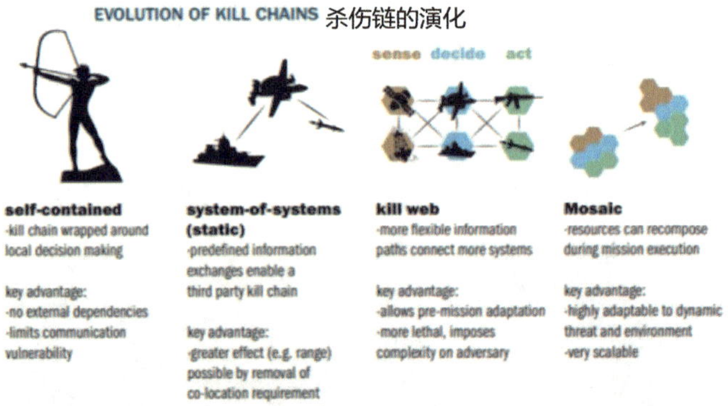

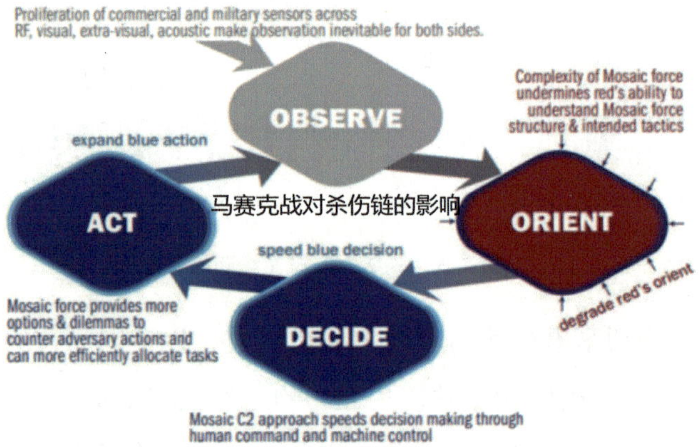

The Pathway to Mosaic Warfare

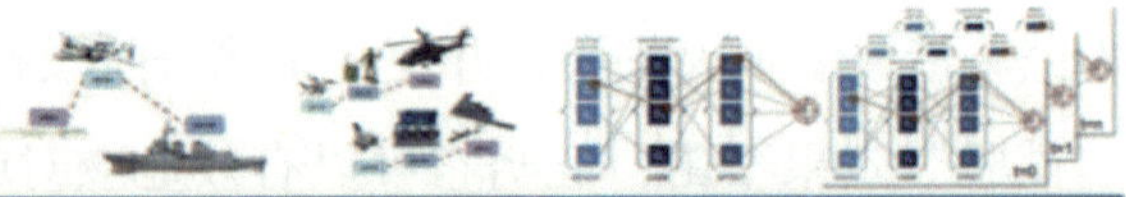

	Distributed kill chain	System of systems	Adaptive kill web	Mosaic warfare
Example	NIFC-CA	SoSITE	TBD	TBD
Description	Manual integration of existing systems	Systems prepped for multiple battle configurations	Semiautomated ability to select a predefined effects web prior to mission	Ability to compose new effects webs at campaign time
Benefits	• Extends effective range • Increases engagement opportunity	• Enables faster integration and more-diverse kill chains	• Allows pre-mission adaptation • More lethal, imposes complexity on adversary	• Adaptable to dynamic threat and environment • Scalable to many simultaneous engagements
Challenges	• Static • Long to build • Difficult to operate and scale	• Each architecture static • Limited ability to adapt • Cannot add new capabilities on the fly • Difficult to operate and scale	• Static "playbook" • Limited number of kill chains • Might not scale well	• Scale limited by human decisionmakers

SOURCE: Adapted from Timothy Grayson, "Mosaic Warfare," briefing slides, Washington, D.C.: Defense Advanced Research Projects Agency, Strategic Technology Office, July 27, 2018.
NOTE: NIFC-CA = Naval Integrated Fire Control—Counter Air; SoSITE = System of Systems Integration Technology and Experimentation.

马赛克战

优点与存在的挑战

	公布式杀伤性	系统之系统	适应性杀伤网	马赛克战
概念举例	海军一体化火控防空	体系综合集成与试验(SoSITE)	/	/
描述	现有系统的手动一体化	为多种战斗配置准备的系统	在任务开始前选择预定义效能网的半自主能力	在战役中构建新的效能网的能力
优势	·拓展有效作战范围 ·增加交战机会	·实现更快速的一体化和更多元的杀伤链	·允许任务的调整 ·更具杀伤性，迫使敌人面对更大复杂性	·可适应动态变化的威胁和环境 ·可同时应对多场交战
挑战	·静态系统 ·构建时间长 ·难于运行和扩展	·每一架构的适应能力有限 ·无法动态增加新功能 ·难于运行和扩展	·静态的“行动规则” ·有限的杀伤链数量 ·可能无法很好地扩展	·扩展受到人类决策者的限制

图 8-15 “分布式杀伤链”概念

根据美国兰德公司于 2021 年 1 月 5 日发布的《分布式杀伤链：免疫系统和美国海军对马赛克战的启示》和美国战略和预算评估中心于 2020 年 2 月 11 日发布的《马赛克战：利用人工智能和自主系统实施以决策为中心的作战行动》两篇研究报告的介绍，我们可以大致了解美国精英对未来战争的一些具体设想。其中杀伤链是指传统战争中作战单位针对目标从观察、判断、决策到打击行动（OODA）的基本作战行动过程。“分布式杀伤链”，顾名思义就是将一个作战单位的 OODA 循环分散给多个单位，并通过通信网络组织并完成一次行动。美国国防高级研究计划局于 2017 年在分布式作战概念的基础上提出了更强调平台间动态协同的“马赛克战（Mosaic Warfare）”概念。

兰德公司的报告中还列出了马赛克战系统的六个主要特征：

1）分散性。多平台和多平台类型通过共用数据网络连接，将功能分散到更多小平台，而不是集中在少量综合平台上。

2）异构性。系统根据需要由各种数量的多军兵种 / 多机构平台组成并形成独特能力。

3）快速可组合性。根据不同威胁制定针对性应对策略，并快速引入新效应或新能力。

4）系统架构。复合型系统架构，并且能够快速演进多维度关系。

5）可扩展性和多系统协同。能够根据需要向上和向下集成扩展的联合多域装备，以便同时执行大量攻击。

6）人工智能 / 机器学习和自主。由于系统规模可能受到人类决策能力的限制，因此显著依赖人工智能 / 机器学习。

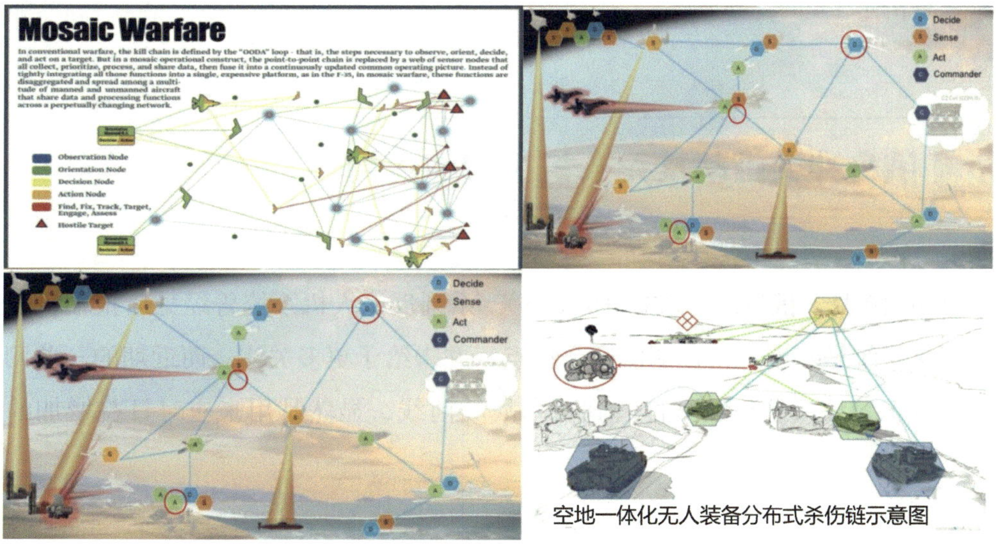

图 8-16　马赛克战（Mosaic Warfare）概念

综上所述，笔者认为，无论是应对俄乌冲突中的初级“分布式杀伤链”攻击，还是构建相应的装备体系来迎接经过“马赛克战”改造的未来军事挑战，空地一体化无人作战装备都将是这个体系的重要发展方向。空地一体化无人作战装备应该是至少包括一个空中平台和一个地面平台的可扩展空地联合系统。与空中或地面的单一有人/无人平台相比，空地一体化无人作战装备至少具有三个更加符合马赛克战特征的优势：

1）从设计开始直接整合空中和地面两个维度的能力优势，可快速形成互补来释放空/地平台的最大潜力；

2）平台和上装都按照分布式概念设计，可在降低单个模块成本的同时，通过快速更换组网的模块化子系统实现能力的新组合和扩展；

3）通过在两个维度上分解和分配任务，进一步将单一平台规模缩小来大幅降低单一平台成本。

举个例子，如果使用空地一体化无人作战装备对付“网络打车式”偷袭小组，就可以将信号情报监测搜索、红外光电 ISR、近距离目标识别和火力打击任务分配给中小型无人机和无人车的组合。首先空中快速大范围搜索定位可疑区域，地面平台配合目标识别，然后由空中或地面平台提供目标指示，最后可选择使用空中待命的巡飞弹或无人车携带少量精确打击弹药或指示后方远程火力来完成攻击。由此可见，空地一体化无人作战装备的任务效率能够比单一有人/无人平台提高数倍甚至一个数量级，而所需人力和后勤保障却更少。

8.6 俄乌冲突推动反无人机手段的应用

2021 年 10 月，俄罗斯“攻击（Ataka）”系列反无人机系统曾经见诸报端，但当时只注意到该系统是基于声学探测器这个特点，并未给予更多关注。而近期的一些网络图片和新闻显示，该系统已经被部署到俄乌战场前线，显然是用来应对日益增加的无人机威胁。

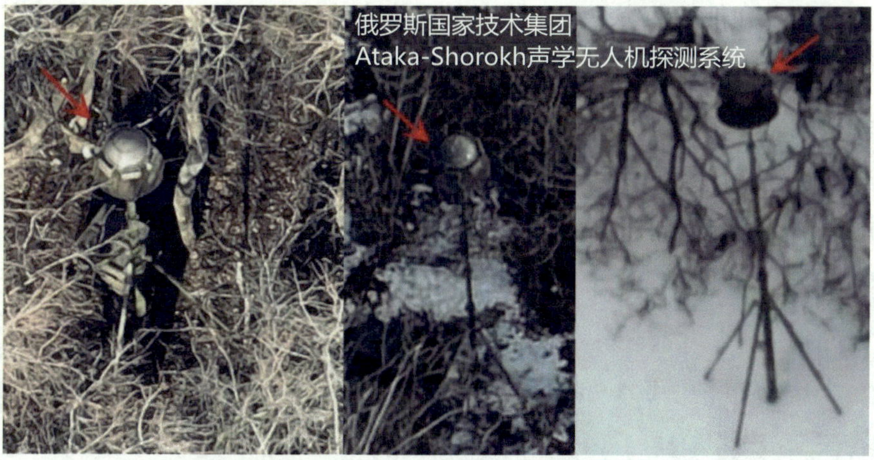

图 8-17　俄罗斯“攻击（Ataka）”系列反无人机系统

于是，经过一番旧闻“考古”，又找到了该系统的一些信息。Ataka-Shorokh 声学无人机探测系统对无人机电机噪声的作用距离达到 500 m；Ataka-DBS 电子反无人机系统对无人机通信的探测距离为 1000 m，全系统响应时间 0.1 s，电子干扰波段 2 ～ 6 GHz，发现无人机后可在 1500 m 距离上压制其数据链通信和卫星导航信号。“攻击”系列反无人机系统是俄罗斯国家技术集团（Rostec）旗下 Ruselectronics 公司开发的产品，2021 年 10 月刚刚完成厂家试验。

图 8-18　Ataka-Shorokh 声学无人机探测系统

结合上述信息和俄乌冲突爆发一周年的现实考虑，冲突爆发前仅完成厂家试验的一型装备，目前已经出现在战场上——这说明俄军面临巨大的无人机威胁，不得不紧急部署该型新装备应急。毕竟俄乌双方互相使用小型无人机对前线部队实施投弹骚扰攻击和侦察后炮击的操作，已经成为多数作战行动的标准流程，如果不能有效遏制对方的无人机行动，就很难在战术层面压制住对手并顺利完成任务。

图 8-19　乌军炮兵的“防空土办法”

无独有偶，乌军方面近期的一些新闻图片显示，乌军炮兵在俄军巡飞弹的压力下，不得不采用无奈的“防空土办法”：在炮位上方拉起铁丝网。据称，是因为这种“土防护”确实曾经挡住了俄军“柳叶刀 –3”巡飞弹的俯冲攻击，使巡飞弹战斗部未能起爆。

这不禁让人想起，冲突初期，俄军部分坦克在炮塔上方临时加装了“铁帽子”用来阻止美制标枪反坦克导弹破甲战斗部的攻顶打击。不过，导弹的攻击速度还是要比巡飞弹快不少，二者成本差距更大，因此用类似的办法也许能勉强应付巡飞弹，但对抗导弹就难了，所以很多俄军坦克还是被摧毁了。这应该算是一个提醒，也许巡飞弹的引战系统设计和末段攻击控制要考虑如何应对上述防御措施的干扰。

在俄乌双方继续加码战场投入的同时，美国通用动力陆地系统公司近期推出了以 10 t 级履带机器人（TRX）为平台的近程防空无人车。这样除了以斯特瑞克轮式装甲车为平台的“机动近程防空系统（M–SHORAD）”“斯特瑞克 – 列奥尼达斯（Stryker Leonidas）反无人机系统”和“定向能（激光）机动近程防空系统（DE M–SHORAD）”以外，该公司的机动防空 / 反无人机系统中又增加了“TRX 近程防空无人车（TRX SHORAD）”。也就是说只要美军需要，通用动力公司的装备就能随时构建包括机炮、近程防空导弹、大功率微波和高能激光为打击手段的机动防空 / 反无人机作战能力。也许只有准备好这样的防御能力，美军才能放心地在行动基地里执行任务，而不用时刻担心被无人机送上“爱心手雷”或者校正射向基地的炮弹。

可见，随着无人机 / 巡飞弹技术的扩散，各国军队都已经面临与俄乌一样的无人机 / 巡飞弹现实威胁。若要未雨绸缪，恐怕仅凭头顶铁丝网或者应急部署固定式声光电探测 / 反无人机系统，都很难有效应对来自空中的威胁。

笔者认为，只有“用魔法打败魔法”才是最高效的反无人机手段。因为有人系统必然存在的人为因素，使之无法长时间与无人系统高强度对抗，所以使用地面 / 空中的无人平台防御和截击无人机 / 巡飞弹，应该是未来反无人机系统的唯一选择。

8.7 俄乌冲突中对无人作战体系发展的探讨

在实战中，无人作战系统必须以体系化形态呈现才能发挥作用，在当前无人作战体系概念正在形成，实战化体系建立还不完整的条件下，俄乌冲突已经在大量使用无人作战系统了。通过对俄乌冲突的观察和分析，使我们对无人作战体系未来的发展趋势有更加清晰的认识，获得无人作战体系发展的优先方向和启示。

（1）必须建立好空地一体化信息屏障

进入敌后纵深穿插的有人突击车队，要想有效应对先进反装甲武器的偷袭和伏击，首先要在突击方向上通过高效 ISR 建立“信息屏障”。在敌人展开侦察和进入伏击阵地前发现他们，然后根据战场态势决策，要么避开伏击圈，要么实施先发制人行动打击消灭或驱逐敌人。而 UAV+UGV 空地一体无人作战体系是建立“信息屏障”和执行反伏击任务的首选系统。

中天集团认为，UAV+UGV 空地一体信息屏障无人作战体系的优势包括：

第一，该体系的中小型垂直起落无人机可为有人突击车队提供持续高效的空中警戒侦察，在遇到地形地物遮蔽时，大中型无人车与无人机可协同精确测距和定位。

第二，空地一体无人作战体系完成 ISR 任务后，要么车队或后方提供远程精确火力打击，要么使用无人作战体系配备的轻型火力直接打击敌方设伏位置，即使无法消灭敌人，也可将其驱离伏击武器的有效射程和观察范围。

第三，空地一体无人作战体系所需人员和装备数量较少，战场机动灵活，又没有人员伤亡的顾虑，可在极大提高态势感知的同时，最大程度地解放兵力，从而能让有人突击车队将更多力量集中在突击方向上更好地完成任务。

（2）必须建立完善的后勤保障无人作战体系

无论是俄军先高歌猛进然后陷入苦战被迫撤退，还是乌军靠北约军援撑到哈尔科夫反攻，以及近期的巴赫穆特“绞肉机”之战，俄乌冲突的过程再次被冷酷的现实证明，后勤保障是赢得战争胜利的前提条件。

而 UAV+UAV 和 UGV+UGV 的后勤保障无人作战体系都是能够解放兵力和降低风险的高效选择。UAV+UAV 后勤保障无人作战体系更适合快速支援突然出现的战场热点或前出的先锋部队，此时无人机的速度和灵活性是地面平台无法比拟的。UGV+UGV 后勤保障无人作战体系则比较符合大规模的长期作战需求。

中天集团预测，在 UGV+UGV 的后勤保障无人作战体系中，可选有人驾驶车辆更适合作为大型运输车辆和抢救抢修工程车辆，用于主干物流通道运输、应急保障和大型战场工程；中小型运输无人车 / 无人机则更适合从后勤补给中心向下，为一线小型单位提供“最后 N 千米”的支线和末端后勤保障。而且此类后勤保障无人车还要配备相应的自卸装置和工程工具，以便直接为作战单位提供快速装卸物资和简易土木工程作业辅助，甚至还可以在必要时加装装甲，用作突击单位的“移动掩体和攻城槌”。这将极大降低后勤保障中所需的人员数量、工作强度和作战风险。

总之，无论是运输基本饮食或者伤病员，运输高风险的油料和弹药，以及提供战场抢救抢修、工程建设和通信及电源支持，后勤保障无人作战体系都能够为作战部队提供快速高效的保障和支援。

（3）应优先发展城市战无人作战体系

无论是俄乌冲突初期的马里乌波尔之战，还是 2022 年 5 月 20 日告一段落的巴赫穆特“绞肉机”之战，现代战争中的城市战都已经成为全球军队的研究重点。而由无人车运输 / 释放无人机 / 巡飞弹（UGV L UAV/LM）构成的无人作战体系，无疑在城市战行动中具有巨大的实战应用价值。

中天集团认为，UGV L UAV/LM 城市战无人作战体系的优势包括：

1）数量优势。采用组网通信技术的 UGV L UAV/LM 无人作战体系可以在短时间内迅速提高攻 / 守方的 ISR、后勤保障和火力支援的“密度”，这是传统军队不具备的增援能力。

2）通过性优势。UGV L UAV/LM 无人作战体系的平台体积小、重量轻、速度快，在狭窄复杂的城市战环境中，其行动能力和支援到达能力远超沉重庞大的有人驾驶车辆。

3）信息化优势。UGV L UAV/LM 无人作战体系的高效持续 ISR 能力，无论是战前侦察和行动中目标监视，还是人员 / 车辆的反伏击保护和隐蔽监视能力，都是城市战环境下的利器。

4）任务灵活性。UGV L UAV/LM 无人作战体系能通过模块化设计，来提供更丰富的作战选择，从而实现超越有人装备的任务灵活性。

（4）综合运用空地一体机动无人防御体系

由俄乌冲突中俄军遭遇的哈尔科夫大溃败和巴赫穆特“绞肉机”之战来看，防守方不仅要消耗大量兵力和装备布置防线和保留相当的反击机动兵力，还要能够承受现代温压弹、云爆弹、铝热剂燃烧弹、白磷燃烧弹和集束弹药等大威力武器带来的巨大心理和生理威胁。面对如此惨烈的战况，一方面证明了现代战争中血肉之躯多么脆弱，另一方面显示出兵力不足是指挥员永远都要面对的问题。那么 UAV+UGV 和 UGV L UAV/LM 组成的空地一体机动无人防御体系应该是这些问题的解决方案之一。

空地一体机动无人防御体系的主要任务目标包括：

1）大幅降低防御方人员和装备的损失：用技术替代结束阻击战的“绞肉机”模式。

2）大幅降低防御方人员和装备的消耗：用技术替代缓解永恒的兵力不足困扰。

3）尽量杀伤攻击方人员和迟滞进攻方行动：用技术替代实现信息化非接触作战模式。

中天集团认为，为了实现上述任务目标，空地一体机动无人防御体系应该具备以下四个特征：

1）由 UAV+UGV 和 UGV L UAV/LM 构成，充分发挥空中平台的机动性和信息化优势，为无人车平台提供实时 ISR 和目标指示。

2）快速部署，能够在防御真空地带快速部署若干无人防御系统，填补态势感知空白的同时，建立分级防御体系，阻止敌方的渗透和突破。

3）低成本，无人防御系统要尽可能采用分布式设计，将单个系统的成本降到最低，方便大批量生产和补充，保证敌方在对防御区域密集火力覆盖时，会在后勤和时间上亏本。

4）模块化组合单位，可根据敌方情报，通过调整单位数量和单位组合，快速建立分级防御体系和转换防御重心，来保持非接触作战的信息和火力优势。

只要UAV+UGV和UGV L UAV/LM组成的空地一体机动无人防御体系具备了上述特征，它很可能先于全自主攻击型无人作战体系出现在战场上，并提供一些无法拒绝的战术优势。

（5）要强化防空拦截无人作战体系

俄乌战场上，双方投入的无人机规模已经相当庞大，而俄军对乌克兰发射的大量低成本“飞天小摩托”自杀无人机，更是令乌克兰防不胜防。所谓“防空防空，十防九空”，无论防空反无人机系统采用高炮、导弹、激光、大功率微波还是电子干扰，其机动性和费效比都很难平衡攻击方无人机的机动优势。这与飞机在一战、二战期间的发展史何其相似，区别无非是从有人驾驶飞机变为无人机。二战期间，战争双方都专门开发了针对轰炸机夜袭的截击机或者夜间战斗机，而截击机的存在一直延续至今，这种情况的发生和存续说明，类似功能的装备只是历史刚需的重演。

另外，无论是察打一体无人机、反辐射无人机，还是“飞天小摩托”自杀无人机，它们作为低成本无人机的共同特点都是空中机动能力差，且没有空战态势感知能力，因此与所有防空反无人机系统相比，也许中小型无人截击机才是费效比更高的反制利器。

中天集团认为，UAV+UAV组成的防空拦截无人作战体系应该具备以下特征：

第一，无人截击机要始终严格控制总体成本，拒绝大型化诱惑；

第二，无人截击机应优先考虑火箭助推起飞和短距拦阻着陆回收；

第三，无人截击机需要具备对现有无人机平台的空中机动性优势，并保持一定续航能力；

第四，无人截击机不应寻求远程探测跟踪能力，应主要依赖地面或空中探测系统提供截击导航指引；

第五，无人截击机不应寻求使用空对空导弹攻击的能力，应优先选择机枪、航炮、火箭弹等低成本打击手段。

（6）要大力发展远程压制无人作战体系

尽管近期美制海马斯火箭炮在俄军的电子战压制下已经从俄乌冲突初期的巅峰跌落，但我们必须要对其军事技术发展保持警惕。例如美国海军陆战队的新两栖作战策略，以“远征前进基地行动”（EABO）概念为核心，即派出小规模先遣队，使用反舰/远程精确打击无人系统，在对手的反介入/区域拒止范围内（如第一岛链上的无人岛礁），建立自己的拒止反击区。

图 8-20　美“海军 / 海军陆战队远征舰船遮断系统”（NMESIS）概念

美海军陆战队于 2019 年 5 月宣布，将使用由现役装甲车 JLTV 改装的 ROGUE 无人车发射现役的 NSM 反舰导弹，后来系统改名为“海军 / 海军陆战队远征舰船遮断系统”（NMESIS）。NMESIS 系统设计用于从海岸攻击敌方舰艇支援美国海军控制海面。NSM 反舰导弹射程超过 550 km，JLTV 改装的无人发射车可携带 2 枚 NSM 反舰导弹。美军已经试验使用 C-130 和 LCAC 气垫登陆艇运输 NMESIS 系统在海岛上操作和发射。NMESIS 系统显然就是“远征前进基地行动”（EABO）战略中设想的无人反舰系统。该系统计划在 2023 年投入使用，一旦形成战斗力，将在（EABO）战略中构成对靠近前进基地舰船的严重威胁。

图 8-21　无人海马斯自主多域火箭炮

基于海马斯系统的自主多域火箭炮（AML）是美国陆军正在开发的无人火箭炮系统。有关该系统的能力，基本上可以视为与海马斯火箭炮系统一致。在 2022 年以来的俄乌冲突中，乌克兰已经利用美国军援的海马斯给俄军造成了很大损失和困扰。最典型的一次攻击应该是 2022 年 8 月 9 日对俄罗斯在克里米亚半岛上萨基海军航空兵基地（距离冲突前线超过 225 km）的远程精确打击。据称，俄罗斯在此次袭击中至少损失了 8 ～ 11 架飞机，还造成了人员和建筑物的损失。

有分析指出，袭击使用的武器可能包括：乌克兰的天王星反舰导弹，海马斯射程 300 km 的陆军战术导弹系统（ATACMS）和射程 500 km 尚未正式服役的“精确打击导弹”（PrSM）。其中洛・马公司还在试验阶段的“精确打击导弹”可能是此次袭击的主角，目的是秘密实战化检验系统的远程精确打击能力。

PrSM 设计射程达到 500 km，配备红外和雷达复合导引头，能够以 1 ～ 5 m 的精度打击固定或移动目标，因为袭击中有多个机库被导弹直接命中并摧毁了里面的飞机，理论上乌克兰手里没有如此高精度的远程武器，且多点精确命中绝对不可能靠运气去蒙的。

乌克兰境内也发现了与普通海马斯不同构型的发射车，因此这个分析非常可能找到了事实的真相。即使此次袭击不是 PrSM 所为，但根据洛・马公司开发的进度，PrSM 导弹也很快就会服役。到时候，AML 无人火箭炮系统配上 PrSM 导弹就能够攻击 500 km 距离的陆地和海上目标。那么“远征前进基地行动”（EABO）战略中的远程区域拒止能力将由 AML+PrSM 提供。

再进一步设想，美军开发一套专门接收星链卫星网络信号的移动式基站应该不是什么困难的事情。如果陆战队在第一岛链的无人岛礁上，用气垫登陆艇 + 直升机或者 EPF 运输舰，丢下若干辆 NMESIS 反舰导弹无人车和 AML 无人火箭炮，以及一个星链基站，就可以建立一个控制范围 500 km 的“远征前进基地行动”（EABO）了。这样美军可通过星链基站遥控反舰导弹无人车和无人火箭炮，在空天一体情报网的支持下远程打击和封锁这个岛礁基地附近 500 km 的区域。

另外，美军会聚项目 2020（PC—Project Convergence 2020）首次通过低轨卫星、MQ–1C 无人机和地面传感器联合探测目标，然后为华盛顿州的路易斯堡（Fort Lewis）联合基地提供目标数据，处理后的数据发送给超过 1700 km 以外的亚利桑那州尤马试验场，由那里的榴弹炮 / 自行榴弹炮射击并摧毁目标，整个过程要求在 20 s 以内完成才算成功。美军会聚项目 2021 连接了路易斯堡、尤马试验场、北加州的布拉格堡（Fort

Bragg）和新墨西哥州的白沙导弹试验场，距离超过 3600 km，这相当于美国到太平洋中点的距离（接近珍珠港）。该试验的成功说明，理论上，美军已经能够从东南亚或日本的基地指控第一岛链上的平台发动陆基远程精确打击。

作为对策，中天集团认为，只有采用 UAV L UAV/LM，UAV+UAV 和 USV/UUV L UAV/LM 组成的远程压制无人作战体系，以更高效且低成本的“用魔法应对魔法”和“用魔法打败魔法”方式，才能在战术层面破解远征前进基地行动（EABO）等招数，以免再次陷入与俄军相同的窘境。

“用魔法应对魔法”和“用魔法打败魔法”：以 UAV L UAV/LM，UAV+UAV 和 UAV+USV/UUV 组成的远程压制无人作战体系，前出对第一岛链在敌方远程火箭炮和机动导弹发射车可能部署的无人远程打击基地上空，持续部署我方无人作战体系，实施 ISR、袭扰、诱饵、目标照射指示和直接打击。能消耗则消耗其防空力量，能打击则给予直接攻击。在降低单目标成本、浪费敌方防空火力的同时，以高低搭配的方式在天空编织一张“达摩克利斯之剑”网络，用无人机 / 巡飞弹打“地鼠”。充分发挥无人作战体系的火力和机动性优势，再配合有人作战飞机进行远程指控，即可使用最低资源抵消敌方的封锁行动。

8.8 无人作战体系发展的趋势性结论

通过对最近 5 年来国际军用有人 – 无人协同作战装备技术与产品的观察和分析，以及结合俄乌冲突中无人作战平台的应用情况跟踪和评估，笔者认为，目前无人作战体系仍然是一个模糊的趋势性概念。其中的原因既有各种无人平台高速发展带来的认知困扰，也有陆地和海上无人平台发展相对落后产生的“体系短板”。然而俄乌冲突的现实就摆在眼前，以上前 7 节所列的启示仅仅是中天集团认为无人作战体系应该优先应对的几个问题而已。

总结一下，未来无人作战体系发展的优先方向和模式包括：

· 反伏击：UAV+UGV 空地一体信息屏障无人作战体系；

· 后勤保障：UAV+UAV 和 UGV+UGV 的后勤保障无人作战体系；

· 城市战：UGV L UAV/LM 城市战无人作战体系；

· 机动防御：UAV+UGV 和 UGV L UAV/LM 的空地一体机动无人防御体系；

· 反无人机：UAV+UAV 的防空拦截无人作战体系；

· 远程压制：UAV L UAV/LM，UAV+UAV 和 USV/UUV L UAV/LM 的远程压制无人作战体系。

中天集团推测，在上述 6 个方向的无人作战体系实现技术成熟和体系完备之后，这些无人作战体系理论上应该能够在反伏击、后勤保障、城市战、机动防御、反无人机、远程压制的任务领域内，超过现有有人系统的能力，并且取得不可替代的战场地位。

综上所述，中天集团可以得出的趋势性结论是：在未来战争环境下，无人作战体系是一个拥有无限发展前景的发展方向。而尽快开发、试验和应用先进的无人作战体系是占据未来战争优势的先决条件和物质基础。开发符合未来军队作战能力需要的无人平台和无人作战体系是一个光荣且伟大的使命，中天集团具备完成这一使命的能力和意愿。

第 9 章

未来有人-无人协同作战装备的体系化应用探索

面向未来，随着各种军用有人 - 无人协同作战装备品种的不断开发、功能的不断完备和技术性能的不断提升，以及无人作战装备体系化应用军事理论的建立，跨域协同作战指挥模式和通信、作战要素智能编组等能力的完善，无人作战装备的体系化应用以及智能化的无人作战模式即将到来。

9.1 无人作战体系的技术内涵

现有信息和资料显示，无论是“体系”还是“系统”，英语对应的都是 system，“系统”一词来源于英文 system 的音译，即若干部分相互联系、相互作用形成的具有某些功能的整体。“体系”泛指一定范围内或同类的事物按照一定的秩序和内部联系组合而成的整体，是不同事物组成的系统。

“无人作战体系”是指以无人作战和系统为对象，以无人作战理论为基础，指挥控制系统为纽带，融合多维空间的无人作战单元，通过有效协同实现智能决策、高效指挥、全维防护，形成全天候、全天时和全方位的无人作战能力的总称。

它是在开放式的架构上，以网络通信为中心，构建的具有抗毁伤、低成本、功能分布化与智能化优势的联合作战体系，将使未来战争成为完全意义上的全方位、全天候战争。在信息化条件下，将使作战战场扩展到海、陆、空、天和电磁等多维空间。美军的无人作战整体规划已将加强无人作战、网络作战、电子作战基础设施建设并建立高效多领域协同作战管理模式作为未来的发展重点。

无人作战体系在空间分布上可以分为超高空、高空和中高空三个层级。不论哪个层级，其所设计的作战要素都基本相同。所谓的作战要素是指构成作战的基本要素，是维持作战的必要条件，主要包括了情报信息、指挥控制、兵力与火力打击、全维防护和综合保障等。

作战要素与作战体系之间存在一定的关系。作战体系是指由相互依存、相互作用的各种作战要素、作战单元、作战系统在一定环境下组成的实现特定作战功能的整体。无人作战体系与要素之间具有以下技术特征：

1）无人平台的数量应该至少是 2 个及以上；

2）无人平台之间联系的物理形式应该包括运载和发射 / 释放；

3）无人平台之间联系的空间形式应该包括跨域和同域；

4）无人平台之间的通信指控模式应该是体系运行的关键。

对于单个无人平台来说，针对无人机、无人车和无人艇 / 无人潜航器等作战要素，都要接收操作员通过控制终端发送的任务指令，并按照指令完成任务，是所有无人平台的基本工作模式。而由多个无人平台构成的无人作战体系，要想协调一致地完成操作员给出的任务指令，那么协调无人作战体系行动的通信指控模式，就是该体系任务能力的核心基础。由此，笔者认为，通信指控模式应该是判断是否构成无人作战体系，以及该体系作战能力水平的核心标准。

9.2 无人作战体系可能的作战模式

随着军事技术的发展，无人作战战争已经离我们越来越近了。在作战要素的力量编组上，将不断产生有人系统为主、无人系统协同，无人系统为主、有人系统协同，以及无人系统独立编组的编组形式。在作战运用上，将不断产生无人系统有机融入联合作战体系、无人系统与有人系统协同、无人系统之间自主协同等新的作战样式。

基于现在已经完成或正在研发的无人作战装备的研制进展实际情况，我们可以初步规划出无人作战体系的可能模式。未来无人作战体系的模式可能有以下形式：

（1）以无人机为主的无人作战体系模式

· 同域　空 – 空无人作战体系　UAV L UAV/LM；UAV+UAV

· 跨域　空 – 陆无人作战体系　UAV L UGV；UAV+UGV

· 跨域　空 – 海无人作战体系　UAV L AUV；UAV+USV/UUV

（2）以无人车为主的无人作战体系模式

· 同域　　陆 – 陆无人作战体系　　UGV L UGV；UGV+UGV

· 跨域　　陆 – 空无人作战体系　　UGV L UAV/LM；UGV+UAV

· 跨域　　陆 – 海无人作战体系　　UGV L UUV/AUV

（3）以无人艇 / 潜航器为主的无人作战体系模式

· 同域　　海 – 海无人作战体系　　USV/UUV L（USV）UUV/AUV

USV/UUV/AUV+USV/UUV/AUV

· 跨域　　海 – 空无人作战体系　　USV/UUV L UAV/LM；USV/UUV+UAV

· 跨域　　海 – 陆无人作战体系　　USV/（UUV）+UGV

（4）海 – 陆 – 空全域系统无人作战体系模式

· 全域　　海 – 陆 – 空无人作战体系　　UAV+UGV+USV/UUV/AUV

目前，鉴于海上和陆地无人平台大多尚未成熟的现实，因此我们距离海 – 陆 – 空全域无人作战体系还很远。但海 – 陆 – 空全域无人作战体系在理论上是可行的。全域无人作战体系甚至可以称为全域作战机器人兵团，具体的系统构成和配置，不仅取决于任务要求，更要看系统集成程度和指控能力。

笔者认为，全域无人作战体系本身已经具备很强的任务能力，但是该体系本身的架构已经比较复杂，如果再增加从大到小的“套娃”关系，恐怕会使体系过于臃肿。当然，全域无人作战体系的规模和能力也不是固定不变的，只是在这里没有必要现在就分析推断这些细节。

9.3 无人作战体系可能的任务类型

根据我们对无人作战体系的能力分析，未来无人作战体系可能的任务类型是以不同的作战单元功能为主，再结合不同作战单元的协同所能够完成的任务能力来构建，具体任务类型见下表。包括：ISR、对面打击（对地和对海）、扫雷反潜、通信中继、后勤运输、防空拦截等。

体系类型	可能的组合	可能的任务类型
同域空－空无人作战体系	UAV L UAV/LM	ISR、对面打击
	UAV+UAV	ISR、对面打击、通信中继、后勤运输、防空拦截
跨域空－陆无人作战体系	UAV L UGV	ISR
	UAV+UGV（合并）	ISR、对面打击、通信中继
跨域空－海无人作战体系	UAV L AUV	ISR、扫雷反潜
	UAV+USV/UUV（合并）	ISR、扫雷反潜、通信中继
同域陆－陆无人作战体系	UGV L UGV	ISR、对面打击、通信中继、
	UGV+UGV	ISR、对面打击、后勤运输、防空拦截
跨域陆－空无人作战体系	UGV L UAV/LM	ISR、对面打击、通信中继、防空拦截
	UGV+UAV（合并）	ISR、对面打击、通信中继
跨域陆－海无人作战体系	UGV L UUV/AUV	ISR、扫雷反潜
同域海－海无人作战体系	USV/UUV L（USV）UUV/AUV	ISR、扫雷反潜、通信中继
	USV/UUV/AUV+USV/UUV/AUV	ISR、扫雷反潜、通信中继、后勤运输、防空拦截
跨域海－空无人作战体系	USV/UUV L UAV/LM	ISR、对面打击、扫雷反潜、通信中继、防空拦截
	USV/UUV+UAV（合并）	ISR、扫雷反潜、通信中继
跨域海－陆无人作战体系	USV/（UUV）+UGV	ISR、对面打击、后勤运输
海－陆－空全域无人作战体系	UAV+UGV+USV/UUV/AUV	ISR、对面打击、扫雷反潜、通信中继、后勤运输、防空拦截

9.4 无人作战体系对传统作战模式的挑战

无人作战体系的基础要素包括空中无人平台、地面无人平台和水上无人平台等，虽然无人作战体系目前尚未得到广泛试验和应用，现有无人作战装备与军事单位的对应关系非常模糊，尚处于探索阶段，但无人作战平台的发展又非常迅速，无人作战已经是未来战争发展的必然趋势，已使军事强国在研究和试验投入了大量的资源与经费。美军于 2021 年 4 月开展了侧重无人作战装备的“2021 无人系统综合作战问题”的演习，使其积累了大量经验，也有计划有步骤地在创新发展、系统规划和落实，他们采取了一手抓战略战术理念，谋求思维突破和战法创新；一手抓作战技术装备，谋求科技引领和军备制胜。美国国防部已经把海洋无人力量的发展作为重点方向，确定了三步走的战略：第一步是实现任务单一、体量较小、发展迅速的水面快艇无人化，为整体计划奠定基础；第二步是逐步开展大型舰艇无人化计划，发展综合性强、复杂度高的无人作战系统，为海军注入新动能；第三步是最终实现海军无人体系的最终形成。

无人作战体系的形成会给现有的作战模式带来极大的挑战；会使未来战争成为完全意义上的全方位、全天候战争；会完全突破现有的时空概念，广泛渗透到战争的各个角落，对抗的范围会波及整个领域；不仅可以实施信息攻防战，还能够提升火力打击精度并降低战争伤亡；会使集群协同的智能化作战成为可能，使作战效能更高。

同时无人作战体系也存在极大的风险：因为无人作战的最大特征是采用人工智能自主决策技术，而人工智能对于未来科技是颠覆性的，如果人工智能技术有漏洞或者被滥用，那将产生严重后果，因此还必须要从国际和国家间进行政策立法和标准规范制定来进行制约，否则对人类后患无穷，这些后果已经从一些有关人工智能的科幻影片中得到体现。

在未来战争环境下，无人作战体系是一个拥有无限发展前景的发展方向，尽快开发、试验和应用先进的无人作战体系是占据未来战争优势的先决条件和物质基础，开发符合未来军队作战能力需要的无人作战平台和无人作战体系是一项光荣且伟大的使命，中天集团具备完成这一使命的能力和意愿。

9.5 无人作战体系的建立任重道远且存在风险

尽管我们已经在前面论述了无人作战体系的趋势和必要性，但现实是无人作战体系的发展仍然面临重重困难。正如前文所论述的，建立真正的无人作战体系需要按照无人作战体系所具有的要素系统化地规划和逐步建立、试验和应用固化。由于无人作战模式是现代战争的新模式，各类无人作战装备的技术还在验证攻关，装备品种有限，功能还在完善中，协同应用技术还未突破，无人作战理论还是空白，体系建立条件还不具备，尤其是涉及智能化的自主决策技术和通信指挥技术等制约性关键技术还未达到作战使用标准。

就拿通信指挥技术来说，无人作战体系必须具备部分或者完整的“理想通信指控模式”的能力基础才具有实战化应用的基本条件，即通信指控模式应该全部实现体系内数据融合、自主协同行动、对外自由数据互动这三个能力，否则无法发挥效能。仅实现初级或中级通信指控模式的无人作战体系的适应性距离有人与无人系统协同还有很大差距，这将使其任务效率和作战能力受到很大限制，因此它们只能是一种过渡的临时性选择。只有具备理想通信指控模式的无人作战体系，保证各平台系统的互联互通及时性，才能在复杂多变的环境下充分发挥各平台系统的性能，灵活高效地完成各种严苛的任务。同时，这种理想的通信指挥模式还必须以准确的敌我识别技术和通信的安全可靠保证技术作为前提，否则，容易被敌方侵入、干扰和诱骗等，从而造成毁灭性损失。而这两项基础技术在无人作战体系建设中正处于起步阶段，技术还未完全成熟，体系化的规划、研发和应用还有很长的路要走。

要实现理想通信指控模式的前提是，同域 / 跨域平台间的通信指控系统必须高度集成且数据融合 / 兼容。也就是说无人作战体系内的所有无人平台都必须对彼此高度开放且相互兼容，而目前这只有在海 – 陆 – 空平台都隶属于一家公司或开发实体时才有可能实现。但世界上掌握如此全面资源的公司或开发实体可谓凤毛麟角，这也是制约无人作战体系普遍、快速建立与应用的最大障碍，即缺乏统一的标准化制定，不同公司研发的产品在同一个体系内信息无法互通与协同工作，这个体系就没有用处。因此，现代化的无人作战体系还必须经过很长时间的努力才能实现。

另外，由于人工智能技术本身存在着潜在风险，客观上也会在无人作战体系上表现出来，因为无人作战体系是信息化条件下的体系对抗，是以人工智能技术作为基础的，尤其是人工智能技术风险中的控制和权力风险危害最大，人们可能会失去对人工智能系统的控制和权力，导致产生不可预知的影响。因为人工智能化的体系对抗也就决定了战争的开启和不同类型兵器武器的使用也会由人工智能来决定，当这种决定过程没有明确的判定阈值和准则，人又不在回路可以及时协调决策或终止时就会造成无条件开火，最为严重时直接开启“核按钮”进入核战争，将人类推向毁灭的边沿。

因此，我们说无人作战体系的发展同样存在很大风险，这种风险必须进行事先管控和约束，必须采取有效措施进行控制，这种控制必须是体系性的和国际间的。结合上述分析，笔者认为可以通过以下几方面来完善措施和规避风险。

1）进行国际合作：探讨和制约各个国家的无人作战体系规则，约束毁灭人类的行为事项；

2）完善国家的管理制度：进行全过程生命周期的跟踪审查，防止技术与产品损害社会公共利益；

3）加强伦理审查：建立内部审查制度，进行引发伦理风险的过程审查；

4）建立行业自律：在领域内机构企业实行自我约束，防止危害公共利益。

基于这些问题的存在，通过全面分析中天集团的技术与产品能力现状，笔者认为，中天集团的优势之一正是研发和掌握了大量无人平台装备，这些平台在集团内可以实现各个不同系统之间的兼容和标准化，并且有能力继续开发和整合更多无人平台资源。同时，也可以在此基础上，针对未来的发展需要，从理论与标准上进行研究和规划，制定行业规范与各类标准，引领无人作战装备技术的发展和无人作战体系的建立。最终以这些优势和资源促使中天集团能够保持长期可持续发展。

第10章

军用有人-无人协同作战装备技术发展态势观察分析

通过对前几章内容的介绍，我们首次以有人 - 无人协同作战装备产品的技术构成、功能用途和操作使用三者相结合的方式来准确定义和解释了有关军用有人 - 无人协同作战领域内的无人载具、无人作战装备、无人作战平台、无人作战系统和无人作战体系的技术内涵，并对它们之间的关系进行了阐述。首次体系化地进行了对空领域军用无人驾驶飞行器、对陆领域军用陆地机器人、对海领域无人作战平台、有人 - 无人协同作战系统与技术、军用反无人作战系统装备技术与产品和无人作战系统的智能控制与人机协同技术的现状和技术分析，客观真实地再现了各国不同的有人 - 无人协同作战装备需求概念的形成、产品研发与试验到装备应用和技术迭代的过程与模式，为全面掌握国际先进技术、研发模式与验证程序、形成和建立无人作战理论体系奠定了基础。同时，结合俄乌冲突进行了有人 - 无人协同作战装备应用战例的反思与启示分析，并对未来有人 - 无人协同作战装备的体系化应用进行了探索。通过从理论到实际的系统化认识，我们明显地感觉到，军用有人 - 无人协同作战装备存在着核心技术问题的攻关以及实战化应用中的共性基础问题仍然是未来装备研发部门和军事应用单位双方应该共同直面解决的首要问题，解决好这些问题将会极大地促进我国军用有人 - 无人协同作战装备技术的发展和产品研制以及军事化应用，对加速实现中国式现代化具有十分重要的意义。

下面就涉及一些关键要素的核心共性问题进行分析。

10.1 有人 - 无人协同作战装备综合应用、防护与攻防对抗技术分析

无人作战体系庞大，涉及要素众多，各要素发展基础差异较大，发展水平参差不齐，其原因是多方面的，但它们都处在不断地验证、改进和迭代过程中，都未进行过大规模正式的实战化作战应用。

10.1.1 无人机装备在战争中的战损数据库分析

无人机装备的军事应用近年来急剧增加。大量类型和尺寸各异的军用无人机装备广泛用于各种作战任务，包括采用各种传感器执行侦察、情报搜集和目标指示任务，以及挂载武器用于执行攻击任务，或者将无人机作为巡飞弹执行“自杀”任务。

2019 年，在巴格达坠毁的通用原子公司 MQ-1C 无人机是被俘获的。通常情况下发动攻击的一方会对无人机攻击之事秘而不宣，只有在被敌方火力击落或者因技术原因坠毁时，无人机的行动才会暴露，而且必须调查无人机的残骸才能找出其来源和原因。

图 10-1　被俘获的通用原子公司 MQ-1C 无人机

军用无人机通常按照不同系统的任务能力分为几个等级。过去 10 年（2010—2020 年）无人机坠毁记录的分析结果显示了无人机的成熟过程和大型无人机在交战区域，尤其是中东地区被广泛使用的有趣趋势。记录显示，坠毁最多的无人机属于二类（战术类）、三类（中等高度长航时）和四类（高空长航时）无人机。

一项对 2010 年以来 462 次坠毁事件的研究结果可能对无人机发展产生重大影响，此项研究跟踪了大中型无人机坠毁的原因。下图显示了前 5 年（2010—2014 年）中，技术原因导致了大约 70% 的损失，170 架无人机由于已知原因坠毁。这些原因包括通信故障、机械故障、失去动力和飞行员操作失误。

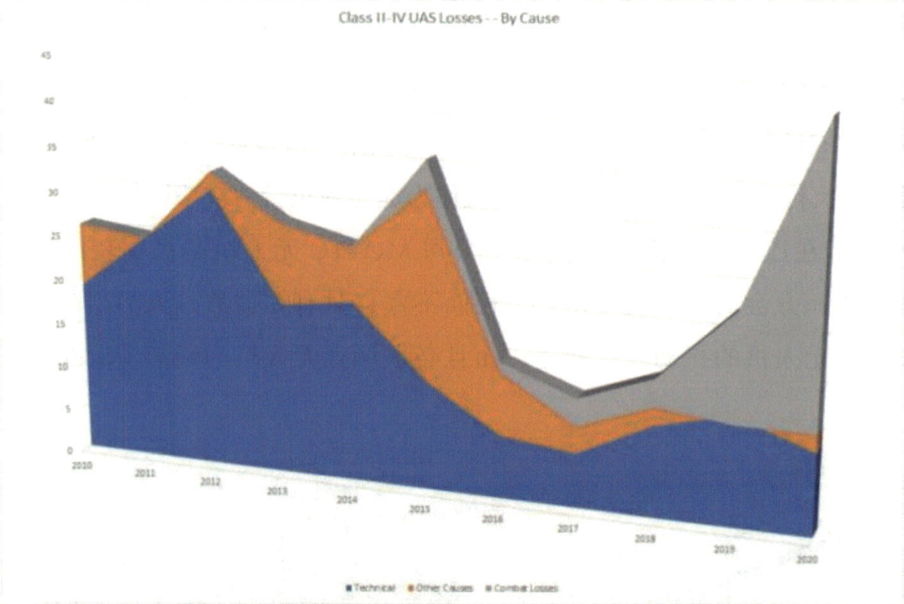

图 10-2　二、三和四类无人机的损失数据（2010—2020 年）

蓝色：技术原因，橙色：其他原因，灰色：作战损失

下图显示了发生坠毁的多数常见条件和原因，其中 56% 的事故发生在飞行中，主要原因包括：12% 为断电和电子故障，12% 为机械故障，9% 为通信中断。40% 的损失发生在任务开始或结束时，其中与起飞时坠毁的事故相比，着陆事故造成的损失是其他事故的两倍还多。

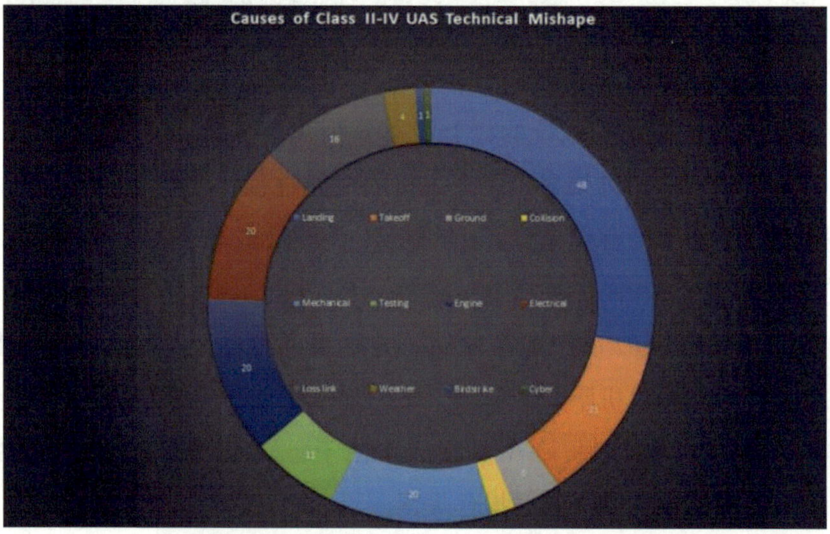

图 10-3　无人机发生坠毁的多数常见条件和原因

2010—2020 年造成损失的已知技术原因包括：着陆、起飞、地面、相撞、机械、试验、发动机、电气、通信、天气、撞鸟和网络 / 黑客。

过去 10 年间，无人机的可靠性似乎随着系统和操作员的熟练程度不断提高。尽管在 2019—2020 年二、三、四类无人机的损失数量陡增，但大部分损失都发生在作战任务期间，而因技术故障造成的损失却大量减少。

近年来，大部分非战斗损失都发生在飞行试验期间。这些无人机的损失发生在世界各地，尤其是在美国、中亚、叙利亚、伊拉克、也门、中非和北非。导致大部分损失的原因是技术故障，但也有一部分可能是作战损耗。通用原子公司的 MQ-1B 捕食者无人机是损失率最大的平台，这直接导致其在 10 年中的后 5 年里被鲁棒性更好的 MQ-1C 和 MQ-9 无人机代替。MQ-1B 捕食者的高损失率可能的原因归咎于当时无人机技术开发的早期阶段和美国空军追求用遥控而非自主飞行的作战概念。这 10 年间，在阿富汗和澳大利亚操作的 2 架以及在德国操作的 3 架以色列航空工业的苍鹭无人机坠毁。这些事故的教训促使制造商和操作者使用鲁棒性更高的自动起降系统，并提升了现代无人机的自主能力。

在这 10 年间，同样大量开发和部署大型无人机的国家还有土耳其、英国、印度、阿联酋、巴基斯坦和以色列。而通过这些国家的无人机操作，每个国家的空军都损失了超过 10 架无人机。近年来，伊朗和沙特也大量部署大型无人机，在也门、伊朗和叙利亚的无人机作战损失不断增加也反映了这个事实。

无人机损失数量第 2 名是土耳其，其纪录是 31 架，包括 Anka-S，Bayraktar TB2 和苍鹭 -1 无人机。土耳其航空工业开发的安卡和 Baykar Defense 公司开发的 Bayraktar TB2 无人机都在研发阶段遭受过损失。不过从 2019 年年末记录的大部分无人机坠毁都属于作战损失。其中，Anka-S 无人机在叙利亚，Bayraktar TB2 战术无人机在叙利亚和利比亚进行操作。在这些战场上，无人机遭遇了强大先进的防空系统并受到了严重损失，以至于人们设想 Bayraktar TB2 战术无人机被用作“可消耗无人机”，而不是标准的战术无人机。美国空军正在通过“妖精”无人机项目推进可消耗无人机的概念。

图 10-4　在利比亚坠毁的 Bayraktar TB2 无人机

2019 年，土耳其在利比亚损失了超过 20 架无人机，阿联酋也在利比亚损失了大量无人机，尤其是成飞的翼龙无人机。2019 年，阿联酋在利比亚损失了 8 架中国制造的无人机。翼龙无人机与捕食者无人机和苍鹭无人机尺寸相似。阿联酋还在也门损失了一架通用原子公司的捕食者 XP 无人机。

印度是亚洲最多的无人机系统使用者之一，其使用的大型战术无人机包括印度国防研发组织局（DRDO）制造的 Nishant 无人机和以色列航空工业的苍鹭 1 无人机。印度的无人机机队在过去 10 年中损失了 14 架无人机。其中 7 架是苍鹭 1 无人机，大部分损失发生在任务期间。这使得 10 年间全球坠毁的苍鹭型无人机总数达到 15 架。印度计划开发中等高度长航时无人机 Rustum-2，但在 2019 年原型机坠毁后遇到挫折。2010 年以来，印度在作战和训练中损失了 7 架苍鹭型无人机。

考虑到以色列空军的大量无人机应用，以色列也名列无人机坠毁榜单高位。过去 10 年间，以色列使用了至少 3 个型号的三类无人机：以色列航空工业的苍鹭 1，苍鹭 TP 和埃尔比特系统公司的 HERMES 900 无人机。在此期间，以色列空军使用无人机系统执行任务的次数急剧增加。当然，一部分无人机的损失发生在中东地区，但事故发生的原因并不常见。截止到 2012 年，随着苍鹭 TP 无人机的开发，有 1 架原型机在试飞期间失事。据消息称，此次事故由技术原因导致。另一次失事发生在 2013 年，因为 1 架以色列航空工业的苍鹭无人机在发动机故障后故意坠毁在地中海，而决定让它坠毁的原因是担心无人机会失控并可能坠毁在人口稠密地区。3 年后，又有 1 架苍鹭无人机发生故障，但坠毁时撞上了以色列北部的一栋房屋，导致 7 人受伤。还有一次事故涉及埃尔比特系统公司开发的最新无人机 Starliner，该机在试飞过程中坠毁于以色列南部。Starliner 设计用于满足民用航空适航标准，这是一个尚未有任何一家无人机制造商实现的野心勃勃的目标。此次事故飞行是适航取证的一部分，目的是检验无人机在飞行包线边缘的特性。

一项军用无人机坠毁统计数据的评估显示，过去 10 年间，军用无人机的应用剧增，无人机坠毁的数量也大大增加，数据显示绝大部分无人机飞行都很平顺，坠毁的比率已经稳定下降，而且大部分坠毁事故没有造成人员伤亡。军用无人机将继续在未来的冲突中起到重要作用。虽然无人机技术还在持续进步，但在统计数据上，尽管无人机的坠毁事件仍然会发生，生命却未遭受损失。

以上分析中涉及的无人机型号包括了：MQ-1B 捕食者无人机，MQ-1C 无人机，MQ-9 无人机，Anka-S、Bayraktar TB2 和苍鹭 -1 无人机，Bayraktar TB2 中等高度长航时（MALE）战术无人机系统，“妖精”无人机项目，捕食者 XP 无人机，印度国防研发组织局制造的 Nishant 无人机，Rustum-2 无人机，以及埃尔比特系统公司的 HERMES 900 无人机。

10.1.2 美国建设陆军新电子战部队用于未来多域作战

美国陆军正在努力发展新型电子战能力，以期能够重建冷战后丧失的能力。美国陆军不仅关注新型系统，也在全陆军建设新部队，这些新部队要操作新装备的电子战系统。

作为被美国陆军称为“新型作战力量设计更新”或者“作战部队再设计”的一部分，每个旅级战斗队都将配备一个电子战排和一个独立的信号情报 / 网络支援组。这两个单位都将使用即将到来的旅级战斗队陆地分层系统（TLS-BCT—Terrestrial Layer System Brigade Combat Team），这是美国陆军首个集成式电子战、信号情报和网络平台。该系统将安装在斯特瑞克装甲车上。

图 10-5　单兵携带的“点之战”装备

现在有洛·马公司和 Digital Receiver Technology 公司正在为美国陆军制造原型机，最终由美国陆军选择一种继续推进。美国陆军缺乏与战斗旅内部各级有机结合的电子攻击资产。陆军搞两个原型机开发的双重目的是获得在欧洲 / 太平洋部队的作战能力和降低陆地分层系统的研发风险。

该系统包括电子支援和电子攻击平台，即安装在斯特瑞克装甲车上的战术电子战系统（TEWS—Tactical Electronic Warfare System）和仅用于电子支援的平台，安装在 Flyer72 轻型突击车上的轻型战术电子战系统（TEWL—Tactical Electronic Warfare Light）。在此期间，有些部队建立了使用这些原型系统的专门单位，其中一个就是第 1

装甲师第 3 旅战斗队，该部队接收了战术电子战系统，并将其称为“幽灵”排。该作战排是军事情报连下属的按任务编组的信号情报 / 电子战单位，专门用于整合例如战术电子战系统和“先知”系统，“先知”系统是一型排级训练和作战使用的信号情报系统。此项工作有助于推广未来多域作战的概念。

第 1 装甲师第 3 旅战斗队就将其所有 17 类网络和电子战人员合并进入一个信号情报 / 电子战排，从而保证充分整合互补能力。部署在欧洲的一些部队也实施了类似的安排。旅级战斗队陆地分层系统（TLS–BCT）的交付日期尚未确定，但美国陆军的电子战排组建工作会在该系统交付之前完成。此外大多数陆军部队都将在 2022 财年结束之前用于各自的网络 / 电磁作战（CEMA—Cyber and Electromagnetic Activities）部门，该部门由部队现有网络 / 电子战人员组成，并为其部队指挥官提供计划和管理服务。预计旅级战斗队陆地分层系统也将在相同时间交付第一支部队，即第 4 步兵师第 1 斯特瑞克旅级战斗队，而大多数部队将持续接收陆地分层系统直至 2027 财年。

美国陆军计划在全部现有师级和军级单位建立电子战连，这些电子战连将是旅级以上陆地分层系统（TLS–EAB—TLS–Echelons Above Brigade）的主要使用者。过去 20 年间的治安战中，旅级战斗队一直是美国陆军的主要机动力量，而面对更加强大的对手，将迫使美国陆军在更远的距离上作战，也需要更高级单位的能力。美国陆军的高官已经指出，与此类对手作战将从军级开始，并集中于摧毁高优先级系统以便为下级部队建立作战基础，因为师级和旅级单位设计用于机动到敌人后方实施更近距离的战斗。

另外，美国陆军将装备的首个机载电子战干扰吊舱将安装在 MQ–1C“灰鹰”无人机上，该吊舱被称为空中大型多功能电子战系统（MFEW–AL—Multi–Function Electronic Warfare Air Large），该系统的交付和装备将不会影响部队的架构。配备陆军航空兵的部队，如师级航空作战旅，将负责接收空中大型多功能电子战系统，并通过其所属的网络 / 电磁作战部门和电子战排来计划和执行空中的网络 / 电子战行动。

电子战能力：电子战是现代信息化战争激烈博弈的首要领域之一，基本定义是采用电磁频谱或定向能来控制电磁频谱，攻击或阻止敌方通过电磁频谱攻击的所有作战行动。

传统上电子战主要分 3 个方面：电子侦察、电子干扰和电子防御，但是随着互联网和信息化战争的发展，电子战的范围和作战方式已经极大扩展，远远超出了上述 3 个领域，扩展到几乎与太空战、导航定位、网络安全、信号情报以及 ISR 等所有军用侦察 \ 监视 \ 通信 \ 情报领域都交叉的程度。

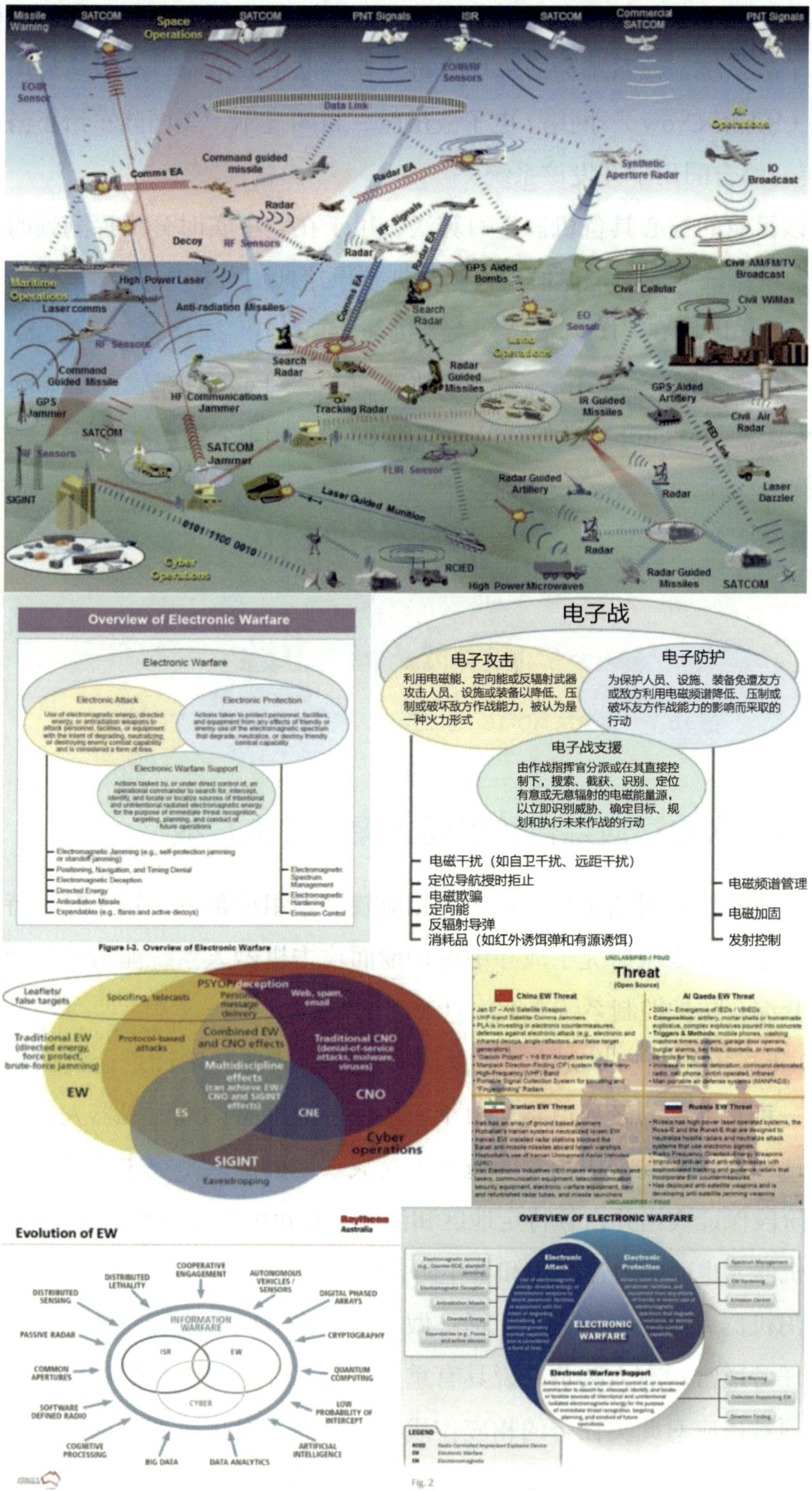
Overview of Electronic Warfare
电子战
电子攻击
利用电磁能、定向能或反辐射武器攻击人员、设施或装备以降低、压制或破坏敌方作战能力，被认为是一种火力形式
电子防护
为保护人员、设施、装备免遭友方或敌方利用电磁频谱降低、压制或破坏友方作战能力的影响而采取的行动
电子战支援
由作战指挥官分派或在其直接控制下，搜索、截获、识别、定位有意或无意辐射的电磁能量源，以立即识别威胁、确定目标、规划和执行未来作战的行动
电磁干扰（如自卫干扰、远距干扰）
定位导航授时拒止
电磁欺骗
定向能
反辐射导弹
消耗品（如红外诱饵弹和有源诱饵）
电磁频谱管理
电磁加固
发射控制
Figure I-3. Overview of Electronic Warfare
Threat
Evolution of EW
OVERVIEW OF ELECTRONIC WARFARE

图 10-6　电子战概念

首个机载电子战干扰吊舱将安装在 MQ-1C “灰鹰” 无人机上，该吊舱称为空中大型多功能电子战系统，该系统为洛·马公司开发的电子战吊舱，洛·马公司称该系统为“沉默乌鸦（Silent Crow）”网络/电子战吊舱，新闻显示，美国陆军给了洛·马公司一个 7500 万美元的合同用于开发该系统。

据称，该吊舱的核心具备机器学习算法，用于在空中实时分析探测到的信号和计算有效的电子对抗手段，而不是返航后再将数据提供给地面分析人员。

通用原子公司的 MQ-1C “灰鹰” 无人机是 MQ-1B “捕食者” 的改型，基本指标：长 8.53 m，翼展 17 m，高 2.1m，最大起飞重量 1633 kg，内部载荷 261 kg，外部载荷 227 kg，最大速度 309 km/h，续航 25 h，升限 8839 m，4 个挂点。

图 10-7　安装在 MQ-1C “灰鹰” 无人机上的机载电子战干扰吊舱

10.1.3　机器人自适应综合防护问题需要解决方案

机器人系统的使用对陆军来说是一个相对较新的组成部分，这引起了特别的关注。两名俄罗斯军事技术专家研究了战斗中保护地面攻击机器人系统能力的问题。他们建议通过建立一套综合防护控制系统来解决这一问题。

过去 20 年战争和武装冲突的经验及潜在对手的武器开发计划让我们相信，机器人系统会提供一种有希望的发展道路。由于中东地区的冲突，地面机器人显得特别重要，因为那里的地面部队要在空中力量的掩护下交战。地面部队是突击力量，他们要在军事行动的最后阶段保证攻击并占领特定地区和位置，因此也要遭受来自敌方的大多数打击。因此，地面机器人也面临着被攻击和自主防护的问题。

地面军用机器人要执行的任务包括：做主要攻击方向的先锋、要点防御和攻击城市区域。此类任务通常对有人装备来说具有重大风险，并且可能导致敏感的人员损失。军用机器人必须具备应对此类任务的相应作战能力。而对军用机器人的防护也是一个重要且困难的任务。尽管现代战争中损失仍不可避免，但损失应该保持在限制范围内，以便确保行动胜利。

对于有人装备来说，应对传统武器的防护意味着反击敌方武器的能力和继续战斗的能力。对此有 3 组方法和手段：主动反击敌方反坦克武器（主战武器、附加武器和辅助武器）、降低被击杀概率（伪装、尺寸、在战场上机动、反应装甲、电子和光学干扰等）和降低击穿可能性（装甲、反应装甲、灭火装置等）。军用机器人防护理论的使用显示了理论、实践和方法论方面的问题。攻击机器人必须在敌方使用大量反坦克武器攻击时代替士兵去执行高风险任务，而且机器人还会遭遇电磁场和各种信息武器的影响。因此有必要分析这些武器及其对机器人系统设计的影响，来形成综合防护的理论基础。

机器人采用大量具备现代先进微电子技术的电子装置。这使得机器人很容易受到辐射和电磁发射的影响。由于缺乏针对武器和运动的备用人工控制，机器人使用风险非常高。电磁武器会对机器人产生以下影响：对电子电路的影响、对车载信息控制系统的影响、对导航部件的影响都能暂时或最终干扰机器人的行动；通过在元器件层面改变装备的电子物理特性来摧毁各种电子设备；突然增加传递信息的总量来干扰遥控操作；发动电子战来干扰无线电、光学、电子、信息和指挥信道。

由于信息引导的重要性，机器人的通信系统必须确保可靠的工作。通常，信息或网络攻击都基于对软件而不是硬件的改变。针对机器人系统的特种信息攻击有几种类型，包括：抢先将某种内容植入软件，该内容会独立激活并摧毁应用软件。故障可能被伪装为正常的设备故障；通过病毒感染摧毁数据库和应用软件；通过入侵机器人和遥控系统之间的通信链路来输入假信息，拦截信息和制造自毁等指控指令。

电磁和信息冲击的特点是对地面机器人造成未知程度的破坏。机器人会逐渐丧失功能，这将使得电磁和信息冲击的影响很难被发现。最危险的情况是机器人的控制权被敌方掌握。这在很多国家都是一条重要的准则，即控制对手的武器可能改变力量的平衡。与有人装备相比，机器人本身是具有作战特性的先进军用系统，而这一点对机器人在战斗中的防护造成了负面影响。

第一，在周围环境中探测发现武器取决于侦察与伪装的对抗。机动式遥控器和机器人之间的持续无线电通信会增加被探测发现的概率，因为大量传输的信息和发射机的能力会极大地简化敌方的工作。通常机器人会使用一堆主动探测器，如激光测距仪、激光雷达、雷达等等，这些传感器在各种电磁波段发出辐射并将目标暴露在敌方的侦察视野中。

第二，有人车辆的防护取决于车组乘员有效使用武器，车组乘员可以充分利用地形、使用反制手段和主动机动等战术动作，但机器人没有此类防护能力。俄罗斯天王星 -9 机器人系统为运动控制系统提供了一个示例。该系统通过 1 名操作员控制 4 台机器人行动，因此无法完全使用机动性作为防护手段。

对于有人装备存在清晰的任务和积累的统计数据，这些都为主战车辆（坦克、装甲运兵车、步战车等）提供了防护需求。但机器人作战没有统计数据。机器人能够作战的战术环境是通过仿真建模分析的。这种分析的结果没有真凭实据，因此推断作战机器人某些部件的强度要求很低。于是一些关键部件经常不具备防弹能力（如外部监视传感器、导弹弹筒），而配备相同武器的有人装备则装有更可靠的装甲。

结论是机器人的综合防护应该考虑电磁冲击、可用的信息武器（考虑机器人控制的因素的条件下）以及军用机器人先进的功能性结构。机器人防护的主要原则是在敌方冲击下，积极控制所有保持或恢复作战能力的元器件和系统。建议配备主动指令系统的综合防护就是基于这个原则。如果综合防护能通过分析对目标和真实世界场景获得的信息来做出谨慎的结论，那么综合防护就能够有效工作。但这项工作不可能在没有现代人工智能技术、机器视觉、机器学习和各学科协同的条件下实现。指令系统选择何种动作的依据是指定的目标和当前的态势，然后预测动作的结果，最后发出执行指令。

综合防护需要人工智能执行算法运算。第一，这将帮助分析获得的信息，确定威胁的参数，并通过防护系统传输执行决策；第二，分析动作的结果并通过若干种方法完成任务（保留结果，将结果发送到相关计算机，使用其他算法）；第三，在过程中学习；第四，在群组中以达成一致的方式行动（可能通过分布式信息处理中心的方式联合群组）。仿生系统的理论认为，防护控制系统将采用相同的自适应原则，即活体生物发动攻击来确保安全的原则。

综上所述，只有人工智能技术才能提高机器人的自适应、自主学习和基于不完整信息进行决策的能力，研究高科技机器人的防护问题会促进先进技术系统（如武器系统）在通用防护理论方面的关键科学问题的解决，这有助于国家军工企业的发展，具有重大的国防价值。

俄罗斯天王星（Uran）-9 机器人系统如下图，这是俄罗斯 JSC 766 UPTK 公司的机器人产品，该公司是一家专门设计制造军用机器人系统的制造商。该公司的主要产品包括天王星 -6 扫雷机器人、天王星 -14 消防机器人和天王星 -9 战斗多用途机器人。

图 10-8　俄罗斯天王星 -9 机器人系统

天王星 –9 基本指标：重量 10 t，尺寸 5.12 m × 2.53 m × 2.5 m，公路最大速度 35 km/h，越野速度 10 ～ 25 km/h。天王星 –9 的炮塔配备一门 30 mm 2A72 机炮，一挺 7.62 mm PKT/PKTM 同轴机枪，另外炮塔上可配备 4 枚射程 6 km 的 9M120–1 反坦克导弹，6 枚 93 mm 火箭助推燃烧弹，以及 4 枚便携式防空导弹。天王星 –9 机器人由 1 辆战术卡车上的指控方舱控制，控制距离 3 km。

10.1.4　陆地无人作战装备的军事应用必须采用军地联合方式进行探索

法国军方和以法国 Nexter 公司为主的防务制造商，围绕多型无人作战装备开展了军事演练和行业展示活动，不断探索陆地无人作战装备的军事应用。世界“四大军校”之一的法国圣西尔军校组织了一场演习，由圣西尔军校附近法国联合军事学院（EMIA）的军校生使用多种机器人无人车（参演装备 Spot，Optio–X20，Ultro–600，Barakuda 和 Nerva LG），来评估不同攻防场景中陆地无人作战装备对军事行动的作用。

在法国的首个“空中 – 陆地机器人日”，法国陆军通过法国国防工业协会（GICAT）邀请 Nexter 公司等防务制造商参与此次活动。法国陆军在活动期间向业界展示了他们的“2035—2040 年机器人技术战略愿景—— Vulcan 计划”，防务制造商则向军方展示了无人作战装备的解决方案、产品和技术能力（包括 Optio–X20，Z–Trooper，Ultro–600，Nerva LG，IXOS XX 和 XOS LG）无人机，以及欧洲集成模块化无人地面系统项目。

图 10-9 参加演习的 Spot 四足机器人

现在 Spot 四足机器人已经成为一个开源开发平台（据称，单价 7.5 万美元）。Spot 机器人的基本指标：尺寸 1.1 m × 0.5 m × 0.84 m，净重 32.5 kg，最大速度 1.6 m/s，最大坡度 ±30°，最大垂直越障 0.3 m，续航 1.5 ～ 3 h，电池重量 4.2 kg，最大载荷 14 kg，通信 Wi-Fi 2.4 GHz b/g/n 或千兆以太网。

法国军方未公布 Spot 机器人在演习中的作用和试验结果。但根据照片显示，演习期间 Spot 机器人只安装了 1 个类似 Gopro 的摄像头，而且始终在士兵附近，并未执行隐蔽侦察之类的任务。法军可能仅仅把它用作一个随行摄像师。

Optio 多功能战术机器人是 Nexter 公司以爱沙尼亚 Milrem Robotics 公司的 THeMIS 无人车为基础，装配防护装甲、激光雷达和通信系统的改装产品。Optio-X20 多功能战术机器人进一步加装了 Nexter 公司的 ARX20 遥控武器站。

图 10-10 Optio-X20 多功能战术机器人的武装型

ARX20 遥控武器站配备 1 门 20 mm 机炮和 1 挺 7.62 mm 机枪，全系统重量 270 kg，20 mm × 102 mm 炮弹可有效应对 2000 m 距离上的轻装甲目标。与 Optio-X20 的早期型号相比，参加演习的型号不仅安装了几乎覆盖全车的“装甲”板，而且将 ARX20 遥控武器站抬高，使之具备更好的视野。武器站顶部还安装了一套赛利斯公司的 Antares 激光告警和态势感知系统。Antares 系统重量小于 20 kg，一般安装在军用车辆的顶部，用于在被激光测距仪或指示器照射时提供 360° 激光告警，其内部还有 550 万像素传感器，配合畸变控制鱼眼镜头，可提供每秒 25 帧的昼夜视频，对人员探测距离 150 m、装甲车 500 m、无人机 250 m。

图 10-11　Ultro-600 运输无人车原型机

Ultro–600 无人车采用电力驱动 4 × 4 的底盘设计，车体正面中央安装了光电 / 红外摄像机，正面两侧各有 1 套 3D 摄像机用于感知障碍物和跟随操作；车体侧面有 2 套摄像机；车尾有 1 套微光摄像机；还可根据需要配备升降式传感器平台。Ultro–600 无人车重量 800 kg，载荷 600 kg，尺寸 1.97 m × 1.3 m × 1.18 m，平均续航时间 8 ～ 12 h，自主运动最大速度 18 km/h，纵坡坡度 40°，侧坡坡度 35°，越障 0.4 m，越壕 0.6 m。目前该无人车的操作模式有遥控、跟随（人 / 车）、沿路线返回和路线循环。

Z–trooper 是 Nexter 公司在 2021 阿布扎比国际防务展上最新推出的半自主机器人，设计用于搬运后勤物资，展会上的型号设计为 155 mm 榴弹炮的炮弹运输车。据称，该机器人自重 300 kg，最大载荷 300 kg，最大速度可达 35 km/h，纵坡坡度 40°，涉水深度 20 cm，工作温度 –20 ～ 55 ℃，半自主操作模式包括航路点导航、路线记录和路线循环以及人员跟随。

Barakuda 无人车是法国 Shark Robotics 公司开发的模块化多功能无人车。该无人车基本指标：尺寸 1.6 m × 1.2 m × 0.95 m，重量 500 kg，载荷 550 kg，最大速度 20 km/h，越障 0.3 m，纵坡 40°，侧坡 35°，自主操作续航 8 h，防护 IP67，通视控制距离 500 m。

演习照片显示，法军使用配备防弹盾的 Barakuda 无人车为士兵提供突击防护，还用该无人车运输给养和伤员。

Nerva LG 机器人是 Nexter 旗下 Nexter Robotics 公司在 2012 年推出的 Nerva 系列机器人产品之一。Nerva LG 机器人可通过更换模块化部件实现侦察、侦听、排爆和核生化探测等多种功能，还包括可更换的功能轮组、电池组，以及履带模块。Nerva LG 机器人基本指标：尺寸 350 mm × 310 mm × 150 mm，重量 5 kg，速度 15 km/h，续航 2 h，具备一定抗震动冲击能力可抛投，配备 4 台摄像机，控制距离 300 ～ 1000 m。演习照片显示，法军主要使用 Nerva LG 机器人配合士兵执行侦察任务，另外可能还试验了 Nerva LG 机器人与 Optio-X20 作战机器人的联合行动。不过照片中二者距离太近，不能确定是摆拍还是各自负责侦察不同的区域。

IXOS XX 和 XOS LG 无人机是 Nexter 公司开发的两型无人机原型机，它们与勒克莱尔主战坦克在 2019 阿布扎比国际防务展上首次亮相。IXOS XX 是四旋翼系留无人机，起飞重量 8 kg，载荷 2 kg，飞行高度 100 m，无载荷尺寸 700 mm × 700 mm × 160 mm，巡航速度 10 km/h，可抗 45 km/h 的风速，光电 / 红外载荷白天可在 3.6 km 上识别车辆、1 km 识别人体，夜间则为 400 m 和 300 m，还具备 5 km 激光测距功能。XOS LG 是可折叠共轴双旋翼自由飞行无人机，体积与 1 L 水瓶大小差不多，续航时间半小时，巡航速度 40 km/h，可抗 45 km/h 的风速，最大起飞重量 2 kg，配备光电传感器载荷和 1 km 的激光测距器。

欧洲集成模块化无人地面系统项目由来自 7 个欧盟成员国的 14 家军工防务企业组成项目联盟，以爱沙尼亚 Milrem Robotics 公司的 THeMIS 无人车为基础，共同开发欧洲标准的具备模块化、可变架构、混动有人 - 无人协同能力的无人车系统。欧洲国家预计未来 10 ～ 15 年将需要数千辆无人车，该项目的成果将成为首选的欧洲军用解决方案。该项目筹集 3260 万欧元资金，将开发欧洲标准的平台、指控通信系统、传感器、载荷和算法。项目计划将在爱沙尼亚进行首次演示。

10.1.5 俄罗斯“柳叶刀”巡飞弹的战场应用效能分析

俄罗斯展开了对乌克兰全境的大规模远程打击，除了军事设施，俄军还特别集中攻击了乌克兰的电力基础设施，目前已经给乌克兰造成了严重的生产生活困难。其间，俄军大量使用从伊朗购买或仿制的“见证者 -136”自杀式无人机打击乌克兰固定目标。

图 10-12 “见证者 -136”自杀式无人机打击乌克兰固定目标

与此同时，俄军在顿巴斯地区的局部进攻中也增加了自制巡飞弹的应用，来精确打击具备机动能力的时敏目标。据消息称，俄罗斯卡拉什尼科夫集团旗下 ZALA Aero 公司的“柳叶刀”系列巡飞弹，近期在战场上非常活跃并取得了一定战果。

俄罗斯 ZALA Aero 公司成立于 2003 年，2015 年被以 AK 枪族闻名的卡拉什尼科夫集团收购。该公司的产品以中小型无人机为主，包括双尾撑固定翼构型、直升机构型、多旋翼构型、垂直起降构型和飞翼构型，其军用产品主要用于执行 ISR 任务。2019 年，该公司不仅在原有产品基础上开发并推出了飞翼构型的 KUB–BLA 巡飞弹，还全新研发了双 × 翼构型的“柳叶刀 –1”和“柳叶刀 –3”系列巡飞弹。据称，俄军 2020 年曾在叙利亚战场上试用过“柳叶刀”系列巡飞弹。

图 10-13 “柳叶刀”系列巡飞弹

KUB-BLA 巡飞弹基本指标：翼展 1.2 m，长 0.95 m，重量 12 kg，载荷 3 kg，速度 80 ～ 130 km/h，续航 30 min，最大航程 40 km。

“柳叶刀 -1”巡飞弹基本指标：重量 5 kg，载荷 1 kg，速度 80 ～ 110 km/h，续航 30 min，最大航程约 40 km。

“柳叶刀 -3”巡飞弹基本指标：翼展 1 m，长 1.65 m，重量 12 kg，载荷 3 ～ 5 kg，速度 80 ～ 110 km/h，续航 40 min，航程 40 km，升限 5000 m。

不过由于“柳叶刀 -1”的战斗部载荷较小，仅能杀伤软目标或对无防护车辆造成伤害，所以战场应用比较有限。而 KUB-BLA 巡飞弹虽然战斗部载荷与“柳叶刀 -3”相同，但飞翼构型的机动能力明显不如双 × 翼构型的“柳叶刀 -3”，这使 KUB-BLA（战斗部 3 kg）相当于迷你版“见证者 -136”（战斗部 40 kg），尽管战场应用也不少，但是打击效果差很多。因此到目前为止，俄军使用巡飞弹取得的多数主要战果，例如击伤乌克兰巡逻艇，摧毁法国援乌凯撒卡车炮和挪威援乌的美制 M109A3GN 自行榴弹炮等，都要归功于“柳叶刀 -3”巡飞弹。

根据西方媒体消息，俄军使用“柳叶刀 -3”巡飞弹的方式是：

1）先放飞长航时侦察无人机，如海鹰 -10 无人机（参考基本指标：重量 15 kg，载荷 6 kg，速度 90 ～ 150 km/h，续航 16 h，控制距离 140 km，最大航程 600 km，升限 5000 m），搜索并定位目标。

2）再放飞“柳叶刀 -3”向目标空域奔袭。

3）“柳叶刀 -3”到达目标空域短暂巡飞，再次定位并确认目标后发起攻击。

通过这种应用方式可以判断，实际上“柳叶刀 -3”被用作“人在回路”的中远程精确制导导弹，来在一定程度上替代严重缺失的近距离空中支援。毕竟自开战以来，俄罗斯空天军的固定翼飞机和陆航的武装直升机都遭受了较大损失，在面对西方援乌的机动式远程重炮压力时，俄军的“无人机 - 巡飞弹接力”战法恐怕也是一种无奈的选择。因为“接力”战法的明显缺陷是巡飞弹速度低，假设距离目标 20 km，到达目标空域需要 10 ～ 15 min，这已经足够自行火炮完成短暂射击撤收跑路了。实际上一旦目标进入机动状态并远离初始位置，“柳叶刀 -3”对其跟踪和打击的效果将大打折扣，甚至会错失目标攻击失败。

另外，西方媒体从“柳叶刀 -3”战果的战场分布和俄军巡飞弹作战单位的部署位置判断，俄军主要在顿涅茨克南部的弗勒达集中使用了巡飞弹。这显示即使是无奈的“接力”战法，俄军也无法在所有主要交战区部署。由此判断，一方面俄罗斯的巡飞弹产能和作战单位数量仍然有限，所以无力扩大应用范围；另一方面，“柳叶刀 -3”的性能和战果总体上差强人意，俄军大规模应用动力不足的可能性也很大。

虽然解决俄军目前窘境的“灵丹妙药”是大型察打一体无人机和远程精确制导弹药，但俄军的“接力”战法也并非完全没有可取之处。笔者认为，如果将此类需求的对象推而广之，其实对于很多无力采购和使用大型察打一体无人机和远程精确制导弹药的国家和军队来说，“侦察无人机 +40 km 巡飞弹 / 导弹的数据链组网 / 编队战法”不失为一种低成本远程精确打击的优化解决方案。毕竟射程 40 km 的榴弹炮可能已经是镇国重器了，只要能以较低成本实现低配空军或陆航的功能就好，根本不用像俄罗斯一样为射程 80 km 的海马斯火箭炮头痛。

10.1.6 巡飞弹 / 无人机 + 微型空地导弹的微小型化协同应用模式

下图为分别在西班牙马德里和希腊雅典举行的国际安防展上亮相的一型微型空地导弹和一型巡飞弹新品。

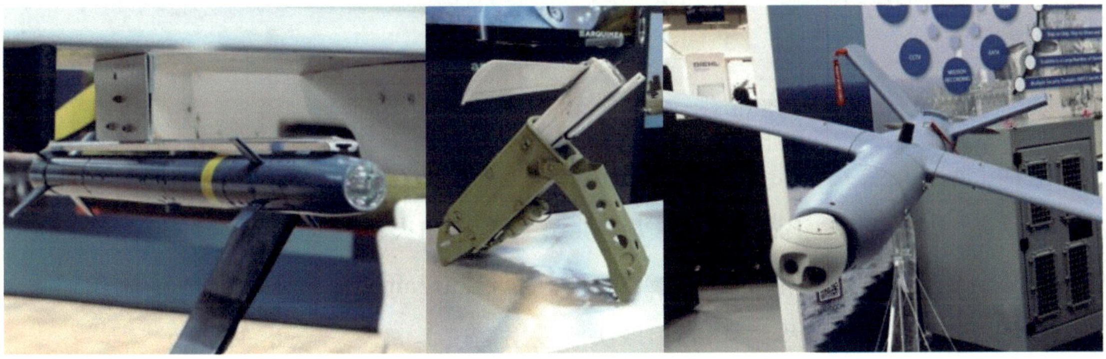

图 10-14　防务展上的地空导弹和巡飞弹

μASM A–Fox 微型空地导弹是西班牙 Aertec 公司针对小型无人机开发的一型专用空对地导弹。Aertec 公司是一家航空工程公司，业务包括航空工业设计、工业数字化、航空系统开发、军民用无人机和机场设计运营等。首次亮相的 μASM A–Fox 微型空地导弹是 Aertec 公司联合另一家未知名公司用 3 ～ 4 年时间开发的新产品，目前仍处于开发试验阶段。

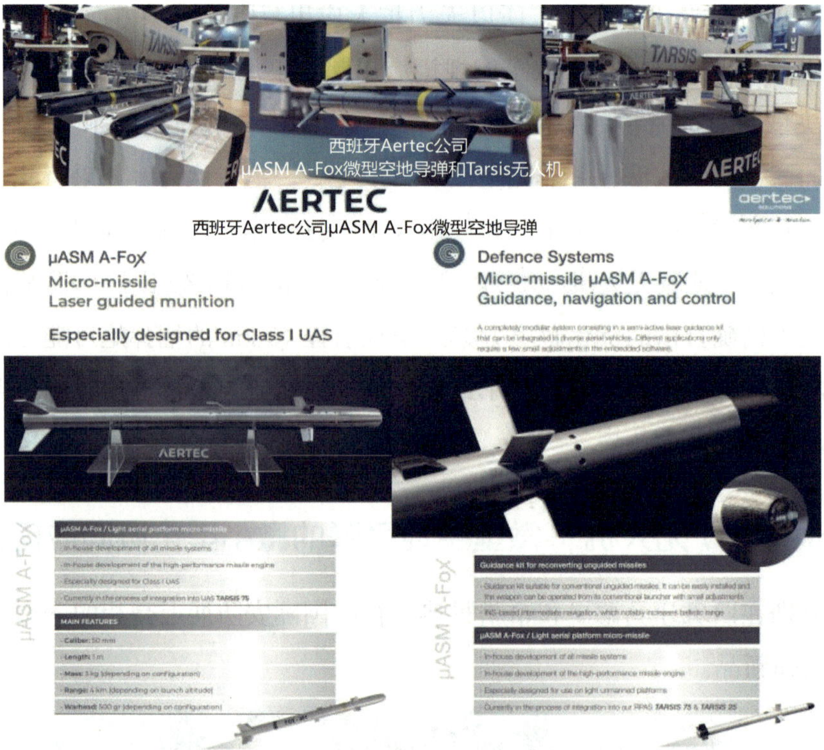

图 10-15　西班牙 µASM A-Fox 微型空地导弹

据称，Aertec 公司负责总体和机械设计，以及导航和电子系统，显然那家未知名公司应该是一个拥有军工背景，可以提供引战系统和火箭发动机的合作伙伴。µASM A–Fox 微型空地导弹基本指标：长 1000 mm，直径 50 mm，重量 3 kg，战斗部 0.5 kg，配备激光制导导引头，射程约 4 km（取决于发射高度）。

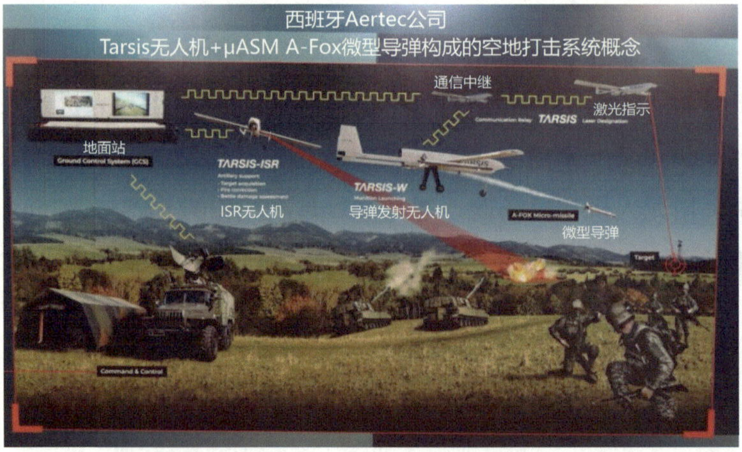

图 10-16　Aertec 公司的协同概念

根据 Aertec 公司的概念，空地打击系统由 3 架该公司的 Tarsis 无人机构成，其中一架 Tarsis 无人机作为 ISR 平台负责目标的搜索跟踪（或指示）；另一架 Tarsis 无人机负责通信数据中继或目标指示；第三架 Tarsis 无人机携带 2 枚 μASM A–Fox 微型导弹实施攻击。当然，目标照射任务也可以由其他第三方完成。笔者认为，整个概念尽管稍显复杂，但总体上很好地覆盖了所有任务需求，并留有相当的能力裕度。另外，由于概念中的所有平台均为一家公司的产品，系统集成更简单，成本也更低，并具备了一些无人作战体系的特征。唯一的遗憾是平台规模稍小，出动 3 架无人机的火力输出仍然十分有限。

此次展会上的另一个身影虽然不是首秀，但仍然算是巡飞弹圈里的新面孔——西班牙 Arquimea 公司的 Q–SLAM–40 巡飞弹。它在 2021 年的西班牙国际安防展上首次公开，一年多之后，现在该系统已经进一步完善，某些细节和数据稍有变化，欢迎有兴趣的朋友对比一下。

SLAM–40 巡飞弹基本指标：双人操作小组，全系统 28 kg（2 枚巡飞弹、发射器、数据链天线和平板 GCS），2.4 GHz 双向数据链，卫星导航，续航 12 ～ 15 min，航程 6 ～ 15 km，巡航速度 72 ～ 90 km/h，最大速度 126 km/h，最大高度 2000 m，作战高度 20 ～ 200 m。展会采访视频称，其战斗部可快速装卸，分为 480 g 的杀伤型和 1.2 kg 的反装甲型，还强调其引信能保证巡飞弹可以安全回收。与现有巡飞弹相比，Q–SLAM–40 发射器的设计很有参考价值。

图 10-17　Attalus 巡飞弹与作战使用

希腊国际安防展上亮相的是希腊 Intracom Defense 公司联合 Hellenic Defense Systems 公司开发的 Attalus 巡飞弹。Intracom Defense 公司的业务涉及导弹电子系统、战术通信和信息系统、边境安防解决方案等。Attalus 巡飞弹基本指标：长 1.6 m，翼展 2.3 m，最大起飞重量 13.6 kg，破甲战斗部 1.25 kg（号称穿深 400 mm RHA），电机驱动巡航速度 85 km/h，最大速度 280 km/h，升限 1500 m，控制距离 50 km，配备光电 / 红外探测器和惯导 / 卫导一体化导航系统。从 Attalus 巡飞弹的设计来看，Intracom Defense 公司的目标十分远大。

根据上述信息，笔者认为，虽然大中型察打一体无人机携带制导导弹实施空中打击已经是“老套路”了，但 μASM A-Fox 微型空地导弹的出现，等于将察打一体的平台规模进一步缩小到 100 kg 等级。尽管其打击的效果尚有待检验，但察打一体的系统成本却可能从千万美元到百万美元降低一个数量级。如果一切顺利，并且保持反恐治安战的打击目标不变，那么微型空地导弹有可能撬动部分现有市场的格局。另外，两型巡飞弹虽然各有侧重，但巡飞弹平台的特性决定了它的主要优势在于应用灵活性，而成本只是相对低于大中型无人机和常规尺寸的制导弹药。因此，只要微型导弹的成本不高于同级别的巡飞弹，那么小型无人机 + 微型导弹的组合就可能在低烈度作战环境中取代一部分巡飞弹的位置。

10.1.7 太阳能无人机与星链卫星相结合的无人作战体系应用启示

《简氏防务周刊》消息，美国国防部给了美国 Aerovironment 公司一个合同，用于支持开发高空太阳能无人机。据称，这是美国国防部首次支持该公司的“太阳滑翔机”项目，此前该项目一直号称是民用通信的高空伪卫星（HAPS）系统。

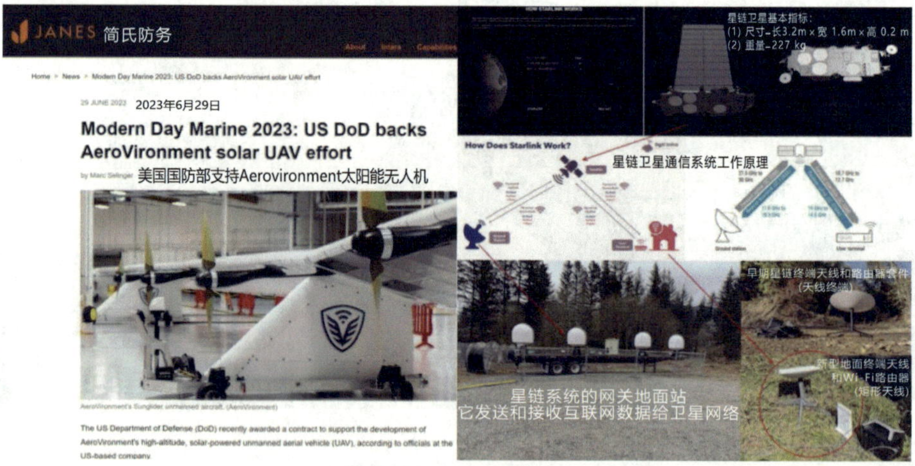

图 10-18 《简氏防务周刊》相关报道

怎么听着这个套路有点耳熟？没错，马斯克的星链卫星最初也说是民用，结果俄乌冲突一起，星链就在乌克兰遍地开花，差点把俄军的初期行动搞翻车。

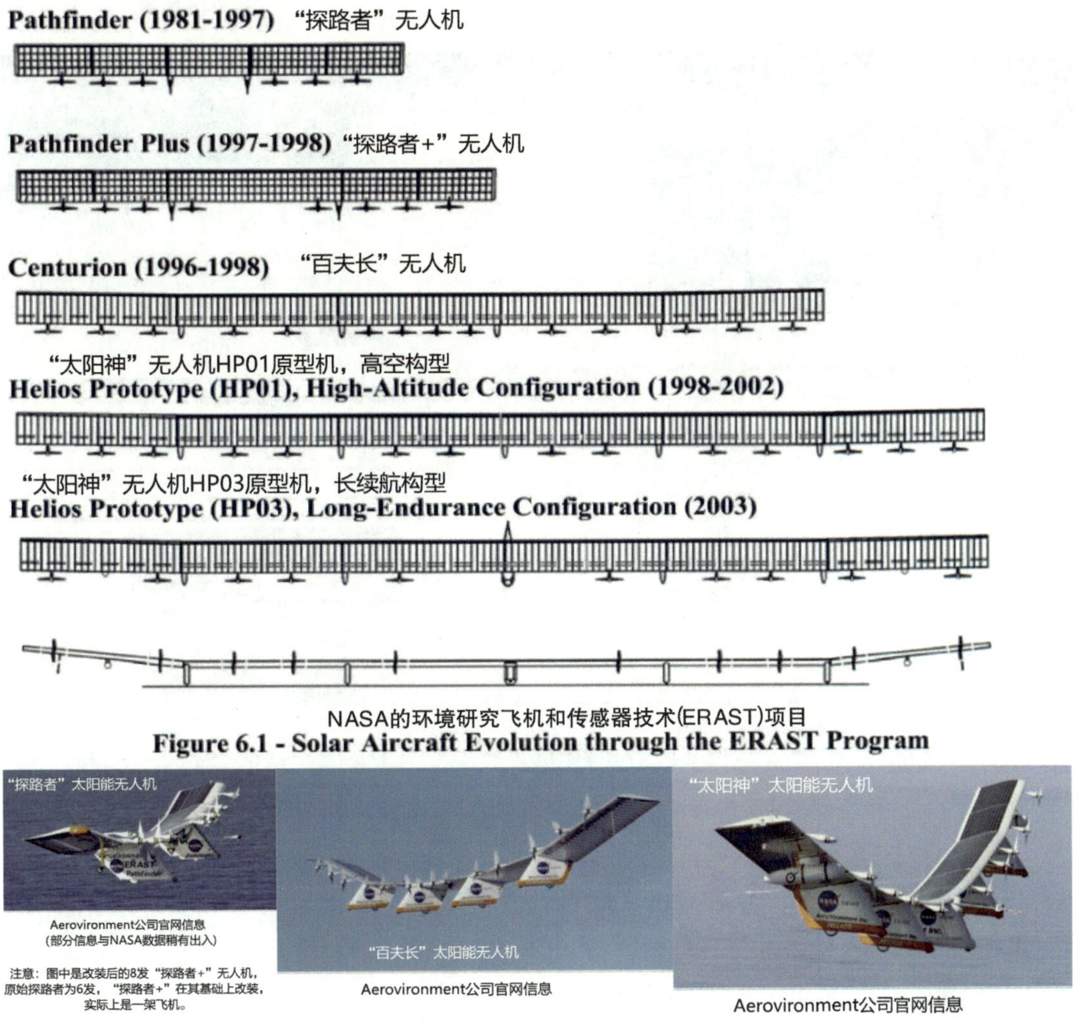

图 10-19 秘密研发的“高空太阳能”项目无人机系列

除了“弹簧刀”巡飞弹和多型无人机名声在外，实际上 Aerovironment 公司从 1981 年就接受美国政府资助秘密研发“高空太阳能”项目无人机。后来该项目演变为与美国国家航空航天局合作的“探路者”无人机。该项目不断挑战更高的飞行记录和太阳能电力驱动技术，先后制造和升级了“探路者”“探路者 +”“百夫长”和“太阳神”一系列太阳能无人机。

1999 年秋，“太阳神”无人机完成首飞，基本指标：翼展 75.3 m，重量约 907 kg，电池组功率约 42000 W，14 个电机。2001 年 8 月 13 日，“太阳神”无人机创造了

29523.84 m 的高度纪录。但是在 2003 年 6 月 26 日，“太阳神”无人机原型机在 1200 ~ 1500 m 高度上遭遇剧烈紊流，导致机翼上反角过大和俯仰震荡，最终解体坠毁在太平洋，该项目也告一段落。

图 10-20 “鹰 30”太阳能无人机

2017 年 12 月，日本软银和 Aerovironment 公司联合成立了 HAPS Mobile 公司，继续开发提供“民用”高空通信服务的太阳能无人机。HAPS Mobile 公司于 2019 年建造了“太阳滑翔机”无人机，后改名为“鹰 30”，基本指标：翼展 78 m，10 电机驱动，速度 110 km/h，设计飞行高度 20000 m，设计续航若干月。

“太阳滑翔机”(“鹰 30”) 无人机就是“太阳神”无人机的升级版，2019 年 9 月 11 日完成首飞。2020 年 9 月 21 日，该无人机在一次 20 h 的飞行中，在 19000 m 高度飞行了超过 5 h。HAPS Mobile 公司还以“高空通信平台（HAPS）”的名义建立了一个号称共享平流层机遇的“HAPS 联盟”。现在该项目获得了美军的支持，似乎很可能走上星链的老路。

“太阳滑翔机”（“鹰 30”）无人机设计用于长时间在 20000 m 临近空间巡航，为特定区域提供网络通信。与星链卫星系统相比，“太阳滑翔机”无人机能以更低的成本，提供更加灵活的临时性大范围网络通信服务，这不仅在抢险救灾等民用领域意义重大，在军事应用领域前景尤其广阔。

以星链卫星的军事应用为例，就不难看出太阳能无人机高空通信的优势。自俄乌开战以来，乌军主要依赖星链系统组织和协调军事行动，由此乌克兰才得以稳定军心民心，不仅顶住了俄军初期的纵深突击，还成功组织了哈尔科夫大反攻，以致俄罗斯不得不提前启动国内动员。

图 10-21　俄军“白芷”电子探测系统

针对乌军依赖星链通信和相对固定应用的特点，俄军一直在尝试各种应对手段。据称，俄罗斯于 2022 年年末已经开发出“白芷”电子探测系统，能够测向定位 10 km 以外的星链地面终端，然后用炮火覆盖那个区域，这在一定程度上遏制了乌军的星链通信能力。因此，一些新闻图片显示，乌军开始将星链地面终端安装在西方军援的装甲车辆上机动使用。

另外，乌军还尝试将星链地面终端集成到无人平台上。但是由于地面终端既有重量和尺寸的限制，动中通能力又很弱，只能用于较大的多旋翼无人机，以致其目标大、噪声高、速度慢，结果很容易被拦截击毁。

不过乌军自杀无人艇的星链地面终端集成比较成功，已经在 2022 年 10 月末和 2023 年 5 月末、6 月初使用集群自杀无人艇对俄黑海舰队塞瓦斯托波尔港及在土耳其水域和黑海水域航行的俄军舰发起攻击。如果没有星链的网络通信支持，小型自杀无人艇绝对无法实施数百千米的自主奔袭和目标跟踪。据称，每艘自杀无人艇成本 25 万美元，不知道其中星链地面终端占比几何。

最新图片显示，北约 19 国由美国带领，在波罗的海进行了“波罗的海行动 2023”海上演习，美海军第 6 舰队参与演习的无人艇上也集成了星链通信终端。而此次演习的重点包括：1）无人艇使用自主目标识别和先进通信能力执行实时任务分析和水下爆炸物探测；2）使用无人艇释放无人潜航器；3）无人机 – 无人艇协同在极浅水域和拍岸浪带操作无人艇联合人员搜救。

图 10-22　乌军大量依赖星链通信

上述事实表明，星链提供的远程通信和指控能力，更适合无人车和无人艇等平台较大、对载荷重量和尺寸不敏感的低速运动平台；除非通信终端的尺寸、重量和高速动中通能力都满足要求，否则中小型无人机 / 巡飞弹和智能弹药无法利用星链的通信服务。

由于太阳能无人机的高度比卫星低得多，且专门覆盖特定区域，笔者认为，其地面终端更加轻便小巧利于集成（“太阳滑翔机”的目标是实现 4G/5G 覆盖），这显然对由各种规模的海陆空无人平台构成的无人作战体系更加友好。只要海陆空无人平台及其携带的智能弹药进入太阳能无人机覆盖的网络通信区域，就能够根据任务规划和相对位置关系，快速建立各种组合的战术无人作战体系。这样不仅能够极大简化无人平台自身的通信指控系统，更可以提升分布式无人作战体系的行动效率和响应速度。因此太阳能无人机通信系统，不仅能够部分替代星链系统的作用，而且必将加速海陆空无人作战体系的形成。

10.2 外军有人 - 无人协同作战装备技术发展综合观察分析

通过我们对国际行业的有人–无人协同作战装备的对空、对陆、对海和无人作战协同、反无人系统、智能化以及无人作战体系应用等领域的系统观察分析，在国际层面上有了非常明显的特点和发现，现简单总结与分析如下。

10.2.1 军用有人 – 无人协同作战装备技术的发展在国家间存在差异

从《中天国际行业观察》所收集到的信息综合分析来看，首先有两个很明显的特点。

第一个特点是各类信息所涉及的产品绝大多数都是有人–无人协同作战装备，这些装备中对空和对陆装备相对于对海装备多，而巡飞弹和有人驾驶的装甲车、特种车辆等信息较少，这说明目前国际同行正在关注和投入的发展方向比较集中，也揭示了世界各国在军事装备研发需求和配备中的主要趋势和对无人作战装备的热切需求方向。

第二个特点是投资研发和应用验证以及已经应用无人作战装备的国家主要集中分布在经济实力和军事实力比较强的国家。虽然信息收集受信息公开程度以及发布渠道限制等局限性的影响，导致有些国家的信息收集量很少，比如伊朗、朝鲜和中东的一些国家，但从参与的防务公司所属国家来看，绝大多数属于经济发达体，主要以 G7 集团成员国为主，尤其美国最为突出，国际军用无人作战装备的研发与应用基本上在 G20 成员国范围内。

为什么这种军用无人作战装备的研发和应用在世界范围内存在国家间的发展不平衡？笔者认为，这应该与一个国家的政治、经济、科技和军事实力等因素有关。

政治上，一个国家的政治方向明确，政局稳定，没有战乱，人民安居乐业，没有军事扩张与制造军事冲突的野心，这个国家就没有大量投资前瞻性和先进性军事装备研发的迫切性。

经济上，一个国家的经济实力是这个国家政局稳定、科技发达与军事强大的基础，有了经费进行研发投入，科技进步才会有基础，人才队伍建设才能到位，也才能保证现代化的高科技无人作战装备研发取得成功。

科技上，军用有人 – 无人协同作战装备是高科技成果的集成和国家科技实力的体现，有了先进的科学技术基础和庞大的科技人才队伍保证，开发和应用先进的军用无人作战装备才有可能。只有军事实力强大，才有可能提出和发展新的军事理论，建立新的装备体系，才能提出有人 – 无人协同作战装备研发的军事需求，进行实战化应用验证并不断进行完善与创新。

据此可以认为，军用有人 – 无人协同作战装备的研发和应用是未来国际军事科技发展的趋势与潮流，对于中天集团这种面向全球的民营防务公司来说，应该给予重点关注和重点投资。

从这种国家间发展分布的不平衡态势来看，作为民营防务公司，在拓展国际领域市场方面，可以采取两种不同的方式与路径来具体实施：

一是对于发展水平较高、防务公司相对集中的发达国家，可以通过加大宣传力度，探讨与尝试加强技术合作，不断拓展技术、产品与服务等配套领域来扩大市场份额。

二是对于发展水平较低、存在国际地区热点，尤其具有强烈需求的国家，可以通过对现有装备加大宣传与推广应用，占领市场，强化合作关系，同时探讨联合研发、当地建厂联合生产的扩张模式来拓展市场领域，促进集团的国际地位提升。

10.2.2　军用有人 – 无人协同作战装备研发与应用领域间存在不平衡

有人 – 无人协同作战装备研发与应用的领域广泛、市场需求迫切，具体的装备构成要素多，具有多专业技术融合、作战编组使用灵活、智能化程度高和协同保障复杂等特点，但从军事应用的现实情况来看，目前主要应用领域集中在了对空、对陆和对海这三大领域。通过观察分析，我们感觉到有人 – 无人协同作战装备在这三大领域的技术发展、装备研制和实战化应用等方面都存在着明显的不平衡。从公开渠道收集的信息来看，各个国家的对空、对陆领域装备的品种多，而对海领域少。

对空领域，各个国家的基础较好，有航空技术作为基础，无人驾驶飞行器的载具和平台技术成熟，研发相对较快，无人作战装备的品种也多，应用方式与用途广，是三大领域发展最突出的领域。俄乌冲突中无人作战装备使用量最大的就是各种用途的无人机。

对陆领域，相对于对空领域稍差一点，主要是对陆无人作战装备基本上都是以无人装甲车为主，以各类陆地行走或爬行等机器人载具为辅，其使用量没有对空领域大，装备品种相对较少，功能也相对单一。

对海领域是目前军用无人作战装备研发、配套应用最少的领域。

为什么会出现这种状况？笔者认为，这可能与地理环境、技术难度和应用需求等要素有关。

对空领域，各个国家都有自己的领空，空间的环境相对干净，无遮挡，无线通信的信息传递速度快、干扰少，再加上航空技术比较成熟，基础好，无人作战装备应用需求多，因此各个国家就有条件优先发展对空领域无人作战装备。

对陆领域，各国的陆军作战多为山区、丘陵以及河流、沙漠、沼泽等地形复杂环境，这种地理环境下无人作战装备的移动控制、无线通信指挥、信息协同等都因为地理特征而受到限制，同时也容易受到敌方的防御系统干扰、俘获和攻击，因此技术难度大，相对对空领域需求与应用就较少。

对海领域，没有领海与海洋出口的内陆国家发展对海无人作战装备的需求和紧迫性肯定不足，同时，受海洋面积大、通信距离远、水面海浪和背景杂波等复杂环境的影响，不利于无线通信指挥与遥测遥控，目标探测与识别难度大。对于水下无人作战装备来说，水中信息传递是指挥控制的瓶颈，这些因素导致了对海领域无人作战装备的使用比对空、对陆领域的要求更高，难度更大，所以发展相对较慢。

除了上述这些因素外，笔者认为，这种不平衡主要与各个国家的军事技术发展水平有关，因为有人 - 无人协同作战装备的直接需求来源于军事实战化需求，这种需求决定了无人作战装备的形态、功能、性能以及使用模式等。如果没有了军方的概念创新和直接需求，装备研发者就没有了方向。在有了需求和方向的前提下，军方与研发单位之间的协同机制、方式与合作关系的科学有效性也是保证目标是否能够如期顺利实现的必要条件。也就是说，军事部门与装备研发者之间的联合直接决定了装备的立项、研发、试验和应用的效果。

笔者认为，由于有人 - 无人协同作战体系尚未得到广泛试验和应用，而各种无人作战平台的技术发展又非常迅速，所以，目前无人作战装备与军事单位的对应关系还非常模糊，尚处于探索阶段，使得几乎没有人能够及时准确地掌握无人作战装备的所有信息，于是不得不用“班排级、营连级等”这样的模糊描述，来试图归纳和引导无人作战装备的应用方向。这也在提醒我们，应该加强国家军事部门的统一规划和职责分工，建立军厂双方规范的工作协调和信息发布 / 获取渠道，确保民营防务公司和国家军事工业部门拥有同等的参与权。

10.2.3 多学科的专业技术支撑是军用无人作战系统研发的基础

现代军用有人 – 无人协同作战装备，不论是对空、对陆还是对海以及反无人作战装备，都是目前各个国家军事装备的最新科技成果应用，它不但与国家的经济基础、科技水平和军队装备的现代化水平紧密有关，更与各个国家的科技实力密不可分。体现在技术上，现代军用有人 – 无人协同作战装备是建立在微电子技术、计算机技术、人工智能技术、无线通信技术、卫星导航定位技术、低成本的系统集成与制造工艺等技术之上，这些技术的任何一个领域无法满足需要都会直接影响无人作战装备的研发与应用。

比如导航技术就是移动式无人作战装备导航系统的关键技术，是对空、对陆和对海各领域无人作战装备必需的共性技术，导航精度直接决定了装备的运动姿态和行进效果，这一技术水平的高低直接决定了无人作战装备的性能、成熟度和可靠性。

所谓导航技术就是确定和控制移动装置或人员在空间的移动方向和运动路径过程的技术，按照空间可以分为对陆、对海、对空和对天四个类别。按照技术原理可以分为很多种，一般常用的导航技术有惯性导航、卫星导航、视觉导航、星光导航等。每一种导航技术都有其独特的技术优势，单一的导航方法无法满足战场环境下移动式无人作战装备对导航系统的安全性和可靠性要求，在高可靠的无人作战装备中，为了提高导航精度和可靠性，往往会采取多种导航技术相结合的方法，这就是组合导航技术。

组合导航技术是一种冗余的、具有更高可靠性的多维度导航技术，是指将两种及以上的导航技术组合在一起的导航技术，具有高精度、高可靠性和高自主性的特点。组合导航技术有多种方法。目前，研究航空飞行器的学者乐于采用航空体系下的导航参考坐标系来设计导航算法，而研究航天飞行器的学者则乐于采用航天体系下的导航坐标系来作为飞行器的参考坐标系。在航天领域广泛使用的是惯性导航技术 + 卫星导航技术，一般在长时间飞行或运动的高价值系统中还会再加上星光导航技术，以确保导航精度。对于低成本系统可以采用惯性导航技术中的捷联惯组 + 卫星导航 + 视觉导航技术构成冗余可靠的低成本组合导航系统，这种系统中如果出现了卫星拒止而使卫星导航失效，可以由系统自主决策转为视觉导航，保证了导航的可靠性和作战任务的完成。这也说明了采用卫星拒止可以称为反无人作战装备的一种途径，更说明了我们国家努力建设自己的北斗卫星导航系统的重要性。

要全面发展对空、对陆和对海等领域的无人作战系统，就必须从这些领域的无人作战装备的共性技术出发，进行系统地研究和突破，为全面发展打好基础。通过分析，笔者认为，在无人驾驶作战飞机、无人驾驶战车和无人驾驶潜水器等不同应用领域的有人 - 无人协同作战装备具有共性的技术包括：

1）构建无人驾驶系统的自动控制技术；

2）无人载具自适应运动的系统姿态自主感应与采集技术；

3）为无人平台提供位置、高度与速度等状态信息的卫星导航与定位技术；

4）高性能的智能传感器多目标探测与识别技术；

5）具有多源信息融合处理和更高计算能力的人工智能技术；

6）支持远程数据链路与 5G 等高速无线通信技术；

7）可以远程自主操控的人机协同控制技术；

8）多学科、多专业技术融合与功能部件的低成本系统集成技术；

9）无人作战装备的远程敌我识别技术。

在有人 - 无人协同作战装备系统构成中，不同的要素还因为其功能与用途等属性的差异，涉及的一些关键技术各不相同。如无人作战平台的载荷需要担负战时目标指示、攻击制导、通信中继、电子干扰攻击、战场评估、信息中继、抵近精确打击、信息保障与信息防御等多重使命，因此可靠、有效的通信保障技术最为关键；无人潜航器涉及水下通信技术，主要采用光纤有线通信、低频通信、水声通信，同时也采用无线电通信及卫星通信等通信手段，未来性能更高的蓝绿光通信技术也正在兴起；无人平台的智能化技术涉及智能环境感知技术、智能自主决策技术和故障诊断与容错控制技术；智能集群协同技术包括了智能协同态势感知与信息共享技术、集群智能决策与控制技术、无人集群智能演进技术以及敌我识别等。

以上这些技术的发展水平直接决定了有人 - 无人协同作战装备技术的发展程度。从所收集到的信息综合分析可以看出，无人作战装备产品丰富、技术先进的公司多分布在科技水平发达的国家，相反，第三世界欠发达国家几乎未看到有任何相关信息，因此，只有科技水平发展了，才能研发出更加先进的军用无人作战装备产品。

从这些有人 - 无人协同作战装备所需要的多种共性技术可以看出，对于民营防务公司来说，要从事这一领域的产品开发和技术研发，就必须认真分析自身的能力现状，哪些是自己的强项可以独立承担，哪些是需要与更加专业的团队协作的领域，要明确这些相关的技术领域与市场定位，建立相应的技术人才团队，确立技术短板的攻关方向，制定相应的装备发展技术路线，为长远可持续发展奠定基础。在产品研发过程中，加强与兄弟单位和高校、研究所的联合，实现不同领域最高水平技术与产品的高效集成，以达到节约成本、快速占领市场的目的。

10.2.4 有人 – 无人协同作战装备的协同集成与应用验证技术需要加强

未来的战争形态特点是无人作战装备之间的搏击与竞争，依靠单一品种和功能的无人作战装备很难取得满意的效果。因此，战争需要各种不同功能、性能的无人作战装备进行有效集成，并与有人系统协同配合作战。这里所说的有人 – 无人协同作战装备的系统集成共包含了三层意思，一是协同，二是集成，三是协同集成，分别代表了三种不同的技术含义和工作过程。

这里的协同，是指在同一个无人载具上集成两种及以上不同功能载荷所构成的无人作战装备的情况下，这些载荷如何进行有效配合和协同完成任务。如无人飞机上集成侦察与火力打击以及智能决策系统等。这种集成的载荷种类及性能的需求由谁来决定，以及这些载荷相互配合协同工作的机制等都由谁来确定等一系列问题都是在装备的方案制定前必须要搞清楚的。这涉及任务的需求与来源问题，一般情况下，应该由实战化应用的军事单位提出，由研制单位具体研制落实。

这里的集成，是针对协同所确定的装备功能、性能和使用方法等采取相应的工艺技术措施，对系统进行设计、加工和安装调试与试验，以实现产品小型化、低成本、高可靠的目标和满足战场的使用环境要求。如各种不同功能的无人飞行器应该造成什么形状最隐身？自杀式无人战车应该采用什么运动形式？这些都是对多学科专业技术融合和机电一体化系统集成工艺技术的综合应用。

协同集成主要是指在多个同构或异构无人作战系统共同使用过程中，它们相互之间如何进行配合来共同完成同一任务。如无人战车加装无人飞机的集成应用，无人舰艇与无人飞机的集成协同，以及无人蜂群的长僚机之间的协同等等。由于这些协同集成缺乏实战化应用战例和场景，所以目前这些集成过程更多的是依靠实验室的数学模型仿真后来实现，其结果是对真实的战场环境的适应能力存在差距，其成熟度不足。

如在俄乌冲突中，中国大量的大疆等品牌民用无人机被美国和乌克兰等国家采购以后，经过改装，根据不同的军事需求与作战载荷重新集成，即加装了各种不同功能的载荷或战斗部作为无人作战装备被投入到乌克兰战场，用于对俄罗斯进行侦察和攻击，给俄罗斯造成了极大损失。这就是一种典型的无人作战装备协同集成应用，充分利用了现有的经过大量验证成熟的平台和载荷，组合成低成本的无人作战装备后快速投入战场使用。这种模式也给我们未来的产品研制提供了启示。

客观上讲，无人作战装备的需求应该由军事部门规划和提出，由研制部门进行研制。因为研制的目的是为了应用，只有来自实战化应用的需求，研制出来的装备才能有效发挥作战性能。目前，普遍存在着无人作战装备品种少，已有装备实战化应用检验不足，军事单位无法系统化地提出研制需求，军事单位与研制单位的协调渠道与机制不健全，研制单位很难得到准确的战场应用需求，自己闭门造车所规划和设计的装备又很难完全满足部队实战化使用要求等问题，这些问题都会造成无人作战装备的协同集成技术缺乏体系化规划，导致发展速度变慢。

作为研制单位，我们应该走出厂房，到用户和实战中去，加强与作战应用部队的长期协调沟通，建立从初始需求出发的装备研制、应用验证和不断迭代改进的装备开发模式，与应用单位一起在大力发展不同装备集成技术的基础上进一步开展协同理论体系和软件仿真环境建立以及协同效果评估方法的研究，研制出让用户满意的实战化装备。

10.2.5　大力发展反无人作战装备技术是当务之急

军用有人 - 无人协同作战装备技术研发与产品研制已经兴起，但带来的问题也很明显。无人作战装备因为具有体积小、机动灵活、智能自主决策、作战效能高、成本低廉、可集群协同作战等特点而受到现代战争的推崇，成为战斗取胜的“利矛”，但事物的发展总是存在相同的规律，有了攻击性的“矛”，必然会产生相应的“盾”，这就是在有人大力发展无人作战装备的同时，也有人开始研究反无人作战装备的技术，并开展反无人作战装备的试验。从有人 - 无人协同作战装备的技术特点分析和研发反无人作战装备的进展情况来看，无人作战装备难以探测发现、难以捕获击毁和打不起的三大难题是目前反无人作战装备技术无法回避的障碍。

首先，从防御的本质来看，发现是击毁的前提。无论是对空、对陆还是对海领域的无人作战装备，都具有体积小、机动灵活和隐身的特征，同时由于低空飞行、山地遮挡和海面背景复杂等情况，使现有的防御系统存在探测死角和识别困难，难以发现这些无人作战装备。因此如何对低小慢的无人作战装备进行探测发现是反无人作战装备要解决的首要问题。

其次，对于低小慢的无人作战装备，一旦被发现，又由于其目标点小存在激动灵活、运动轨迹变化大、智能化自主决策可有效避障与信息辨别难等特征使反击系统瞄准难度大，这就对反击武器的性能要求极高，现有的武器装备适应性存在不足，这就必须改进和提高现有的技术或采用创新技术来提高识别精度和瞄准捕获准确度。

最后，即使我们能够及时发现目标，也能高精度瞄准无人作战装备，但是现有的击毁无人作战装备目标的手段成本极高，反击手段基本上是采用已有的防空导弹、反坦克导弹以及反舰导弹等传统导弹防御系统装备，这些装备的成本代价很高，大量采用大炮打蚊子的做法，客观上存在打不起的现实问题，没有任何一个国家能够承担得起，简单操作和低成本反击武器的研发是当务之急。

从这些现实情况不难看出，目前，世界范围内的反无人作战装备基本上还处于空白，其技术与产品研发还处在探索阶段。一些传统的防御体系技术与产品肯定不适应无人作战装备的反制，必须研发具有针对性的技术与产品。

为了能够实现对无人作战装备的反制，做到“看得见、瞄得准和打得起”的战术目标，就得打破传统观念与认知，从无人作战装备的性能特点和使用方法入手，开展包括激光、微波、电磁压制、诱捕和电磁枪、炮等新型击毁装备的技术研究和产品研发与应用验证，开辟反制无人作战装备新领域，这些技术都是未来反无人领域的核心。

当然，对于反无人作战装备技术还得有一个最基本的技术做基础，那就是敌我识别技术，即在发现无人作战装备的同时，还必须能够识别这些无人作战装备属于谁，是敌人的还是自己的或是盟友的。如果无法分清或识别有误，那将会造成自己打自己，或误攻击了配合自己的友军。这种无人系统的识别技术是无人作战装备研发的基础技术，同时也是反无人作战装备可以充分利用来欺骗或躲避反制的关键技术。

这些反制无人作战装备的新技术领域，对于中天集团来说都是一片新天地，是否全面布局和技术研发，还必须进行充分论证，分析最优先的技术路径与可以合作的院校与厂所，先开展先进技术和功能部件的系统集成、应用验证和市场开拓，然后再进行深度融合，形成多种反制能力相结合的多功能便携式无人作战装备反制系统，可以满足单兵携带、机载、车载和舰载的同步发展需要。

10.2.6　无人作战体系的智能化防御技术发展前景广阔

无人作战防御系统是一种新型的智能化防御系统，是对现有的有人防御系统的技术升级。在俄乌冲突中，随着冲突的持续和美国等西方国家对乌克兰提供的武器性能不断提升，双方无人作战装备的使用频率越来越高，而且造成的损失也越来越大。就普遍认为军事实力很强的俄罗斯损失来看，其莫斯科、机场上的战略轰炸机、港口里的军舰和作战指挥中心大楼等重点设施与装备多次遭到乌克兰的隐身导弹和无人机的攻击、轰炸，造成了惨重损失。这就给我们提出了一个不可回避的问题，即这种攻击为何在俄罗斯强大的防空体系下未能发现和拦截，结论只能是其现有的防御系统能力不足，装备性能差或效果低，对新型的无人作战装备的防御存在漏洞。

在现代战争中，美国与北约支持的俄乌冲突已经持续了两年多了。双方在战场上经过几次拉锯，已经消耗了大量作战人员和装备，造成了巨大的破坏。有新闻消息称，俄军在进攻中，通过炮兵和航空兵大量使用了温压弹、云爆弹、铝热剂燃烧弹、白磷燃烧弹和集束弹药等大威力武器对乌克兰守军实施攻击，造成了重大伤亡。

乌军在炮兵和重装备处于劣势的情况下，只能驱赶士兵一批一批地去前沿阵地“填线”，以至于部分作战单位成建制丧失战斗力，据称，伤亡率高达 70%。

面对如此惨烈的战况，我们不禁感叹，都 21 世纪了，居然还在用人命交换防御空间，看来对于弱势的一方，20 世纪的军事技术进步都白费了。

俄乌战场上的这种损失至少说明了现有的防御体系存在两个方面的问题：一是有人防御体系存在地理布局的分布与防御覆盖漏洞或工作机制等问题；二是针对体积小、机动灵活的智能化无人作战装备存在发现难和摧毁难的问题。针对这种现状有没有什么办法能够解决或者大幅缓解上述两个难题呢？

其实答案是有的，那就是建立完善的无人防御系统，这种无人防御系统既包括对有人系统的防御也包括对无人系统的防御，是一种智能化的现代防御体系。

无人防御系统，顾名思义就是以无人平台为主体的防御系统。但是需要注意，该系统绝对不是简单的“固定式遥控武器站组合”，因为那和二战中著名的法国马奇诺防线没有本质的区别，看家护院也许凑合，现代战争就免谈了。

而无人防御系统要实现的主要任务目标包括：

1）大幅降低防御方人员和装备的损失——用技术替代结束阻击战的绞肉机模式。

2）大幅降低防御方人员和装备的消耗——用技术替代缓解永恒的兵力不足困扰。

3）尽可能给敌方造成损失，并最大限度迟滞进攻方的推进速度——用技术替代实现信息化战争的非接触作战模式。

虽然上述任务目标与某些智能地雷的任务需求十分相似，但无人防御系统的核心是机动防御，这既是固定式系统无法实现的功能，也赋予了其更加丰富的应用场景。无人防御系统要实现对现有的有人系统防御，就必须要与已建成的各类防御系统紧密结合与协同。为了实现对无人系统防御的任务目标，无人防御系统应该具备以下几个特点：

1）空地一体，即无人机 / 巡飞弹与无人车有机整合的系统，必须充分发挥空中平台的机动性和信息化优势，为无人车平台提供实时 ISR 和目标指示。

2）快速部署，能够在防御真空地带快速部署若干无人防御系统，在填补态势感知空白的同时，建立分级防御体系，阻止敌方对该方向的渗透和突破。

3）低成本，无人防御系统要尽可能采用分布式设计，将单个系统的成本降到最低，方便大批量生产和补充，保证敌方在对防御区域密集火力覆盖时，会在后勤和时间上亏本。

4）模块化可组合，可根据敌方情报，通过调整单位数量和模块单位进行快速组合，重新建立分级防御体系和转换防御重心，来保持非接触作战的信息和火力优势。

5）无人防御体系必须建立在十分安全可靠的敌我识别技术基础和能力之上，以便在战场上能够准确识别敌我，快速准确攻击敌方，而不至于自己打自己，造成自我毁伤。

综上所述，笔者认为，智能化无人防御系统很可能先于自主无人攻击系统出现在战场上，并提供一些无法拒绝的战术优势。想象一下，无论俄乌双方谁能获得无人防御系统，战场形势都将彻底改变，因为无人防御系统将进一步解放有限的作战资源，允许指挥官将更多好钢用在刀刃上。乌军不用硬着头皮强迫士兵去工事里挨炮弹，俄军也不用担心兵力不足防守空虚，靠挖反坦克壕沟来寻求心理安慰了。

以此来看，我们不难看出智能化无人防御系统具有很大的市场需求和发展空间，中天集团作为无人作战装备品种最多和用途最广的民营防务公司，应该抓住机遇，充分了解现有各类有人防御系统的能力现状，研究有人防御系统与无人防御系统的技术协同方法，对无人作战装备进行体系化分类，分析各类无人作战装备的技术特点和薄弱环节，制定不同类型无人作战装备的反制与防御策略，加强与军方用户的合作论证，开展智能无人防御系统技术研发和能力体系规划，体系化地研发无人防御系统产品并开展协同使用模式应用验证，为早日实现无人防御系统交付使用奠定基础。

第11章

国际著名防务公司信息简介

本书所涉及的国外著名防务公司按照国别分类信息简介汇总如下。从分布情况看，共涉及约 18 个国家，超过 64 家公司。这些公司主要集中于美国，共涉及 20 家公司；其次是以色列 7 家公司；英国、法国各 5 家公司；澳大利亚 4 家公司。由此可以看出，当今国际相应国家的军事装备水平与技术实力的分布情况。

11.1 美国公司

（1）Kratos 防务安全公司

Kratos 防务安全公司，全称为 Kratos Defense & Security Solutions，Inc。成立于 1994 年，总部在加利福尼亚州圣迭戈，产品方向包括定向能武器、无人系统、卫星通信、网络安全 / 网络战、微波电子、导弹防御、培训和作战系统。六大业务板块为：防御和火箭支持服务［如萨德（THAAD）系统的 AN/TPY–2 相控阵雷达和爱国者（Patriot）系统］、微波电子、模块化系统、公共安全、技术和培训以及无人系统。典型产品包括 UTAP–22 灰鲭鲨（Mako）无人机、BQM–167A 高性能靶机、BQM–177A 高性能靶机和 MQM–178 高性能靶机等。

（2）Dynetics 公司

Dynetics 公司是一家美国私营高科技公司，专门研究无人系统、制导弹药和车辆，总部位于阿拉巴马州 Huntsville，主要客户是美国国防部、美国情报部门和 NASA，有员工 1900 人。该公司的小型滑翔弹（SGM—Small Glide Munition）和远距精确制导炸弹（SOPGM—Stand–Off Precision Guided Munition）可以由 AC–130 空中炮艇机携带或无人机挂载。

（3）Piasecki Aircraft 公司

Piasecki Aircraft 公司的前身是皮亚塞斯基直升机公司（Piasecki Helicopter Corporation），该公司位于宾夕法尼亚州 Essington，由美国旋翼机工业先锋人物弗兰克·皮亚塞斯基在 20 世纪 40 年代建立。他参与了很多型号直升机的设计和制造，1956 年离开直升机公司，另创立了皮亚塞斯基飞机公司，直升机公司更名为 Vertol 公司，后来在 60 年代被波音公司收购。现在该公司的主要开发项目包括空中可变构型嵌入式系统 [（ARES—Aerial Reconfigurable Embedded System），这是一种全新的概念和设计]、PA890 电动垂直起落、低旋翼桨盘载荷、低速旋翼 – 机翼混合直升机和自适应数字自动驾驶技术。

（4）L3Harris Technologies 公司

2019 年，Harris 和 L3 Technologies 合并，成为 L3Harris Technologies 公司，预计将成为世界第 6 大防务承包商。Harris Corporation 公司成立于 1895 年，是一家美国高科技公司和防务承包商，该公司总部位于佛罗里达州的 Melbourne，从印刷起家发展到电子通信业务。L3 Technologies 公司成立于 1997 年，主营通信技术，不仅提供信息技术服务，而且还生产 C6ISR 系统、无线设备、战术无线电、航电和电子系统、夜视装备和太空天线，在监视技术、微波武器和电子战方面特长突出。

（5）Applications International Corporation 公司

Applications International Corporation 公司是财富 500 强公司，成立于 1969 年，总部在弗吉尼亚州 Reston，员工大约 3.6 万人，2020 财报营业额大约 111 亿美元，提供信息技术、工程和科学解决方案服务，该公司与美国国防部和国土安全部以及国家安全局等机构均有紧密合作。

（6）Skydweller Aero 公司

Skydweller Aero 公司是一家开发太阳能动力飞机的美国 – 西班牙私营航空技术公司，2019 年成立，总部在弗吉尼亚州 Alexandria。Solar Impulse 2 是该公司开发的太阳能动力飞机，也是世界上第一架完全靠太阳能纯电驱动完成环球飞行的飞机，完成这架飞机环球飞行的飞行员是该公司的董事长和 CEO，两人也是该公司的创始人。

（7）FLIR Systems 公司

FLIR Systems 公司是世界上设计和生产热成像相机、部件和成像传感器最大的商业公司。该公司位于俄勒冈州威尔逊维尔，1978 年成立，在全球有超过 2700 名员工。该公司是标准普尔 500 指数的指标公司之一，2019 年营业额为 18.9 亿美元。主要产品包括 Sony IMX412 互补金属氧化物半导体（CMOS—Complementary Metal-Oxide Semiconductor）彩色相机和“玻色子（Boson）”320 长波红外（LWIR—Longwave Infrared）热成像传感器。

（8）Silvus Technologies 公司

Silvus Technologies 公司成立于 2004 年，是一家总部在加利福尼亚州洛杉矶的复杂多进多出（MIMO—Multiple Input Multiple Output）多天线无线通信技术公司。多进多出（MIMO）是为极大提高信道容量，在发送端和接收端都使用多根天线，在收发之间构成多个信道的天线系统。MIMO 系统的显著特点是具有极高的频谱利用效率，在充分利用现有频谱资源的基础上，通过利用空间资源来获取可靠性与有效性两方面增益，其代价是增加了发送端与接收端的处理复杂度。大规模 MIMO 技术采用大量天线来服务数量相对较少的用户，可以有效提高频谱效率。

（9）Logos Technologies 公司

Logos Technologies 公司是一家成立于 1996 年，总部在弗吉尼亚州 Fairfax。该公司主要为国防和情报领域以及民用商业机构提供广域监视先进传感器解决方案，是广域运动成像（WAMI）设备专业制造商。该公司一直致力于这种设备的小型化，使其对于所有有人或无人飞行器来说都足够轻。该公司还表示，美国陆军、特种作战司令部和空军都表示有兴趣将“黑风筝”/“记牌者”传感器用于各自的平台。

（10）Iris Automation 公司

Iris Automation 公司是一家美国航电技术和计算机视觉公司，2015 年成立，总部在加利福尼亚州旧金山。该公司的主要产品是无人机使用的机载探测规避系统。Iris Automation 公司还是美国联邦航空管理局（FAA）无人机集成飞行员计划和美国国家航空航天局（NASA）无人空管项目的参与者。

（11）Martin UAV 公司

Martin UAV 公司是一家美国无人机公司，成立于 2015 年，总部设在得克萨斯州 Plano。该公司专门开发垂直起降无人机系统，目前有三个型号产品，分别是 V-Bat 128、V-Bat 118 和电动 V-Bat。

（12）HDT 全球公司（HDT Global，简称 HDT）

HDT 全球公司成立于 1937 年，总部在美国俄亥俄州索伦，该公司设计和制造帐篷 / 方舱、发电机、加热器、空气过滤器、机器人、环控设备和专用车辆。该公司的无人车产品是猎人狼 6×6 电驱全地形车，峰值功率 130 hp，最大速度 14 英里 /h（22.5 km/h），载荷 450 kg 时用内部燃油可行驶 100 英里（160.9 km），可无补给工作超过 72 小时，纵坡坡度 70°。

（13）Hippo Multipower 公司

Hippo Multipower 公司是一家美国移动式动力系统制造商。该公司于 1972 年在密苏里州堪萨斯市成立，当时主营业务是卡车设备装配，1980 年制造了业界首台多动力装置，即通过卡车取力器获得动力驱动多动力装置来提供液压、气动和电力三种动力。

（14）亨廷顿英格尔斯工业公司

亨廷顿英格尔斯工业公司（HII—Huntington Ingalls Industries，Inc.）是美国最大的军工造船企业，专门与美国政府合作为美国海军和海岸警卫队建造大型军用舰艇。该公司是美国唯一的航空母舰制造商，两家核潜艇制造商之一，制造了美国海军 70% 的大型军舰，主要产品包括阿利伯克级驱逐舰、圣安东尼奥级船坞运输舰（LPD）、LHA-6 美国号两栖攻击舰、弗吉尼亚级核潜艇、DDG1000 驱逐舰、福特号和肯尼迪号核动力航空母舰以及 LHA-7 的黎波里号两栖攻击舰等。该公司成立于 2008 年，总部位于弗吉尼亚州纽波特纽斯，2019 年营业额 88.99 亿美元。该公司旗下主要包括三大部门：英格尔斯造船厂（Ingalls Shipbuilding，Inc.）、纽波特纽斯造船厂（Newport News Shipbuilding）和技术解决方案部门。其中英格尔斯造船厂由创始人 Robert Ingersoll Ingalls Sr 创建于 1938 年，纽波特纽斯造船厂由创始人 Collis Potter Huntington 创建于 1886 年。

（15）SRC 公司

SRC 公司是一家开发防务、环境和情报行业解决方案的独立非营利性研发公司，之前公司名称是赛拉库兹研究公司（Syracuse Research Corporation），该公司成立于 1957 年，现有员工大约 1600 人，总部在纽约州北赛拉库兹。

（16）RSA-红石兵工厂

RSA－红石兵工厂（Redstone Arsenal），是美国陆军多个司令部和各种中心集中的地方，二战期间这里曾经是化学武器生产厂，后来成为美国陆军火箭和太空项目的集中地。

（17）通用原子航空系统公司

通用原子航空系统公司（General Atomics Aeronautical Systems，Inc）是美国通用原子公司（General Atomics）的子公司，通用原子公司的主要业务是能源和防务，1955 年成立，总部在加利福尼亚州圣迭戈。通用原子航空系统公司成立于 1993 年，总部在加利福尼亚州 Poway，专门开发航空系统，MQ–1 捕食者无人机和 MQ–9“死神”无人机都是该公司产品。

（18）通用动力任务系统公司

通用动力任务系统公司（General Dynamics Mission Systems，Inc.）是美国军工通用动力公司的子公司之一，主要业务是研发和制造军用保密通信网络、无线电和卫星技术、指挥和控制系统等。该公司成立于 1999 年，总部在弗吉尼亚州 Fairfax，在英国、加拿大、意大利和澳大利亚设有分部。

（19）Hoverfly Technology Inc.

Hoverfly Technology Inc.（也称 Hoverfly 公司）是一家专门开发生产系留供电无人机的美国公司，该公司成立于 2010 年，总部位于佛罗里达州 Orlando。该公司产品是美国唯一获得美国联邦航空管理局批准在 B 类空域飞行的无人机。

（20）Leonardo DRS 公司

Leonardo DRS 公司是一家美国防务承包商，之前称为 DRS 技术公司（DRS Technologies，Inc.），陆地系统是该公司的一部分。该公司于 1968 年成立，总部在弗吉尼亚州阿灵顿，该公司主要产品为各种任务分系统，如电源、通信、夜视、电子战和管理培训系统。2008 年由意大利 Finmeccanica 公司（即现在的 Leonardo 公司）收购。Leonardo DRS 公司 2007 年营业额为 28.2 亿美元。

11.2 以色列公司

（1）埃尔比特系统公司

埃尔比特系统公司（Elbit Systems Ltd.）是一家总部在以色列的国际防务电子公司，其业务遍布全球，涉及领域包括海陆空天 C4ISR 系统、无人机系统、光电系统、电子战系统、数据链通信和射频系统。该公司成立于 1966 年，总部位于海法（Haifa），2019 年营业额 45.1 亿美元。配备 SkEye WAPS（Wide Area Persistent Surveillance）天眼广域持续监视系统的 HERMES 900 无人机，可实时高分辨率同时监视最多 10 个区域，覆盖 80 km^2 区域，是埃尔比特系统公司的代表产品。

（2）以色列航空工业公司

以色列航空工业公司（IAI – Israel Aerospace Industries）是以色列主要的航空航天军用民用产品制造商，是以色列政府完全控制的国有企业。该公司成立于 1953 年，总部位于以色列 Lod，2018 年公司拥有员工 15000 人，2018 年营业额为 37 亿美元。

（3）Iron Drone 公司

Iron Drone 公司开发了截击无人机，网络搜索获得的该公司信息非常少，该公司的官网除了一小段视频外没有任何具体信息。

（4）ELTA Systems Ltd

ELTA Systems Ltd 是以色列航空工业公司的 Elta Systems 分部，是专门负责开发雷达、电子情报、通信情报、C4ISTAR、电子战、通信、自主地面系统和网络产品的公司。该公司成立于1967年，总部在以色列Ashdod，2019年营业额为2.27亿美元。

（5）蓝鸟航空系统公司

蓝鸟航空系统公司（BlueBird Aero Systems Ltd.）成立于 2002 年，总部位于以色列 Kadima。该公司创始人兼 CEO 为 Ronen Nadir，他在创建该公司前是专业负责导弹部署的军官。蓝鸟公司致力于研发制造军民用无人机系统，主要产品包括 ThunderB、MicroB、SpyLite 和 WanderB 无人机系统。

（6）流星宇航公司

流星宇航公司（Meteor Aerospace Ltd.），由董事长兼 CEO 的 Itzhak Nissan 创立，他是前以色列航空工业（IAI）的董事长兼 CEO。以色列航空工业是以色列最大的防务和航空公司。流星宇航的主要产品包括 impact-700 和 impact-1400 无人机、merlow 巡飞弹、彗星（comet）多功能导弹、兰博（Rambow）无人车以及 orca 无人巡逻艇。

（7）拉菲尔先进防务系统公司

拉菲尔先进防务系统公司（Rafael Advanced Defence Systems）是一家成立于 1948 年的以色列防务技术公司。该公司成立时作为以色列国防部下属进行武器和军用技术开发的“以色列国家防务研发实验室”，2002 年成为有限公司，总部在海法（Haifa），员工大约 7000 人，2016 年营业额达到 23.7 亿美元。

11.3 英国公司

(1) BAE 系统公司

BAE 系统公司是一家英国的跨国防务安全公司，业务覆盖海陆空天电网几乎所有防务领域，总部设在伦敦和范保罗。该公司是欧洲最大的防务承包商，世界第三大军工公司，其主要业务在英国和美国，在美国的分公司叫 BAE Systems Inc.，是美国国防部的六大供应商之一。BAE 的其他市场主要在澳大利亚、印度和沙特。英国皇家海军、皇家空军和陆军的装备基本都是该公司的产品，2019 年营业额为 183.1 亿英镑。

(2) UAVTEK 公司

UAVTEK 公司全称 UAVTEK Ltd.，是一家英国私营无人机制造商，成立于 2018 年，总部位于英国 Aldsworth，该公司的无人机产品以多旋翼无人机为主，其中最引人注目的产品就是微型“昆虫”无人机。

(3) Irvin GQ 公司

Irvin GQ 公司是由两家公司因业务于 2001 年合并而成。1919 年 4 月 19 日，Leslie Leroy Irvin（Irvin）在美国制造了世界上第一个自由落体降落伞，并在当年成立了 Irving Air Chutes 降落伞公司。1932 年，James Gregory（G）和 Raymond Quilter（Q）两位爵士预见了降落伞的价值，并于当年成立了 GQ Parachutes 降落伞公司。30 年代，两家公司都成为世界各国空军的降落伞供应商。1940 年，两家公司合作生产了 X 型伞兵降落伞，该系统在二战后又继续使用了 20 年。2001 年，两家公司合并为 Irvin GQ。该公司现在拥有价值 4400 万英镑的全球业务，在英国和法国雇佣员工超过 300 人，到 2019 年，该公司已经在降落伞制造领域工作了 100 年。现在该公司的主要业务包括海军假目标系统、降落伞、空投设备和服务。

(4) 豪瑞巴 - 米拉公司

豪瑞巴 – 米拉公司（HORIBA MIRA Ltd.）成立于 1946 年，主要业务是汽车工程和开发咨询，公司总部设在英国中南部的沃里克郡纽尼顿市。“维京（VIKING）” 6×6 无人车是该公司开发的最新产品。

（5）Qinetiq 公司

Qinetiq 公司是一家成立于 2001 年的英国跨国防务技术公司，其总部位于汉普郡的范保罗市。2011 年，该公司根据防务营业收入名列世界第 52 大防务承包商，在英国防务企业中位列第 6 位，2019 年营业额为 9.11 亿英镑。该公司业务范围很广，但总体系统不多，似乎多数是配套系统，而且系统评估试验和培训业务很多。

11.4 法国公司

（1）MBDA 公司

MBDA 公司是 2001 年 12 月由空客（Airbus）、莱昂纳多（Leonardo）和 BAE 系统（BAE Systems）公司的制导导弹板块合并成立的合资企业。2016 年公司员工超过 11000 人。2018 年，MBDA 公司营业额为 32 亿欧元，总部在法国巴黎，公司名 MBDA 来自三家合并公司名称的首字母缩写：M– 马特拉（Matra），BD–BAE 动力（BAE Dynamics）和 A– 阿莱尼亚（Alenia）。MBDA 公司为世界上超过 90 支军队提供服务。MBDA 公司的典型产品包括：灵巧滑翔弹、灵巧巡航导弹、MBDA 重型灵巧滑翔弹、MBDA 硬杀伤反导弹系统和“远程载具”家族飞行器。

（2）空客直升机公司

空客直升机公司（Airbus Helicopters SAS）是空客集团旗下的直升机制造分部，空客直升机公司的前身是欧洲直升机公司创建于 1992 年的法国宇航和戴姆勒克莱斯勒宇航两家公司的直升机事业部合并而成，目前是欧洲宇航防务集团（EADS）下属的全球最大的直升机制造公司。2014 年，欧洲宇航防务（EADS）集团宣布更名为空中客车集团，欧洲直升机公司也正式更名为空客直升机公司。空客直升机公司总部设在法国 Marignane，拥有员工 2 万人，2018 年营业额为 59 亿欧元。

（3）Elistair 公司

Elistair 公司是一家法国系留无人机系统制造商，成立于 2014 年，该公司的主要产品是 Orion 2 系留无人机，Safe–T 2 和 Ligh–T 4 无人机系留站。

（4）ECA 集团

ECA 集团是一家于 1936 年成立的法国飞机制造公司，该公司在机器人、自动化系统、仿真和工业流程上非常有名，现在该公司的产品主要针对安全、防务、海事、航空航天和能源等领域。

（5）CERBAIR 公司

CERBAIR 公司是一家开发空域监视技术的法国公司，2015 年成立，总部在法国 Boulogne-Billancourt。

11.5 澳大利亚公司

（1）Schiebel Pacific 公司

Schiebel Pacific 公司是总部在维也纳的 Schiebel 集团的澳大利亚子公司，主要业务是防务产品和服务，即围绕 CAMCOPTER S-100 无人直升机产品在太平洋地区提供产品和服务。Schiebel 集团是一家奥地利扫雷设备和无人直升机制造商，成立于 1951 年，无人机产品用户包括阿联酋、德国海军和奥地利内政部。

（2）澳大利亚雷声公司

澳大利亚雷声公司是 1999 年通过美国雷声公司收购本地的航空企业而成立，是美国雷声公司的全资子公司，现有员工大约 1500 人，总部设在澳大利亚首都堪培拉。

（3）EOS Defence Systems 公司

EOS Defence Systems 公司是澳大利亚最大的防务出口公司 Electro Optic Systems Pty Ltd（EOS）公司的防务分公司，EOS 集团公司于 1983 年成立，在美国和澳大利亚均有生产设施。EOS Defence Systems 公司的主要业务是设计制造高精度遥控器站、步战车的炮塔和传感器以及战斗车辆等。

（4）赛利斯公司

赛利斯公司是赛利斯集团的澳大利亚子公司，赛利斯集团（Thales Group）是一家法国的跨国公司，总部在巴黎。该公司创立于 1968 年，其前身源自 Thomson-CSF 公司（Thomson 公司在军用电子设备方面很有名），Thomson-CSF 公司在 2000 年 12 月改名为赛利斯（Thales）公司。

11.6 意大利公司

（1）Leonardo 公司

Leonardo 公司是一家意大利跨国公司，专门设计制造航空和安防产品，主要业务包括航空领域的军民用直升机平台、陆军通信侦察电子系统、海军指控系统和武器系统，总部在罗马，根据 2018 年营业额，位列于世界第 8 大防务承包商。该公司成立于 1948 年，曾经的名字叫 Leonardo-Finmeccanica and Finmeccanica，Leonardo 公司的前身包括意大利著名的火炮制造商奥托公司（OTO Melara），现在该公司的最大股东是意大利经济与财政部，控股 30.2%，2019 年营业额为 137.7 亿欧元。

（2）Earth Automations 公司

Earth Automations 公司是一家意大利机械维护公司，成立于 2017 年，该公司的最新产品是大型农用机器人，这家公司在“能力聚光灯”试验中的角色不明确。

（3）IDS 公司

IDS 公司是一家意大利的独立工程和系统技术公司，成立于 1980 年，总部位于意大利比萨市，主要研究电磁工程、卫星通信、航空和雷达等领域。在安防领域该公司的主要产品是固定翼和多旋翼无人机。

11.7 波兰公司

（1）WB 集团公司

WB 集团公司是一家波兰私营防务承包商。该公司设计和制造综合通信、无人系统、巡飞弹以及车辆和武器的火控子系统。根据官网的公司介绍，该公司起家是 WB 电子公司（WB ELECTRONICS），第一款成功的产品应该是提供数字语言通信的 FONET 战术信息网络，后来该系统集成了控制有线和无线网络的军用车辆电子系统。

（2）PIT-RADWAR 公司

PIT-RADWAR 公司是一家波兰主要军用电子设备（雷达、指挥控制系统和武器系统）供应商，该公司的前身从 1936 年开始制造天线，1953 年开始制造雷达，现在的公司成立于 2011 年 12 月末，由 3 家机构合并而来，其总部、研究所和工厂都在华沙。

（3）PGZ（Polska Grupa Zbrojeniowa=Polish Armaments Group）集团

PGZ 集团 / 波兰军械集团是一家波兰政府建立的国有控股军工公司，集团旗下拥有超过 30 家公司，成立于 1980 年，总部在华沙以西的拉多姆市。

11.8 德国公司

（1）莱茵金属防务公司

莱茵金属防务公司成立于 1889 年，是一家国际防务承包商，总部设在杜塞尔多夫（Dusseldorf）。该公司业务包括汽车和防务两大板块 6 个部门。2019 财年销售额为 62.6 亿欧元。该公司的主要无人车产品是“任务大师”8×8 全地形无人车。

（2）Diehl Defense 公司

Diehl Defense 公司全称为 Diehl Defence GmbH & Co. KG，是一家德国武器制造商，成立于 2004 年，总部位于德国于伯林根，2018 年营业额为 4.64 亿欧元，员工超过 2500 人。该公司业务包括导弹、防空系统、制导弹药和侦察防护系统。

11.9 挪威公司

（1）Kongsberg Geospatial 公司

Kongsberg Geospatial 公司隶属于挪威 Kongsberg Gruppen 集团，成立于 1992 年，是 Kongsberg Defence & Aerospace 公司的子公司。专注于开发高性能地理空间可视化、高精度实时地图绘制和态势感知软件，产品主要用于空中交通管制、指挥和控制以及防空系统，总部位于加拿大渥太华。

（2）Kongsberg Maritime 公司

Kongsberg Maritime 公司是一家隶属于挪威 Kongsberg Gruppen 集团的海上系统子公司，成立于 1814 年，称为 Kongsberg Weapon Factory（Kongsberg 兵工厂），在 19 世纪主要造步枪，美国在 1892 年就采购过该公司的步枪，一战后该公司也进入民品市场，二战前再次开始制造枪炮武器，20 世纪 50 年代开始研制企鹅反舰导弹和后来的 HUGIN 潜航器以及 NSM 反舰导弹。

Kongsberg Gruppen 集团公司总部位于挪威 Kongsberg，旗下三大部分：Kongsberg Maritime 主要设计制造各种军民用海上设备；Kongsberg Defence & Aerospace（KDA）公司主要设计制造航空航天和地面武器系统（如“保护者/PROTECTOR”遥控武器站，美军采购并称为通用遥控武器站/CROWS）；Kongsberg Digital 公司主要为客户提供海上和油气设施的软件和数字化服务。

11.10 土耳其公司

（1）STM 公司

STM 公司全称（Savunma Teknolojileri Mühendislik ve Ticaret A.Ş.）。STM 公司是按照土耳其国防工业执行委员会指令成立于 1991 年，专门为土耳其武装力量提供系统工程、项目管理、技术转让和后勤保障服务，所以该公司业务范围很广，陆海空三军装备系统和平台都有涉及，无人机只是其中的一小部分，其中包括 Kargu 侦察无人机和 Kargu-2 自杀无人机。STM 公司还制造 ALPAGU 无人机，在该公司的官网上将其称为固定翼自主战术攻击无人机，其实就是巡飞弹，从外形上看基本上是仿制美国的“弹簧刀”，二者差别不大。

（2）Asis Electronics and Information Systems 公司

Asis Electronics and Information Systems 公司是一家土耳其高科技公司，主要业务包括防务技术、智慧城市、网络安全和金融技术，旗下三家子公司分别为 Asis CT，AsisGuard 和 ZEMANA，其中 AsisGuard 为防务技术板块公司，该公司从 2018 年开始主要开发军用车辆电子设备、旋翼武装无人机系统、光电成像和边防安保系统。

11.11 爱沙尼亚公司

（1）Milrem Robotics 公司

Milrem Robotics 是一家成立于 2013 年的爱沙尼亚公司，THeMIS 履带式混动模块化无人车是该公司的主要产品。

（2）Threod Systems 公司

Threod Systems 公司是一家成立于 2012 年的爱沙尼亚无人机公司，该公司的主要业务是开发和制造军用和民用无人机。产品类型包括指控距离达到 100 km 的弹射起飞固定翼无人机、手抛小型无人机、垂直起降的混合翼无人机和多旋翼无人机。

11.12 瑞典公司

（1）UMS SKELDAR 公司

UMS SKELDAR 公司是萨博（Saab）公司与 UMS AERO 公司的合资公司，公司总部在瑞士 Basel，2 个生产基地分别在瑞士和瑞典，其主要产品就是无人直升机。

（2）萨博公司

萨博（Saab）公司是全球知名的瑞典军工和民品设备制造商。除了著名的萨博汽车以外，萨博还是北欧和世界知名的军民安防公司。

11.13 韩国公司

（1）韩华系统公司

韩华系统（Hanwha Systems）公司全称 Hanwha Systems Co.，Ltd.，是韩国十大财团之一韩华（Hanwha）集团旗下的子公司，总部位于首尔。韩华系统公司与三星公司渊源很深，成立于 1977 年，前身是三星航空（Samsung Aerospace Co. Ltd.），初期主要设计制作激光测距仪、坦克和舰船火控系统以及无线电，1991 年合并为三星电子，1999 年与法国 Thomson CSF 公司成立合资公司，2001 年更名为三星赛利斯公司（Samsung Thales Co. Ltd.），2015 年才更名为韩华赛利斯公司（Hanwha Thales）。韩华系统公司主要有四大业务板块：防务、IT 服务、安全和数字转换，其中防务板块主要产品类别包括航电 / 飞行器和航天卫星、ISR 系统、C4I 系统、海军系统和电子战，韩国海军与空军的主要作战平台几乎都是该公司的产品。

（2）韩国宇航工业公司

韩国宇航工业公司（KAI—Korea Aerospace Industries）是一家韩国航空航天军工公司，该公司于 1999 年成立，最初是三星宇航公司（Samsung Aerospace）、大宇重工（Daewoo Heavy Industries）航空部门和现代太空和飞机公司（Hyundai Space and Aircraft）三家公司的合资公司。1997 年亚洲金融危机之后，三家母公司财政上遇到困难，韩国宇航工业公司获得韩国政府支持，从 1999 年开始独立于之前的母公司。该公司目前是韩国军方航空装备的主要制造商和服务供应商，产品包括 KA-50 高级教练机、KFX 下一代隐身战斗机、KUH-1 中型直升机、LAH 轻型武装直升机、多型无人机以及多型卫星和航天产品。

11.14 俄罗斯公司

（1）ZALA Aero 公司

ZALA Aero 公司是一家专门设计开发无人机的公司，成立于 2003 年，总部位于俄罗斯 Izhevsk。该公司的产品已经被俄罗斯政府包括国防部在内的多个部门采用，也赢得过国际订单。

（2）JSC 766 UPTK 公司

JSC 766 UPTK 公司是一家专门设计制造军用机器人系统的制造商。JSC 是股份公司（Joint-Stock Company）的缩写，官网称该公司是按照俄罗斯联邦法律对俄联邦国防部企业私有化的公司。该公司总部在莫斯科，网络搜索结果显示该公司成立于 2013 年。主要产品包括 Uran-6 扫雷机器人、Uran-14 消防机器人和 Uran-9 战斗多用途机器人（Combat Multirole Robotic Complex，CMRC）。Uran 是俄语“天王星”的英语音译词。

11.15 西班牙公司

西班牙家族企业 Escribano Mechanicals & Engineering（EM&E）公司

西班牙家族企业 Escribano Mechanicals & Engineering（EM&E）公司是一家具有航空和防务机械系统与部件专长的私营公司，该公司成立于 1989 年，总部在马德里，公司的主要产品包括遥控武器站、光电系统、火箭弹、155 炮弹复合惯性制导导引头和半主动激光火箭弹导引头。

11.16 沙特公司

UAVOS 公司

UAVOS 公司是一家沙特无人机制造商，信息很少，官网上仅有的具体信息提到该公司有大约 90 名员工。KACST 的全称是国王 Abdulaziz 的科技城（King Abdulaziz City for Science and Technology），曾用名称是沙特国家科技中心（Saudi Arabian National Centre for Science and Technology，SANCST），位于利雅得，1977 年成立，这是一个沙特的政府科研机构，负责支持科学技术开发和制定科技政策。

11.17 希腊公司

INTRACOM DEFENSE（IDE）公司

INTRACOM DEFENSE（IDE）公司是一家希腊的私营防务电子和通信系统公司，该公司成立于 1977 年，总部在希腊 Koropi，其前身为 INTRACOM S.A. HELLENIC TELECOMMUNICATIONS & ELECTRONICS INDUSTRY，其防务业务后来独立出来成为 INTRACOM DEFENSE（IDE）公司，IDE 是 INTRACOM HOLDS S.A. 公司的子公司。

11.18 新加坡公司

Singapore Technologies（ST）Electronics 公司

Singapore Technologies（ST）Electronics 公司是 Singapore Technologies（ST）工程集团的分支。Singapore Technologies（ST）工程集团成立于 1967 年，从造步枪子弹起家，发展到业务涉及航空、电子、陆地系统和舰船制造，总部在新加坡，2019 年营业额为 78.6 亿美元，是亚洲的大型防务和工程集团之一，2016 年拥有员工 2.3 万人。Singapore Technologies（ST）工程集团的母公司是新加坡淡马锡控股公司（Temasek Holdings）。

参考资料

[1] 《中天国际行业观察》专刊与公众号

[2] 《无人作战系统的发展概况》（军鹰动态）

[3] 甘林．《浅析军用机器人发展趋势》（智能巅峰）

[4] 刘晓明，蒋琪．《无人作战平台如何称霸水下世界》（海鹰资讯）

[5] 杜方键，张永峰，等．《水中无人作战平台发展现状与趋势分析》（科技创新与应用）

[6] 李旻，祝祥，等．《国外海军无人平台及其通信技术发展研究》（蓝海长青智库）

[7] 李泽阳，等．《水陆两栖无人平台技术研究进展》（中国指挥与控制学会）

[8] 邱志明，马焱，等．水下无人作战装备前言发展趋势与关键技术分析［J］．水下无人系统学报，2023，31（01）．

[9] 《2021年中国无人船艇行业现状分析》（产业前景）

[10] 《中国无人船艇行业发展现状研究与投资前景预测报告》（观研天下）

[11] 《2023年—2029年无人船艇行业分析报告 无人船艇行业发展前景及规模分析》（智研瞻产业研究院）

[12] 《“有人－无人”协同作战模式将成为未来战争的新常态》（中国指挥与控制学会）

[13] 岳丽军，等．海战场无人作战体系协同运用与指挥控制设想［J］．指挥控制与仿真，2022（04）．

[14] 李磊．《2020年外军有人－无人机协同作战发展动向分析》（海鹰资讯）

[15] 《美国空中有人－无人协同作战能力发展》（海鹰资讯）

[16] 张栋，王孟阳，等．《面向任务的无人机集群自主决策技术》（中国指挥与控制学会）

[17] 芦海利，蒋庆丰．等．有人－无人协同作战关键技术与运用分析［J］．无人机，2022（6）．

[18] 赵先刚，苏艳，等．《无人智能作战有哪些优势》（中国指挥与控制学会）

[19] 《透析智能化作战新走势》（光明网）

[20] 王伟，王钦钊，等．《地面无人系统反制关键技术分析与综述》（军鹰动态）

[21] 蒙汉臣，曹原．《浅析美军在信息化战争下伤亡无人作战体系发展》（中国指挥控制学会）